职业教育设计系列丛书

本丛书是全国教育科学规划课题和教育部"面向21世纪职业教育课程改革和教材建设规划"课题的研究成果，并得到了研究经费资助

职业教育课件设计

（第二版）

邓泽民　陈　文　著

中国铁道出版社
CHINA RAILWAY PUBLISHING HOUSE

内 容 简 介

目前，职业院校教师授课大量采用PPT课件，开发精品课程常常要求制作网络课件，建设数字教学资源库需要仿真课件。为了满足职业院校教师需要，加快我国职业教育实现信息化进程，我们编写了本书。本书共分三篇，介绍了职业教育PPT课件设计、职业教育网络课件设计和职业教育仿真课件设计。

本书通过对职业教育学习理论、职业教育传播理论、职业教育教学理论和教育技术进行有针对性的研究，提出了职业教育课件设计的三种顺序结构。为方便教师使用本书，本书按照课件制作的行动导向设计，以期达到边看本书边做课件，浏览完本书即完成课件设计的效果。

本书适合作为职业院校广大教师制作课件的手册，也可作为职业教育教学研究与教学设计人员的参考用书和职业教育相关专业研究生、本科生的辅助教材。

图书在版编目（CIP）数据

职业教育课件设计 / 邓泽民，陈文著 . —2版 .—
北京：中国铁道出版社，2014.6
（职业教育设计系列丛书 / 邓泽民主编）
ISBN 978-7-113-18549-7

Ⅰ．①职… Ⅱ．①邓… ②陈… Ⅲ．①职业教育—计算机辅助教学 Ⅳ．① G71 ② G434

中国版本图书馆CIP数据核字（2014）第 100093 号

书　　名：**职业教育课件设计**（第二版）
作　　者：邓泽民　陈 文 著

策　　划：李中宝　　　　　　　　　　　　　读者热线：400-668-0820
责任编辑：李中宝　鲍　闻
封面设计：付　巍
封面制作：白　雪
责任校对：汤淑梅
责任印制：李　佳

出版发行：中国铁道出版社（100054，北京市西城区右安门西街 8 号）
网　　址：http://www.51eds.com
印　　刷：北京盛通印刷股份有限公司
版　　次：2011 年 1 月第 1 版　　2014 年 6 月第 2 版　　2014 年 6 月第 1 次印刷
开　　本：700 mm×1 000 mm　1/16　印张：24　字数：374 千
书　　号：ISBN 978-7-113-18549-7
定　　价：68.00 元

序

邓泽民教授在经过二十几年职业教育理论研究与实践探索的基础上，总结编写了一套职业教育设计系列丛书。这套丛书的出版，为研究解决我国职业教育教学实践中的模式构建、职业分析、专业建设、课程设计、教学设计、实训设计、教材设计、课件设计等基本问题，提供了有益的参考，对我国职业教育理论研究与教学实践有着指导性意义。

丛书包括8个分册。第1分册《现代四大职教模式》，对当今世界较为典型的职教模式，即北美的CBE、德国的双元制、澳大利亚的TAFE和英国的BTEC，进行了系统的比较研究，使读者了解当今世界职业教育思想理论方法的总体情况及其共性和差异。第2分册《现代职业分析手册》，介绍了北美、德国和澳大利亚的职业分析方法，并介绍了不同国家职业分析的特点和运用条件。在此基础上，用《职业教育专业建设》《职业教育课程设计》《职业教育教学设计》《职业教育教材设计》《职业教育实训设计》和《职业教育课件设计》6个分册，对我国职业教育教学改革中观和微观层面上遇到的专业建设、课程设计、教学设计、实训设计、教材设计和课件设计的思想理论方法等基本问题，进行了较为深入的研究，提出了专业建设、课程设计、教学设计、实训设计、教材设计和课件设计的一系列基本原则和方法；提出了贯彻落实以服务为宗旨、以就业为导向、以能力为本位、以产学研结合为基本途径、以培养生产、管理、服务一线技术应用人才为目的的职业教育教学指导思想和解决方案。丛书结构严谨、思路清晰、观点新颖、内容充实，反映了当前职业教育教学思想理论的发展趋势，也是作者和同事们近年来职业教育教学改革实践中取得的成果，符合我国职业技术院校教育教学的实际。

丛书选入的各种各样的职业教育专业建设、课程设计、教学设计、实训设计、教材设计和课件设计的实例十分丰富。每个分册都根据读者的需要，尽可能全面系统地编入了实际例子。虽然这些设计实例还有改进的余地，但由于它们来自职业教育教学实践一线，具有很强的针对性。这些实例极大地丰富了丛书的内容，也为读者进行职业教育的课程设计、教学设计、实训设计、教材设计和课件设计，开展教学研究提供了必要的参考。

以服务为宗旨、以就业为导向，深化职业教育教学改革，不断推进教育教学思想、人才培养模式和办学机制的转变，是当前和今后一个时期职业教育工作的重要任务。我希望职教战线有更多的同志为此积极探索并付出努力，也希望有更多的研究成果问世。借助邓泽民教授专著系列丛书作序之机，与职教战线同志们共勉。

国务院参事
教育部职业教育与成人教育司司长
教育部职业技术教育中心研究所所长

丛书序

第二次世界大战后，随着工业化进程的加快，西方国家急需一批具有初中或高中文化程度，又有一定技术应用能力的人才。这样，一种新的教育类型应运而生，并得到了高速发展，这就是职业教育。经过几十年的发展，职业教育在西方国家逐步形成了比较典型的四大模式。这就是北美的CBE、德国的双元制、澳大利亚的TAFE和英国的BTEC。可以说，职业教育为西方国家社会经济发展做出了突出的贡献。德国人形象地称他们的职业教育模式——双元制是其经济腾飞的秘密武器。

我国改革开放以来，社会经济取得了极大发展，工业化水平不断提高。为了满足工业化对技术应用型人才的需要，我国在20世纪80年代开始大力发展职业教育。30多年来，我国的职业教育在规模上取得了空前发展，但在质量上，可谓良莠不齐。许多院校牌子是职业院校，但从其教育理念到教育模式，从专业设置到培养方案，从课程大纲到课程的教材，再从课程的教材到教师的授课计划，从教师的授课计划到教师的教案以及课件设计等来看，这些院校并不是职业院校。有的院校从其教育理念一直到教师的教案来看确实是职业院校，但由于其教育设计不符合职业教育的规律，教育效能较低。

出现这些问题的原因很多，一个主要原因就是在实施职业教育过程中，连接职业教育理论与职业教育实践的中间环节——教育设计层面上的问题没有得到较好的解决。诸如职业教育专业建设问题、课程设计问题、教学设计问题、实训设计问题、教材设计问题、课件设计问题等。只有当一所职业院校上述基本问题都解决了，这所职业院校才能成为真正的职业院校。其毕业生才能是具有全面素质和职业能力，服务生产、管理、服务一线的技术应用型人才，与此同时其教学成本才会降低，教学效能才能提高。出版这套职业教育设计丛书的目的就是为了解决上述问题，提供一套职业教育设计的思想、理论和方法。

这套丛书包括8个分册：《现代四大职教模式》《现代职业分析手册》《职业教育专业建设》《职业教育课程设计》《职业教育教学设计》《职业教育实训设计》《职业教育教材设计》《职业教育课件设计》。

《现代四大职教模式》全面系统地介绍了当今世界上比较典型的四大职教模式，包括北美的CBE、德国的双元制、澳大利亚的TAFE和英国的BTEC。每一种模式通过职业教育的平台、职业教育的实施和职业教育的创新三个板块来介绍其职业学校的运行环境、教育教学的实施模式和教育教学的创新之处。最后，对上述四种典型职教模式进行比较研究，提出可供借鉴的经验。

《现代职业分析手册》介绍了现代世界上比较典型的职业分析方法，包括北美的职业分析方法、德国的职业分析方法、澳洲的职业分析方法等。这些职业分析方法虽然都是为了确定职业岗位（群）的职业能力开发出来的，但由于各国情况不同，具体操作的方式也有所区别。为了帮助大家，根据自己的条件选择合适的职业分析方法，在手册前面，特别提出了职业分析方法选择的建议，供大家参考。

《职业教育专业建设》《职业教育课程设计》《职业教育教学设计》《职业教育教材设计》《职业教育实训设计》和《职业教育课件设计》全面系统深入地阐述了建设或设计的思想、理论和方法。每一册都设立了三篇。《职业教育专业建设》《职业教育课程设计》《职业教育教学设计》《职业教育实训设计》《职业教育教材设计》设立了理论基础篇、设计编写篇、分析评价篇。理论基础篇重点研究设计的思想、理论与方法；分析设计篇主要论述设计编写的基本概念、基本原则、基本模式；分析评价篇主要介绍设计评价的基本概念、基本原则与标准和基本模式等。《职业教育课件设计》设立了职业教育课件设计理论基础、职业教育课件设计编写和职业教育课件分析评价三篇。

这套丛书是我1992年留学回国后，20多年从事职业教育理论与实践研究的成果。这8个分册陆续出版，前后用了8年多的时间。在我20多年的职业教育理论与实践研究工作中，得到了教育部职业教育与成人教育司、中国职业技术教育学会各届领导、学术同仁和北京师范大学有关学者教授的悉心指导，得到教育部职业技术教育中心研究所领导和同仁们的大力支持，得到了美国国家职业教育研究中心教授Dr. Robert Norton、加拿大多伦多大学教授Ruth Heyhoe、加拿大社区学院协会驻中国项目协调员Dr. Ira Cohen、加拿大荷兰学院Dr. Ken Pieers、加拿大汉堡学院Dr. William Sinnet的支持和帮助，更得到了100多所职业院校的积极参与，在此一并向他们表示衷心的感谢。

邓泽民

2014年4月于北京

第二版前言

本书2011年1月出版第一版，之所以现在修订出版第二版，是因为第一版已售罄，更主要的是本人主持的国家社会科学基金课题"以就业为导向的职业教育教学理论与实践研究"经过4年的研究，2012年结题了，取得了一系列研究成果，更重要的是我国职业教育信息化近3年取得了很多重要成果，而这些研究成果应及时用到职业教育课件设计中来。

根据"以就业为导向的职业教育教学理论与实践研究"课题，组织了300多所高等和中等职业教育院校对40多个专业的教学整体解决方案进行设计和实践研究，形成了《职业教育教学论》和《高等职业教育专业教学整体解决方案研究》1、2册，《中等职业教育专业教学整体解决方案研究》1、2册等成果。其中，《职业教育教学论》是以学生职业能力和职业特质培养为价值追求的教学理论。它为职业教育课件设计提供了新的思想、理论和方法。因此，本书第二版较第一版，无论在职业教育教学思想，还是在理论和方法上，都做了较大调整。

（1）我国经济发展方式的转变和产业结构调整升级，对职业教育培养的产业大军提出了更高的要求，职业教育的教学目标也要随之提升，需要由知到能，再由能到卓越的职业化水平，具体表现为由知识技能态度目标到职业能力目标，再由职业能力目标到职业特质目标。只有这样，我国职业教育培养出产业大军才能建设一流的工程、制造一流的产品和提供一流的服务。因此，在职业教育教学思想上，《职业教育课件设计》（第二版）不再把知识、技能和态度作为教学的最高目标，而是把职业能力和职业特质，特别是职业特质作为更高的职业教育课件设计的价值追求。

（2）由于职业能力和职业特质成为了职业教育教学活动更高的价值追求，因此，职业教育课件设计原则确定的价值取向，必然要促进这种职业能力和职业特质的形成。因此，《职业教育课件设计》（第二版）提出了促进学生职业能力和职业特质有效形成的教学内容、教学过程、教学原则、教学环境、教学模式、教学组织、教学方法。

（3）《职业教育课件设计》（第二版）还收入了近3年职业教育课件设计的重要成果，以便于读者研究和运用。

在本书修订过程中，得到了很多职业教育专家，特别是职业院校一线教师的支持和帮助。吴学敏教授、李亚平教授、张扬群教授、陈庆合教授、侯金柱教授、王海明博士、王立职副教授、杨红波副教授、欧阳卫副教授、陈清副研究员、王泽荣副研究员、崔俊明高级讲师、苏宏伟高级讲师、田雅莉高级讲师、汪珊珊高级讲师、侯德成高级讲师、展丽蕊高级教师、杨松高级讲师、王调品高级讲师、刘凤芹高级讲师、肖敏讲师、于琳琳老师、宋艳老师、孙璐老师、梁香菊女士等都做了大量的工作，提出了许多好的建议。在此，向他们表示衷心感谢。热诚欢迎广大职业教育同仁提出宝贵意见。

作者

2014年4月

第一版前言

当前，职业院校教师授课大量采用PPT课件，开发精品课程常常要求制作网络课件，建设数字教学资源库需要仿真课件。但调查发现职业院校教师设计课件时较为普遍地存在着三个问题。首先是职业教育教学原则在课件设计上体现得不够；其次是大部分教师对网络课件和仿真课件设计还不熟悉；第三是幻灯片设计的表现力较弱，素材选择不当，教学效果不理想。本书试图帮助职业院校教师解决课件设计过程中存在的这三个常见问题。

职业教育教学除了一般的教学原则外，还需要体现职业活动的内在逻辑顺序、能力形成的心理逻辑顺序、学习动机发展的心理逻辑顺序。这些逻辑顺序决定着职业教育教学课件的顺序结构。职业活动逻辑顺序在课件设计中的体现，对于培养职业院校学生高效的职业活动思维和行为方式十分重要。这是职业教育教学课件区别于其他类型教育教学课件的最为典型的特征。也可以说，一个课件如果没有体现职业活动的逻辑顺序，那么它不是职业教育教学的课件。职业教育是能力本位的教育，辅助职业教育教学的课件只有体现能力形成的心理逻辑顺序，在能力培养上才能具有较高的效能。用于知识本位教学课件和用于能力本位教学的课件，它们的逻辑顺序不同。任何课件设计都十分关注学生的学习动机，职业教育教学课件，鉴于职业院校学生的特点，更需要运用学习动机发展的规律指导课件设计。

职业教育网络课件设计和职业教育仿真课件设计虽然比PPT课件设计有难度，但也是是职业院校教师提高教学效能和加快我国职业教育实现信息化进程所必需的。为降低学习难度、提高学习兴趣、方便教师学习三类课件设计，本书按照三类课件制作的行动导向设计，试图达到读者边看本书边做课件，浏览完本书即完成课件设计的效果。

幻灯片的表现力是职业院校教师在设计课件时比较重视的。但职业教育教学课件幻灯片的表现力与其他演示文稿幻灯片的表现力不同。职业教育教学课件幻灯片的表现力是指幻灯片的整体构图、选用的素材、搭配的颜色等要符合职业教育不同类别专业的特点，符合能力本位的教育教学思想、理论和方法，符合职业院校学生的学习心理、年龄、审美情趣。素材的选择与充分利用是提高职业教育教学效能的有效途径。学生为主体、能力为本位的职业教育对素材提出了十分高的要求。视频影像、图形图像、声频素材等为职业教育教学职业能力的定向、模仿，以及内隐成分的外显等提供了十分有效的手段，应该得到充分的运用。

　　本书分三篇介绍了职业教育PPT课件设计、职业教育网络课件设计和职业教育仿真课件设计。第一篇职业教育PPT课件设计由PPT演示文稿的创建、PPT课件的顺序结构、PPT课件的素材选用、PPT幻灯片的表现力、PPT演示文稿的保存、PPT演示文稿的播放、PPT演示文稿的打印等7章构成；第二篇职业教育网络课件设计由网络课件站点建立、网络课件设计、网页布局设计、首页制作、制作多媒体网络课件、课件测试与发布等6章构成；第三篇由课件建立、图形制作、动画制作、音频制作、课件测试与发布等5章构成。

　　在本书的编写过程中，施伟仪老师、侯廷刚老师、张军生老师、周国红老师等都参与了撰写工作。展丽蕊老师、王立职老师、徐萍老师、代智弘老师、钱菁老师、陈波老师、马元文老师、汪珊删老师、雷云老师、单慧芳老师、苏宏伟老师、曹剑英老师、韩国春老师、梁银老师、高春萍老师等一线优秀教师为职业教育课件研究提供了大量的课件。在此一并向他们表示衷心的感谢。

　　限于自身的水平，并受时间、人力、财力等因素的制约，本书还有诸多不尽人意之处。特别是职业教育教学原则体现的还不充分，有待今后进一步完善。如果本书对我国职业教育一线的广大教师在课件设计时起一点参考作用，对其他同仁有一点启示，就达到抛砖引玉的目的了。

邓泽民
2010年6月

目录

上篇　职业教育课件设计理论基础

中篇　职业教育课件设计编写

目 录

CONTENTS

下篇　职业教育课件分析评价

上篇

职业教育课件设计理论基础

在职业教育课件设计中，人们注注十分重视教育技术，而忽视了职业教育教学理论，实际上职业教育教学理论才使得职业教育课件具有其价值和灵魂。目前，在职业教育教学实践中，广泛应用的课件，可以分为三种基本类型：一种是结构主义教学理论指导下设计出的课件，这种课件主要应用于学科教育，帮助学生者形成学科结构，因为在学科教育中，教学目标是掌握学科结构；另一种是技术体系课件，这种课件主要应用于技术教育，帮助学习者形成某种技术体系，因为在技术教育中，教学目标是掌握技术体系；第三种是职业活动课件，这种课件主要用来培养学习者的职业能力和职业特质，是当前职业教育最急需的课件类型。其中，学科结构的课件和技术体系的课件都已较为成熟，通过以应用为导向的改造，将成为职业教育理论知识和技术方法学习的课件，只有职业活动课件还处于探索中。因此，在本书的上篇，首先对职业教育学习理论、教学理论和传播理论展开研究，试图为职业教育课件设计提供必要的理论基础。

第一章 职业教育学习理论

　　学习理论是心理学的一个分支，也可以说是心理学最发达的领域之一。但到目前为止，还没有凝聚成一种一统的、综合的、大家普遍认同的学习理论。施良方所著的《学习论》对学习理论进行了系统研究，列出15种学习理论。虽然学习理论流派繁多，但研究的基本问题是相同的，都包括学习的本质、学习的动机、学习的过程和学习的迁移等。职业教育的学习观是针对职业教育的本质特点，建立在一般学习理论基础之上的。因此，它研究的基本问题也基本上是学习的本质、学习的动机、学习的过程和学习的迁移等四个方面。结合本课题，我们将通过学习的本质、学习的动机和素质形成三个问题，研究上述四方面的内容。

第一节　学习的本质

　　长期以来，心理学界对学习的解释众说纷纭，对学习的类型有不同的分类、对学习的组织更是观点不一。为了建立职业教育的学习观，有必要对上述三个问题开展研究分析。

一、学习的定义

　　学习作为学习心理学的一个术语，可以说，每个学习理论家都对学习下了特定的定义。归纳起来，大致可分为三类：（1）学习是指刺激-反应之间联结的加强（行为主义）；（2）学习是指认知结构的改变（认知学派）；（3）学习是指自我概念的变化（人本主义）。[1]这些定义可以说从不同角度揭示了学习的性质，为我们研究学习活动提供了不同的视角。但职业教育的学习观，从哪个视角建立？上述三类定义，分析起来都不是很恰当。

　　我国学者冯忠良在其专著《结构化与定向化教学心理学原理》中，提出了"学习作为个体的一种适应活动，其实质在于它是在主

1　施良方.学习论[M].北京：人民教育出版社，1992:2.

客体相互作用中，在反映客观现实的基础上，通过主体一系列的反映动作，在内部构建起调节行为的心理结构的过程"的学习定义。并指出：心理结构是由功能上相互联系的心理因素构成的统一体。所谓心理因素，就其一般意义上来讲，不外是人对现实的认知因素、情感因素及人反作用于现实的动作因素。心理结构不外是一种认知经验结构、情感经验结构和动作经验结构。可以说这个定义的内涵是较强的，比较适合于职业教育学习观的建立。因为，应用心理结构构建来定义学习过程，将使我们在职业教育课程观研究中定义的素质与心理结构建立起内在的联系。另外，在心理结构中单独列出的动作经验结构，也将更适合于职业教育能力本位的特点。因此，可以认为职业教育学习观的学习本质即学生心理结构的构建。

二、学习的分类

对于学习的分类，托尔曼（Tolman）作为一位折中主义学习理论家，认为学习不只一种类型。他提出了"形成精力投入、形成等值信念、形成场的预期、形成驱力辨别、形成运动方式"等五种学习类型。而奥苏伯尔作为主要关注于学校学习理论研究的学习理论家，在提出了意义学习的概念后，对接受学习、发现学习、机械学习、意义学习等四种基本的学习类型进行了分析研究[2]，并用图1-1说明了四种学习类型的关系。

图1-1　不同学习类型的关系

在他看来，学生的学习，如果要有价值的话，应该尽可能地有意义。而且，为了考察有意义的学习材料是如何被同化到学生的认知结构中去的，他研究了从最低层次——表征学习，到最高层次——创造能力的形成，并提出了表征学习、概念学习、命题学习和发现学习四

2　AUSUBEL D.P. Learning Theory and Classroom Practice, 1967.

种意义学习的类型。冯忠良在其专著《结构化与定向化教学心理学原理》中，根据学习对象将学习分为知识学习、操作技能学习、心智技能学习和社会规范学习的学习分类也是很有意义的。因为，这样的分类十分直观，在教学中，很具操作性。

综合分析各种学习类型的分类，职业教育的学习分类应依据既具有一定的科学性、又易于教学实践的原则进行。首先，根据学习对象，对学习类型进行分类，然后，再根据具体内容需要，对学习类型做出进一步的分类。可按照托尔曼的五种学习类型分类，也可按照奥苏伯尔的四种学习类型分类或其他学习类型分类。选择学习分类的原则应有利于学习效果的提高。

三、学习的组织

关于学习组织，加涅提出了累积学习模式的学习组织形式，信息加工学习理论从信息的习得与使用进行学习的组织，而奥苏伯尔则从认知结构构建的角度，提出了学习组织的原则与方法，等等。

职业教育是以全面素质教育为基础、以能力为本位的教育。在过去十年的职业教育实践中，我们感到奥苏伯尔的逐渐分化原则和整合协调原则，在职业教育学习组织中是科学有效的。所谓逐渐分化原则是指学生首先应该学习最一般的、包摄性最广的观念，然后根据具体细节对他们逐渐加以分化。整合协调原则是指如何对学生认知结构中现有要素重心加以组合。根据奥苏伯尔的先行者组织策略和学生学习动机发展规律，在逐渐分化原则和整合协调原则指导下，我们设计了职业教育学习组织的新模式——目标与结构先行学习组织模式，实践证明，效果是十分明显的。

目标与结构先行学习组织模式，顾名思义是将学习目标、目标结构、内容结构作为先行部分展现给学生。第一，将利用能力分析方法确定的通用能力图表或职业能力图表作为学习目标展现在学生面前，使学生对自己专业的学习目标有一个全面的认识。在此基础上，再把每一门课程的能力图表展现给学生，使其进一步了解每一门课程的学习目标。第二，将利用素质分析方法取得的课程内容，以素质的内涵结构形式展现给学生，使学生明确素质形成的内涵条件。第三，按照素质形成的内涵类型（知识、技能、品性）不同，采用不同的学习过程。例如，知识学习，有知识学习过程；技能学习，有技能形成过程；品性学习，有品性养成过程等。第四，为了形成能力，提高素质，学习组织最后阶段需要学生对已掌握的知识、形成的技能及养成的品性等进行迁移、整合与类化。

第二节　学习的动机

人们对学习动机的研究较为深入，但一般都是针对儿童学习的。关于职业教育学生的学习动机研究则不多见。加之对学习动机的研究内容十分广泛，本节将只就与教材建设有关的内容开展研究。

一、学习动机及其作用

学习动机是发动、维持个体的学习活动，并朝着一定目标的内部动力机制。[3]这种内部机制可表现为多种多样，但比较常见的有三种：推力、拉力与压力。推力是发自个体内心的学习愿望和需求，它可以通过学生对学习必要性的认识、对学习的求知欲、对未来的理想等产生。拉力指外界因素对学习者的吸引力，使学生从事学习活动。压力指客观现实对学习者的要求，迫使其从事学习活动。这三种机制都可以促使个体进行学习，但压力往往难以独立、持久地起作用，必须真正地转化为推力和拉力才能发挥其动力作用。一般而言，推力与拉力也是相互联系、共同起作用的。一般说来，学习动机具有下列几方面的作用：

（1）使个体的学习行为朝向具体的目标。动机促使个体为达到某一目标而努力，影响做出何种选择。

（2）使个体为达到某一目标而努力。动机决定了个体在某一活动中所投入的努力、热情的多少。动机越强，努力越大，热情越高。

（3）激发和维持某种活动。研究表明，动机决定了学生在多大程度上能主动地从事某种活动并坚持下去。学生更愿意做他们喜欢或想做的事情，并能克服某些困难坚持完成。

（4）提高信息加工水平。动机影响着加工何种信息以及怎样加工信息。具有学习动机的学生注意力更集中，而注意在获取信息以及进入工作记忆和长时记忆中起关键作用。另外，具有学习动机的学生

3　姚梅林.学习规律[M].北京:教育科学出版社,1997.

在必要时更易于通过其他的多种途径来促进对某一任务的完成，如去主动地查阅资料等。研究还表明，具有学习动机的学生更倾向于进行有意义的学习，力求理解所学内容，而不是在机械的水平上进行。

（5）决定了何种结果可以得到强化。具有学习动机的学生因某种结果得到强化而趋向它，因某种结果受到惩罚而避开它。

（6）导致学习行为的改善。这是上述各种作用的最终体现。良好的、适当的学习动机最终将促进学习行为的改善，提高学习能力。

二、学习动机发展规律

尽管学习动机和其他行为动机一样，以隐蔽性为主要特征，无法直接观察到，但通过观察各种学习活动表现和变化的规律，还是能够发现学习动机形成发展的一些规律性特征。研究这些规律，有助于我们更好地激发、培养学生的学习动机，以有效地改善学习行为，提高学习效果。

（1）学习动机是在个体的内在需要和外部诱因的相互作用下形成的。

任何动机都是在内在需要和外在诱因的共同作用下形成的。[4]学习动机亦然。马斯洛的需要层次理论对我们考察学习动机，无疑具有一定的启发意义，但它并不能科学解释所有的学习行为，尤其要指出的是，它忽略了人们的好奇和认知需要对学习的作用。一般认为，能够激发、转化为学习动机的内在需要和外部诱因大致包括：

① 求知欲、好奇心或者理解、认知、情趣需要，也就是心理学家所说的认知内驱力，主要以学习内容的知识性、趣味性、生动性为外部诱因。由此形成的学习动机，行为目标指向学习本身，个体的需要由学习本身满足，因而可称为内在的学习动机。在有意义的学习中，这种动机可能是最重要、最稳定的推动力量。

② 自尊、自信、成就感、好胜心等的需要，也就是心理学家所说的希望凭借自己的能力赢得相应地位的需要，即自我提高内驱力，主要以学习内容的挑战性、学习成绩的客观评价为外部诱因。由此形成的学习动机，近于心理学家所说的成就动机。

③ 使命感、价值感、责任心、理想信念等需要，即希望自己的生命获得确切的方向感和价值感的需要，主要以学习的社会价值性为外部诱因。这种需要无疑是人的高层次需要，但由于满足它的是学习

4　陈琦. 当代教育心理学[M]. 北京: 北京师范大学出版社, 1997: 121.

的社会价值，而不是学习内容本身，而且它很容易在一些献身性的社会工作上获得满足，因而由此形成的学习动机也应属于外在的学习动机。

④ 归属或者融入团体的需要，主要以外部学习氛围、他人的学习行为为外部诱因。

⑤ 名誉、荣誉、他人尊重等需要，主要以学习带来的外部评价，如教师表扬、家长奖励为外部诱因。

⑥ 生存、安全等需要，主要以学习所直接带来的外部效果，如获得文凭、帮助就业、逃避惩罚等为诱因。

其中，后五种需要都以学习本身之外的因素为诱因，其满足对象不是学习本身，或者说个体的需要由学习之外的某种因素满足，一旦这种因素消失，个体对学习的兴趣就会减弱乃至消失，因此这五种动机都可称为外在的学习动机。应当说明，由于个性和年龄的差异，不同个体的需要种类和需要层次的现实表现并不一样，各自的环境也有极大差别，因而由此形成的每个个体的学习动机也必然是千差万别的。

（2）学习动机与学习活动相互激发、相互加强。学习动机对学习活动的确起着非同寻常的作用，但它又远非是天生的、脱离学习活动而存在的。学习动机的产生和发展是一个复杂的动态过程，它与社会生活环境和教育的影响，特别是与学习过程本身有着非常密切的关系。心理学家奥苏伯尔说："动机与学习之间是典型的相辅相成的关系，绝非一种单向性的关系。" 学习动机推动学习活动，而学习活动中对学习价值的认知、学习兴趣、学习成绩、对自身学习能力的评价等反过来又增强学习动机。就一个个体的学习行为而言，学习活动刚开始时，动机可能完全是外在的，或者强烈或者薄弱，甚至可能没有明确动机。例如，开始可能只是为了得到家长、老师的奖励或者为了谋生需要而学习，但随着学习过程的展开，对学习内容却产生了真正的兴趣，从而形成内在的学习动机，使学习活动获得强烈、持久的动力。

（3）属于同一个体的不同的学习动机，包括内在学习动机和外在学习动机、主导性学习动机和从属性学习动机相互依存、相互转化、相互迁移。

首先它们是相互依存的。在学习活动中，人的需要是多方面的，并且处于不断的变化中。某种需要获得满足，这种需要所引起的学习动机水平就会降低，而其他需要引起的学习动机却可以强烈起来。因此，在同一个体身上存在着出于不同需要的学习动机。当然不同种类的学习动机，在具体个体的学习活动中的作用地位并不一样，居于支配地位、起主导作用的是主导性学习动机，居于从属地位、起辅助作用的是从属性学习动机。学习不是一朝一夕的事情，单一的学习动机难以维持长期艰辛的学习活动，只有使学习活动能够满足个体的多种需要，才能使个体长期不懈地投入学习活动中。也就是说，出自不同需要的学习动机相互依存于学习活动这样一个统一体中，单一的学习动机难以独自长存。事实告诉我们，单凭兴趣、好奇或者单凭使命感、责任心，一个人难以一生不辞辛劳地献身于一门学科的学习。如果这门学科不仅能较好地满足学习者的求知欲、好奇心，学科的社会价值还能充分满足他的使命感、责任心，学习研究的成绩能让他充满自尊自信，体会到成就感，并能给他带来生存必须的物质资料，那么他会很容易将这门学科当作长久乃至终生的事业，乐此不疲。

其次，不同的学习动机又可以相互转化、相互迁移。开始时为了奖励或谋生而投入学习，但渐渐却发现了学习本身的兴趣，于是外在的学习动机转化为内在的学习动机，反之亦然。主导性学习动机和从属性学习动机也会在一定条件下发生转化。小学阶段，得到奖励常常是主导性动机，而高中、大学阶段，求知或者责任、成就则往往成为主导性动机。面对有趣的学习内容，内在的求知动机为主导就足够了，但一门学科中，总有大量的内容是单调的、枯燥的，这时的学习动机可能就要靠成就动机或者责任、价值动机为主导了。同时，基于一定的条件，例如发现了需要和诱因之间的共同性，其他活动的动机如游戏动机、劳动动机，能转移到学习上来，学习语文的动机能转移到英语学习上来。也就是说，不同的学习动机又是可以迁移的。在这多种动机的作用下，学习会更加轻松、自然，更加积极、主动，以至能长久、稳固地进行下去。

（4）学习动机强度与学习绩效在一定范围内呈正相关——耶克斯-多德森律。[5]

学习动机对学习的影响，一般来说，并不是直接卷入认知过程、

5　李伯黍, 等. 教育心理学[M]. 武汉: 华东师范大学出版社, 2001: 228.

直接提高认知水平，而是通过加强努力、集中注意和对学习的立即准备来影响学习活动。就同一个体而言，根据耶克斯-多德森律，学习动机的强度（即个体的激奋水平）与学习效率之间是一种曲线关系，激奋水平太高或太低，都不能引起最佳的大脑皮质工作状态，从而不能获得最好的学习绩效。动机强度太低，不能唤起工作积极性，在一定范围内，动机增强，激奋水平上升，学习绩效会随之提高，直到一个最高点。超过这个最高点，动机强度提高又会使学习绩效降低。同时心理学研究还表明，动机的最佳强度水平会随课题难度的增加而降低。而按照马斯洛的需要层次理论，需要层次越低，力量越强大，动机强度也越高。这也就是为什么那些为了奖励、逃避惩罚或者为了谋生而学习的人，总是热衷于较容易的题目，见了难题总是选择逃避，他们的学习动机来自较低的需要。由此可见，动机强度太高，不适于解决难题。学习活动需要学习动机，但困难的课题、宏大的学习任务，需要的是来自人的高级需要的学习动机，这样的动机尽管强度不高，但却持久、深刻。有了这样的学习动机，学习者就能够内心沉静、神思专注，忍受甚至忘记艰难困苦，奋进于无垠无际的学海之中。

三、学习动机影响因素

学习动机受多种因素的影响，研究表明：学习者的认知定式、学习活动和学习任务的特点、目标结构和课堂环境等因素对学生的学习动机具有直接作用。[6]

（一）学习者的认知定式

学习者的认知定式主要指学习者的认知倾向性，如有关自己能力的看法、评价；对有可能形成影响最终学习结果的一些因素的看法、习惯性的归因方式；分析任务或估计任务难度时惯用的思维方式等。这些认知定式与个体的期望相互影响，进而决定了个体的学习动机。

1. 个体的能力观

德维克等研究者（Dweck,1988）认为个体如何看待能力是其学习动机的决定因素之一。一般而言，较典型的能力观有两种：一种认为个体的能力或聪明程度是随着不断地学习而发展、变化的，认为通过刻苦地学习与努力可以改善能力；另一种认为个体的能力或智

6　姚梅林. 学习规律[M]. 北京: 教育科学出版社, 1997: 51-65.

力是一种稳定不变的特质。前者即能力或智力的增长观，后者即实体观。

不同的能力观往往决定了个体选择不同的目标。认为能力是可以提高和改善的个体，易选择那些能提高其能力的任务。而认为能力是固定不变的个体，则选择那种能保护对其能力的积极评判或避免消极评判的任务。本研究认为，较成熟的观点应该是对两种观念的整合，既要认识到当前能力的相对差异，也要注重能力的发展。

在学习情境中，我们发现有些学生对能力产生一种误解，他们认为高能就是有充分的知识、技能来快速解决困难的能力，认为努力是不必要的。也就是说，若通过付出很大的努力而克服困难，学生就会怀疑自己的能力。大量研究表明，易受挫的学生更易将成功归因于努力或运气，而不是能力。

2. 学习或解决问题的思维方式

研究表明，个体在分析和解决目前的问题或遇到困难时，具有何种思维方式经常影响着能否产生高而稳定的学习期望，因为期望的产生与个体对问题及条件等因素的分析、归因有一定的关系。

研究表明，归因是期望与学习行为改变的中介，如果个体总是倾向于将失败归因于能力的缺乏，这将会导致期望水平的降低，学习活动坚持性的降低，遇到困难时行为易受阻等。相反，如果个体倾向于将失败归因于努力不够、使用错误策略或运气等因素，这将有助于维持较高的期望水平。

基于这一理论，在学习情境中，应注意以下几方面：

（1）应该关注于教授学生形成系统的问题解决策略。教材中问题的设计应本着"生疑—思疑—释疑"的教学需要，为学生提供系统的问题解答策略。

（2）鼓励学生掌握策略，在困难情境中思考、应用策略，从而提高解决问题的效率和自信心。教材中的问题设计既要对学生构成挑战，又要难易适当，使学生在困难情境中思考解决问题的方法。

（3）改变学生不良的认知定式。即从学生的能力观、思维方式、归因习惯等入手，强调学习动机中的基本认知过程。通过关注这些认知变量，可为培养学生的学习能力、提高其自信提供条件。

（二）学习活动与学习任务的特点

学习动机的变化与个体所要完成的学习任务以及相应学习活动的特点有着密切的联系。

1. 学习任务的难易程度。研究表明，过难或过易的学习任务都无助于学习动机的产生。对个体而言，中等难度的任务是一个良好的问题情境，它具有一定的挑战性，学生通过努力可完成任务，并证明自己的能力，进而提高自我效能感。如果任务难度是逐渐提高的，而学生又能逐步加以解决，这对于增强学生的自我效能感尤为重要。例如，教材内容选择的深与浅，教材内容编排是否按一定的难度逐步提高，对学生学习动机的形成有较大影响。

2. 学习任务的有趣性、新颖性。研究表明，个体对有兴趣的内容会给予更多的关注。而许多学习较差的学生往往觉得学习的内容是非常枯燥的。因此，改进学习内容和学习材料的编排形式来提高学生学习兴趣，应是教材改革重点关注的问题。美国学者安德森（R.Anderson）及其同事研究发现，学习者对有趣的句子的记忆优于无趣的句子，且兴趣的效应比句子的可读性的效应更明显。对兴趣效应起作用的机制进行分析研究表明，越有兴趣的材料越容易引起兴趣，使学生花更多的时间阅读有趣的教材内容，被内容吸引而不关注外在的信息或刺激。简言之，兴趣影响着个体的注意，进而直接影响着学习过程和学习效果。为此，安德森（R.Anderson）等人1987年提出了怎样使学习材料更有趣的建议：含有一些使读者易于识别和接受的人物，如在性别、年龄、种族、信仰、职业等方面与读者相似的人物；在可能的情况下设置一些新奇的关系；学习内容与学生的生活事件有关等。提高学习材料的趣味性、新颖性、不确定性可以激发学生的学习动机（伯莱恩 Berlyne，1960）。因此，通过变换教材的格式、体例采用图文并茂的版式设计叙述中增加设问以及通过设趣、激趣、诱趣和扩趣等写作手段，可以激发学生对教材的学习动机并提高学习兴趣。

3. 学习任务的呈现方式。相同的内容以不同的方式呈现，会使学生产生不同的学习动机。布洛菲（Brophy,1983）认为，一般化的泛泛的或平铺直叙的论述不能使学生产生学习兴趣；相反，如果教材能从学生的切身体验或经历出发引入学习内容，并采用通俗易懂的语言进行描述，则可使学生主动地参与学习。皮亚杰等认为认知冲突在认知发展中起非常重要的作用，认知冲突可有效地促使个体从事智力活动。在科学教育（含职业教育）中，应用认知冲突来激发学生进行学业参与具有明显效果。日常的非科学概念与正规的科学概念相矛盾、冲突，通过对比、讨论等手段，可促使学生产生求知欲，进而达到对所学知识的深层次理解。

（三）学习目标结构

学生的学习动机与课程教材所设定的目标结构有一定关系。美国心理学家耐特（Knight）和瑞莫斯（Remmers）通过实验发现，如果被试个体认清学习目标，就会产生强烈的学习动机。若学生搞不清楚他们要做什么，即学习目标盲目，则学习动机和兴趣都处于较低水平。"明确的目标"是指目标要具体，而且学习者能理解它的意义；学习者明确了学习目标的价值和意义，学习目标的诱因性大大增加。研究还表明，让学生及时了解自己的学习结果（即反馈），可以加强其进一步学习的动机。在传统的知识本位体系中，课程教材的目标结构强调的是学科体系的完整性、系统性，教材结构基本是学术专著式的，学习目标显得笼统而抽象，学习内容较为晦涩枯燥，学习反馈不及时，因此很难激发学生的学习动机。能力本位体系中，由于目标结构的变化，使课程结构和教材结构均发生了巨大变化，而这种变化可较好地激发学生的学习动机。例如，从培养学生的职业能力和全面素质出发，教材从学术结构转变为模块式的能力、素质结构，并且在每一个模块（章节）的开始部分，都对学习内容提出能力、素质目标要求，在叙述过程中增加案例，以使学习内容紧密结合实际，每个技能学习结束均给出评价标准，学生可以随时对自己的学习进行评价，使反馈更及时，这样将大大提高学生学习的兴趣和动机。

第三节　学习的过程

学生的学习过程，是其素质形成的过程。依据素质的定义和性质，素质可以说是在先天素质的基础上，通过知识学习、品性修养、技能训练及其迁移、整合与类化过程形成的。这里试图从知识、品性、技能三个基本要素的学习过程入手，来探讨学习的一般过程。

一、知识的学习过程

（一）知识及其分类

知识是"个体通过与其环境相互作用后获得的信息及其组织。"（皮连生：《学与教的心理学》）个体完成某些工作任务，必须具有相应的知识，而且人一旦掌握了某种知识，知识就会参与有关活动的调节，指导人的实践活动。所以说，知识是活动的自我调节机制中不可缺少的构成要素之一。而能力作为个体心理特征，对活动的进程及方式起稳定、调节与控制作用，是系统化、概括化的个体经验。因此，知识也是能力基本结构中不可缺少的组成部分。能力的形成、发展与知识的获得和积累是分不开的。

根据知识的不同表述形式，人们常常将知识分为陈述性知识和程序性知识。前者用于说明事物是什么、怎么样、为什么等问题，如描述某种事实，陈述某种观点、信仰等；后者主要回答做什么、怎么做的问题，是一种实践性知识，该类知识也称为操作性知识。

（二）知识学习阶段

知识的学习主要是指知识的掌握。知识的掌握是知识传递系统中，个体通过领会、巩固与应用三个环节来接受和占有知识，在头脑中形成相应的认识结构的过程。以此为依据，结合教学实践，一般人们把学习划分为习得、巩固和转化、迁移和应用三个阶段。

1. 习得阶段

由于对学习目标的期望，学习者处于一定的激起状态，随时准备吸收新知识。在学习目标的指引下，学习者有选择地接受新的信息，并与原有知识相互作用，形成联系，被储存下来。在学习的第一阶段，所有的知识都是陈述性的，对于程序性知识来说，习得的是它的前身，即程序性知识的陈述形式。

2. 巩固和转化阶段

在此阶段，新知识有两种发展方向：一部分知识储存下来，通过适当的复习，这部分知识将形成知识结构的新的有机组成部分，有的甚至能改变原有的知识结构，而得到巩固。另一部分知识经过各种变式练习，转化为程序性知识。复习是知识得以巩固和知识由第一阶段的陈述性形式向第二阶段的程序性形式转化的重要条件。知识如果不经过转化和巩固，则会被剥离出去，造成遗忘。

3. 迁移和应用阶段

在知识的应用阶段，不同类型的知识被用来解决不同的问题。陈述性知识被提取出来，用来解决"是什么"一类的问题。程序性知识被提取出来用来解决"怎么办"的问题。陈述性知识的提取是一个有意识的依据线索的提取过程，对外办事的程序性知识的提取往往是一个快速、自动化的激活过程。

上述知识学习的三个阶段是学习者的内心活动过程，它需要外在教学手段的诱发。在学习的第一阶段，两类知识尚未分化，是新材料习得意义阶段，教学设计的关键是吸引学生的注意，激活学生的原有知识。在知识学习的第二阶段，陈述性知识要完成的目的是进一步巩固新的意义并使之与原有知识进一步分化。这时教师应指导学生复习，教给学生有效复习和记忆策略。而对程序性知识来说，这一阶段要完成由陈述性知识向办事能力转变的任务。因此，教师应精心设计多种变式练习，促使学生练习，并及时对练习结果提供反馈和纠正。在知识学习的第三阶段，对学习者而言，是知识的迁移和运用；对教学过程而言，是进行学习结果的测量和评价。由于陈述性知识解决"是什么"的问题，程序性知识解决"怎么办"的问题，教师只有针对不同类型的知识，采取不同的行为指标，设计不同的问题情境，才能获得真实可靠的评价结果。

（三）影响知识学习的因素

知识学习过程受许多因素的影响，知识学习的不同阶段起关键作用的条件也是有所不同的。但就知识学习整体而言，其受到了一些基本条件的制约。

1. 学习的主动性和积极性

学习的主动性和积极性直接影响着知识的学习，制约着知识学习的方向与水平。积极、主动地参与学习过程，有利于学习者设置恰当的学习目标，进行有意义的学习，而不是机械地学习；也有利于学习者自己主动探索掌握知识的最佳方法，寻找解决问题的最佳途径，即使遇到困难也能正确对待，并坚持下去。主动积极性影响着学习的始终，对个体所能达到的最终水平有潜在的影响。如果缺乏必要的学习主动性、积极性，个体仅是被动地、机械地应付外界的要求，不可能真正地投入到知识学习中去。即使完成了学习任务，也无乐趣可言，对将来的学习的促进作用极小。在教学中，应采取措施培养和激发学生的主动积极性，通过设置恰当的学习目标，创设问题情境，提高学习材料的新颖性、趣味性，适当地更新教学方式与方法等手段，来提高学习者的学习兴趣，激发其求知欲。通过积极、及时的反馈、适当的奖励与表扬等，使学生体验到学习的乐趣。通过正确的引导，培养学生学习的自觉性，逐渐地由兴趣、乐趣转为志趣。

2. 原有的知识准备

大部分新知识的学习都是在原有的知识结构的基础上进行的，原有的知识结构为新的知识的学习提供了背景与起点，并参与到新的学习中，影响着新的知识结构的构建。原有知识结构的特征影响着新知识获得的水平，它可以提高知识的检索效率，加强上下知识节点之间的联系，以免知识的僵化，还可以节省工作记忆的空间，有助于提高迁移的意识性。

3. 心智技能

心智技能是通过学习而形成的合法则的心智活动方式。目前研究较多的学习策略、认识策略以及元认知策略都可以视为心智技能，它是影响知识学习的一个非常重要的因素。知识的学习是通过一系列的心智动作完成的，心智动作是获得知识的最直接的基础。心智技能又是由合法则的心智动作组成的，它调节着心智动作，直接影响着知识掌握的整个过程。

4. 教材结构

学习者的知识体系主要是由教材结构转化来的，科学的教材结构可以促进学习者知识结构的构建。因此，教材作为一种外部因素，制约着知识结构的形成水平。

二、技能的形成过程

（一）技能及其分类

技能是通过学习而形成的合法则的活动方式（姚梅林《学习规

律》），它是在一定生理条件的基础上，在心理活动支配下，按某种要求，通过反复练习形成，并通过人的外在的比较固定的活动方式表现出来的，可视、可辨，人们能通过仿效、学习掌握技能。例如，计算机操作技能、阅读技能、语言表达技能、驾驶机动车等。

技能的学习要以程序性知识的掌握为前提，一般通过感性认识（看或听）、模仿（学习）、练习反馈等过程由不会到会到熟练，从而达到自动化式的定型。一般情况下，熟练的自动化了的定型的技能具有：流畅性、迅速性、经济性、同时性和适应性等特点。

技能一般可分为两类：操作技能和心智技能。操作技能又叫运动技能或动作技能。日常工作和生活中的许多技能都是操作技能。例如，音乐方面与吹、拉、弹、唱，生产劳动方面的车、铣、焊、磨，办公方面的打字、复印、传真，医护方面的打针、量血压，体育方面的球类、体操、田径等。心智技能也称智力技能、认知技能，是通过学习而形成的合法则的心智活动方式。阅读技能、运算技能、记忆技能等都是常见的心智技能。

（二）操作技能的学习

1．操作技能的学习过程

操作技能的学习可分为操作的定向、操作的模仿、操作的整合和操作的熟练等四个阶段。

1）操作的定向阶段

操作的定向即了解操作活动的结构，在头脑中建立起操作活动的定向映象的过程。虽然操作技能表现为一系列的操作活动。但学习者最初必须了解做什么、怎么做，即首先要掌握程序性知识。程序性知识不同于操作技能，前者形成的是操作活动的定向映象，后者是实际的操作活动方式。所形成的操作活动的定向映象应包括两方面：一是操作活动的结构要素及其关系，即有哪些要素构成某一操作活动，各动作要素间的关系和顺序如何；二是活动的方式，即操作的轨迹、方向、幅度、力量、速度、频率、动作衔接等。学习者了解这些信息，可以在头脑中建立相应的心理表征，即起到定向作用的心理映象。有了这种定向映象，学习者在实际操作时就可以受到该映象的调节，知道做什么、怎么做。操作定向是操作技能形成过程中的一个重要环节，准确的定向映象可以有效地调节实际的操作活动，缺乏定向映象的操作活动经常是盲目尝试，效率低下。因此，不应忽视该环节在操作技能形成过程中的作用。

2）操作的模仿阶段

操作的模仿即实际再现出特定的动作方式或行为模式，实质是将头脑中形成的定向映象以外显的实际动作表现出来。因此，模仿是在定向的基础上进行的，缺乏定向映象的模仿是机械的模仿。操作技能最终表现为一系列的合法则的操作活动方式，仅在头脑中了解这种活动结构及其执行方式是不够的，如果没有实际的操作，则始终是纸上谈兵，不可能形成动觉体验，也不可能形成操作技能。通过模仿，个体可以检验已形成的动作定向映象，使之更完善、更巩固，有助于定向映象在形成过程中发挥更有效的作用。此外，通过模仿，还加强个体的动觉感受。动觉是一种反映身体各部分运动和姿势的内部感觉，它在操作技能形成中可以调节、控制动作的进行，是非常重要的一种控制机制。通过模仿，个体可以获得初步的动觉体验，有利于准确的动觉体验的产生。

在模仿阶段，动作的主要特点有：（1）动作品质方面：动作的稳定性、准确性和灵活性较差，这主要是由于学习者尚未建立起稳定的、清晰的内部调节系统，该内部系统主要以动作映象与动觉体验为主。（2）动作结构方面：动作结构主要表现在各动作要素之间的协调性，在模仿阶段，动作要素间不协调，互相干扰，相互衔接不连贯，经常出现顾此失彼的现象，并且有多余动作产生。（3）动作控制方面：主要靠视觉控制，动觉控制水平较低，不能主动发现错误与纠正错误，表现为顾此失彼。（4）动作效能方面：完成某一操作的效能较低，表现在用较长的时间、花费较大的体力与精力来从事某项活动，在该阶段，完成一个动作往往比标准速度要慢，个体经常感到疲劳、紧张。

3）操作的整合阶段

操作整合即把模仿阶段习得的动作固定下来，并使各动作成分相互结合，成为定型的、一体化的动作。由于学习者在模仿阶段只是初步再现，做出定向阶段所提供的动作方式或模式，故动作整体水平较低。通过整合，一方面动作水平得以提高，动作结构趋于合理、协调，动作的初步概括化得以实现；另一方面，个体对动作的有效控制逐步增强。因此，整合是操作技能形成过程中的关键环节，它是从模仿到熟练的一个过渡阶段，也为熟练的活动方式的形成打下基础。

4）操作的熟练阶段

操作的熟练阶段是操作技能最后形成的阶段，是由于操作活动方式的概括化、系统化而实现的。操作的熟练阶段既是技能形成中的一个重要阶段，也是由操作技能转化为能力的关键环节。在操作熟练阶段，动作的特点实际上体现了操作技能的关键特征：（1）动作的灵活性、稳定性和准确性；（2）动作的连贯性、流畅性和协调性；（3）动作的控制性增强，能准确地觉察到外界环境的变化并调整动作方式。（4）紧张感、疲劳感降至最低，可以有效地同时从事两种或多种活动。

操作技能学习的四阶段理论，根据操作技能形成过程中的动作的质的差异划分学习阶段，弥补了传统的学习阶段跨度大的不足，有助于加速操作技能的形成。

2．影响操作技能形成的因素

从严格意义上讲，不同的操作技能的学习阶段所需要的最佳条件是不同的，应分别探讨。但在技能形成过程中也存在着一些共同的影响因素，如示范与讲解、练习、反馈、操作性向等。下面就对这些一般的影响因素进行分析。

1）示范、讲解

示范、讲解在操作技能形成过程中是不可缺少的，准确的示范与讲解有利于形成准确的定向映象，进而在实际操作活动中可以调节动作的执行。示范的有效性取决于许多因素，如示范者自身的某些特征，示范的准确性，何时给予示范，等等。

首先，示范者的身份对学生学习的效果有一定影响。研究发现当观察熟练的教师的示范操作时，学生的学习效果最好；而观察不熟练的同伴的示范或观察不熟练的教师的示范操作时，学生的学习效果比前者差。另外，无论是何种身份的示范者，对技能学习的影响都要视示范者的技能水平而定。在某些情况下，示范者的身份可能影响着学习者的技能掌握，其主要原因有两方面：一是身份较高的示范者可能引起观察者对其示范的更多关注，进而有可能影响着从示范中所获取的信息；二是高身份者可能促进观察者产生较高的动机，使观察者渴望达到示范者所演示的那种水平。

无论是何种身份的示范者，其关键在于能否准确地示范要学习的技能，示范的准确性是影响操作技能学习的直接决定因素。因为学习者通过观察示范动作而加以模仿，错误的示范直接导致错误的模仿，这在技能学习的初级阶段是非常重要的。

在实际进行技能操作之前，让学生观察示范动作是一种较好的技能学习方式，这也表明操作技能学习过程中的定向环节是非常必要的。值得注意的是，除在技能学习的最初阶段提供示范，在技能学习的其他阶段也应根据需要来给予必要的示范，以进一步充实、矫正学者的定向映象。

言语讲解在技能形成过程中也起到重要的作用，对于某种技能学习而言，给予言语讲解比给予视觉示范更能产生较好的学习效果。事实上，言语讲解与视觉示范在技能形成过程中的作用是不能抹杀的，二者作用的大小也很难以高低来区分。讲解与示范能否起作用，其关键在于它们是否提供了促进技能形成的重要信息。为此，如何讲解与示范才能有效提供重要的关键信息是必须注意的问题。

首先，示范与讲解要结合。二者的结合可以加强两种信号系统的协调，有利于准确地、稳定地形成定向映象。当然，如何结合要视具体学习内容而定。如果强调操作的结构及其活动方式则应以示范为主，讲解为辅，讲解时提示观察要点。如果强调学习操作的法则与原理，则应以讲解为主，示范为辅，以示范印证讲解。

其次，根据操作活动特点，采取多种示范方式相结合，以有效地提供关键信息。通过整体示范，可以使学习者了解操作活动的全貌；通过分解示范，可以突出重点，有助于学习者有效地观察。无论何种形式的示范、讲解，最关键的是要保证所提供、传递的信息是准确的。为了达到这种目的，可以借助图片、录像、幻灯、影片、计算机模拟等现代化的技术手段，使信息的呈现更准确、更方便、更易于接受。

2）练习

大量的实验都证明，练习是各种操作技能形成所不可缺少的关键环节，通过大量的不同形式的练习，可以使个体掌握某种技能。在练习过程中，练习的量与练习的方式不同，所形成的操作技能的水平也有所不同。

首先从练习量来看，过度学习是十分必要的。过度学习在操作技能形成中也指过度练习或过度训练，即实际练习时间超过达到某一操作标准所需的练习时间。过度学习对于操作技能的保持尤为关键。但值得注意的是，并非过度学习的量越大越好，学习量过大有时会导致相反的结果，使个体产生疲劳，没有兴趣，使错误动作定型化等。应用过度学习这种方法时，应注意下面几个问题：第一，要了解达到某一操作水平时所需的基本练习次数，在此基础上才能确立过度学习的次数；第二，过度学习的次数并非越多越好，究竟过度学习达到何种程度最佳，不同的研究所得到的结论并不一致，有人主张最保险的次数为100%；第三，对于那些只能在一个特定的时期进行练习，而此后又不会马上操作的一些技能学习来讲，过度学习更为有效。这对于职业技术培训有重要意义。过度学习虽然重要，但其作用的发挥要取决于其他许多因素，单纯的过度学习对技能形成的作用是不明显的。

其次，采取何种练习方式也直接影响着操作技能的学习。练习方式有多种，根据练习时间分配的不同有集中练习与分散练习；根据练习内容的完整性的不同有整体练习与部分练习；根据练习途径的不同有模拟练习、实际练习与心理练习；等等。研究表明，对于一个连续性的操作任务而言，分散练习的效果优于集中练习；而对于不连贯的操作任务而言，集中练习的效果优于分散练习。当操作任务不太复杂且各动作成分的内在组织性较强时，使用整体练习可以产生较好的学习效果；当操作任务比较复杂且内在组织性较弱时，采用部分练习容易产生良好的学习效果。将实际练习与心理练习、模拟练习相结合，可以有效地促进技能的形成、保持与迁移。

3）反馈

一般来讲，反馈来自两方面：个体自身的感觉系统的感觉反馈和个体自身以外的人和事给予的结果知识的反馈。前者是个体通过自身的视觉、听觉、触觉、动觉等获取的反馈信息，尤其是动觉反馈信息最有代表性。后者是教师、教练、示范者、录像、计算机等外部信息源对学习者的操作结果及操作过程的反馈。毫无疑问，反馈在操作技能学习过程中的作用的是非常关键的，其中结果知识反馈的作用尤为突出，还可以鼓励学习者努力改善其操作。

给予何种内容的反馈信息，关键要考虑该信息能否使学习者改善其错误动作，强化其正确动作，还可以鼓励学习者在下一次操作中将注意力集中于要改善的某一个动作或某些动作上面。过多与过少的信息都不能有效地使学习者抓住关键问题进行解决。就反馈的方式而言，在学习的初期阶段，外部反馈作用较大，因为个体尚未建立准确的动态感受；在学习的中期和后期，应强调内部反馈的作用，以提高自我调节、控制的能力。

4）操作性向

操作性向即个体操作某种活动所具备的生理与心理的素质，这些素质影响着个体操作技能形成的速度与质量。对于许多操作活动来说，都需要个体的肢体与心理参与，而个体的生理与心理特性必然影响着技能的学习过程。

（三）心智技能的学习

1．心智技能的学习过程

1）原型定向阶段

原型即事物的原样，由于心智活动具有观念性、内潜性和高度简缩性的特点，不易为人直接感知和把握。但心智活动也有其外化的物质原型，即实际的操作活动程序、实践模式。原型定向即了解这种实践模式，了解动作结构，各动作成分及其顺序等。该阶段个体主要是在头脑中形成程序性知识。

通过原型定向，个体在头脑中形成了有关活动方式的定向映象，而这种定向映象一旦建立，它就可以调节以后的实际心智活动，同时也是心智活动产生的基础。

2）原型操作阶段

原型操作即把头脑中建立起来的动作程序以外显的方式付诸实施。在该阶段，活动方式是物质化的，即以外部语言、外显的动作，按照活动模式一步步执行。在操作的开始阶段，需要逐步展开，并不断变更活动对象，也就是说，练习者将心智活动的实践模式程序应用于多个问题的解决，以便为将来的内化提供基础。

个体在该阶段的活动是展开的、外显的，并经常借助于外部言语的引导和外部辅助手段，个体尚不能摆脱实践模式，而是依赖实践模式进行活动。

3）原型内化阶段

心智活动的实践模式向头脑内部转化，借助于内部言语，个体可以在头脑内部进行程序化的心智活动，而且能以非常简缩、快速的形式进行。

当面临某一问题时，个体不必以言语表述出活动程序的每一步骤，而是在头脑中运作这些步骤，动作不必一一展开，有些步骤可以交叉或同时进行。有时个体自身都难以意识到操作的每一步，但实际上确实是按照该活动程序进行的。在该阶段，个体摆脱了实践模式，但已经将实践模式内化为一种熟练的思维活动方式，突出表现在外显的言语活动明显减少。个体面临一个新任务，始终复述任务规则，但随着练习的不断进行，法则复述消失。这是内化的一个标志。

原则上讲，新的心智技能应经过上述三个阶段才能形成，但若构成心智技能的某些成分已为学习者所掌握，则可以利用迁移规律而不必机械地重复上述三个阶段。

心智技能形成的三阶段理论对于揭示心智技能的实质及其形成规律是非常有益的，对于教学内容的选择、编排、教学活动的实施及其有效地培养心智技能具有重要的指导意义和启发意义。

2．影响心智技能形成的因素

心智技能的形成是一个非常复杂的过程，受到许多因素的影响。此处仅列举几个重要的因素进行论述。

1）实践模式的确立与选择

心智技能的形成是由外部活动逐步内化的过程，心智活动是实践活动的反映，外部实践模式即心智活动的实际操作程序，它的确立直接决定着心智技能形成的难易和最终形成的水平。由于心智技能是内潜、简缩、自动进行的，所以通过外部观察难以把握和推断其整个过程，加之个体自身也难以准确意识心智活动的进行，这为心智技能的实践模式的确立增加了难度。根据有关研究的实践经验，确立实践模式可以从两方面入手：一是分析专家或有效的学习者的口语报告、问卷调查等。许多专家在某一领域表现出非常熟练的心智技能活动，通过分析他们心智活动时的口语报告，可以获取各种信息，这种方法被广泛应用。二是应用心理模拟和活动分析的方法。心理模拟即用那种与人的心理功能具有相似的关键特征的物质系统来模拟人的心理活动，比如计算机就是经常用于模拟人类心理活动的一个物质系统。无论应用何种物质系统作为人类心理的模拟物，都必须通过活动分析才能使其发挥作用。活动分析即根据系统要完成的具体的功能来确定活动的结构、各动作成分的关系及执行方式。

通过上述两种途径所确立的心智活动模式应符合两个标准：一是实践标准，即该模式是否有效；二是理论标准，即有效性的原因分析。要达到这些标准，除了综合应用上面两种方法确立实践模式外，还应根据实际情况考虑模式的不同种类、不同层次的要求。

确立的实践模式不仅要有效、合理，还应该考虑可接受性，即学习者能否通过该模式形成心智技能。这就要求实践模式能够以外显的方式为学习者操作，应提供一套具体的可操作的实践程序，这是保证心智技能习得的前提条件。

2）知识

技能的形成依赖于学习者所获得的知识。丰富的、组织良好的知识可以促进对新信息的加工，保证了技能的形成、发展与应用，同时也促进各种技能的整合，这为解决复杂的问题提供了前提。

脱离知识的学习而形成技能的捷径是不存在的。能否有效地应用心智技能去解决，这与个体所形成的知识结构有关。应用心智技能解决问题的能力受到知识发展程度的限制，脱离知识而教授技能是徒劳的。当然，强调知识在技能形成中的作用并不否定技能对知识的影响，二者具有交互的作用。

3）教学

在过去相当长的一段时间里，对心智技能的教学是欠缺的，这直接导致教学效率的低下，一种突出的表现就是学生不会学习。这也表明心智技能的形成不是自发的，更多的是在教学条件下习得的，教学对于心智技能的形成具有直接的作用，有效的教学可以使学习者形成有效的心智技能，使学生学会学习，促使学生成为自主而有能力的学习者。各种学习策略的教学在一定程度上有助于这一目的的实现。

长期以来，研究者们提出了多种学习策略、学习技能的教学方法，如直接教学、交互教学。有的研究者强调直接教授学习策略，即教师直接讲解学习策略中的所有的成分，包括构成策略本身的各组成要素、元认知、有关的知识、动机等，并使策略模式化、程序化，学生练习这些策略并接受反馈。有的则强调交互式策略教学，即教学初期教师将学习策略模式化，然后由学生自己应用策略，学生同时扮演教师的角色去教授同伴学习策略，即进行责任转换。教师仅在必要的时候给予帮助。

此外，是专门教授技能、策略，还是结合某一学科的学习教授技能、策略也存在着不同的看法。有人认为专门、单独地教授某种技能、策略可以缩短教学时间，且有助于提高个体的一般思维能力，因而具有广泛的迁移性；但也有人认为，脱离具体的学科进行技能、策略教学，学习者在具体的学习过程中不易应用、迁移这些技能和策略，对实际的学习没有明显的改善，因此，应结合具体的学科来教授。这是一种两难的问题，许多技能和策略教学是脱离具体情境的，学生不能应用；但在某一课程内进行教学又难以广泛迁移。当然，导致不能迁移的原因有许多，如将技能、策略的学习与知识的学习割裂；技能、策略的学习过程不是一蹴而就的，短期内不易产生明显的效果，需要进行长期的训练；再者，只训练几种技能和策略，要产生整体的明显的改善也并非易事，需要有综合性的整体的训练计划。

有效的教学应该注意下面几点：（1）在某一时期内，只教授几种策略或技能，并保证成功。很少有证据表明短时间内教授大量的策略与技能可以迅速改善学习者的学习能力。（2）在教授策略、技能的同时，也要教授元认知的有关内容，即告知学习者何时、何处、为何应用该策略、技能，同时要求对策略和技能的应用进行检查、监控。（3）维持学习动机，通过给予反馈、列举技能和策略的作用等实现。（4）提倡结合具体的学习课程进行教学。（5）注重策略、技能与知识间的交互作用。脱离知识的技能教学是不可能成功的。（6）无论是直接教学还是交互教学抑或其他的教学形式，都需要教师将策略和技能模式化、程序化。教师可以通过"大声思维"将使用策略和技能的过程外化出来。给学生提供必要的辅助线索、辅助手段，如记录策略的步骤和执行方式等内容的卡片。要求学生整合多种策略，以解决更复杂的任务。（7）策略、技能的教学是长期的、细致的，应始终成为教学的重要内容之一，尽可能地在课堂中创造应用策略与技能的情境，使学生能够掌握、概括并迁移所学的技能与策略。让学生在熟悉的环境中熟练应用习得的技能与策略，在不熟悉的环境中通过元认知迁移习得的技能与策略。

三、品性的养成过程

态度的一贯性是品性的表现。因此，品性的养成应该基于态度的形成和改变过程。态度的外显性，使品性培养与评价成为可能，为学校进行品性教育找到了有效的途径。

（一）态度及其内涵

心理学研究认为，态度是通过学习形成的影响个体行为选择的内部准备状态或反应的倾向性。它由认知成分、情感成分和行为成分构成。认知成分是个体对态度指向对象带有评价意义的观念和信念。不同个体的态度中所含认知成分不同，如有的人基于理性的思考，有的人则基于情感冲动；有的可能基于正确的信息，有的则可能基于错误的信息。态度的情感成分指伴随态度的认知成分而产生的情绪或情感。态度的行为倾向成分是指个体所表现出来的行为意图，即准备对特定对象做出的某种反应。

职业教育中态度的含义更为宽泛一些，除一般意义的态度，还包括职业精神（敬业精神、创业精神）、职业信念、职业道德等。因此，职业教育要特别注意学生职业态度方面的培养，以利于职业能力的形成。

（二）态度的形成与改变阶段

态度不是先天就有的，而是社会性学习的结果。在家庭、社会和学校等不同情境的作用下，通过他人的社会示范、指示或忠告，将社会的要求内化为学生自己的态度，并会在一定条件下产生迁移和改变。

20世纪60年代，美国学者班杜拉提出了著名的社会学习理论，认为个体的态度形成是通过观察和模仿进行的。观察是指个体以旁观者的身份观察他人的行为表现，以形成个人的态度和行为方式；模仿则是仿照别人的态度和行为举止，使自己的态度和行为方式与被模仿者相同，以被模仿者为榜样。态度的形成和改变一般认为要经过顺从、认同和内化三个阶段。

1. 顺从

顺从是表面接受他人的意见或观点，在外显行为方面与他人一致，而在认识与情感上与他人不一致。在这种情况下，个人的态度受外部奖励与惩罚的影响。这种态度是由外在压力形成的，如果外在情景发生变化，态度也会随之变化。

2．认同

认同是在思想、情感和态度上主动接受他人的影响，比顺从深入一层。因此，认同不受外在压力的影响，而是主动接受他人或集体的影响。

3．内化

内化是指在思想观念上与他人的思想观点一致，将自己所认同的思想和自己原有的观点、信念融为一体，构成一个完整的价值体系。由于在内化过程中解决了各种价值的矛盾和冲突，当个人按自己内化的价值行动时，会感到愉快和满意；而当出现了与自己的价值标准相反的行动时，会感到内疚、不愉快。这时，稳定的态度（品德）便形成了。

（三）影响品性修养的因素

1．外部条件

外部条件是指学生自身以外的一切条件，包括家庭、社会、学校、班集体和同伴、小集体等。

2．内部条件

影响态度形成的内部条件是指学生自身的各种因素，如智力、年龄、性别、教育程度以及其他各种心理因素。在各种内部条件中，心理因素是最重要的。心理因素一般包括：认知失调、认知不平衡、智力水平、教育程度和道德认知水平等。

四、素质的形成——知识、技能、品性的迁移、整合与类化

学校对学生职业能力的培养要与品性培养联系起来，进行职业分析，确定培养目标，都应考虑品性因素。例如，许多学校在图表开发时，要根据能力分析结果，按照不同的能力需要给出所需的品性。品性涵盖着从事职业能力的多种成分，如敬业精神、职业信念、职业道德、创业精神、安全意识、环保意识、合作精神、积极的工作态度等。在对学生的品性培养方面，学校应注意如下问题：

（1）教师以身作则，起到榜样的作用。

（2）建立良好的育人环境，形成良好的氛围，来培养学生的良好态度。

（3）开展丰富多彩的社会实践活动，使学生在实践中得到熏陶。

（4）加强实习、实训教学环节，使学生感受正确的职业态度。

知识、技能、品性等的习得或会应用，并不等于已具备了职业能力。学生职业能力的形成和发展，有待于参与特定的职业活动或模拟的职业情境，通过对已有的知识、技能、品性等的迁移，并得到整合与类化，从而形成素质，具备能力。

（一）迁移与整合的基本过程

学习迁移与训练迁移，是指一种学习对另一种学习与影响或习得的经验对完成其他活动的影响。迁移广泛存在于各种知识、技能和行为规范的学习之中。

迁移现象不仅存在于知识间、技能间、行为间，而且知识、技能、行为三者之间彼此也存在着迁移[7]。例如，学生掌握了某一领域的专业知识后，这也将促进他掌握这一领域的某种技能；有效的技能学习也促进个体获得更多的知识。对一些行为规范的理解将影响着个体与行为形成。所以，迁移表明了经验间的相互影响。通过迁移，各种经验得以沟通，经验结构得以整合，这便于形成综合的能力。

1. 迁移的分类

迁移的类型不同，实现迁移的过程与条件也有所不同，因此，对迁移进行划分，有助于探明产生迁移的最佳途径。迁移可分为以下几种类型：

1）正迁移、负迁移与零迁移

正迁移是指一种学习对另一种学习起到积极的促进作用。例如，阅读技能的掌握有助于写作技能的形成。正迁移表现在个体对于新学习或解决某一问题具有积极的心理准备状态，从事某一活动所需的时间或练习次数减少，学习效率提高。

负迁移指两种学习之间有相互干扰、阻碍。例如，汉语拼音学习干扰英语中的48个音标的学习。负迁移表现在产生僵化的思维方式、缺乏灵活性、变通性，使某种学习难以顺利进行，学习效率低下。

---

7 CORMIER S M, HAGAMAN J D (eds.) Transfer of Learning. Academic Press Inc.，1987.

零迁移也称中性迁移，它指两种学习间不存在直接与相互影响，事实上，许多经验之间存在着多种直接或间接的关系，但由于多种原因，个体未能感觉到经验间的内存联系，不能进行迁移，使某些经验处于惰性状态，表现为零迁移。这一现象应引起中专职业教育的高度重视。即教师在教学活动中，如何激活这一障碍点，是值得深入研究的问题。

2）水平迁移与垂直迁移

水平迁移又称横向迁移，是指处于同一抽象和概括水平的经验之间的相互影响。如直角、钝角、锐角等概念之间为逻辑关系并列的，学习时相互之间影响，即水平迁移。先行学习与后续学习是不同水平的学习，是某种下位能力的先行学习，进而对更高一级的后续学习发生迁移，称为垂直迁移。例如，作为先行学习的加、减、乘法能力的学习，对以后更高级的除法能力学习具有促进作用。也就是说，为了学习除法，必须充分掌握作为前提条件的加、减、乘法的运算。必须具备熟练的下位能力作为纵向迁移的条件，才能进行迁移。

3）顺向迁移与逆向迁移

顺向迁移是指前面的学习影响后面的学习。逆向迁移是指后面的学习影响前面学习所形成的经验结构，使原有的经验结构发生一定的变化，如得到充实、修正、重组或重构等。

4）一般迁移与具体迁移

一般迁移也称普通迁移，是将一种学习中习得的一般原理、方法、策略和态度再迁移到另一种学习中。

具体迁移是一种学习中习得的、具体的、特殊的经验直接迁移到另一种学习中，或经过某种要素的重新组合迁移到新情境中。具体迁移对于系统掌握某一领域的知识是非常重要的。

5）自迁移、近迁移与远迁移

个体将所学的知识、技能、经验、态度等迁移到结构特征与表面特征都基本相同的其他情境中时，属于自迁移。如果能迁移到表面、结构特征都相似的其他学习情境中，则属于近迁移；如果能迁移到表面特征不相似但结构特征相似的其他学习情境中，则为远迁移。

2. 迁移的作用

迁移对于提高解决问题的能力具有直接的促进作用。要有效地解决某种问题，除需要一些基本的分析、综合、抽象、概括等思维活动，还需要应用头脑中已有的经验。在学校情境中，大部分的问题解决是通过迁移来实现的，迁移是学生进行问题解决的一种具体体现。能否将原有的经验迁移到目前的问题情境中，这直接决定了能否解决问题。要培养学生解决问题的能力，就必须从迁移能力的培养入手。

迁移是习得的经验得以概括化、系统化的有效途径，是能力与品德形成的关键环节。学习的最终目的并不是将知识经验储存于头脑中，而是要应用于各种不同的实际情境中，形成职业能力，来解决现实工作中的各种问题。只有通过广泛的迁移，原有的经验才得以改造，才能够概括化、系统化，使原有的经验结构更为完善、充实，不断整合为稳定的心理调节机制，从而广泛、有效地调节个体的活动，解决实际问题。稳定心理调节机制的建立也就是能力与品德的心理结构的建立，迁移是习得的知识、技能与行为规范向能力与品德转化的关键。

应用有效的迁移原则，学习者可以在有限的时间内学得更快、更好，并在适当的情境中，主动、准确地应用原有经验，防止原有经验的惰性化。教育者可以应用迁移规律进行教学设计，在教材的选择、编排、教学方法的确定、教学活动的安排、教学成效的考核等方面，加快教学进程，提高教学效果。

3. 整合

整合是经验的一体化现象，即通过概括，使新旧经验相互作用，从而形成在结构上一体化、系统化，在功能上能稳定调节活动的一个完整的心理系统。整合可通过三种方式实现，即同化、顺应与重组。

同化指不改变原有的认知结构，直接将原有的经验应用到本质特征相同的一类事物中去，以提示新事物的意义与作用。

顺应指将原有经验应用于新情境中时所发生的一种适应性变化，当已有经验结构不能将新事物纳入时，须调整原有的经验或对新旧经验加以概括，形成一种能包含新旧经验的更高一级的经验结构，以适应外界的变化。

重组指重新组合原有经验系统中某些构成要素或成分，调整各成分间的关系或建立新的联系，从而应用于新的情境。在重组过程中，基本经验成分不变，只是各成分间的结合关系进行了调整或重新组合。

通过同化和顺应这两种整合方式，可促进新旧经验的概括化；通过重组，可促进经验的系统化。通过不断迁移，经验得到整合，经验系统得以逐步地概括化。系统化，发展成为类化的经验，即基本能力。整合与能力的关系如图1-2所示。

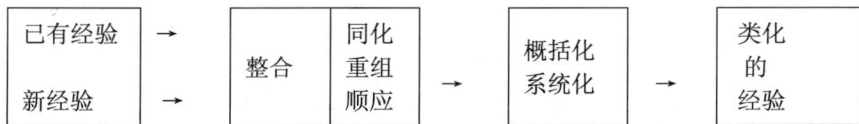

```
┌──────────┐      ┌─────────────────┐      ┌────────┐      ┌────────┐
│ 已有经验  │ →    │      │ 同化     │      │ 概括化  │      │ 类化    │
│          │      │ 整合  │ 重组     │ →    │ 系统化  │ →    │ 的      │
│ 新经验    │ →    │      │ 顺应     │      │        │      │ 经验    │
└──────────┘      └─────────────────┘      └────────┘      └────────┘
```

图1-2　整合与能力的关系

（二）影响迁移与整合的因素

研究表明，迁移的产生不是自动的，受制于各种条件。对不同类型的迁移而言，起决定作用的影响因素是不同的。

（1）学习材料相似性以及学习目标与学习过程的相似性。

（2）原有心理结构。

（3）学习的心向与定势。

另外，除上述因素以外，诸如年龄、智力、学习者的态度、教学指导、外界的提示与帮助等都在不同程度上影响着迁移的产生。

第二章 职业教育教学理论

　　教学理论作为一个独立的研究领域，在17世纪就已经出现了。但教学研究科学化进程的长足发展还是在20世纪。20世纪是科学的世纪，在科学的世纪里，世间的一切都被深深地打上科学的烙印。如果说20世纪以前的教学论的研究重心主要是宏观的教学哲学层面上的问题，那么当教学论在20世纪进入科学化时期后，其研究的重心就不再只是宏观的哲学层面的问题，而且还包括了"教学设计"这样的微观问题，出现了认知取向、行为取向和人格取向三种基本的教学设计模式。职业教育是以全面素质教育为基础，能力为本位的教育。职业教育应选用哪种教学设计模式呢？要回答这个问题，前提是确立职业教育的教学观。教学观是建立在科学的学习观的基础之上的。本课题研究提出的职业教育的学习观认为：学习的本质是学生心理结构的构建。因此，职业教育教学模式设计应该以心理结构为取向，解决好教学目标确定、教学过程设计和教学组织设计等三方面的问题。这些基本问题的解决，将使职业教育的教学观得到落实。

第一节　职业教育教学目标确定

一、教学目标及其功能

1. 教学目标

　　在我国教育界的专业术语中，"教学目标"的使用比较混乱，容易与教育目的、培养目标和课程目标混淆。因此，在这里有必要先明确教育目的、培养目标、课程目标和教学目标四者之间的联系及区别。

　　教育目的是"一定社会培养人的总要求。是根据不同社会的政治、经济、文化、科学、技术发展的要求和受教育者身心发展的状况确定的。它反映一定社会对受教育者的要求，是教育工作的出发点和最终目标，也是制定教育目标、确定教育内容、选择教育方法、评价教育效果的根本依据"[8]。我国现行宪法规定："国家培养青年、少年、儿童在品德、智力、体质等方面全面发展。"这是我国学校教育的目的。它普遍适用于各级各类学校，因而具有高度的概括性。

培养目标是对各级各类学校的具体培养要求。它是根据国家的教育目的和自己学校的性质及任务，对培养对象提出的特定要求。所以，教育目的与培养目标没有实质性的区别，只是概括性的程度不同。教育目的是整个国家各级各类学校必须遵循的统一的质量要求；培养目标则是某级或某类学校的具体要求。后者是前者的具体化。换句话说，培养目标要根据教育目的来制定，而教育目的又只有通过各级各类学校的培养目标才能实现。因此，两者的关系可以说是一般与个别的关系，或整体与局部的关系。

课程目标是指导整个课程编制过程的最为关键的准则。确定课程目标，首先要明确课程目标与教育目的、培养目标的衔接关系，以便确保这些要求在课程中得到体现。其次要在对学生的特点、社会的需求、学科的发展等各个方面进行深入研究的基础上，才有可能确定行之有效的课程目标。课程目标有助于澄清课程编制者的意图，使各门课程不仅注意到学科的逻辑体系，而且还关注教师的教与学生的学，关注到课程内容与社会需求的关系，以便最终形成学生合理的心理结构。

教学目标是课程目标的进一步具体化，是指导、实施和评价教学的基本依据。教学目标可以分为课程教学目标、单元教学目标、课时教学目标的不同的层次。教学目标的确定要考虑教育目的、培养目标和课程目标，以确保这些要求在教学中得到体现。教学要分单元，单元教学目标必须体现教学目标。在单元教学目标里，要说明学习者完成本单元的学习任务后其自身心理结构的变化。课时教学目标是通过教学单位课时教学后要达到的目标。它是教学目标中，最具体和最具操作性的。

---

8 辞海编写组.辞海：教育学·心理学分册[M].上海:上海辞书出版社，1987:1.

2. 教学目标的功能

1）定向功能

教学活动的开展首先要进行教学设计，而教学设计又要以教学目标为依据。职业教育教学设计是为实现职教教学目标服务的。因此职教教学目标是"的"，职教教学设计是"矢"，只有确定明确的职教教学目标，才能进行职教教学设计。在职教教学活动中，教师的教学行为是由教学目标支配，学习者的心理结构构建亦是由教学目标来定向的。同样，教师的水平、学习者的状况、教学内容、教学方法、教学设施及空间因素的完整性、和谐性以及教学活动展开的阶段与步骤的连贯性、有序性，也要以教学目标的实现为前提进行协调。

2）激励功能

由于职教教学目标提供了教学对象的明确发展方向和预期发展结果，它是学习者的学习努力方向。况且职教教学目标的制定，主要依据是职业岗位的要求和学习者身心发展的需要，当学习者具有了清晰而明确的目标意识，并将其延伸到行为领域同行为相联系时，就形成了动机。因此，职教教学目标制定后，可以激发学习者学习的积极性和学习动力，促使学习者产生强烈的学习渴望。当然，激励作用的大小主要取决于教学目标高低是否适度，太高，可欲而不可求，使学习者望而生畏；太低，学习者学习的潜能又难以发挥。只有教学目标高低适度，才能激发学习者的学习动机。

3）评价功能

职教教学目标一旦确定，是否达成既定目标，就成了测评职教教学效果的尺度。教学效果的检测和评价，都是参照教学活动的既定目标进行的。因为教师的教学活动是紧紧围绕教学目标组织并开展的，教学目标在其中发挥了应有的作用，教学效果如何？是否达到预期发展结果，就成为进行职教教学活动评价的重要内容。但是，由于职教教学目标要在教学活动开展之前制定，为了更好地发挥其评价功能，职教教学目标必须合理、客观。否则，测评的效度、信度、难度和区分度都将失去合理的保障。可以这样讲，职教教学目标的制定为进行教学测评提供了衡量的尺度，而教学评价信息的反馈又为职教教学目标的确定提供了重要的参照。

教学目标是教学活动实施的方向和预期达成的结果，是一切教学活动的出发点和归宿，更是教学价值的具体体现。因此，对职业教育教学目标的研究，应从职业教育教学目标的价值取向入手，提出职业教育教学目标及其结构。

二、教学目标结构设计

职业教育教学目标要承载个体发展、社会发展和职业发展的需要，体现个体发展、社会发展和职业发展的价值，需要多维指标来变现，必然形成结构化的职业教育教学目标。

（一）方向性目标的设计

1. 方向性目标的提出

多元智能理论研究，提供了人的智能结构是不同的科学依据，而不同智能结构在一定程度上决定着人们擅长于什么职业。对我国接受职业教育的毕业生工作10年以后的发展调查也表明：一般分布在四个职业生涯方向：一是技能得到充分发展，成为行家里手；二是营销能力得到开发，成为营销人才；三是进行管理层，成为管理人才；四是自己创业，成为企业家。因此，职业教育教学应设定方向性目标。

2. 方向性目标的结构

职业生涯发展的成功从个体分析，取决于个体智能结构与职业生涯发展的匹配。因此，职业教育教学的方向目标是智商、情商、财商、逆境商数、创业商数、创意商数、职业商数、领导影响力商数、机遇商数、成功商数、压力商数、健康商数、完美商数、人际/社会交往商数、学习商数、魅力商数、系统商数、判断商数、精神商数、发展商数、道德商数、胆气商数、心理商数、意志商数、灵感商数等的组合。

（二）层次性目标的设计

1. 层次性目标的提出

1989年，职业分析方法被我国职业教育界所认识，并在我国职业教育教学改革中广泛应用，由于增强了职业教育教学目标的针对性，专业教学目标与职业岗位要求接轨，毕业生的职业能力明显增强，我国职业教育学质量和教学效率明显提高。但20多年的职业教育教学改革，我国没有解决一流技能型人才的培养问题。当职业教育发达国家，运用能力本位的教学目标，辅以优良的师资、较高的投入和企业的配合等培养出了世界一流的技能型人才的时候，我们却在师资质量、资金投入和校企合作等方面遇到了困难，虽然通过努力，师资和校企合作等问题能得到解决，但作为一个发展中国家，不可能作到通过大量训练培养出一流的技能型人才。我们需要找出一种代价小，又能培养出一流技能型人才的方法。层次性教学目标的提出，使职业教育教学目标的针对性更强，不但知识、技能、态度、能力目标明确，而且职业要求情感、思维、行为和语言目标也明确起来，将弥补我国职业教育遇到的师资质量、资金投入和校企合作等方面的不足。

再者，职业教育的教学价值的追求一流技能型人才的培养。实际上，任何一类教育的追求都是培养精英。特别是随着现代农业、高端制造业和现代服务业的发展，对技能型人才提出了很高的要求，技能附加值也成数十倍增长。这时，如果职业教育教学目标还停留在学生能干，而不是干到卓越和怎样才能干到卓越，就赶不上时代的发展和产业发展的要求。面对激烈的国际竞争和我国经济发展方式的转变、产业结构调整升级要求，职业教育教学目标也需要定位在一流技能型人才的培养上。

2. 层次性目标的结构

职业教育教学的层次性目标，分为三个层次。第一层知识、技能和态度目标；第二层教学目标是能力目标；第三层教学目标是职业特质目标。

1. 知识、技能和态度目标

知识是个体通过与其环境相互作用后获得的信息及其组织。知识分为陈述性知识和程序性知识。前者用于说明事物是什么、怎么样、为什么等问题，如描述某种事实，陈述某种观点、信仰等；后者主要回答做什么、怎么做的问题，是一种实践性知识，该类知识也称为操作性知识。因此，知识目标包括陈述性知识目标和程序知识目标。

技能是通过学习而形成的合法则的活动方式。技能一般可分为两类：操作技能和心智技能。操作技能又叫运动技能或动作技能。因此，技能目标包括操作技能目标和心智技能目标。

态度是通过学习形成的影响个体行为选择的内部准备状态或反应的倾向性。它由认知成分、情感成分和行为成分构成。认知成分是个体对态度指向对象带有评价意义的观念和信念。不同个体的态度中所含认知成分不同，如有的人基于理性的思考，有的人则基于情感冲动；有的可能基于正确的信息，有的则可能基于错误的信息。态度的情感成分指伴随态度的认知成分而产生的情绪或情感。态度的行为倾向成分是指个体所表现出来的行为意图，即准备对特定对象做出的某种反应。职业教育中态度的涵义更为宽泛一些，除一般意义的态度外，它还包括职业精神（敬业精神、创业精神）、职业信念、职业道德等。

2. 职业能力目标

在心理学上，能力常常定义为直接影响活动效率，并使活动顺利完成的个性心理特征，是在知识学习、技能训练、态度养成后，通过完成任务形成的。所以，能力目标是比职业教育教学第一层知识、技能和态度目标更高层次的目标。在职业教育教学实践中，能力是指能够完成一项任务的能力。因此，能力目标一般用一项项完整的任务来描述。

3. 职业特质目标

调查发现，在从事不同职业的技能型人才中，那些卓越者之所以卓越，不是因为他知晓什么、也不是能干什么，甚至也不是因为具备了各种职业所要求的共同的职业素质，而更重要的是他们把握了自己所从事职业的职业活动的价值所在，具备了与所从事职业相匹配的、特有的职业素质。这种从事不同职业所特有的职业素质就是特质，是能够将工作中成就卓越与成就一般的人区别开来的深层特征。职业特质表现在职业情感、职业思维、职业行为、职业语言等多个方面。由于职业特质只有通过多次完成职业任务才能形成，也是比职业能力更为稳定的个体心理特征，因此，职业特质目标是在职业能力目标之上形成的，是职业教育教学的最高层次的目标。

三、教学目标确定方法

（一）知识、技能、态度目标确定的方法

职业活动的开展需要相关的知识、技能，还须有端正的态度。因此，依据职业活动图表，可以确定知识、技能和态度目标，如图2-1所示。

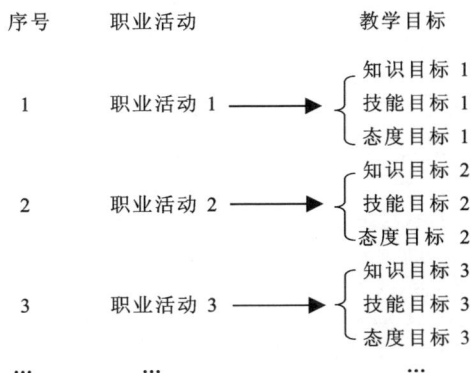

序号	职业活动		教学目标
1	职业活动 1	→	知识目标 1 / 技能目标 1 / 态度目标 1
2	职业活动 2	→	知识目标 2 / 技能目标 2 / 态度目标 2
3	职业活动 3	→	知识目标 3 / 技能目标 3 / 态度目标 3
…	…		…

图2-1 知识目标、技能目标、态度目标的确定示意图

（二）职业能力目标确定的方法

在众多的职业活动中，有些职业活动具有典型性。这些职业活动的能力，构成了职业能力目标。所谓典型性是指经常性、基础性和代表性。这样，可以依据职业活动图表，分析确定职业能力目标，如图2-2所示。

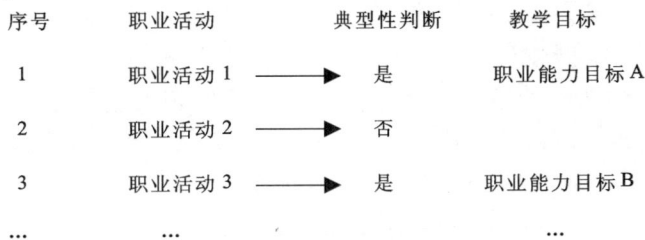

序号	职业活动	典型性判断	教学目标
1	职业活动 1 →	是	职业能力目标A
2	职业活动 2 →	否	
3	职业活动 3 →	是	职业能力目标B
…	…		…

图2-2 职业能力目标确定示意图

（三）职业特质目标确定的方法

职业特质是成为职业精英所必备的职业素质，是在职业活动中表现出来的情感、思维、行为、语言等模式。可依据职业活动图表，进行情感模式、思维模式、行为模式和语言模式分析确定，如图2-3所示。

序号	职业活动	职业特质分析	教学目标
1	职业活动1	情感模式分析 思维模式分析 行为模式分析 语言模式分析	情感目标1 思维目标1 行为目标1 语言目标1
…		…	…
2	职业活动2	情感模式分析 思维模式分析 行为模式分析 语言模式分析	情感目标2 思维目标2 行为目标2 语言目标2
…		…	…
3	职业活动3	情感模式分析 思维模式分析 行为模式分析 语言模式分析	情感目标3 思维目标3 行为目标3 语言目标3
…		…	…

图2-3 职业特质目标确定示意图

第二节 职业教育教学过程设计

职业教育教学活动具有明确的目的、丰富的内容、复杂的对象、不同的形式、多样的方法、灵活的传媒、固定的时间，以及影响教学活动的各种多变的因素。教学活动要在诸多因素影响下，取得满意的效果，优质高效地达到预定目标和完成预期任务，就需要对其进行全面细致的安排和精心巧妙的设计。因此职教教学设计就是指进行教学活动之前，根据教学目标的要求，遵循学习的规律，运用系统方法，对参与教学活动的诸多要素进行的一种分析和策划的过程。简单地说，职教教学设计是对教什么（课程、内容等）和如何教（组织、方法、教学媒体的使用等）的一种操作方案。

一、从兴趣发展考察教学过程

爱因斯坦说"兴趣是最好的老师。" 美国教学心理学家华尔特科勒斯湿克指出："兴趣可以看作是学习的原因，又是学习的结果。正像兴趣是过去学习的产物一样，兴趣也是促进今后学习的手段"[9]。陶行知先生从自己丰富的教育经验出发，认为"学习有了兴

---

9 邹忠敏. 教改初见成效，努力再攀高峰[J]. 安徽教育学刊，1998(6).

趣，就肯用全部精神去做事，学与乐不可分"[10]。由此可见，浓厚的兴趣会使个体产生积极的学习态度，推动他兴致勃勃地去进行学习。一个对某一学科产生强烈而稳定兴趣的学生，会把这门学科作为自己的主攻方向，并且在学习过程中自觉地克服困难，排除干扰。因此，根据学习动机形成发展规律，来考察教学的一般过程是十分有意义的。

（一）设趣阶段

设趣是教师通过分析学生本身的个体需要或者可能的外部诱因，为学生的学习设定学习目标和创设新异的学习情境。初学者往往感到知识是抽象枯燥的，有时甚至会产生某种畏惧心理。带着这种心理去学习，个体将仅仅是被动地、机械地应付外界的要求，不可能真正地投入到知识学习中去。所以教师应该通过设置恰当的学习目标，创设问题情境，消除学生的这种心理，提高学习者的学习兴趣。

（二）激趣阶段

设趣为学生的学习提供了新异的学习环境，但这还是不够的，学生学习的发生，还需要激趣。激趣是激发学生的好奇心和求知欲。学习心理学研究表明：好奇心和求知欲不仅可以成为学生学习的动力，甚至会导致具有重大意义的发明或发现，而求知欲不仅是学生走上科学之路的诱因，并且是促使学生进行创造性活动的主要动机。因此，在教学中，一方面教师要促使学生好奇心尽快地向求知欲发展，最终通过激趣，培养学生良好的学习兴趣；另一方面教师也要珍惜学生的好奇心，增强求知欲，提高兴趣水平。

（三）诱趣阶段

学习是一个逐步深入、逐步达到学习目标的过程。诱趣就是诱发学生"生疑—思疑—释疑、再生疑—再思疑—再释疑"的螺旋式上升过程。通过诱趣，使学生逐步深化其学习，同时能较好地培养学生的问题意识。陶行知先生说："发明千千万，起点在一问。"确实，发现创新都是由疑问开始的。在激发学生的好奇心和求知欲的基础上，教师在教授过程中，要依靠对内容的精心组织、科学安排，使其对学生产生诱惑。针对教学重点、难点，采用恰当教学方法，一环扣一环提出问题，诱发学生"生疑—思疑—释疑"，不仅要学生有所知，更

---

10 陶行知. 陶行知全集(第一卷)[M]. 长沙：湖南教育出版社，1985: 228.

要有所思。学生每解决一个问题，就有一种战胜难点的兴奋，就会多一份自信。

（四）扩趣阶段

扩趣是引导学生不断探究，培养创造思维，引发创新精神。在教学中，教师还要抓住时机，进一步引导学生主动去发现问题，养成质疑问难的习惯。教学后，让学生再质疑，开拓思维的广度和深度，鼓励学生多向思考，尝试发现问题，解决问题。在求多、求深中点燃创造的火花。使学生带着问题走进课堂，问题解决了，又带着问题走出课堂，在如此的循环往复中培养学生的创新精神和创造能力。如果说，到诱趣教学阶段结束，教学目标得以实现，那么，扩趣教学阶段的任务主要是实现课程目标中要求的表现目标。

二、从活动过程考察教学过程

任何职业活动都要经历过程，这个过程是具有逻辑性的。教学过程的逻辑与职业活动过程的逻辑应在一定成上去的一致性，以促进学生职业活动逻辑思维的而形成。

（一）过程导向的教学过程

有些职业活动的过程是固定的，一旦确定下来将不再随着职业情景的变化而发生任何改变。这类职业活动常常出现在技术类专业，当人们面对各种机械设备时，职业活动的过程常常被固定下来。职业活动的价值是追求活动的标准和规范，以求得职业活动结果的标准。对于这种职业活动，其教学过程应遵循过程导向的教学程序。如图2-4所示。

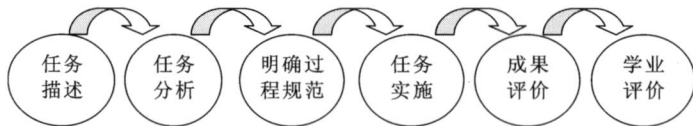

任务描述 → 任务分析 → 明确过程规范 → 任务实施 → 成果评价 → 学业评价

图2-4　过程导向行动教学程序

其中，任务描述是提出任务、明确要求、给出设备工具等条件；任务分析是在质量、成本、时间等要求下，提出的科学、先进、可行、经济的方案；明确过程规范是向学生展示方案实施完整过程的各个阶段；任务实施是通过做中学，形成职业技能；成果评价是评价任务完成达成目标的情况；学业评价是评价学生职业技能学习目标掌握的情况。

（二）情景导向的教学过程

有些职业活动的过程是不固定的，而是随着职业情景的变化不断调整。这类职业活动多出现在服务类专业，当人们面对客人时，随着客人或者情景的变化，职业活动就需要随时调整。职业活动的价值是追求不同情景下，通过服务以求得客户满意或惊喜的消费体验。对于这种职业活动，其教学过程应遵循情景导向的教学程序，如图2-5所示。

任务描述 任务分析 列举职业情景 应对方案实施 成果评价 学业评价

图2-5 情景导向行动教学程序

其中，任务描述是提出任务、明确要求和条件；任务分析是在质量、成本、时间等要求下，提出的科学、先进、可行、经济的方案；列举职业情景是列举分析可能出现的各种职业情景；应对方案实施是在情景分析的基础上采取最佳措施，通过做中学形成职业技能；成果评价是评价任务完成达成目标的情况；学业评价是评价学生职业技能学习目标掌握的情况。

（三）效果导向的教学过程

有些职业活动的过程不固定，且不受职业情景变化的影响。这类职业活动一般出现在艺术类专业。在这类专业人员的职业活动中，人们关注的是职业活动的效果。为了达到某种效果，尝试不同的职业活动过程，甚至改变职业情景，如图2-6所示。

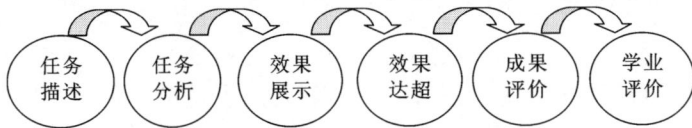

任务描述 任务分析 效果展示 效果达超 成果评价 学业评价

图2-6 效果导向行动教学程序

其中，任务描述是提出任务、明确要求和条件；任务分析是在质量、成本、时间等要求下，提出的科学、先进、可行、经济的方案。效果展示是把已有成果展示出来；效果达超是通过分析产生效果的原因和产生出同样的或更佳的效果，通过做中学形成职业技能；成果评价是评价任务完成达成目标情况；学业评价是评价学生知识、技能和态度目标掌握情况。

三、从能力形成考察教学过程

教学的具体过程，根据学习对象或所处学习阶段的不同，可分为理论知识教学、心智技能教学、操作技能教学、品性形成教学、能力整合形成等五个教学过程。

理论知识教学过程如下：

1. 知识习得教学阶段

学习理论告诉我们，知识的学习始于学习者的预期与注意。由于对学习目标的期望，学习者处于一定的激起状态，随时准备吸收新知识。在学习目标的指引之下，学生有选择地接受新的信息，将它暂时贮存在短时记忆中，新知识相互间产生联系，并与处于激活状态的原有知识相互作用，最后，新知识以一定的方式与头脑中原有的知识形成一定的联系。在这一阶段中，学生所接受的知识都是陈述性的。对程序性知识来说，习得的是它的前身，即程序性知识的陈述性形式。这样，在此阶段，教学的关键是吸引学生的注意，激活学生的原有知识。奥苏伯尔指出："影响学习的最重要的因素是学生已知的内容。所以，教师必须从感知材料入手，通过明确知识学习的目标等各种形式引导学生，使其形成鲜明生动的表象，并且指导学生深入理解教材结构及其内容，充分发挥学生的思维能力和学习积极性，引导学生进行分析、综合、抽象、概括，进行判断和推理，以形成概念，使学生掌握规律性知识"[11]。

2. 知识转化教学阶段

本阶段的特点是陈述性知识不断转化为程序性知识。本阶段的目的是为形成技能做准备。在教学中，教师应促使学生将习得阶段获得的新知识，转化为程序性知识。而变式练习是程序性知识由第一阶段的陈述性形式向第二阶段的程序性形式转化的最重要条件。这部分知识以不同的表征方式贮存在长时记忆中，以备日后提取使用。在这一阶段，教师应在指导学生复习已有知识的同时，使学生完成由陈述性知识向办事能力转变的任务，并注意与心智技能和操作技能学习过程

11　AUSUBEL，D.P. et al. (1978) Educational Psychology: A Cognitive View，2nd. ed.

的衔接，促使学生对程序知识的熟练掌握。

3. 知识巩固教学阶段

学生在第一阶段习得的知识一部分通过第二阶段转化为程序性知识，另一部分知识将被贮存下来。学生获得理性认识，还必须在教师的指导下巩固认识成果，牢牢保存在记忆之中，以便为以后学习新知识打好基础。人们的认识必须经过反复实践才能巩固，而在教学中学生比较迅速而简捷地获得了人类长期积累的知识和经验，实践简化，历时短暂，也少反复，因此，学生印象浅薄，容易遗忘。教师必须在学生习得教材知识后，及时引导学生深刻领会，反复记忆。巩固知识不是让学生死记硬背，而是在理解的基础上完整地、准确地、牢固地记住。学生对教材的理解越深刻，记忆就越牢固。因此，在教学过程中，教师应指导学生积极而正确地进行复习，使学生习得的知识更加牢固地贮存在记忆中，以备日后随时提取使用。

4. 知识迁移教学阶段

迁移是指在一种情境中获得的技能、知识或形成的态度对另一种情境中技能、知识的获得或态度的形成的影响，简言之就是"一种学习对另一种学习的影响"[12]。一切新的知识学习都是在原有的学习基础上形成的，不受原有认知心理结构影响的学习并不存在，也就是说，任何的知识学习都必然包含着迁移。教学中教师不可能把所有知识、技能都传授给学生，但必须使学生具备迁移的能力，这就要求教师要培养学生利用他们所学的知识、技能来成功地解决问题或在新情境中快速学习的能力。在教学过程中，教师应积极创设各种情境，使学生在记忆中牢固贮存下来的知识及时获得迁移，达到知识的活学活用。但应注意的是，正、负迁移的不同作用与效果。

5. 知识应用教学阶段

在知识的应用阶段，不同类型的知识被用来解决不同的问题。陈述性知识被提取出来，用来解决"是什么"一类的问题，另一部分程序性知识被提取出来用来对外解决"怎么办"的问题。陈述性知识的提取是一个有意识的依据线索的提取过程，对外办事的程序性知识的提取往往是一个快速、自动化的激活过程。这个阶段的任务主要是完成知识的习得向能力培养转化，使学生在习得、巩固新知识的基础上

---

12 ROYER，J.M. (1979) Theory of transfer of learning. Educational Psychologist，Vol.14.

获得一种能力。对学习者而言，是知识的灵活运用，把学习的知识运用于实际。因为：（1）学生学习的最终目的是把所掌握的知识用于社会实践，为国家建设服务；（2）知识的应用有利于技能、技巧的形成；（3）把知识应用于实际，有利于锻炼学生分析问题和解决问题的能力。学生对知识的应用，有多种多样的形式，如完成解题、答问、实验等各种形式的作业，或在实践活动中综合运用所学的知识等。对教学过程而言，是进行学习结果的测量和评价。由于陈述性在解决"是什么"的问题，程序性知识解决"怎么办"的问题。教师应当针对不同类型的知识，采用不同的行为指标，设计不同的问题情景，以获得真实可信的评价结果。

四、心智技能教学过程

心智技能是通过学习而形成的合法则的心智活动方式。目前研究较多的学习策略、认识策略以及元认知策略都可以视为心智技能，它是影响知识学习的一个非常重要的因素。知识的学习是通过一系列的心智动作完成的，心智动作是获得知识的最直接的基础。心智技能又是由合法则的心智动作组成的，它调节着心智动作，直接影响着知识掌握的整个过程。心智技能的形成一般分成三个阶段：（1）原型定向阶段。原型即事物的原样，心智活动外化的物质原型是指实际的操作活动程序、实践模式。原型定向即了解这种实践模式，了解动作结构、各动作成分及其顺序等。通过原型定向，个体在头脑中形成有关活动方式的定向映象。这是心智活动产生的基础。（2）原型操作阶段。原型操作即把头脑中建立起来的动作程序以外显的方式付诸实施。为原型内化做准备。（3）原型内化阶段。原型内化即心智活动的实践模式向头脑内部转化，借助于内部言语，个体可以在头脑内部进行程序化的心智活动，而且能以非常简缩、快速的形式进行[13]。

教学对于心智技能的形成具有直接的作用，有效的教学可以使学习者形成有效的心智技能，使学生学会学习，促使学生成为自主而有能力的学习者。依据心智技能的形成规律，设计图2-7所示的教学过程模式。

13　邓泽民，等.职业学校学生职业能力形成与教学模式研究[M].北京：高等教育出版社，2002：25-26.

```
知识     ———     实践模式     ———     独立操作     ———     形成技能

 │                │                  │                  │
 ↓                ↓                  ↓                  ↓

前提     ———     原型定向     ———     原型操作     ———     原型内化
```

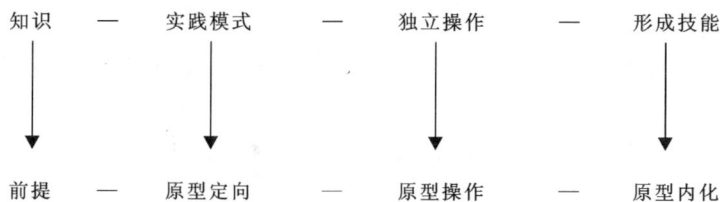

图2-7　教学过程模式

在应用上述教学模式时，需要注意四点：

（1）心智技能的形成依赖于学习者所获得的知识，脱离知识的技能教学是不可能成功的。因此，在心智技能教学中，教师首先要讲授丰富的知识，以促进学生对新信息加工，保证技能的形成、发展与应用，为促进各种技能的整合，为解决复杂的问题提供前提。

（2）心智技能的形成是由外部活动逐步内化的过程，心智活动是实践活动的反映，外部实践模式即心智活动的实际操作形式的确立，直接决定着心智技能形成的难易程度和水平。由于心智技能是内潜、简缩、自动进行的，通过外部观察难以把握和推断其整个过程，这无疑为心智活动的实际操作形式的确立增加了难度。为保证实践模式的有效、合理，可通过对专家（或学习者）心智活动信息分析或应用心理模拟活动分析的方法，确立实践模式。而且还要考虑可接受性，即学习者能否通过该模式形成心智技能。在运用外部实践模式进行心智技能教学，应坚持以下原则：①在讲授策略、技能的同时，也要教授元认知的有关内容，即告知学习者何时、何处、如何应用该策略、技能；②激发和维持学习动机，使学生自始至终充满浓厚的学习兴趣，为活跃思维创造条件；③无论采用直接教学还是交互教学或其它教学形式，都需要教师将策略和技能模式化、程序化。教师可以通过"大声思维"将使用策略和技能的过程外化出来，并指导学生运用卡片记录策略的步骤和和执行方式等内容。

（3）学生在教师的指导下进行独立操作，要求教师尽可能在课堂中创造应用策略和技能的情境，使学生掌握、概括所学的技能与策略。在这一阶段要求学生把头脑中建立起来的动作程序以外显的方式付诸实施。在教学中，教师要指导学生开拓思维、整理思路，将动作结构、各动作成分及前后顺序组织起来，逐步展开，并且不断变更活动对象，使学生将心智活动的实践模式程序应用于多个问题的解决，为下一步形成技能做好准备。

（4）教师重新布置任务，让学生去解决。教师指导学生不必以言语表述出活动程序的每一步骤，而是在头脑中运作这些步骤，运作也不必一一展开，有些步骤可以交叉或同时进行。在这个阶段，学生难以意识到操作的每一步，但实际上确实是按照该活动程序进行的。在该阶段，学生摆脱了实践模式，但已经将实践模式内化为一种熟练的思维活动方式，突出表现在外显的言语活动明显减少。随着练习的不断进行，言语复述消失，新的技能培养起来。

五、操作技能教学过程

操作技能学习是在学生具备相应知识，特别是在转化为程序知识后，进行的学习内容。根据操作技能的形成过程，把操作技能教学过程设计如下：

（一）操作示范教学阶段[14]

示范就是指教师在教学中陈示各种实物、模型、挂图进行示范性实验以及示范操作表演，使学习者通过观察获得感性知识，获得对学习对象的印象，帮助学习者形成正确的概念，掌握操作技能。在职业技术教育的教学过程中，为了有目的地培养学习者的操作技能（技术课程中表现突出）和智力技能（普通课程中表现突出）。首先通过教师或技工的操作演示，使学习者获得事物的清晰表象。示范可以变抽象为具体，变枯燥为生动，富有极强的趣味性。但是，学习者并非对所有的示范都满意。为了保证教学的优质高效，在实际运用示范时，一般应注意以下几点：

（1）示范者的动作一定要正确、规范、熟练。首先，示范操作必须在"范"字上下工夫，操作一定要正确、规范。因为学习者通过观察示范后可以进行模仿，错误的示范直接导致错误的模仿。由此看来，示范的准确性是影响操作技能学习的直接决定因素，这在技能学习的初级阶段是非常重要的。如餐饮教师示范上茶水，不仅水量要合乎要求，而且倒水的姿势也要十分准确。否则，学生一旦学习了错误的操作动作再进行纠正，恐怕要比学习一个新动作更难。其次，示范操作还必须熟练。研究发现，当学生观察动作熟练的教师进行示范时，学习的效果最好；当学生观察动作不熟练的教师的示范时，学生

---

14 邓泽民. 职业学校学生职业能力形成与教学模式研究[M]. 北京：高等教育出版社，2002: 21-25.

学习的效果要比前者差。因此，示范质量的好坏，示范动作是否正确，对于学生能否获得良好的操作技能，往往具有决定作用。

（2）教师要具有过硬的技能操作本领。有人说职业技术院校的老师应该是"双师"型的，既要会给学生讲课，将理论知识讲透，还要对专业工种的操作程序熟悉，有较强的实践操作能力。这一点与其他院校相比明显不同，究其原因，还是由培养目标决定的。既然示范感知是职业技术教育教学中重要环节之一，教师必须要从各方面尤其是操作能力方面提高自身的素质，以确保高质量完成教学任务。

（3）要使学生注意观察示范的主要特征和重要细节。教师在示范之前，要对学生提出观察注意事项，如哪些是重点、难点，哪些是不容忽视的细节，让学生带着问题和浓厚的兴趣去观察，示范会收到事半功倍的效果。

（4）示范之前进行必要的媒体设计，提高示范质量。运用教学媒体，可以将学习者无法直接感知的事实和现象，形象地展现在学习者面前。手段多种多样，如借助图片、录像、幻灯、影片、计算机模拟等现代化的技术手段，以使信息的呈现更准确、方便、更易于接受。

（二）过程讲解教学阶段

在职业技术教育的教学过程中，通过教师的示范，学生获得了事物的表面映象，这只是对事物的概要感知。只有通过教师的进一步讲解，学习者才能较为概括地了解现象与过程之间的联系，了解事物构成的基本原理及操作步骤，获得更多的促进技能形成的重要信息，掌握每个操作步骤的要点及关键所在，从而具体、全面地掌握操作知识，为最终达到教学目标的要求奠定基础。教师运用讲解是应注意以下几点：

1．讲解要与示范相结合

首先，分步讲解与分步示范相结合。分步示范是把某一工序分解成若干工步呈现给学习者，以便逐个工步地学习。使学生从个别的工步入手，形成具体的、单个的映象；分步讲解使学习者了解某种技能的有关知识、性质、作用、工步的难度、要领、注意事项、工序进程等。其次，整体讲解与整体示范相结合。将某一工序的各个工步连为一体，按顺序依次展现给学习者，并将每一工步应注意的要点、细节进行强调，使学生进一步了解工序的全貌。

2．讲解要有系统性和逻辑性

教师在讲解时，要从学生的认识规律入手，由浅入深、由易到难、由简单到复杂。又要符合知识本身的系统，由整体到局部，再由局部到整体。例如，教师在讲解铅球的投掷技能要求时，在示范的基础上，教师从全套动作的作用出发，采用分析法，将全套动作划分为几个工步进行分析，使学生注意全套动作的每个部分；最后采用综合法，对全套动作重新作一个总的叙述和分析，从而使学生具体而又全面地掌握应该学到的知识和应达到的技能。

3．讲解要有高度的科学性和思想性

教师在讲解时，无论是概念、理论的解释还是对各操作步骤的分析介绍，都必须正确可靠。在讲解过程中，依据教学内容的需要，还可以对科学技术发展史上一些杰出专家的创业精神、研究问题的思路进行适当讲解，激发学生热爱专业的感情，树立勇敢、顽强、克服困难的勇气和信心，养成严谨的科学态度和认真塌实的工作作风。

4．讲解要善于激发学生的思维

在讲授的过程中，教师要善于运用课程内容本身的意义和作用来鼓励学习者的求知欲。要给学生提出质疑的机会，鼓励他们敢于提出问题，探究问题，学生由"有疑"，到"问疑"，再到"解疑"，整个讲解过程可以促使学生进行积极的思维，从而增进智力的发展。

（三）模拟训练教学阶段

在职业技术教育的教学过程中，学习者在教师示范、讲解的基础上，要进一步通过模拟实习，将头脑中形成的定向映象以外显的实际动作表现出来。操作技能最终表现为一系列的合法则的操作活动方式，仅在头脑中了解这种活动结构及其执行方式是不够的，如果没有实际操作，不可能形成操作技能。通过模仿，个体可以检验已形成的动作定向映象，使之更完善、更巩固。在模拟训练中，教师可以人为地制造故障，让学生判断、排除，从而可以全面复习、检查学生的知识运用情况。并且要让学生知道如果操作错误，将要造成多大的损失，从而提高学生工作的责任感。由此看来，模拟环境的建立对模拟训练的质量起着关键作用。模拟场所的环境布置，要力求与真实现场相似，力求接近真实。只有置身于"真实"的工作环境中，学生才能

形成明确的职业意识，培养合作与共事能力，才能熟练掌握职业所要求的知识、品性和技能。

（四）操作整合教学阶段

操作整合即把模拟阶段习得的动作固定下来，并使各动作成分相互结合，成为定型的、一体化的动作。由于学习者在模拟阶段形成的动作及认识是初步的、零散的、表面的。通过整合，学习者的动作水平不仅可以得到提高，形成整体的连贯性，动作结构趋于合理、协调，还可以使个体对动作的有效控制逐步增强。因此，整合是操作技能形成过程中的关键环节，它是从模拟到熟练的一个过渡阶段，从而为学习者动作熟练打下坚实的基础。

在这一阶段，为了巩固学生在模拟训练中获得的技能，教师可以根据不同专业的需求，布置一些工序复合作业，使学生在反复的训练中对各工序的操作要领进行内化和整合。并且要根据学生情况决定进行复合作业的时间及复合作业的复杂程度。

（五）现场实习教学阶段

模拟的职业环境和真实的职业活动之间毕竟存在一定的距离，因为真实的职业活动中会出现各种各样较为复杂的情况，况且，学生的心理状态也会在现场环境中有较大改变。真正的职业能力的形成，必须在工作现场这种真实的环境中，通过亲身实践才能形成。因此，现场实习、实训是操作技能转化为能力的关键环节。在这一阶段中学习者的动作将进一步达到灵活、连贯、协调和准确。并且在真实的职业环境中，学生将从工人师傅身上学到塌实、勤恳、兢兢业业、一丝不苟的工作态度和乐于奉献的精神。

以上五个教学阶段实施是一个从实践到理论再到实践的过程，符合人们认识客观事物的规律，这是一个使学习者素质、能力不断提高的过程，第二次实践的意义和内涵与第一次相比产生了质的飞跃。

六、品性养成教学过程

品性即品质和性格，它并非先天具有，而是社会性学习的结果，尤其是职业精神（敬业精神、创业精神）、职业信念、职业道德等。学生的良好品性是在家庭、社会和学校等不同情境的作用下，通过他人的社会示范、指示和忠告，将社会的要求内化为学生自己的品性，并在一定条件下产生迁移和改变。

一般来讲，品性的形成和改变要经过顺从、认同和内化三个阶段，其中认同是最重要的一环。依据这一规律，在职教教学中，将品性养成教学过程设计如下：

1．引起欲望

任何学习，没有欲望，便得不到进步。养成理想，增进品性，更须有自内而发的动机，教师要学生做一件好事，不为别的，只因他认为这件事是应当做的。这样，适当的行为才能变成习惯，如果学生不了解，不能从思想、情感和态度上接受，教师去强迫他们去做不愿意做的事情，良好的习惯就不会形成。

2．分析情景

学生有为善的动机，而缺乏鉴别是非的能力，还要走入歧途。所以智慧与品性有密切的关系。智慧聪颖的人不一定品性也好。但没有相当的智慧，对于一件事的判断，不能从各方面来衡量轻重，他不能养成最高的道德观念。因此，教师还应帮助学生分析具体情景。

3．拟订计划

有为善的动机，并且知道了什么是善，但没有实行的计划，还是不行。教师要指导学生拟订实施计划。

4．加强实习

增进品性，不能凭空虚的理论，须从实际的行为来养成。一种行为，反复练习，成为习惯，才算是可靠的品性。在职教教学中，应加强实习、实训教学环节，使学生在具体的职业环境中深刻感受创业意识、敬业精神和积极的工作态度等。由于学校是学生生活的最重要环境，因此必须要注意学校环境对学生良好品性养成产生的潜移默化的影响。例如：教师人格品德方面的感召、良好的育人环境、和谐的师生关系等等。

七、能力形成教学过程

知识、品性、技能等的习得或应用，并不等于形成了素质、具备了能力。学生素质的形成和能力的具备，必须通过参与特定的职业活动或模拟的职业情景，通过对已有的知识、品性、技能等的迁移、整合与类化，才能完成。迁移现象不仅存在于知识之间、技能之间、品性之间，而且知识、技能、品性三者之间彼此也存在着迁移。例如：学生掌握了某一领域的专业知识后，也将促进他掌握这一领域的某种技能；有效的技能学习也促进个体获得更多的知识。对一些行为规范的理解将影响着个体与行为形成。所以，迁移表明了经验间的相互影响。通过迁移，各种经验得以沟通，经验结构得以整合，这才会形成素质、具备能力。由此看来，迁移是习得的经验得以概括化、系统化的有效途径，是能力与品德形成的关键环节。学习的最终目的并不是将知识经验储存于头脑中，而是要应用于各种不同的实际情境中，形成能力，来解决现实工作中的各种问题。只有通过广泛的迁移，原有的经验才得以改造，才能够概括化、系统化，使原有的经验结构更为完善、充实，不断整合为稳定的心理调节机制，从而广泛、有效地调节个体的活动，解决实际问题。整合与类化是经验的一体化现象，即通过概括，使新旧经验相互作用，从而形成在结构上一体化、系统化，在功能上能稳定调节活动的一个完整的心理系统。教师在教学中能自觉应用迁移、整合与类化规律，对优化教学过程，提高教学效果非常有利。

依据这一规律，可将职业教育学生通过迁移、整合、类化等教学阶段，形成素质、具备能力的过程描述如下：

1．确立整合训练题目

教师首先根据课程目标和学生心理结构构建目标的要求，提出问题和要求。在整合训练题目确定上一般应考虑以下几方面：（1）要能够涵盖课程目标，并完成学生心理结构构建的任务。（2）要能引起学生的兴趣，也有能力研究。（3）要具有较强的实用价值，可行性强。

2．拟订整合训练计划

学生根据确立的题目，利用自己学到的知识、技能和态度，通过亲自动手分析研究，发现了事物的规律，提出自己的整合训练计划。这一过程充分满足了自我实现的需要，也为下一步进行实践训练做好了充足的准备。

3．实施训练计划

按照计划要求，学生通过探究式的学习研究活动、能力训练、态度养成等，将原有的知识、技能、品性进行了迁移、整合、类化，形成了优良品质、具备较强的能力，甚至促进创新思维和创新能力得到了进一步发展。

4．评价

评价包括自我评价、教师评价、有时甚至可利用同学间的评价。评价项目与标准要与课程目标中关于通用能力和职业能力的各项指标要求相一致，并特别注意对学生在品性和能力等方面的表现进行综合评价。

5．交流提高

教师引导学生将成果拿到课堂上进行交流，学生在互相展示学习成果的的过程中，对结果进行补充和提高。教师应自始至终参与学生的交流活动，并给予帮助和指导。在讨论交流的气氛中，达成一致意见，最后形成科学的结论。为了巩固既成的结论，教师还要布置适当的练习，使学生进一步完成知识的消化和迁移。

第三节　职业教育教学组织设计

教学是有计划、有组织的活动，任何教学活动都是通过一定的组织形式有条不紊地进行的。教学中人与物的因素、时间与空间的因素的不同组合，直接影响到教学的规律和效果。对教学组织形式进行研究和探讨，依照教学最优化的原则对教学组织形式进行选择及运用，是提高教学质量不容忽视的一个问题。

所谓教学组织形式，就是围绕既定教学内容，在一定时空环境中，师生互相作用的方式、结构与程序。具体来讲，教学组织形式是从教师、学生、内容、手段、时间、环境等要素如何协调一致的角度，研究用什么形式有效地控制和利用这些条件以实现教学目的的问题。教学组织形式，就是根据一定的教学思想、教学目的和教学内容以及教学主客观条件组织安排教学活动的方式。职业教育教学活动中，技能教学、任务教学、项目教学和岗位教学是职业教育教学典型的教学活动。这里主要研究技能教学、任务教学、项目教学和岗位教学的组织形式。

一、技能教学的组织

在职业教育教学中，有的技能需要较长时间教学和训练才能形成，如果把这些技能安排在任务教学、项目教学或岗位教学中完成，就使得这些任务教学、项目教学和岗位教学的目的不突出，为此，常常把需要较长时间教学和训练才能形成的性能独立出来单独进行教学。技能形成过程一般包括定向、模仿、整合和熟练四个阶段。技能教学的组织要根据技能形成阶段的特点进行设计。

（一）定向阶段的教学组织

技能的定向阶段是操作活动的气氛、节奏、姿势、动作等在学习者头脑中形成映象的过程。定向映象应包括两个方面，一是操作活动的结构要素及其关系，即有哪些要素构成某一操作活动，各动作要素间的关系和顺序如何。二是活动的方式，即操作的轨迹、方向、幅度、力量、速度、频率、动作衔接等。

操作定向是操作技能形成过程中的一个重要环节，这个阶段的特点是时间短，但最为关键。因此，准确的定向映象可以有效地调节实际的操作活动，缺乏定向映象的操作活动经常是盲目尝试，效率低下。因此，不应忽视该环节在操作技能形成过程中的作用。因为一旦定向出现了偏差，改正起来会十分困难。因此，操作技能定向阶段的教学组织，一般采用个体或者小组教学的组织形式。在借助于录像、动画或者图片等教学媒体的帮助下，也可采用班级教学的组织形式。

（二）模仿阶段的教学组织

操作的模仿即实际再现出特定的动作方式或行为模式，实质是将头脑中形成的定向映象以外显的实际动作表现出来。模仿阶段要严格要求，不能出偏差，也不要贪眼前速度，而不顾定向所确立的操作规范。

因此，模仿阶段教学时，强调学生的模仿操作不能离开教师的眼睛，在教学组织上一般采用小组教学的组织形式，关键技能甚至采用个体教学组织形式。

（三）整合阶段的教学组织

整合即把模仿阶段习得的动作固定下来，并使各动作成分相互结合，成为定型的、一体化的动作。通过整合，一方面动作水平得以提高，动作结构趋于合理、协调，动作的初步概括化得以实现；另一方面，个体对动作的有效控制逐步增强。因此，整合是操作技能形成过程中的关键环节，它是从模仿到熟练的一个过渡阶段，也为熟练的活动方式的形成打下基础。因此，通过整合阶段，要形成标准的操作。

所以，整合阶段的教学组织也不宜采用班级教学组织形式，但没有必要采用个体教学组织形式，小组教学组织形式是比较有效的。教师主要关注每个人操作的连续性和规范性。

（四）熟练阶段的教学组织

操作的熟练是操作技能最后形成的阶段，是由于操作活动方式的概括化、系统化而实现的。熟练阶段用时最长，最艰苦，学习者常常在这一阶段失去自信心。一般学习者的成长过程分为四个阶段：初阶学习期、基本能力形成期、瓶颈期（再训练期）和专业能力成长期。在初阶学习期，每个学习者的差异性不是很大。而在基本能力形成期，学习者的成长幅度是不同的，经过一定的时间训练会使学习者达到趋同的速度瓶颈。瓶颈期（再训练期）是一个平台期，也是技能训练的枯燥期，能否进入更高的技能专业能力的分水领，是考验学习者和实训教练练习方法和教学方法科学性的关键时期。专业能力成长期是经过积累每个学习者各自形成自己的技能风格和技能熟练程度而达到的程度。

在这个阶段，由于学生的技能已经十分规范，不必关注每一个人的每一个动作，只需要关注学生整体的熟练程度，也为了形成学生的学习的竞争氛围，宜采用大班教学组织形式。

二、任务教学的组织

在实际工作中，有些任务需要一个人独立完成。这时就需要学生独立分析问题、解决问题、完成任务的能力。这样的任务教学如果放到项目教学或者岗位教学中完成，就使得项目教学和岗位教学的目的不突出。任务教学过程，包括任务描述、任务分析、完成任务、学习评价四个阶段。任务教学的组织可据此过程不同阶段的特点设计。

（一）任务描述阶段的教学组织

任务描述是对典型任务的描述，目的是让学生了解任务的背景、内容、要求。这里的要求包括时间、成本、安全等等。为了让学生对将要完成的任务掌握的信息一致，这里教师可以采用班级教学组织形式。

（二）任务分析阶段的教学组织

任务分析阶段是完成一项任务所需能力形成的第一个环节。这个环节对于培养学习者接受任务后，形成分析的习惯、分析的思路以及严谨态度，都是十分重要的。任务分析阶段，需要根据给出的任务描述，通过分析明确以下几个问题：（1）这是一件什么样的工作任务？（2）任务的核心问题在哪儿？（3）任务的具体要求是什么？（4）怎样才能满足任务要求？（5）已经具备了哪些经验？（6）需要哪些支持/帮助？（7）哪些信息及其渠道可供使用？

制订计划是根据任务分析的结果，作出完成任务的实施计划。在计划中要明确以下问题：（1）面对一项工作任务怎样怎样理清头绪是专业的？（2）以什么次序来安排各工作步骤符合逻辑？（3）可能遇到哪些问题？（4）实施过程中需要哪些材料、工具、各机器设备？（5）在哪些阶段所作的工作必须要得到检验？（6）依据哪些原则、方法来检验？（7）对评价工作方面的建议。

任务分析是以学生为主体，应用各种信息渠道，获得有关信息，结合教材提供的相关知识，对完成任务的途径、方法、成本和时间等进行分析。为了培养学生的创新能力，学生可以根据自己可能获得的条件，选择各种不同的工具和手段，形成完成任务的方案。为了培养学生独立分析问题、解决问题的能力，在任务分析阶段，可以采用学生个别教学组织形式。

（三）完成任务阶段的教学组织

完成任务是学生按照已形成的方案，按要求逐步实施，通过完成各个实施环节，形成独立完成任务的能力重要环节。主要培养学习者工作的逻辑顺序、方法的运用、工具的操作以及认真的态度等。仍然需要采用学生个别教学的组织形式。在学生个别学习的过程中，教师要注意原理的科学性和技术的安全性。

（四）学习评价阶段的教学组织

学习评价包括工作评价和学习评价。包括工作成果和职业能力两个方面。职业能力包括任务分析、计划制订、计划实施和工作评价能力。学习评价包括同学间对任务完成情况的评价和教师对学生完成情况和教学目标达成情况的综合评价。可以采取小组和班级两种教学组织形式完成。同学间的评价，为了节省时间，可以采用小组评价的方案进行；教师综合评价可采用班级教学组织形式。

三、项目教学的组织

一般职业任务分为两类。一类是由一个人独立完成，另一类是需要和他人一起合作才能完成。在和他人合作完成的工作中，有的是比较复杂的，需要组成团队通过有效的协调、沟通和配合才能完成。这些工作可以称为项目。利用这样的项目可以培养学习者的通用能力，诸如：组织、协调、沟通等。项目导向教学程序包括六个阶段：（1）项目开发动员；（2）成立项目开发小组；（3）编写项目开发计划书；（4）实施项目计划书；（5）项目评估；（6）项目总结。

（一）项目开发动员阶段的教学组织

项目开发前，教师要做好学生的学习动员工作。让学生了解本项目开发的意义、项目应完成的功能、项目开发所需的技术及学习方法以及项目开发的流程及考核办法等方面的内容。可以通过展示案例效果来启发学生的学习兴趣，使他们能够积极主动地参与到项目的开发工作中来。这里教师可以采用班级教学组织形式。

（二）成立项目小组阶段的教学组织

项目开发小组的成立一般是根据班级人数、项目的难易程度、学生的个人能力等方面的因素来考虑的。每个项目开发小组由其成员选定一个项目组长。组长的职责是在老师的指导下编写本小组的项目开发计划书、负责本组各成员的工作任务分配、监督实施等各个方面的工作。

这里形式上是小组教学，但实际上，为了培养项目组长的领导、组织、沟通能力、培养承担不同角色的项目组组员的能力，教师应采用个别教学组织形式。对学生针对扮演的角色进行个别型教学指导。

（三）编项目计划书阶段的教学组织

教师提供一份项目开发计划书的样板，解释清楚项目实施的步骤，讲清楚计划书的编写原则及注意事项。

讲解项目计划书的编制，主要是讲解项目计划书的格式、内容、编制方法等。属于信息传递和知识学习，为了提高教学效率，这里教师应采用班级教学组织形式和讲授教学法。

(四) 实施项目计划阶段的教学组织

项目实施阶段是项目教学法实施的核心环节。在此阶段教师要及时恰当地对学生进行指导，解决学生开发过程中遇到的难题，并督促学生按时按量完成项目计划书中的各个开发环节，以保证学生能够顺利地在计划内完成项目的开发，达到教学目标。

为了培养学生团队意识、合作能力，教师不宜采用针对个别学生的个别教学组织形式，可采用针对项目小组的个别教学组织形式。这一点与任务教学组织中，完成任务阶段教学的组织形式相背的。

(五) 项目评估总结阶段的教学组织

项目完成后，要进行项目评估和总结，方法通常是采用分组讲解、展示项目开发成果，由学生评价和老师评价构成。项目总结包括思路总结和技巧总结。思路总结可以帮助学生明晰项目完成的最佳思考方法，找到自己理论上的不足。技巧总结中，要重视各个开发环节中遇到的难题的解决方法的总结，这样，学生才能学到更多的操作技巧，全面吸收整个项目活动的精髓。另外，教师应该指导学生对项目进行拓展和延伸，针对学生以后可能遇到的类似问题，能够想到用该知识进行解决。这里，无论是小组展示、学生的评价、教师的评价，还是项目总结都应采用班级教学组织形式。

四、岗位教学的组织

岗位教学，一般称作岗位实训。它是学生系统了解企业生产过程、理解企业生产制度、把握职业岗位职责、理解企业劳动制度、熟悉设备的功能与性能、掌握设备操作规程有效手段。其过程一般包括明确岗位实训目标、系统理解职业岗位、履行岗位职责、形成良好职业习惯。

(一) 工作岛教学组织形式

在企业，选择一些典型工作岗位，由师傅、教师、学生组成工作小组，负责这个工作岗位的工作。这是职业教育岗位教学的一种组织形式——工作岛教学组织形式。

在这种教学组织形式中，师傅在教师和学生的辅助下，完成工作任务；教师在师傅的帮助下，完成教学任务；学生通过工作完成学习任务。学生进入工作岛学习的前提是学生已完成了技能学习、任务学习和项目学习，具备了上岗学习的能力。

（二）影子岗教学组织形式

在企业，挑选典型岗位的优秀工作人员，将学生安排到优秀工作人员身边，像他们的影子一样，通过协助完成他们每天做的事情，学习他们的优秀职业特质。影子岗是培养高级技能型人才的一种十分有效的教学组织形式。

（三）学徒制教学组织形式

学生在学校注册成为学生，在企业注册成为企业的学徒。企业在生产过程中，安排师傅带自己的徒弟学习，为企业人力资源进行必要的储备。这种形式，在我国受到相关法律的制约，特别是中等职业学校的学生，一般年龄不满18岁。随着我国新学徒制试点的进行，这也将成为职业教育岗位教学的一种组织形式。

（四）工业中心教学组织形式

工业中心、实训车间、教学工厂等，都是通过建设一些车间，形成一些典型的工作岗位，集中到一起，形成巨大的岗位教学资源。学生根据自己的时间安排和需要，经教授自己课程教师同意后，到工业中心领取工装、工具、材料和必要的安全装备，到岗位自行进行训练。

第四节　职业教育教学方法选择

教学方法是教师和学生为了实现共同的教学目标，完成共同的教学任务，在教学过程中运用的方式与手段的总称。[15]目前在教学实践中运用的教学方法，不胜枚举。有人曾进行过不完全统计，目前在教学中卓有成效的教学方法有700余种[16]。本章主要对职业教育行动教学法进行分析。

行动导向教学是系统地、有目的地组织学生在实际工作情景或学习性工作情景中，参与资讯、决策、计划、实施、检查和评价等工作

15　张明兰，丁详坤.优化课堂教学方法丛书: 教学方法运用技能[M].北京：中国人事出版社，1998.
16　黄甫全.现代教学论学程[M]. 北京：教育科学出版社，1998.

过程，提高发现、分析和解决问题能力，总结和反思学习的过程。常用的行动导向教学方法包括四阶段教学法、项目教学法、模拟教学法、案例教学法、角色扮演法、头脑风暴法、卡片展示法、引导课文教学法、心智图教学法等。为了便于教师选择合适的教学方法，依据这些行动教学法对学生职业特质形成的作用不同，下面分类介绍。

一、过程导向的行动教学

过程导向行动教学方法适用于过程固定、情景不变的职业活动教学。这种教学方法的价值在于学生操作规范习惯的养成，追求职业活动操作的准确和职业活动结果的精度，是培养高端制造业高技能型人才最常用的教学方法。

（一）四阶段教学法

1. 四阶段教学法的含义

四阶段教学法是一种起源于美国，主要用于操作技能教学的方法。四阶段教学法建立的理论基础是行为主义的学习理论。在行为主义的学习理论中，操作技能的形成要经过定向、模仿、整合和熟练四个阶段。四阶段教学法就是以示范——模仿为核心，由准备、示范讲解、学生模仿和教师评价四个阶段构成的教学方法。

2. 四阶段教学法的实施

（1）准备。这一阶段主要以教师行为为主，其中，包括教师知识内容上的准备，对教学对象情况的掌握及相关设备的准备等，同时还为了引起学生对所学知识和技能的兴趣，通过设置问题情境，说明学习内容的意义。

（2）示范讲解。这一阶段关键是要求教师对操作要熟练和准确。教师操作的熟练、准确程度不仅保证了学生模仿的准确性，而且有助于教师树立形象、增强学生的信心。另外，在这一阶段中，教师要在示范的同时，附以生动的讲解，让学生了解工作对象、工作方法和其中的道理。教师在分段、分步示范时，要注意突出重点，剖析操作规程，并可根据教师的实践经验指出经常会出现的错误。

（3）学生模仿。这一阶段是挑选多个学生按教师的示范进行模仿操作。教师在这个阶段要密切观察、积极指导。模仿阶段在时间和空间上与前一阶段（即教师示范阶段）要连续、不要间断，及时地将讲、听、看、做、记有机地结合起来，以达到更好的效果。在这个阶段主要是要做好教学组织方面的工作，根据教学内容操作步骤的难易及复杂程度，可以采用学生独立模仿和先分组观摩，后独立模仿操作（小组讨论式）两种教学组织方法。学生独立模仿操作这种教学组织方式，其应用对象是操作步骤相对单一的，注重提高熟练程度的，分小组观摩后独立模仿操作的方式（小组讨论式）对象是操作步骤是多层次的，并具有相应的情况分析、判断的。

（4）教师评价。教师评价要有职业活动的环境分析、过程分析和结果分析及其评价。分析评价的重点是学生职业活动程序的科学性、职业操作的正确性和规范性、职业活动结果的的质量和精度等，并对学生给予及时表扬和鼓励。

3. 四阶段教学法的特点

（1）使用频率较高。四阶段教学法的教学目标是通过教学是学习者掌握某项技能。技能是职业活动最基本的要素，因此，四阶段教学方法不但可以单独使用，而且在其他教学方法中也经常使用。所以这种方法是每一位职业教育教师必须熟练掌握的一种教学方法。

（2）方法简单有效。这种教学方法的教学目标单一，是一项技能的掌握；教学内容也只是这项技能操作的陈述性知识、程序性知识、心智技能、操作技能和相应的态度；教学程序也只有简单的四个阶段。由于教学目标明确、教学内容单一、教学程序简单，许多教师对这种方法不屑一顾，但这确一种十分有效的技能教学方法。

（3）方法实践性强。尽管方法简单，但这种方法确有很强的实践性，对教师的要求也很高。不但要求教师自身的技能操作水平达当前企业要求的最高水平，而且还要能够指导学生在一定的时间内掌握这项技能，认识到操作规范的重要性和追求精度的价值。

（二）项目教学法

1. 项目教学法的含义

项目教学法是由美国著名儿童教学家、伊利诺伊大学教授凯兹博士和加拿大儿童教育家、阿尔伯特大学教授查德博士共同开创的。因其对学生综合能力的培养有独特作用，被越来越多的应用于职业教育教学。另外，在技术领域，很多小产品都可以作为项目，如门（木工专业）、模型汽车（机加工专业）、报警器（电子专业）、测量离合器（仪器仪表专业）及简单的工具制作。因此，项目教学法广泛应用于技术类专业教学。在商业、财会和服务行业，所有具有整体特性并有可见成果的工作也都可以作为项目，如销售专业不同场合听商品展示、产品广告设计、应用小软件开发等。

项目教学法建立的理论基础是构建主义的学习理论。构建主义学习理论认为，当人的心理结构发生了变化，意味着学习发生了。而心理结构的变化是学生自主构建的结果。因此，项目教学法的实质是以学生为主体，旨在把学生融入有意义的完成任务的过程中，让学生积极地学习、自主地进行心理结构的构建，教师是引导者和学习管理者，利用项目情景、项目过程、项目结果等学习要素，充分发挥学生的主体性和创新精神，使学生获得各种综合能力。

项目教学法，顾名思义，是通过一个完整的项目，来进行实践教学的一种方法。作为一个项目，可以是开展一项调查，进行一项决策，提供一种服务，提出一个策划，生产一件产品等。它应该满足以下8个条件：（1）项目有清晰的任务说明，工作成果有一定应用价值，完成项目过程中有可学习的教学内容；（2）能将某一教学课题的理论知识与实践技能结合在一起；（3）与企业实际生产过程或现实商业经营活动有直接的关系；（4）学生有独立制订计划并实施的机会，在一定时间范围内可以自行组织、安排自己的学习行为；（5）有明确而具体的成果展示；（6）学生自己克服、处理在项目工作中出现的困难和问题；（7）具有一定的难度，要求学生运用新学习的知识、技能，解决过去从未遇到过的实际问题；（8）学习结束时，师生共同评价项目工作成果。

2. 项目教学法的实施

项目教学法的目的明确：首先，将课堂讲学与"经验世界"联系起来。继而，教师指导学生完成教学项目过程的同时，传授学生专业知识。最终，培养学生独立、富有责任感的意识；培养学生团队工作的能力；培养学生解决复杂的专业问题的能力等。根据项目教学法的目标，可将项目教学法的实施大致分为五个阶段。

（1）确定项目任务。原则上项目教学法中的项目要基于所有现实问题进行开发，这样的话项目的目标和其中的任务就能与职业现实紧密联系。这一阶段的工作主要有教师来完成，教师的主要任务有：开发一个与职业工作实践相关的项目主体，项目中有待解决的问题应同时包含理论和实践连个元素，项目成果能够明确定义；将设计的项目融入到课程教学中；明确项目工作进行的空间、技术、和时间等前提条件；和项目参与人一起确定项目的目标和任务。在这个阶段，项目的选择是关键，好的项目不是凭运气创造的，好的项目需要前期严密的计划，包括对项目成果、时间进度以及管理策略的深思熟虑。项目可大可小，重要的是，项目的选择必须以课程标准为基础，以锻炼学生的技能与思维习惯为目标。

（2）项目开发动员。项目开发前，教师要做好学生的学习动员工作。让学生了解本项目开发的意义、项目应完成的功能、项目开发所需的技术及学习方法以及项目开发的流程及考核办法等方面的内容。可以通过展示案例效果或者讲述历届毕业生的就业情况等手段来启发学生的学习兴趣，使他们能够积极主动地参与到项目的开发工作中来。

（3）进行组织分工。项目小组的成立一般是根据班级人数、项目的难易程度、学生的个人能力等方面的因素来考虑的。每个项目开发小组由其成员选定一个项目组长。组长的职责是在老师的指导下编写本小组的项目开发计划书、负责本组各成员的工作任务分配、监督实施等各个方面的工作。

（4）制定项目规划。编写项目开发计划书，教师提供一份项目开发计划书的样板，解释清楚项目实施的步骤、编写原则及注意事项。工作计划的内容包括：各个工作步骤综述；小组工作安排；权责分配；时间安排。并且，教师可以根据需要给学生提供咨询，项目规划阶段，各小组可以通过制定所需相关资源的筹备表，来明确后期各项任务展开的具体程序和方式。同时，各小组应积极在小组内部展开讨论与回报工作。

（5）组织项目实施。本阶段多以小组的形式进行，学生分工合作，创造性地独立解决项目问题。基于项目计划，学生通过调研、实验和研究有步骤地解决项目问题，最后，将项目目标规定与当前工作结果进行比较，并做出相应调整，这项固定工作要同时进行。项目实施阶段是项目教学法实施的核心环节。在此阶段教师要及时恰当地对学生进行指导，解决学生开发过程中遇到的难题，并督促学生按时按量完成项目计划书中的各个开发环节，以保证学生能够顺利地在计划内完成项目的开发，达到教学目标。

（6）检查评估总结。评价在项目教学中具有重要意义，要完成评价，首先要进行成果汇报。成果汇报是各小组选派一个或多个代表汇报其项目成果，汇报的形式可以多种多样，如开会的形式，或是将其安排到某个庆祝活动中。项目完成过程是各个小组成员共同努力探索钻研的过程，为了能学众人之长。它应包括思路总结和技巧总结。思路总结可以帮助学生明晰项目完成的最佳思考方法，找到自己理论上的不足。技巧总结时，要重视总结各个开发环节中遇到的难题及其解决方法，这样学生才能学到更多的操作技巧，全面汲取整个项目活动的精髓。

（7）成果迁移应用。将项目成果迁移运用到新的同类任务或项目中师项目教学法的一个重要目标。学生的迁移运用能力并不能直接反应出来，而是在新的任务的完成过程中体现出来。

3. 项目教学法的特点

（1）实践性。用于教学的项目来自生产实际，主题与真实世界密切联系，学生的学习更加具有针对性和实用性。

（2）自主性。在项目教学中，学习过程成为学生生生积极参与的动手创造实践活动，它注重的不是最终的结果，而是完成项目的过程。学生在这个过程中锻炼各种职业能力。教师在教学中已经不是处于主导地位了，成为学生学习过程中的引导者、指导者和监督者。而是学生在项目实践过程中，理解和把握课程要求的知识和技能，体验工作的艰难与乐趣，培养分析问题和解决问题的方法和能力。所以，项目教学法提供学生根据自己的兴趣选择内容和展示形式的决策机会，学生能够自主、自由地进行学习，从而有效地促进学生创造能力的发展。

（3）综合性。项目教学法要求学生在完成"项目"工作时要经历一个相对完整的工作过程。即学生能明确项目任务、收集有关信息，独立制订计划、进行决策，组织实施计划，并在一定时间范围内可以自行组织、安排自己的学习行为；学生自己克服、处理在项目工作中出现的困难和问题；进行过程检查，由于项目工作具有一定的难度，要求学生运用新学习的知识、技能，解决过去从未遇到过的实际问题；学习结束时进行结果评估，项目教学有明确而具体的成果展示，师生共同评价项目工作成果。教学中可以根据教学实际需求灵活应用。所以具有学科知识运用的交叉性和单项能力综合运用的特点，是学生综合能力，特别是团队合作能力、组织领导能力、语言沟通能力等培养的有效工具。

（4）发展性。教师根据行业企业岗位的实际需求和教学内容从实际生产生活中选取相关项目，项目确定后，整个教学过程也就确定了，学生通过完成项目来达到对本课程教学内容的掌握。运用项目课程，可以使得长期项目与阶段项目相结合，单一项目和综合项目相结合，最终实现职业教育教育教学目标。

（5）开放性。项目教学中，学生学习的形式是以小组为单位，采取合作学习方式，每个小组负责完成自己所选定的子项目或任务，小组成员在学习过程中共同探索或发现的信息和材料为全班学生共享，对学生学习评价要以学生完成项目的情况为依据，体现在学生围绕主题所探索的方式、方法和展示、评价具有多样性和选择性。

二、情景导向的行动教学

情景导向行动教学方法适用于职业情景变化频繁，工作过程不能固定的职业活动教学。这种教学方法的价值在于学生对工作对象心理预期的把握和应变能力的培养，追求工作对象满意和惊喜的体验，是培养服务业高技能型人才最常用的教学方法。

（一）模拟教学法

1. 模拟教学法的涵义

模拟教学法是由Fannin Shaftel和George Shaftel于1967年创建，通过表演相关情境和讨论表演的方式来探索感情、态度、价值、人际关系问题以及这些问题的解决策略。模拟教学法是一种以教学手段和教学环境为目标导向的行为引导型教学模式。模拟教学分为模拟设备教学与模拟情景教学两大类：（1）模拟设备教学主要是靠模拟设备作为教学的支撑，其特点是不怕学生因操作失误而产生不良的后果，一旦失误可重新来，而且还可以进行单项技能训练，学生在模拟训练中能通过自身反馈感悟正确的要领并及时改正。（2）模拟情景教学主要是根据专业学习要求，模拟一个社会场景，在这些场景中具有与实际相同的功能，及工作过程，只是活动是模拟的。

2. 模拟教学法的实施

模拟教学法的具体实施主要是围绕着管理四阶段展开，即Plan（计划）、Do（执行）、Check（检查）、Action（处理）。

（1）计划阶段。主要是制订教学计划，布置模拟任务。在这个阶段相当于情景创设步骤。在这个阶段，首先，教师应根据物业管理专业的教学目标和要求，并结合学生的实际情况，制定出模拟教学课堂的教学目标和教学要求。教学目标着重包括知识目标和能力目标，知识目标主要是拓展学生的知识面，能力目标着重培养学生的动手能力、实践操作能力、协调沟通能力和灵活应变能力。第二，设计模拟任务单元。教师必须根据教学目标的要求，将本次模拟课程中所涉及的问题细化和分解成不同的单元。第三，教师在布置模拟任务时，选择的材料应是学生实际生活中熟悉的对象，可操作性很强，而且富有挑战性，能够调动学生参加物业模拟训练的积极性和主动性，激发学生强烈的求知欲；教师备课不仅要讲教材内容精化，而且还要翻阅大量的报纸杂志，收集物业管理的案例，以保证案例具有一定的代表性、真实性、启发性、针对性。

（2）执行阶段。主要是执行计划，组织小组模拟表演。这个阶段包括角色选定和剧情演绎两个步骤。模拟角色选定阶段要求：①教师先结合学生的实际情况，把学生分成几个相应的模拟小组，让各个小组接受不同的任务单元。并着手准备模拟现场操作。②在各小组选择了模拟任务单元后，教师要对各任务单元进行排序，并列出学生所需要的参考资料，给予学生充分的时间利用图书馆和网络对任务进行分析、综合判定，熟悉模拟角色。使学生把角色模拟的前期工作做细、做好。③各小组成员对问题进行深入分析探讨，按照学生自主选择和易于操作相结合的原则来安排岗位。让学生自由选择合适的道具，布置场景，并对自己所模拟的角色进行揣摩，从社会现实性和资料充足度等方面做好准备工作，力求提高模拟的真实性。

剧情演绎是学生进入实践的中心环节，学生在做好充分准备的基础上，凭借已有的专业知识，带着老师提出的问题进入所创设的教学情景，组织小组成员进行模拟表演，来检验专业理论。在一个小组进行角色模拟的时候，教师和其他小组的同学要仔细观看，并把该小组出现的问题一一记录下来。在模拟表演过程中，教师应当适时引导，适当启发，保证模拟现场不会冷场，能够有序进行。学生要根据自己所扮演的角色特点，进行现场发挥，完全依赖自己的创造性去发展自己的角色。在这一阶段，学生的主体创造力能够得到充分的发挥。此外，还要求其他小组的同学必须保持现场的安静，不发表任何意见，不能打断模拟表演，有什么不同的意见或看法，做好记录，等模拟表演结束后再进行分析和讨论。

（3）检查阶段。这个阶段包括自主总结和知识构建两个步骤。自主总结的任务是将学生的模拟表演结果与教学计划和教学目标要求相对照，看看是否达到了预定的教学目标要求，表演中存在哪些问题。演练结束后，首先，各小组对本组的演练进行介绍、分析和总结，以便相互了解，取长补短。其次，小组互评。各小组对其他小组的演练内容和角色表现进行评价或者质疑。最后，教师根据学生角色模拟的实际情况以及同学对模拟过程的反应，予以归纳总结，指出模拟表演中哪些是比较成功的，值得肯定和表扬，同时也要委婉地指出学生在模拟表演中存在的问题，应该如何去解决。

知识构建是在总结步骤完成后，对知识进行巩固和梳理的环节，也是培养学生创造性思维的阶段。本阶段要求教师对出现的新问题要为学生打开创造性思维之窗，引导学生进行发散性思维。而学生听了其它同学和老师对自己的评价后，可以对自己的行为表现进行反思，结合理论知识思考如何可以将角色发挥的更好。这样，既可以使学生通过模拟表演来锻炼自己的实践能力，又可以使学生在讨论中拓展知识面，从而认识自己的缺陷和不足。

（4）处理阶段。这个阶段包括再次扮演和考核评价两个步骤。再次扮演阶段主要是在前一次模拟表演的基础上，对前次角色的再模拟或者转换角色进行模拟。一般上次模拟成功后可以转换角色进行模拟，以加深对不同角色的认识和理解。上次模拟失败后，可以对上次角色进行再次模拟。再次模拟过程中要吸取上次的教训和借鉴上次的经验，以便获得更好的成绩。

评价阶段是对模拟教学法在物业管理课程应用的最终成果进行检验，通过对模拟教学法开展过程的总结，找出优点和缺点，对优点进一步改进，以为下次模拟教学应用，对缺点进行改正，在下次模拟教学中更换。此外，评价环节还包括对学生学习成绩的评价，学生的成绩不再仅由期末考试成绩决定，还应包括角色扮演成绩和创新思维成绩。

3．模拟教学法的特点

1）主体性

传统教学法中教师是教学中的主体，教师在讲台上讲授，学生在下面做听众，只能被动接受，教师是教学的权威，这样教出来的学生既不能很好理解相关知识，又缺乏创造性。而模拟教学则将学生作为整个教学过程的主体，让学生充分理解管理全过程并能实际模拟，真正让学生成为学习的主人。在整个模拟教学过程中，学生是真正的主角，每位学生都要经历仔细阅读、查找资料、设计方案、角色分工、讨论发言、模拟扮演、总计评价等一系列实践环节，始终处于主动学习、积极探索的状态。

更为重要的是在模拟教学中，教师扮演的角色不是学生的导师、知识的传播者，而是学生的朋友、指导者。教师的主导作用在于创造一个能够促进学生学习的愉悦、宽松、合作的课堂氛围，鼓励学生自己探索问题、解决问题，使其发挥独立性与创造性。模拟教学方法更强调的是让全体学生都能在主动而非被动的学习中，主动探索、积极思维、自觉实践，积极自觉地将课本知识的精髓内化为自我发展的养料，促使他们的身心潜能、整体素质和个性获得充分的、和谐的发展。

2）实践性

模拟教学法是以解决学生在现实工作中遇到的问题为目标的，模拟的内容要选择真实性的任务，不能对其做过于简单化的处理，使其远离现实的问题情景。因此模拟教学法具有很强的实践性。

模拟教学改变了传统教学过程中过于强调知识传授的特点，弥补了讲授教学法的不足，为学生提供了一个接近真实的实践平台。学生通过扮演各种实际工作中的角色，站在情景设定的有关人员的立场上看问题，去体验物业管理人员在特定的环境里会有什么样的反应和行为，能够让学生在亲身体验中自觉地将理论知识与实际操作结合起来，并在实际操作中独立思考和分析，运用所学知识去解决模拟环境中的实际问题，锻炼和培养学生面对困难、矛盾和冲突，灵活应变解决问题的能力。

3）互动性

在模拟教学中，教师是导演，是推动者，其主要作用在于引导模拟教学的全过程；学生是主演，以主体参与者的姿态进行具体的情景模拟、案例操作，完成从配角到主角的转换。

教师在实施模拟教学时鼓励学生积极参与、大胆发言，师生之间、生生之间进行多边的信息交流。这不仅指老师和学生之间的互动，还包括学生与学生之间的沟通。模拟教学过程中的互动是不以人的意志为转移的客观存在，它的进行以言语及非言语表征为沟通媒体。这就要求教师必须把模拟的课堂教学置于师生之间和生生之间的多边活动的主体背景上，突出主体性因素之间的多边互动，使模拟教学不仅具有单边、双边色彩，而且具有多边色彩，形成一个信息交流的立体网络，有利于充分开发和利用模拟教学系统中的人力资源，调动学生的积极性和参与度，促使师生之间、生生之间相互启发、相互联结、相互反馈、相互调适、相互评价，以增强教学效果。学生在模拟教学法中不是被动接受知识，而是积极参与讨论和实施，充分发挥了主观能动性和创造性。

4）开放性

传统教学方法是"满堂灌"，教师所起的作用只是把知识系统的传授给学生。受课堂教学时间的限制，教师所传授的知识大部分是书本上的，无法涉及本学科最新领域乃至课外的有关知识，学生知识面窄，无法进行多学科融合和理解。而模拟教学过程中由于具体问题往往都同时与多个概念理论想关，更强调了知识点的交叉运用，使学生接触到书本上所学不到的知识，为日后顺利走上工作岗位打下坚实的基础。

模拟教学法通过设置一定的情景，扩大了知识的容量、信息的密度、时空的跨度，并使情境所涵盖的外延具有很大的开放性和包容性，使很多知识进行有机结合。它不但重视学生的参与意识及主观能动性的充分发挥，而且强调的是培养学生思考的多向性、空间的多维性、运用的灵活性和结论的多元性。

5）实效性

模拟教学法的教学过程与现实的问题解决过程相类似，问题的解决之道往往隐含于情景之中，教师并不是将提前已准备好的内容交给学生，而是在课堂上展示出与现实中工作人员解决问题相类似的探索过程，提供解决问题的原型，并指导学生探索。

模拟法让学生在各种不同的模拟情景中去感受各种具体的复杂事物，并将学习内容应用到现实生活中去，求得解决问题的方法。模拟教学法的最大优点是用可以使学生习得解决问题和做出决定的各种较高级的技能，以及此模拟情景所依据的各种概念，并由此影响到学生的态度和价值观。因此，模拟教学法具有实效性的特点。

6）情景性

模拟教学法不需要独立于教学过程的测验，而是采用融合式测验，在学习中具体问题的解决过程本身就反映了学习的效果。由于真实性任务中，学生了解自己所要解决的问题，有主人翁感；任务本身又是整体性的，具有挑战性，解决了问题就达到了教学的目的，反映了学生的学习成果，因此，采用模拟教学法教学，教师可以进行与学习过程一致的情景化评估，而不需要像传统的教学法那样，再进行单独的测验过程。

（二）案例教学法

1. 案例教学法的含义

案例教学法的产生可以追溯到古希腊和古罗马时代。希腊哲学家、教育家苏格拉底在教学中曾采用"问答式"教学法，这可以被看做是案例教学的雏形。之后，希腊哲学家柏拉图继承了苏格拉底的教育思想，将"问答"积累的内容编辑成书，在书中附加了许多日常生活的小例子小故事，一个例子说明一个原理，这些小例子可被看作是案例的雏形。案例教学最早应用于法学和医学领域，1908年哈佛商学院正式成立时，案例教学法又被引入商业教育领域。1908年哈佛大学创立企业管理研究院，开始正式推行案例教学。案例教学法是教师选用专业实践中常见的具有一定难度的典型案例，组织学生进行分析和讨论，提出解决问题的建议的一种教学方法。

案例教学法的定义有多种表述。第一种是为了一定的教学目标，在教师的指导下，由学生对选定的具有代表性的典型案例，进行有针对性的分析、审理和讨论，作出自己的判断和评价的教学方法。这是一种具有启发性、实践性，能开发学生思维能力，提高学生判断能力、决策能力和综合素质的新型教学方法。第二种是案例教学法又称实例教学法或个案教学法，它是在教师的指导下，根据教学目标和内容的需要，采用案例组织学生进行学习、研究、锻炼能力的方法。它能创设一个良好的宽松的教学实践情景，把真实的典型问题展现在学生面前，让他们设身处地地去思考、去分析、去讨论，对于激发学生的学习兴趣，培养创造能力及分析、解决问题的能力极有益处。第三种是通过一个具体教育情景的描述，引导学生对这些特殊情景进行讨论的一种教学方法。我们抽取这三种表述的相同点，可为案例教学法下这样的定义：围绕教学目标，在教师的指导下，学生对呈现的典型案例进行讨论分析、归纳总结，从而培养学生思维能力的一种新型教学方法。

2. 案例教学法的实施过程

案例教学法的实施，一般包含课前准备、课堂实施和课后评价三个步骤。

1）课前准备

课前准备是案例教学的起点。应从教师备课和学生预习两方面着手。教师的课前准备工作包括如下几个方面：

首先，选择教学案例。教师选择教学用的案例是一项重要而有难度的工作。需要从教学目标、案例难度、实用性及学生特点的维度衡量案例。

第二，案例内容准备。教师在准备案例时应了解案例的事实，教师要熟悉和精读案例，对案例的情境要有把握；对有关信息进行透彻分析。对于案例思考题要把握难易程度，问题宜由浅入深，由具体到抽象，层层推进，以达到让学生尽快将理论与实践快速融合的效果。

第三，明确教学重点。案例教学的时间有限，应该根据教学目标的不同对案例中重要的讨论题作优先安排。在教学重点的准备过程中，必须考虑教学目标与学生特点等因素，避免凭教师的主观想象确定教学重点，造成学生需要的没有作为重点；学生掌握不了的或已经掌握的，却被作为重点。

最后，做好教学计划。根据教学目标和教学重点，教师通常需要制订教学实施计划，明确一系列方法步骤。比如：是否需要将学生划分为小组？如何划分？小组成员间应该如何协调？教师希望课堂上发生什么？如何使其发生？讨论按什么顺序进行？案例的每一部分需要讨论多长时间？是对讨论进行控制，还是任其自由发展？

学生在案例教学前也应该按照教师的布置和要求对案例进行阅读和思考，进行个人分析，带着问题和目的进入下面的案例教学课堂具体实施环节。

2）课堂实施

案例教学中的教师与学生是双主体关系。在案例教学中尽管推崇学生作为主角，教师不再是主宰课堂的权威，教师在此时所起的作用类似于"导演"，对学生的分析、讨论不作过多的干预、不作过多的评论，并充分地尊重学生的观点、想法，但教师要采用组织引导、激励控制，同时还要对这些观点加以归纳和总结，充分引导学生知识和能力的升华。

学生对已掌握的资料进行分析，归纳相似性、寻找差异性，积极参与小组讨论和课堂讨论，通过思想碰撞，引发并记录新发现和新认识。这个过程是"案例教学法"与传统教学法最显著的差异性所在。传统教学中，教师讲得很精彩，分析很细致，但学生的主观能动性没有得到充分发挥，学生的主体地位没有得到充分的体现，教师是教学的主体；而在案例教学法中，教师与学生之间是一种"师生互补，教学相辅"的关系。教师将分析案例的""主权"交给了学生，让学生运用所掌握的各种知识，甚至是课外的知识去分析这些问题，讨论解决方法。

3）课后评估

课后评估环节的主要目的在于使学生和教师这两个案例教学的主体都能够获得关于本次案例教学的信息反馈，评估可以从教师评学、学生评教及专家评价几方面展开。

课后教师对学生在案例教学中的情况进行总结和评估，可以让学生明确自身的特点、优势和不足，为其进一步学习指明方向。教师在总结是应注意避免空谈，教师对案例所涉及的问题也不一定给出标准答案，而是通过分析具体问题归纳该案例教学的成功和不足之处，分析学生课前阅读案例、课中跟随案例控制自己的思路和表达观点的情况。

在案例教学中，学生是案例教学活动的参加者和教学效果的直接体现者，学生对案例教学内容和实施的评价和反馈是案例教学效果评估中重要的一环。学生对教师的评估也应该更多地关注案例教学的全过程，如可以评价教师课前准备的案例选择是否根据课程目标和学生特点；教师对案例的掌握程度以及教学计划的充分性；对教师课堂实施的评价可以从课堂讨论的组织与引导、学生的激励与控制以及案例的总结几方面进行。

独立性的专家以一种旁观者的身份来看待案例教学的效果评估。由于他们从事教学管理工作和教学工作经验丰富，对案例教学有相当的研究，可以给案例教学提供一些建设性的建议。

至于评价方法并无固定模式，既可以采用定性的方法也可以采用定量的方法。需要注意的是，应该针对不同的教育培训对象以及不同的教学目的灵活掌握评价方法和标准。

3. 案例教学法的特点

（1）目的明确性。通过一个或几个独特而又具有代表性的典型事件，让学生在案例的阅读、思考、分析、讨论中，建立起一套适合自己的完整而又严密的逻辑思维方法和思考问题的方式，以提高学生分析问题、解决问题的能力，进而提高素质。

（2）真实客观性。案例所描述的事件基本上都是真实的，不加入编写者的评论和分析，由案例的真实性决定了案例教学的真实性，学生根据自己所学的知识，得出自己的结论。

（3）较强综合性。原因有二：一是案例较之一般的举例内涵丰富，二是案例的分析、解决过程也较为复杂。学生不仅需要具备基本的理论知识，而且应具有审时度势、权衡应变、果断决策之能。案例教学的实施，需要学生综合运用各种知识和灵活的技巧来处理。

（4）深刻启发性。案例教学，不存在绝对正确的答案，目的在于启发学生独立自主地去思考、探索，注重培养学生独立思考能力，启发学生建立一套分析、解决问题的思维方式。

（5）突出实践性。学生在校园内就能接触并学习到大量的社会实际问题，实现从理论到实践的转化。

（6）学生主体性。学生在教师的指导下，参与进来、深入案例、体验案例角色，通过分析、讨论、交流提高学生独立思考与创造力。

（7）过程动态性。在教学过程中存在着老师个体与学生个体的交往，教师个体与学生群体、学生个体与学生个体、学生群体与学生群体交往，也就是师生互动、生生互动。

（8）效果多元化。据联合国教科文组织对案例、研讨会、课堂讲授等九种管理教学方法的调查统计发现：在分析能力培养方面，案例法位列九种方法之冠；在知识传授、学生接受度及知识留存力这三方面，案例法居第二位；在学生态度转变和提高人际技巧方面，案例法在第四位，也属上乘。

（三）角色扮演法

1. 角色扮演法的含义

角色扮演法由美国教授Kelly于1995年提出。角色扮演教学是由学生扮演职业情景中的角色，设身处地的分析与解决所面临的问题，透过故事情节和问题情景的设置，让学生在设身处地模拟的情况下，扮演故事中的人物，理解人物的心理世界，进而增进对问题情景的理解。角色扮演一般包括角色认知与角色实践两方面，角色认知是扮演者对角色规范和角色要求的认识和理解；角色实践则是在一定情景下扮演者进行角色扮演的实际过程或活动。一个人的角色扮演可能与社会对其扮演角色的要求存在一些偏差，他可以通过自我评价或他人评价来认识到这种差距，并通过角色学习或角色调适来消除这种差距，从而达到完整的社会化。学生从所扮演角色的角度出发，运用所学经验，通过角色扮演，从内心深处感受角色的情感，以提高学生感情商数和处理问题的能力。角色扮演的主要目的，即在提供个人学习角色扮演的机会，使个人能设身处地去扮演一个在实际生活中不属于自己的角色，并通过不断演练，学得更多的角色模式，以便自己在应对各种环境时，更具有弹性。

2. 角色扮演法的实施

角色扮演教学法在实施过程中，通过教师的适当引导，让学生在设计的情景中，真实体验具体的工作和服务流程，关注细节，以培养高度洞察力和工作意识。

（1）布置任务。向学生说明活动的名称、内容、要求、需要哪些角色及如何分工、准备时间、表演时间等，并调动起学生参与角色扮演活动的积极性。要让学生感受问题的存在和重要性，使其了解学习的目标。教师可以通过实例向学生说明问题，如用影片、电视节目、故事的方式说明，也可以提题的方式使学生思考或预测故事结果。

（2）选择参与者。教师在布置和讲解任务之后，和学生共同讨论学生的想法与感受，计划实施的内容和计划采用的方法，然后将各种问题情景的角色分配给学生，让学生依据自己的意愿选择想要扮演的角色，或是由教师在学生中分配角色。

（3）布置情景。教师在选择参与者之后，引导学生融入自己的角色，将各种情景以简要的方式说明，或布置情景，让学习者可以感受到整个演出的真实情景。

（4）安排观众。观众能够主动参与是重要的影响因素，教师应该事先让学生了解并尊重演出者的重要地位，要求观众专心观察同学的演出，并决定观察的重点及分配观察工作，让观察活动包含在整个教学活动之中，以增加参与感，使整个团体经历演出过程及观看演出后，能够分析讨论角色的乐趣。

（5）角色扮演。表演是实施角色扮演法教育的中心环节，表演是"演员"按照活动要求扮演各种角色，完成一定的角色行为。表演者要假设角色处在真实情景，是真实的反应，但是不要期望角色扮演可以进行得很顺利，也不要期待表演者可以表演得很好。教师要让表演只进行到以下几种状况：预期的行为清楚呈现，行为技巧表现出来，表演停顿下来，行动表达出观点或想法。假如以后的讨论透露学生对事件或角色不够了解，教师可以再要求表演某一幕。

（6）讨论评议。评析实际上是评委及观众对扮演者表演情况的评价分析以及扮演者自身的评价分析。评析方式包括表演者自我评析与他人评析两种方式。角色分析可以对表演者的表演艺术作适当的评价，但主要的是对表演者的角色认知与角色实践作出评价。这一环节是角色扮演法教育方式的关键。如果表演者和观众理智和情感都投入其中，则讨论会自然地进行。刚开始讨论可能集中在与故事情节的异同或不同意角色的表演方式等主题，表演的结果和演员动机则是更重要的主题。教师可用发问的方式增进观察者对角色扮演的思考。例如："对角色人物的观感如何""情节的布局是否合理""有没有其他方式可以改善"等，教师在实施教学时，可引导学生进行讨论活动。

（7）再扮演。此阶段的重点活动在于让学习者从尝试错误中，学习如何面对问题，解决问题，并促进对人际关系的洞察。再扮演活动可以视教学的需要而重复实施，并加以1~2分钟的讨论活动，让学习者可以了解相同角色不同情景所代表的意义，增进学习者以不同的立场看待相同的事物。

（8）再评议。此阶段的重点在于由教师引导学生再次面对问题，思考解决问题的情景与方式。

（9）分享与讨论。使问题情景与真实情景相关联，教师询问学生有没有类似的生活经验或实例，提供大家分享并发表对问题的看法。教师可以从学生的演出和讨论的内容中，归纳要点并指出行为实践的意义和法则。

3. 角色扮演法的特点

在真实情景的模拟下，突出学生的课堂参与性，培养学生自我学习能力、动手实践的能力、观察分析的能力、总结评议的能力。在学到工作方法的同时，将这些方法运用到工作实际中，提高学生解决问题的能力和职业素养。

（1）参与性。可以充分调动学生参与的积极性，为了获得较高的评价，学生一定会充分表现自我，施展自己的才华。作为学生都知道怎样扮演指定的角色，是明确的有目的的活动。在扮演培训过程中，学生会抱有浓厚的兴趣，并带有娱乐性功能。

（2）灵活性。角色扮演的形式和内容是丰富多样的，为了达到教学目的，教师可以根据需要设计主题、场景。在教师的要求下，学生的表现也是灵活的，教师不会把学生限制在有限的空间里，否则不利于学生真正水平的发挥。教师可以根据教学需要改变学生扮演的角色，与此同时，教学内容也可以做出适合于角色的调整。

（3）实效性。角色扮演法可以让学生亲身置身于将来可能遭遇到的模拟情景中，实际的扮演自身的角色以揣摩当时可能发生的真实情况，使将来遇到类似问题或状况时，能因为受过这里训练，而能迅速作出反应，以使任务、工作能顺利进行，对问题也可顺利解决。

（4）情景性。角色扮演过程中，需要角色之间的配合、交流与沟通，因此可以增加角色之间的感情交流，培养人们沟通、自我表达、相互认知等社会交往能力。尤其是同事之间一起接受培训进行角色扮演时，能够培养员工的集体荣誉和团队精神。

（5）情感性。角色扮演教学法环境中复制体验和实际一样的内心情感，让学习者感受与现实工作相近的困境、问题和情绪，所以，学生容易融入使他们产生剧烈转变的情绪中。学习者经历精神的、情感的、认知的领域，这样的学习可说是涵盖整个人——包括他的知觉、感觉及肢体反应，学生有深刻的经验，记忆也能维持较久。

三、效果导向的行动教学

（一）头脑风暴教学法

1. 头脑风暴法的涵义

头脑风暴法出自"头脑风暴"一词，是由美国创造学家A.F.奥斯本于1939年首次提出、1953年正式发表的一种激发性思维的方法。此法经各国创造学研究者的实践和发展，至今已经形成了一个发明技法群，如奥斯本智力激励法、默写式智力激励法、卡片式智力激励法等等。如今，头脑风暴法作为从心理上激励集体创新思维的一种常用方法，被越来越多地运用于教学当中。

头脑风暴法的核心是高度充分的自由联想。这种方法一般是举行一种特殊的小型会议，与会者可以毫无顾忌地提出各种想法，彼此激励，相互启发，引起联想，导致创意设想的连锁反应，产生众多的创意。其原理类似于"集思广益"。头脑风暴法的激发机理主要有：第一，联想反应。联想是产生新观念的基本过程。在集体讨论问题的过程中，每提出一个新的观念，都能引发他人的联想。相继产生一连串的新观念，产生连锁反应，形成新观念堆，为创造性地解决问题提供了更多的可能性。第二，热情感染。在不受任何限制的情况下，集体讨论问题能激发人的热情。人人自由发言、相互影响、相互感染，形成热潮，突破固有观念的束缚，最大限度地发挥创造性地思维能力。第三，竞争意识。在有竞争意识情况下，人人争先恐后，竞相发言，不断地开动思维机器，力求有独到见解，新奇观念。心理学的原理告诉我们，人类有争强好胜心理，在有竞争意识的情况下，人的心理活动效率可增加50%或更多。第四，个人欲望。在集体讨论解决问题过程中，个人的欲望自由，不受任何干扰和控制，是非常重要的。头脑风暴法有一条原则，不得批评仓促的发言，甚至不许有任何怀疑的表情、动作、神色。这就能使每个人畅所欲言，提出大量的新观念。

为培养艺术类高技能性人才的发散思维和追求艺术效果职业特质，头脑风暴法也是效果导向的行动教学方法之一。但要注意这种方法只是提出设想的一个步骤，是创造性解决问题的一个阶段，而不是解决问题的完整过程，作为教学过程中激发学生创造性思维的辅助形式。另外，头脑风暴法由于其严格的使用原则和复杂性，不宜完全替代传统的讨论法。

2. 头脑风暴法的实施

1）准备阶段

教师确定讨论问题。头脑风暴法最适用于解决什么样的问题？首要条件是研究的问题应是特殊的，而不是一般性的问题。教师在确定讨论问题时应具体、明确，不宜过大或过小，不要同时将两个或两个以上的问题混淆讨论。对于那些略复杂的问题，可以将问题分开，并针对每个问题专门召集一次会议。其次，头脑风暴仅能用来解决一些要求探寻设想的问题，不能用来解决那些事先需要做出判断的问题，如"是否应对学校的德育教学进行改革"这样的问题就不适用面对这一问题必须先说明实施改革或者不实施改革的理由，也就是用头脑风暴法来先分析问题，再根据讨论结果决定是否实施。

通知学生提前准备。教师应至少提前5～10天将所要讨论的问题和资料发放给学生。事先通知的目的是让学生有时间酝酿解决问题的设想。最好在材料后附上几个形成设想的实例，以启发学生。

安排记录员并准备物资。尽可能安排两个设想记录员来记录发言人的设想，同时可以利用录音笔协助记录讨论会的全部过程。可以准备幻灯片来播放讨论的主题和演示头脑风暴法的规则，等等。最好给每个学生准备一张纸和一支笔，让他们及时把想到的设想记下来。

头脑风暴法运用于教学中，要求教师和学生必须做好充分的准备，由于学生要事先酝酿解决问题的设想，所以参与头脑风暴的学生必须具备一定分析问题的能力。

2）实施阶段

会议一开始，教师可用幻灯片介绍头脑风暴会议的基本原则并补充说明要解决的问题。为使气氛轻松自然，让大家尽快适应规则，教师可提一些极为简单的问题以让大家尽快进入状态。教师应尤其注意首次参加头脑风暴会议的成员，让他们尽快适应环境。在讨论过程中，教师、学生、记录员应分别注意以下实施要点：

对教师的要求。教师在头脑风暴中以主持人的身份出现，教师不但要熟悉问题，而且必须熟练掌握头脑风暴法的处理程序、方法和技巧。教师最好要求学生按座位次序轮流发言，让每个学生都有机会提出设想。如轮到的人当时无新设想，可以跳到下一个。集体头脑风暴的方法可以提出大量设想，当一个与会者提出一种设想的时候，他会自然地将其想象引向另一个设想，但是就在这一瞬间他提出的设想会激发其他成员的联想能力，这就是"连锁反应"。教师应鼓励大家提出一些从已经提出的设想中派生出来的设想，这种连锁反应很有价值。学生每次发言最好只提一条设想，否则就会因为失去许多很好的"辩解"机会而使提出设想的效率明显下降。当举手的人多，教师应让那些积极思维的人先发言。同时，教师可以在会议之前对解决问题的设想做一些准备，若学生一时提不出设想，教师便可以抛出自己的想法来启发大家。

对学生的要求。在头脑风暴中学生就是专家，学生应积极思考，尽可能提出设想，不用害怕自己的设想会遭到别人的嘲笑，哪怕是"荒唐""怪诞"的设想。

无论如何，学生不能照本宣科，如有准备好的设想，应在会议之前交给教师。当有几个人同时举手时，后面发言的学生可能会受前面发言人的影响而忘记当时的设想，所以学生应及时把自己的设想用纸笔记录下来。

对记录员的要求。记录员最好坐在教师身旁，并及时记下学生提出的设想和他们的名字。速记却无法做到一字不露，所以记录的内容是设想的基本大意就行。当然也可以采用录音笔录下会议全过程。同时，记录员应按设想提出的顺序给每个设想编号，让教师随时掌握设想的数量，以启发学生再多提出10条设想等。

3. 头脑风暴法的特点

在群体决策中，由于群体成员心理相互作用、影响，易屈于权威或大多数人意见，形成所谓的"群体思维"。群体思维削弱了群体的批判精神和创造力，损害了决策的质量。为了保证群体决策的创造性，提高决策质量，从管理上发展了一系列改善群体决策的方法，头脑风暴法是较为典型的一个。其特点是：针对解决的问题，相关专家或人员聚在一起，在宽松的氛围中敞开思路，畅所欲言，寻求多种决策思路，倡导创新思维。具体而言，可归纳为以下几点：

（1）自由畅谈。参加的教师和学生不应该受任何条条框框限制，放松思想，让思维自由驰骋，从不同角度、不同层次、不同方位，大胆地展开想象，尽可能地标新立异、与众不同，提出独创性的想法。

（2）延迟评判。头脑风暴，必须坚持当场不对任何设想做出评价的原则。既不能肯定某个设想，又不能否定某个设想，也不能对某个设想发表评论性的意见。一切评价和判断都要延迟到会议结束以后才能进行。这样做一方面是为了防止评判约束与会者的积极思维，破坏自由畅谈的有利气氛；另一方面是为了集中精力先开发设想，避免把应该在后阶段做的工作提前进行，影响创造性设想的大量产生。

（3）禁止批评。绝对禁止批评是头脑风暴法应该遵循的一个重要原则。参加头脑风暴讨论的每个人都不得对别人的设想提出批评意见，因为批评对创造性思维无疑会产生抑制作用。同时，发言人的自我批评也在禁止之列。有些人习惯于用一些自谦之词，这些自我批评性质的说法同样会破坏会场气氛，影响自由畅想。

（4）追求数量。头脑风暴讨论的目标是获得尽可能多的设想，追求数量是它的首要任务。参加讨论的每个成员都要抓紧时间多思考，多提设想。至于设想的质量问题，自可留到会后的设想处理阶段去解决。在某种意义上，设想的质量和数量密切相关，产生的设想越多，其中的创造性设想就可能越多。

（二）卡片展示法

1. 卡片展示法的含义

卡片展示法（Metaplan）是G. Eberhard 和 W. Schnelle开发出来的会议技术。卡片展示法是在展示板上钉上由学生或教师填写的有关讨论或教学内容的卡通纸片，通过添加、移动、拿掉或更换卡通纸片进行讨论、得出结论的研讨班教学方法。卡片展示教学法的结果总是一张张挂满各种卡通纸片的张贴板。运用卡片展示技术可以通过"书写讨论"的方式将学生引入交流的氛围，最大限度地调动所有学生的学习积极性，使每一位学生积极地加入发现和解决问题的工作中去，并可以有效克服谈话法不能记录交谈信息和传统的黑板上文字内容难以更改、归类和加工整理的缺点。采用卡片展示法的主要工具有：

（1）展示板。可用硬泡沫塑料、软木等制成，一般高度为1～1.5m，宽度为1～2m。展示板可固定在墙壁上，也可以安置在专门的支架上。

（2）盖纸。即面积与张贴板等大的书写用纸，必要时可以在上面书写、画图、制表或粘贴。

（3）卡片。可采用多种颜色和形状，如长方形、圆形、椭圆形，甚至云彩和箭头形状等。

（4）大头针。头比常用的要大些，以便于插上和拨下。

（5）其他。如记号笔、胶棒和剪刀等。

2.卡片展示法的实施

（1）开题。常采用谈话或讨论方式。教师提出要讨论或解决的课题，并将题目写在盖纸、云彩形或特殊的卡片上，用大头针钉在展示板上。

（2）收集意见。学生把自己的意见以关键词的形式写在卡片上，并由教师、学生自己或某个学生代表钉在展示板上。一般一张卡片只能写一种意见，允许每个学生写多张卡片。每张卡片的书写应该使其钉在展示板上后使每个与会者都能看清。

（3）加工整理。师生共同通过添加、移动、取消、分组和归类等方法，将卡片进行整理合并，进行系统处理，得出必要的结论。

（4）总结。教师总结讨论结果。必要时，可用各种颜色的连线、箭头、边框等符号画在盖纸上。

3.卡片展示法的特点

（1）参与性。通过让学生动手写卡片、贴卡片，可以最大限度地调动所有学生的学习积极性。

（2）有效性。在较短的时间里获得最多的信息，有效克服谈话法不能记录交谈信息和传统的黑板上文字内容难以更改、归类和加工整理的缺点。

（3）发散性。展示板上的内容既有讨论的过程，又有讨论的结果；既是学生集思广益和系统思维的过程，又是教师教学活动的结果。

四、多个导向的行动教学

有些教学方法，不但可以用于过程导向、情景导向，还可以用于效果导向的行动教学。比如引导课文法、心智图法等。

（一）引导课文教学法

1. 引导课文法的含义

引导课文法是是借助于预先准备的引导性文字，引导学习者独立学习和工作的教学方法。在教学文件中，包括一系列的难度不等的引导问题。学生通过阅读引导课文，可以明确学习目标，清楚地了解应该完成什么工作。一般引导文由以下几个部分构成：（1）任务描述：即工作任务书。（2）引导问题：学生通过问题的引导，"找出独立应对任务的知识和方法"。（3）学习目标描述。（4）学习质量监控单：避免了盲目性。（5）工作计划（内容和时间）。（6）工具与材料需求表。（7）专业信息。（8）辅导性说明等。

引导课文大致可分为：技术类活动过程引导课文、服务类活动情景引导课文和艺术类活动效果引导课文。

2. 引导课文法的实施

（1）获取信息。获取信息即回答引导问题。关注获得信息的方法、渠道、手段；尽可能多地获取信息；信息的整理、储存；信息的分析、判断、使用（使用正确的、有价值的信息）。

（2）制订计划。制订的计划通常为书面工作计划。要在给定的信息内，进行计划与决策；将任务和目标具体化；对工作进行划分并确定工作步骤；制订时间分配；做出决定。完成前面的工作后，要与教师讨论工作计划并引导得出问题的答案。

（3）实施计划。实施计划包括实施的准备、实施各个环节和工作的结束。

（4）检查。完成工作任务后，需要根据质量监控制单自行或由他人进行工作过程或产品质量控制。对完整性和质量的检查；对照目标进行检查与评估；最后归档。

（5）评定。评定是指讨论质量检查结果、将来如何改进不足之处等。

3.引导课文法的特点

（1）教师为主导。在引导课文教学法中，教师的角色只局限于做好教学准备、提出引导问题、与学生一起讨论问题、编写质量控制单和在收尾阶段评价学生的成果。

（2）学生为主体。学生的角色则是独立获取信息、独立制订计划、独立做出决定、独立实施计划和独立检查、控制、评定、反馈自己的成果等，如图2-8所示。

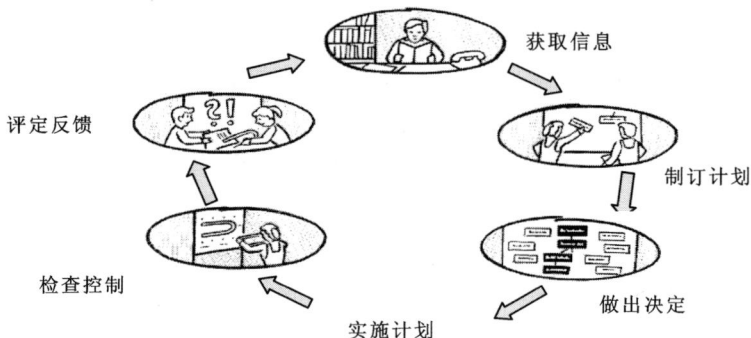

图2-8　学生为主体

（二）心智图教学法

1.心智图教学法的含义

心智图又称脑图、灵感触发图、概念地图或思维地图，是一种图像式思维的工具，利用图像辅助表达思维。围绕平面上的一个主题，画出与之相关联的对象，就像一个心脏及其周边的血管图，故称为"心智图"。由于这种表现方式比单纯的文本更加接近人思考时的空间想象，因而广泛用于记忆和创造性思维过程，用于研究、组织、解决问题和政策制定。

20世纪70年代开始创建并推动这一方法的英国人托尼·巴赞（Tony Buzan），但其实心智图（或者是相似概念）在教育学、工程、心理学等领域的应用已经有几世纪，以辅助学习、搜集创意、组织记忆、视觉记忆和解决问题。其基础之一即语义的网状结构（Semantic network），则有相当久远的历史。实际上，Allan Collins早在20世纪60年代初就对心智图展开研究，在学术、创造力和生动的思考上颇有成果，被称为心智图模型之父。

心智图的中心通常是一个单字或者一个主题，而环绕在中心外的是相关的思想、言论和概念。用一个中央关键词或想法以辐射线的形式连接所有的代表字词、想法、任务或其他关联项目。是一张集中了所有关联资讯的语义网路或认知体系图像。所有关联信息都被辐射线及非线性图解方式连接在一起，基于头脑风暴（激发灵感）方法，建立一个适当或相关的概念性组织框架。

科学研究已经充分证明：人类的思维特征是呈放射性，进入大脑的每一条信息，每一种感觉、记忆或思想（包括每一个词汇、数字、代码、食物、香味、线条、色彩、图像、节拍、音符和纹路），都可作为一个思维分支表现出来，它呈现出来的就是放射性立体结构。如图2-9所示。

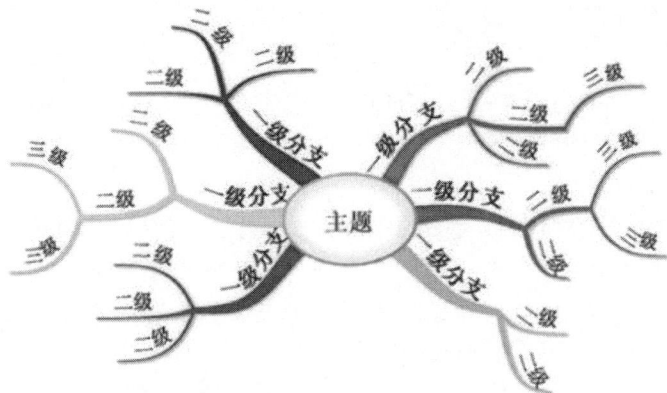

图2-9　放射性立体结构

这一方法利用色彩、图画、代码和多维度等图文并茂的形式来增强记忆效果，使人们关注的焦点清晰地集中在中央图形上，用相互隶属与相关的层级图表现各级主题的关系，把主题关键词与图像、颜色等建立记忆链接。心智图允许学习者产生无限制的联想，这使得思维过程更具创造性。其原理主要是将人类思考的放射性具体化，利用记忆、阅读、思维的规律，协助人们在科学与艺术、逻辑与想象之间平衡发展，以开发人类大脑的潜能。

心智图的放射性思考方法一方面可以加速资料的累积量，更重要的则是将数据依据彼此间的关联性分层、分类管理，使资料的储存、管理及应用因更有系统化而增加大脑运作的效率。同时借由颜色、图像、符号的使用，不但可以协助记忆，增进创造力，也让思维更轻松有趣，且具有个人特色及多面性。

心智图以放射性思考模式为基础的收放自如方式，除作为一个快速的学习方法与工具外，还运用在创意的联想与收敛、项目计划、问题解决与分析、会议管理等方面。它在个人、家庭、教育和业务中得到普遍的应用：包括笔记、集体讨论（想法被放射状的放在中心字词周围的节点，并且无须依阶层或连续安排等的优先级排列。而组织以及分类则是为了后面的阶段做准备）、总结、修正、理清想法。心智图也可以用来整理复杂的想法或者是当作记忆的小技巧。比如，听演讲时可以使用心智图来记下最重要的字词或是重点。

2. 心智图教学法的实施

1）绘制准备

教师确定教学主题，并指导学生准备绘制工具。绘制工具包括纸和笔，比如A3或A4大小的白纸，书写的笔，最好用4种不同颜色来区分不同的内容。

2）进行绘制

在纸的中心列出心智图的中心主题（书名或者某个问题），并且以图形的形式体现出来，这称之为中央图。中央图要有三种以上的大分支，一个主题一个大分支：有多少个主要的主题，就会有多少个大的分支，每个分支要用不同的颜色标识。

可运用数字代码代表内容，用箭头的连接说明信息之间的关联：将有关联的部分用箭头连起来，可以很直观地了解到信息之间的联系。也可以运用代码表示特定的关联关系，这样只须标注代码，就可以知道这些知识之间的联系。只写关键词，并且要写在线条的上方。

中央线要粗，心智图可通过线条的粗细来体现的层次：最靠近中间的线会越粗，越往外延伸的线会越细，字体也是越靠近中心图的最大，越往边上的就越小。线与线之间相连，线条上的关键词之间也是互相隶属、互相说明的关系，而且线的走向最好保持平行，这样有利于阅读。

有些心智图的分支外面还有一层，这称为环抱线。环抱线能让人更直观地看到不同主题各个分支的内容，容易形成整体印象，也可以让整幅心智图看起来更美观。外围线自然是最后的一步。可以将所有分支顺序编号，也可以将每一个分支内重新编排，主要视需要和习惯而定。

3）绘制评价

通过绘制心智图，对学生思维类型进行分类，并指出不同职业活动需要的最有效的思维模式。

3. 心智图教学法的特点

（1）有效性。心智图教学法是心智技能训练的有效方法。心智图作为一个可以提高工作学习效率、促进思维扩展的工具，能够发现和培养各种思维模式。

（2）趣味性。可以通过手绘和计算机绘制，具有很强的趣味性。

第三章 职业教育传播理论

　　教育传播理论可为我们科学地设计教育信息的呈现、传递和反馈系统，提高教学效能提供必要的理论基础。教材是一种最基本、最重要的教育传播媒体，教育传播理论对教材设计与编写具有重要的指导意义。

第一节　职业教育传播模型及一般规律

　　人类传播主要有四种类型：人际传播、组织传播、大众传播和教育传播。其中，人际传播是研究个人与个人之间的传播，以面对面传播为主；组织传播是研究组织与组织之间的传播，以印刷媒体传播为主；大众传播是研究组织对不确定的大众的传播，以印刷媒体、广播、电视、计算机网络等媒体传播为主；教育传播是研究学校对学生的教育传播活动，包括课内、课外，近距离、远距离的教育传播活动。职业教育是教育的一种类型，它有着自身特殊的规律。因此，职业教育也就有着自己的传播模式。

一、职业教育传播的模型

　　职业教育的传播一般也包括信源、信息、通道和受者。职业教育的信源是社会、学生和职业。这些信源提供了社会、学生和职业的需要。职业教育的信息包括社会、学生和职业需要的内容和对于这些内容的编码。这些内容包括社会、学生和职业需要的知识、技能和态度；对这些内容编码包括逻辑结构与呈现形式。职业教育的通道不外是视觉、听觉、触觉、味觉、嗅觉。职业教育的受者是学生，如图3-1所示。

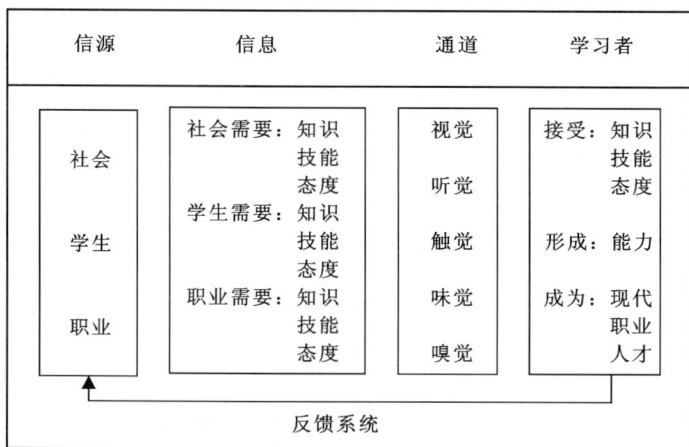

图3-1　职业教育传播模型

二、教育传播的一般规律

职业教育因为属于教育的范畴，所以教育传播的一般规律，也是职业教育的传播规律。教育传播一般归纳为七大规律：[17]

规律一：学习者对教育者发出的信息具有选择性。一种选择是教育者发出的信息量常常和学习者得到的信息量不相等，会发生信息缺损或者失真；一种选择是不同的学习者，甚至是同一个学习者，对教育者发出的同一个信息，常常有不同的理解，这主要取决于接受者的经验和水平。

规律二：学习者对于教育者发出的信息，了解的越少，得到的越多；反之，了解的越多，得到的越少。这条规律要求教育者发出的信息要有新异性。

规律三：教育者发出的信息，必须在可以被学习者接受的条件下，信息传递过程才能实现。这条规律要求教育发出的信息具有可感受性，是学习者能接受的。按照学习迁移原理，只有当两种学习中存在共同因素时，一种学习才能够影响到另一种学习，即产生迁移。教育者传递的信息，必须与学习者原有知识结构有相同因素，才会有可感受性，为学习者所接受。

规律四：在实际的教育传递过程中，一般都具有多余度。多余度又为冗余度，是指在表达和传递信息时除了所必须使用的符号、信号

17　南国农，李运林.教育传播学[M].北京：高等教育出版社，1995.

外的多余的符号、信息。多余现象在日常的教育传递过程中是常见的。大量的教育传递过程包含着多余度。

规律五：教育传递过程中，通道法信率的提高是有限度的，编码方式不同，信号传递速度也不同。通道传信率与编码方式有着密切的关系。编码方式不同，通道传信率也有所不同。实验研究表明通道传信率的差异：用语言描述使人识别，需2.8s；用线条图使人识别，需1.5s；用黑白照片使人识别，需1.2s；彩色照片使人识别，需0.9s；直接看实物使人识别，需0.7s。可见，编码方式不同，识别所需时间也不同。编码方式对于传信率有着重要的影响。科学实验证明，人类接收信息主要靠视觉和听觉，占总接收能力（包括视觉、听觉、触觉、嗅觉）的85%，除此以外其他感觉接收的信息只占很少比例。这对于我们进行不同媒体形式的教材设计具有指导意义。

规律六：任何实际的教育传播过程中，都存在着干扰。干扰是教育信息传递过程中一个几乎不可避免的现象。要采取有力措施，尽量减少语义环境和信息传递过程中的各种干扰，提高传播效率。

规律七：要增强教育传播效果，反馈是必不可少的。反馈对于教育传播过程来说极为重要，它可以使教育传播过程成为双向交流系统，使教育者了解到信息的传递结果，并对学习者的学习状况做出评价，对自身的传播行为做出有针对性的改进，以不断增进教育传播效果。

第二节 职业教育信息的呈现

从职业教育传播模型和传播规律可以发现，职业教育信息的逻辑结构和呈现形式对于提高教育教学效能具有十分重要的作用。而职业教育信息的逻辑结构和呈现形式也恰恰是教材研究的重要内容。

一、信息呈现与符号

符号学研究表明，一个事物可以用三种不同类型的符号表示：图像、标志和象征。图像是由客体的本质决定的符号、图像和它的客体之间总是存在着一定的差距；标志是与它的客体有着事实或因果关系的符号；象征是代表超过自身的含义的、由同一社会上的一个领域的人默认的符号或行为。[18]

（一）文字符号的特点

文字（语言）是象征符号。就象征语言，能指和所指的关系是武断任意的，需要做出统一的规定，并得到大家的承认，共同使用。语言文字是在学习过程中重要的感知目标之一，具有以下特点：

（1）文字符号的显示可引起心理表象（类似图像）和心理语言。例如一个中文词或一个外文单词的显示都会使人产生心理表象和心理语言。

（2）文字符号保留时间长。文字符号与电视图像一类的图像符号和音响符号相比，印刷的文字（包括插图）符号保留的时间很长，便于应用。因而印刷材料更适合于需要长时间注意的复杂内容的呈现。

（3）文字符号系统发展比较完整，加上大量的人工符号，可以描述抽象的概念，并且表达科学、准确。文字符号比较容易和其他类型的符号结合，尤其重要的是，文字教材的内容（文、图、表等）经过作者仔细推敲、出版社编辑加工和严格审查、修改，从而内容表达科学、准确、统一、规范。

（4）文字符号系统比其他符号系统（如形象符号）容易掌握，易教易学。

（5）文字符号便于大量复制，易于传播，便于准确地被翻译和编辑，更便于信息加工处理，在人类社会活动中用得最多、最广、最方便。

（6）文字符号的排列、组合遵守相应的语法规则，科技汉语还应遵守科学逻辑，用逻辑学规则来规范语言，使之科学化、规范化、标准化。

另外，文字教材使用比较方便，不像影视教材那样呈现时受录放设备和音响设备质量的限制。而且，由于阅读是人类接收教学信息的主要方式，因此，文字教材（印刷媒体中的主题部分）是人类学习的主要媒体。

文字符号的主要不足是，它只能以线性形式排列，是一维表达形式。不像图像那样以二维形式表达信息，全方位信息的感觉比较强。

18　范印哲.教材设计导轮[M].北京：高等教育出版社，2003:94.

（二） 图像符号的特点

图像也是学生在学习过程中感知的最重要的目标之一，具有以下特点：

（1）图像的显示能引起心理语言和表象，所以图像能传递教学信息。图像是一种二维显示方式，全方位信息感比较强，有利于开发形象思维。

（2）图像只能通过视觉接收，这种感觉上的不同会影响教学效果。

（3）在技能教学中，用图像符号和文字符号相结合的方式最合适。向学生展示并使之模仿某些技能，如运动技能、操作技能等，图像在其中起到独特的作用。

（4）图像和语言具有互补作用，语言能限定和解释图像，图像也有助于定义的阐述，并使语言易于识记。

（5）图像是比较具体的显示方式，具体的东西易于记忆。但是，抽象的东西往往是教学的核心，教学的根本目的是使学生形成概念，所以要把文字符号和图像符号结合起来使用。

（6）利用图像易于突出关键信息，对学习更加有效。如用知觉（包括视觉）组织方法把图中的信息进行分区设计，对相关的信息用不同颜色加以组织，可突出关键，强化感知，有利于记忆。

（7）图像设计是一个创作过程，即用图像呈现教学信息。一要正确地了解学科内容，二要正确地构图。正确使用构图画面的基本要素：点、线、体、色彩、明暗、空间等。

（8）在图像设计过程中正确使用有关学科的图像符号，如电工学、电子学图形符号、地图图例符号、气象学符号、建筑学符号、材料学符号等等。

（9）在图像设计中要正确使用数学、物理学、化学、生物学、制图学等学科的专门符号，以保证图像内容的科学性、规范性和统一性。图中使用的符号要和文字叙述相一致。

（10）图表是一种表达方法。图像是以图形和数字，简明、形象地表达事物的一种形式。图表主要用于表现各种统计数字及其变化，可以使枯燥、抽象、难以用文字表达的内容一目了然地展示出来。

（11）照片是一种形象表示方式。照片应清晰正确，构图巧妙，突出主题，与正文配合好。

（12）图像的细节难以保证清楚，图像只能通过视觉感知，不像文字那样可通过声音感知。

（三）标志符号的特点

标志符号在文字材料中不太常用，在音像教材中经常使用。标志和事物的关系是具体的、显示的，通常是因果关系。汽车的喇叭声是汽车来到的标志，火车的汽笛声是火车到来的 标志，敲门声是有人到来的标志。

二、信息呈现与媒体

教学媒体是指在教学过程中，呈现信息的手段和工具。目前主要包括：录音、投影、电影、电视、计算机等。媒体在教学中的作用主要有：（1）展示事实，形成表象；（2）创设情境，建立共同经验；（3）提供示范，便于模仿；（4）呈现过程，解释原理；（5）设疑思辩，解决问题；（6）提供分析评价等。

选择教学媒体主要考虑其表现力、重现力、接触面、参与性和受控性几个方面。表3-1中，列出了几种教学媒体的特性。[19]

表3-1　几种教学媒体的特性

特性 \ 种类		录音	投影	电影	广播电视	录象	计算机
表现力	空间特性	—	+	+	+	+	—
	时间特性	+	—	+	+	+	+
	运动特性	—	—	+	+	+	+
重现力	即时重现	+	—	—	—	+	+
	延时重现	+	+	+		+	+
接触面	无限接触				+		
	有限接触	+	+	+	—	+	+
参与性	感情参与	+	—	+	+	+	—
	行为参与	—	+	—	—	—	+
受控性	易控	+	+	—	—	+	+
	难控	—	—	+	+	—	—

19　[美]加涅RM.教育技术学基础[M].张杰夫，译.北京：教育科学出版社，1992.

  课件(Courseware)是具有共同教学目标的可在计算机上展现的文字、声音、图像、视频等素材的集合。课件实质是一种软件,是在一定的学习理论指导下,根据教学目标设计的、反映某种教学策略和教学内容的计算机软件。

  随着多媒体技术的发展,职业教育课件设计有广泛的应用。职业院校教师授课大量采用PPT课件,开发精品课程常常要求制作网络课件,建设数字教学资源库需要仿真课件。本篇分三章介绍职业教PPT课件设计、职业教育网络课件设计和职业教育仿真课件设计。

第四章 PPT课件设计

PPT是职教战线上广大教师使用最为普遍的课件。但是，调查发现，大多数老师在设计课件时，都没有将职业教育教学的基本原则，如情景导向的行动教学原则、过程导向的行动教学原则、效果导向的行动教学原则等，体现到课件设计上，职业教育的课件没有职业教育教学的特色。本篇试图帮助职教战线上的广大教师设计出符合职业教育教学规律的PPT课件。

职业教育PPT课件通过PPT演示文稿的创建、PPT课件的顺序结构、PPT课件的素材选择、PPT幻灯片的表现力、PPT演示文稿的保存、PPT演示文稿的放映、PPT演示文稿的打印七个步骤完成。

第一节 PPT演示文稿创建

PPT演示文稿的创建，首先是选择哪条途径创建最节省时间。PPT在新建演示文稿菜单中，提供了空演示文稿创建、根据设计模板创建、根据内容提示向导创建、根据现有演示文稿创建和利用已有相册创建五个途径，如图4-1所示。实际上，还可以利用插入演示文稿创建、Word文档导入创建、Word软件产生创建等其他途径。选择哪条途径创建演示文稿，取决于手头的资源。

一、利用演示文稿创建

如果有相关演示文稿或者能够得到相关演示文稿，那么根据现有演示文稿创建是最高效的办法。这样不但创建了新演示文稿，还保留了原文稿的内容和格式，省去了保留内容的录入和格式的设计。具体操作如下：

（1）启动PowerPoint，执行菜单栏中的"文件"→"新建"命令，弹出"新建演示文稿"任务窗格，如图4-1所示。

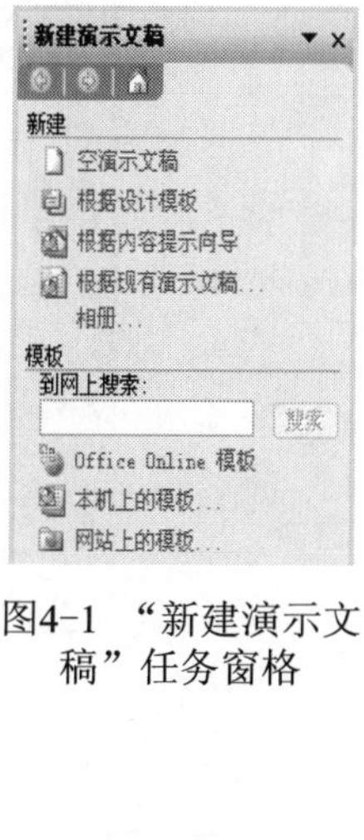

图4-1 "新建演示文稿"任务窗格

（2）单击"新建"项目中的"根据现有演示文稿"选项，弹出"根据现有演示文稿新建"对话框，如图4-2所示。

图4-2 "根据现有演示文稿新建"对话框

（3）找到已有的演示文稿，并双击，或者单击"创建"按钮，会创建一个和已有演示文稿一样的新的演示文稿。

二、利用插入演示文稿创建

如果有了相关的演示文稿或能够得到相关的演示文稿，而且这些演示文稿的部分内容是新演示文稿所需要的，那么，利用插入演示文稿创建演示文稿是最为高效的办法。这样不但创建了新演示文稿，还将所需的原演示文稿的内容和格式直接用到了新的演示文稿中。具体操作如下：

（1）启动PowerPoint，执行菜单栏中的"插入"→"幻灯片（从文件）"命令，弹出"幻灯片搜索器"对话框，如图4-3所示。

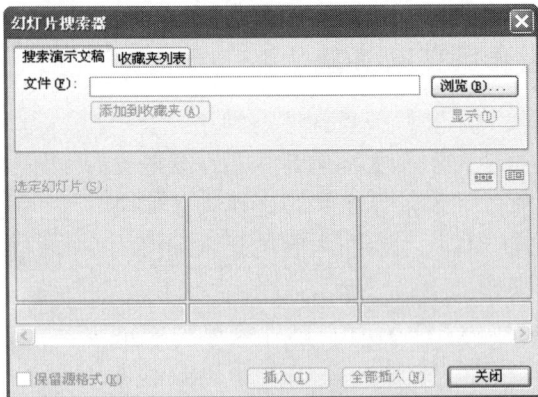

图4-3 "幻灯片搜索器"对话框

（2）单击"浏览"按钮，找到要插入的演示文稿并将其选中，此时的"幻灯片搜索器"对话框如图4-4所示。

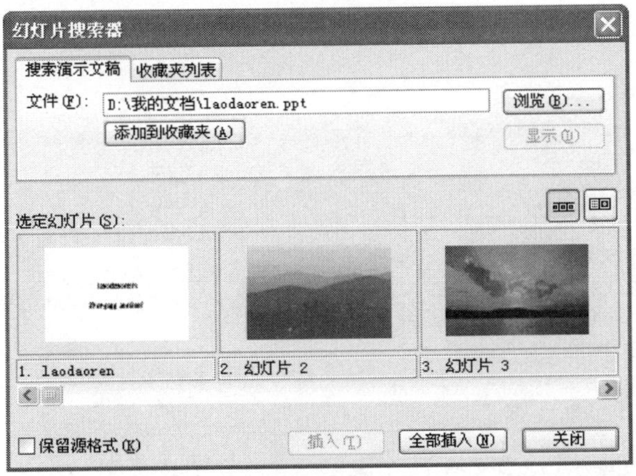

图4-4　插入演示文稿后的"幻灯片搜索器"对话框

（3）在此对话框的"选定幻灯片"选项区域中可以选择要插入的幻灯片，也可以单击"全部插入"按钮将整个演示文稿全部插入到新创建的演示文稿中。

三、Word文档导入创建

如果没有相关的演示文稿，而有Word文稿，这时最为快捷的方法是通过Word文档导入创建演示文稿。因为这同样可以省去文本录入的时间。具体操作如下：

（一）处理文档

图4-5所示为一篇普通的Word文档，在导入演示文稿之前要对文档进行简单处理。首先，将文件名设定为一级标题；文档中要成为幻灯片标题的内容均设定为一级标题；文档中要成为幻灯片第一级正文的内容均设定为二级标题；文档中要成为幻灯片第二级正文的内容均设定为三级标题；文档中要成为幻灯片第三级正文的内容均设定为四级标题；依此类推。设定的结果如图4-6所示。在本例中，只设定了一级和二级标题，其中的小字部分是正文。

Powerpoint 的使用说明
工作报告中的使用方法
方法 1
具体操作 1
方法 2
具体操作 2
科研报告中的使用方法
方法 1
具体操作 1
方法 2
具体操作 2
调查报告中的使用方法
方法 1
具体操作 1
方法 2
具体操作 2

图4-5　普通文档

Powerpoint 的使用说明
工作报告中的使用方法
方法 1
具体操作 1
方法 2
具体操作 2
科研报告中的使用方法
方法 1
具体操作 1
方法 2
具体操作 2
调查报告中的使用方法
方法 1
具体操作 1
方法 2
具体操作 2

图4-6　整理后的文档

（二）Word文档的导入

处理完文档后，就可以导入到演示文稿中。具体操作方法有以下两种：

第一种方法就是在Word中，执行菜单栏中的"文件"→"发送"→"Microsoft Office PowerPoint（P）"命令。

第二种方法是在PowerPoint中，执行菜单栏中的"插入"→"幻灯片（从大纲）"命令，弹出"插入大纲"对话框，如图4-7所示，找到并选中处理好的Word文档，单击"插入"按钮，完成文档的导入操作。

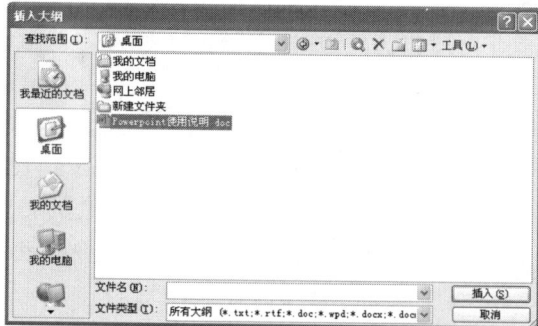

图4-7　"插入大纲"对话框

上述两种方法转换的效果相同，如图4-8所示。

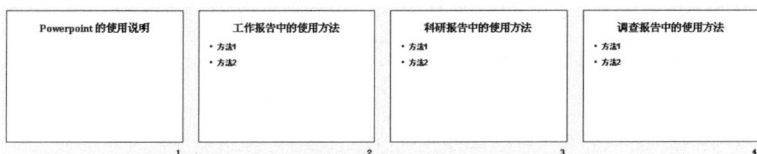

Powerpoint 的使用说明	工作报告中的使用方法	科研报告中的使用方法	调查报告中的使用方法
	・方法1	・方法1	・方法1
	・方法2	・方法2	・方法2
1	2	3	4

图4-8　效果预览

四、Word软件直接创建

有Word文稿，还有一种快捷的方法，这就是利用Word软件直接创建。这样同样可节省大量录入文字的时间。具体操作如下：

(一) 处理文档

打开Word文档，单击当前窗口左上端 [正文] 右侧的下拉箭头，会出现"标题1、标题2、标题3……正文"等内容。将Word文档中的内容根据结构要求，设定为各种样式。用标题1样式定义过的标题全部作为独立的一页幻灯片标题；用标题2样式定义过的标题全都作为独立的一页幻灯片内容。

(二) 生成演示文稿

执行菜单栏中的"工具"→"自定义"命令，弹出"自定义"对话框，如图4-9所示。单击其中的"命令"选项卡，在"类别"列表框中选择"所有命令"选项，在"命令"列表框中找到PresentIt选项。用鼠标左键拖动PresentIt至Word的菜单栏或工具栏中。这样就在Word工具栏中添加了PresentIt命令。

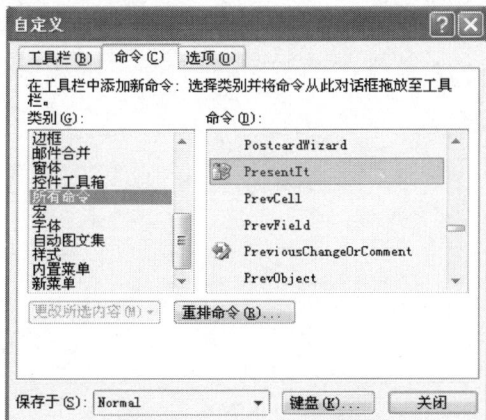

图4-9　"自定义"对话框

单击PresentIt命令后会发现，此命令将Word文档直接转换为PowerPoint演示文稿，并以大纲视图显示。用标题1样式定义过的标题全都作为独立的一页幻灯片标题；用标题2样式定义过的标题全都作为独立的一页幻灯片内容。如果没给Word文档定义样式，单击PresentIt命令后，PowerPoint会把文档的每一段落作为一张幻灯片。

五、利用相册选项创建

如果需要将成批的图片内容转变成演示文稿，快捷的方法是利用"相册..."选项。具体操作如下：

（1）打开PowerPoint，执行菜单栏中的"文件"→"新建"命令，弹出"新建演示文稿"任务窗格，如图4-10所示。

单击"新建"项目中的"相册..."链接，弹出"相册"对话框，如图4-11所示。单击"文件/磁盘"按钮（根据文件所在位置的不同，也可单击"扫描仪/照相机"按钮），弹出"插入新图片"对话框，如图4-12所示。

图4-10 "新建演示文稿"任务窗格

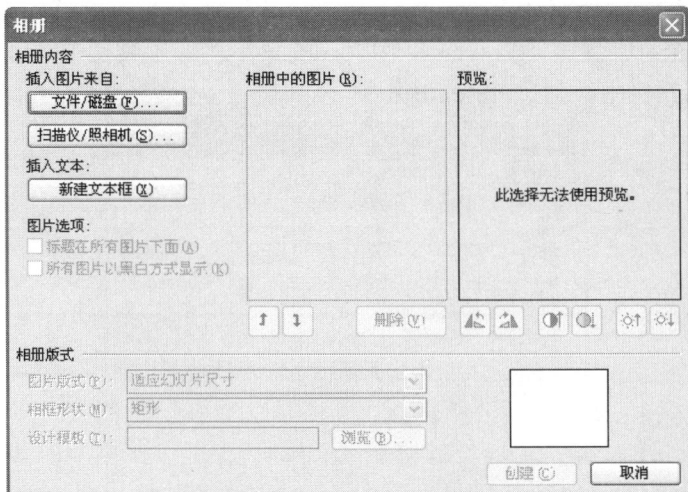

图4-11 "相册"对话框

图4-12 "插入新图片"对话框

（2）在"插入新图片"对话框中找到图片文件所在的位置，选中需要的图片文件（可选中多个），单击"插入"按钮，返回到"相册"对话框，如图4-13所示。

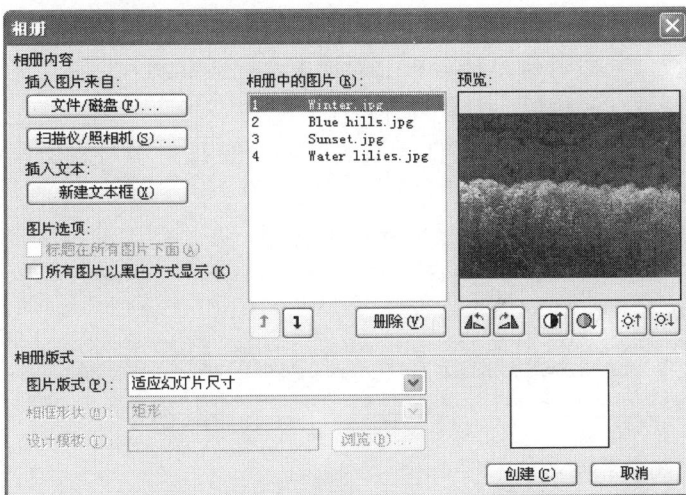

图4-13 插入图片后的"相册"对话框

（3）此时在"相册"对话框的"相册中的图片（R）"列表框中列出了所有选中的图片；在"图片选项"区域中可以选择图片显示的颜色；在"相册版式"选项区域中可以选择图片在每个幻灯片中出现的版式及出现的张数。单击"创建"按钮，一个依据图片的演示文稿便创建完成。

六、利用设计模板创建

如果没有相关的演示文稿，也没有Word文档，快捷的方式是利用设计好的模板来创建PPT演示文稿。模板是一套统一设计颜色、图案、背景、字体样式的幻灯片方案。这些模板都是专业人士设计的，水平较高。利用模板来创建自己的演示文稿，可节省幻灯片格式设计时间。具体操作如下：

（1）打开PowerPoint，执行"文件"→"新建"命令，弹出"新建演示文稿"任务窗格，如图4-14所示。

图4-14　"新建演示文稿"任务窗格

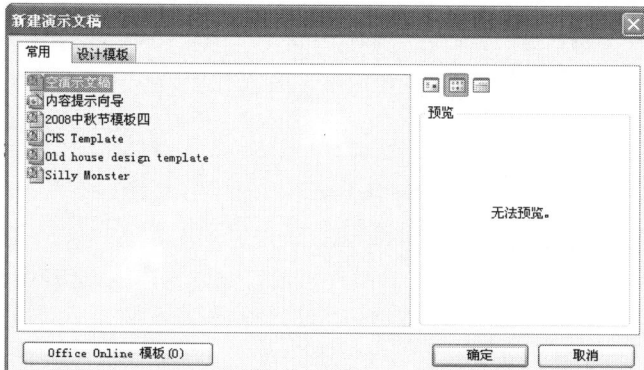

（2）在"新建演示文稿"任务窗格中，有模板和最近所用模板两项。首先，要考虑的是最近所用的模板，因为自己最近用过，对这些模板的特点有一定了解，选择起来比较节省时间。其次，考虑本机上的模板，一般对自己计算机上的模板也比较熟悉。然后，考虑在线模板和网站上的模板。具体操作如下：

利用最近所用的模板创建演示文稿：直接单击最近所用的模板即可。

利用本机上的常用模板创建演示文稿：在"新建演示文稿"任务窗格中，单击"模板"选项中的 本机上的模板... 链接，弹出"新建演示文稿"对话框，如图4-15所示。

图4-15　"新建演示文稿"对话框

其中有"常用"和"设计模板"两个选项卡，在每个选项卡中都有相应的具体模板，选择其中的一个模板双击，完成模板的选择。

利用设计模板创建演示文稿：单击"新建演示文稿"任务窗格中的 根据设计模板 链接，弹出"幻灯片设计"任务窗格，如图4-16所示。在其中单击"设计模板"（也是默认的选择）链接，在"应用设计模板："区域的列表框中会显示所有的设计模板；其下还有"最近使用过的模板和可供选择的模板。通过浏览，选择一个适合的模板，双击模板完成选择。值得一提的是，"幻灯片设计"任务窗格中出现的各个模板就是在"新建演示文稿"对话框（见图4-15）中"设计模板"选项卡中的所有模板。

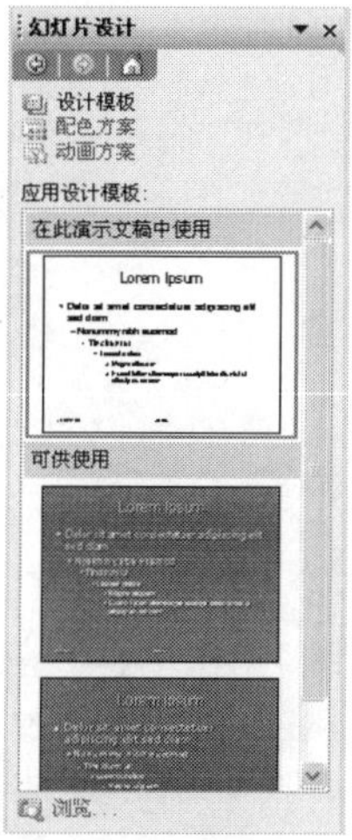

图4-16 "幻灯片设计"任务窗格

利用网站上的设计模板创建演示文稿过程：登录提供模板的网站，将网上的模板下载并保存到C:\Documents and Settings\Administrator\Application Data \文件夹中，以后在图4-15所示的"新建演示文稿"模板选择对话框的"常用"选项卡中，就可以显示出已下载的模板。因特网上提供PPT模板的网站有很多，如www.pptxx.com、www.ppthome.net、www.pooban.com、www.1ppt.com、www.acolor.net、www.51ppt.com.cn、www.sucai.com.cn、www.mb80.com等。

七、内容提示向导创建

如果没有合适的设计模板，PPT提供了根据内容提示导向创建演示文稿的功能。由于在这个功能下，可以选择演示文稿的类型、式样等，并提高演示文稿设计效率。具体操作如下：

（1）启动PowerPoint后，执行菜单栏中的"文件"→"新建"命令，弹出"新建演示文稿"任务窗格。单击 根据内容提示向导 链接，弹出"内容提示向导"对话框，如图4-17所示。

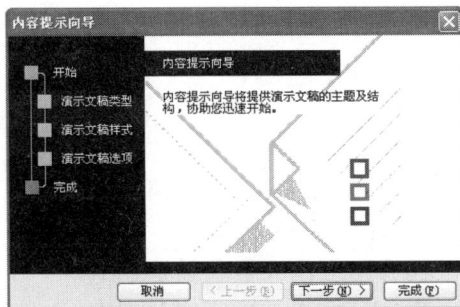

图4-17 "开始"界面

（2）单击"下一步"按钮，进入"演示文稿类型"选择界面，如图4-18所示。在此界面中根据需要选择一种演示文稿的类型，图中选择的是"常规"中的"培训"类型。

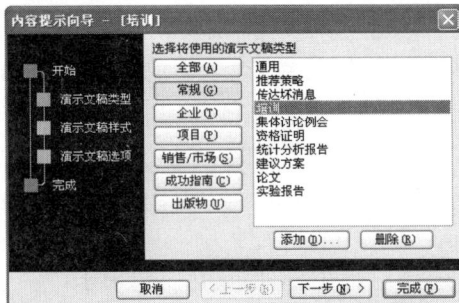

图4-18 "演示文稿类型"选择界面

（3）再单击"下一步"按钮，进入"演示文稿样式"选择界面，如图4-19所示。这里选择其中的"屏幕演示文稿"样式。

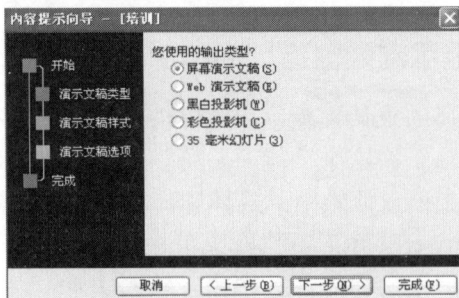

图4-19 "演示文稿样式"选择界面

（4）单击"下一步"按钮，进入"演示文稿选项"界面，如

图4-20所示。在"演示文稿标题"文本框中输入"硬件技能培训"，在"页脚"文本框中输入"金诺电脑公司"；单击"完成"按钮，完成演示文稿的创建操作。

在单击"完成"按钮后，系统会自动生成一个含有九个幻灯片的演示文稿，具体页面包括"标题页""介绍""议程""概述""词汇""主题一""主题二""总结""其他信息"。

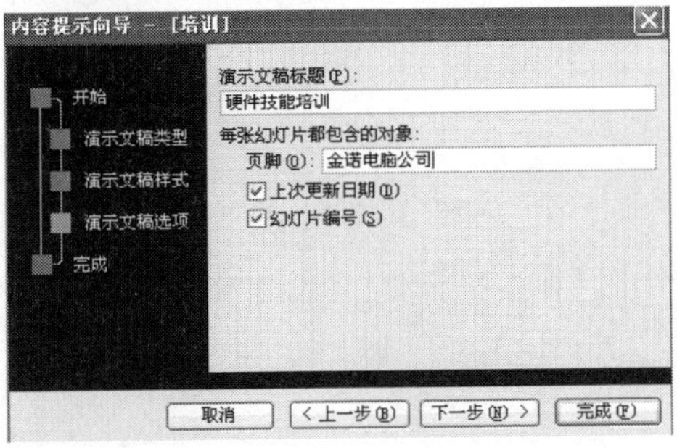

图4-20 "演示文稿选项"界面

八、从空演示文稿开始

如果有时间，用户更希望设计出个性十足的演示文稿，不受任何约束，可以选择从空演示文稿开始。具体操作如下：

（一）新建空演示文稿

启动PowerPoint，在启动的同时PowerPoint会自动创建一个新演示文稿，默认的名称为"演示文稿1"。如果在PowerPoint已经启动的情况下，直接单击"常用"工具栏中的"新建"按钮 🔲，同样也会创建一个新的空白演示文稿。一般一个新的空演示文稿中只有一张幻灯片。

（二）应用幻灯片版式

在新建演示文稿同时，PowerPoint窗口的右侧会出现一个"幻灯片版式"任务窗格，如图4-21所示。如果没有，可执行"格式"→"幻灯片版式"命令将其弹出。

选定PowerPoint窗口左侧的一个幻灯片，如选定幻灯片1，如图4-22所示。在"幻灯片版式"任务窗格中，移动鼠标指向需要的版式并单击，将选中的版式应用到选定的幻灯片中。

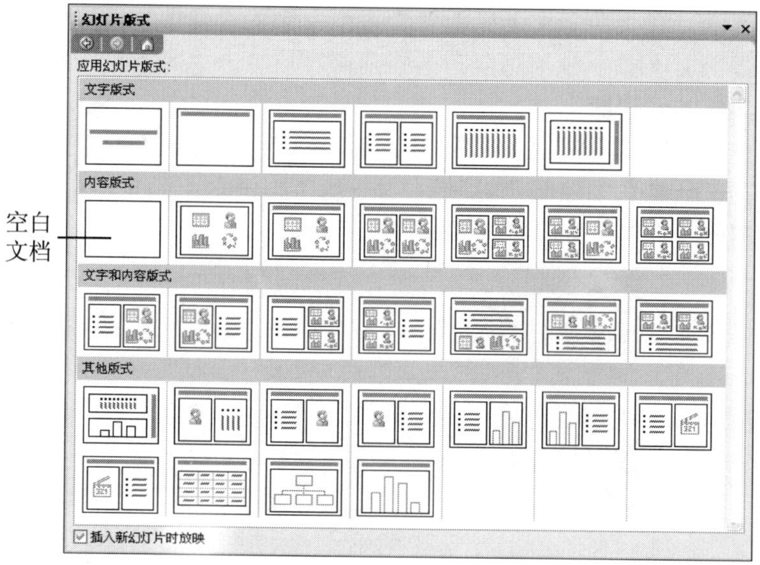

图4-21 "幻灯片版式"任务窗格

空白文档

图4-22 在"幻灯片视图"下选定幻灯片1

（三）插入新幻灯片

插入新的幻灯片执行如下操作：将插入点定位在"幻灯片"窗口的一张幻灯片上，即选定一张幻灯片；单击"格式"工具栏中的"新幻灯片"按钮 新幻灯片(N)，将会在选定的幻灯片下面插入一张新的幻灯片，如图4-23所示。

图4-23　插入幻灯片2

（四）复制幻灯片、删除幻灯片

当需要插入的幻灯片与已经存在的某张幻灯片的版式和内容相似时，可复制那张已存在的幻灯片，再将其粘贴到待插入新幻灯片的地方。具体操作步骤如下：右击已存在的幻灯片，执行快捷菜单中的"复制"命令，完成幻灯片的复制操作；将光标定位到待插入位置并右击，执行快捷菜单中的"粘贴"命令即可完成。

（五）设计幻灯片

模板、母版、配色方案等是幻灯片设计的工具，应充分运用好。

1. 模板的运用

在PowerPoint的"格式"工具栏中，单击 设计(S) 按钮，弹出"幻灯片设计"任务窗格，里面有各种模板。当鼠标指向选中的模板时，会出现模板的名字，模板的右侧会出现一个下三角按钮，如图4-24所示。单击下三角按钮，执行快捷菜单中的

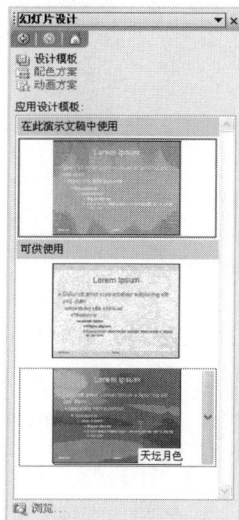

图4-24　"幻灯片设计"窗口

"应用于所有幻灯片"命令，选中的模板会应用在演示文稿所有的幻灯片中。

2. 母版的运用

母版就是记录演示文稿中所有幻灯片中文本的布局信息的资料。改变了母版中文本的字体、字号等信息，演示文稿中所有相应幻灯片中的字体、字号也会发生变化。母版有三种，分别是幻灯片母版、讲义母版和备注母版，三者的设计方法大同小异。设计幻灯片母版的操作步骤如下：

打开演示文稿，执行"视图"→"母版"→"幻灯片母版"命令，进入"幻灯片母版设计视图"，如图4-25所示。单击母版上各虚线框部分，对其进行设置，如母版下的日期、页脚、数字区等。设计完成后，单击"关闭母版视图"按钮完成对母版的设计。

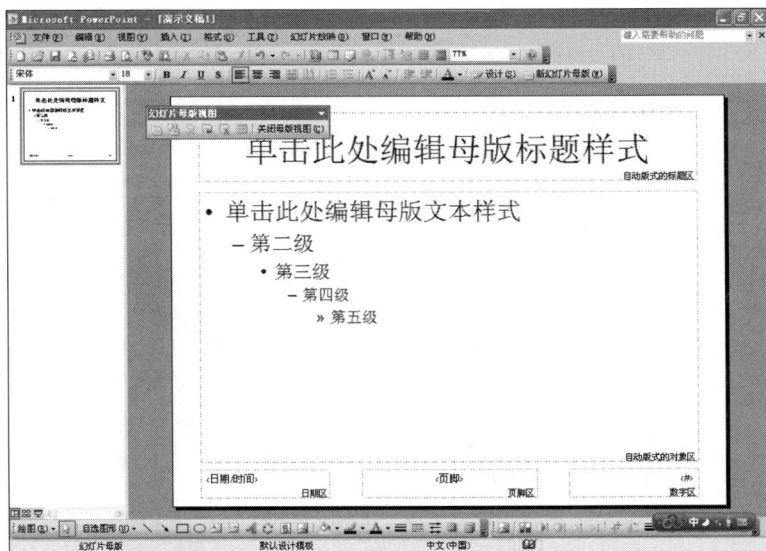

图4-25　幻灯片母版设计视图

设计完成后，对母版所做的修改，如设置的日期、页脚、数字等就会出现在演示文稿所有幻灯片中。

3. 配色方案的运用

配色方案就是对演示文稿中所有幻灯片的颜色统一调整的一种方案，是对演示文稿外观统一调整的方法之一。配色方案提供多种方案，如图4-26所示。用户还可以自定义新的方案。应用配色方案的操作步骤如下：

打开演示文稿，选中一个幻灯片，执行"格式"→"幻灯片设计"命令，弹出"幻灯片设计"任务窗格。单击"配色方案"链接，进入"应用配色方案"任务窗格，如图4-26所示。移动鼠标指向选中的颜色方案，单击下三角按钮，在弹出的快捷菜单中执行"应用于所有幻灯片"命令，选中的配色方案会应用在演示文稿所有幻灯片中。单击任务窗格下的"编辑配色方案"链接，弹出"编辑配色方案"对话框，如图4-27所示。在其中的"自定义"选项卡中单击"更改颜色"按钮可以自定义颜色方案，定义完成后，单击"应用"按钮应用于演示文稿中。

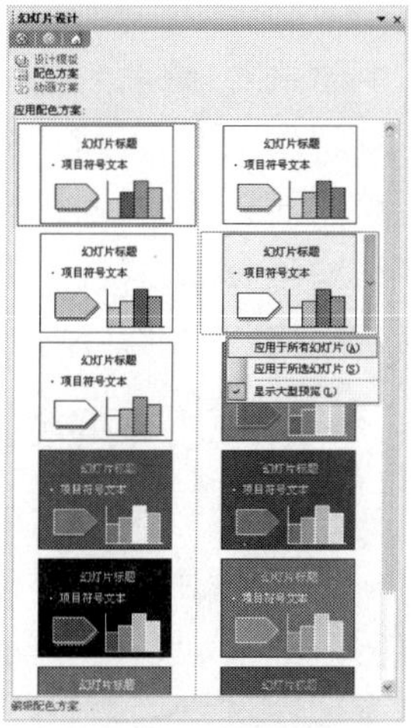

图4-26 "应用配色方案"任务窗格

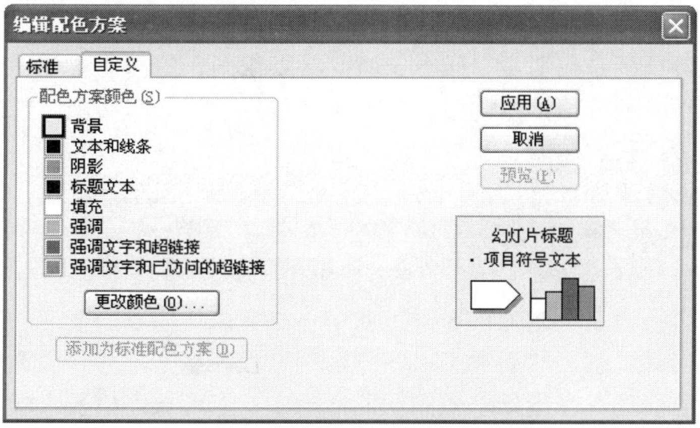

图4-27 "编辑配色方案"对话框

（六）删除幻灯片

右击待删除的幻灯片，执行快捷菜单中的"删除"命令，完成幻灯片的删除操作。

第二节 PPT课件的顺序结构

演示文稿创建后，应考虑课件的顺序结构。由于课件的顺序结构影响着学生思维、行为顺序结构的形成，为了培养不同专业学生特有的职业活动思维和行为顺序，根据职业活动的特点，职业教育课件顺序结构可分为三类：职业活动过程导向顺序结构、职业活动情景导向顺序结构和职业活动效果导向课件顺序结构。[1]

一、职业活动过程导向顺序结构设计

有些职业的活动情景相对固定，活动过程相对稳定，活动结果标准一致。对于教授这样的职业活动内容，在设计课件顺序结构时，应遵循职业活动过程导向原则。因为，从事这样的职业活动，要求学生具有顺序过程思维和严格的行为标准规范，以保证职业活动结果标准一致。这类职业活动主要发生在技术类专业，因此技术类专业教学课件顺序设计一般是过程导向的。

图4-28是按职业活动过程导向原则设计出的职业活动过程导向顺序结构。其中，任务描述是提出任务、明确要求、给出设备工具等条件；任务分析是在质量、成本、时间等要求下，提出的科学、先进、可行、经济的方案；明确过程规范是向学生展示方案实施完整过程的各个阶段；任务实施是通过做，学习相关知识、技能、态度，形成职业能力；成果评价是评价任务完成达成目标情况；学业评价是评价学生知识、技能和态度等学习目标的掌握情况。

任务描述由老师完成；任务分析可由老师指导全体学生一起完成，也可分组后在老师指导下由各个小组完成；明确职业活动过程规范，由老师讲解，然后学生以职业活动过程为线索，分阶段通过完成各项职业活动。在指导学生的职业活动中，老师要严格要求学生遵循操作程序、动作达到标准规范。这样，不但可以培养学生分析问题、解决问题的能力，更为重要的是能够使学生把握这类职业活动的特点，形成先后顺序逻辑思维习惯和对每一项操作标准规范的敏感与重视。而过程逻辑思维和对每一项操作标准规范的敏感与重视是制造业一线技能人才的特质。

---

1 职业教育课件顺序结构设计除考虑不同职业活动的思维和行为特点外，还需考虑学生动机发展和职业能力形成心理逻辑。

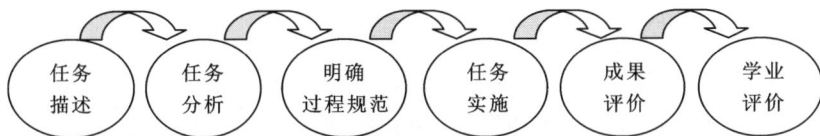

图4-28 职业活动过程导向顺序结构

二、职业活动情景导向顺序结构设计

对于那些职业活动情景多变、千差万别，过程随着情景变化而变，不固定的职业活动，在课件顺序结构设计时，应遵循职业活动情景导向原则进行设计。因为，从事这样的职业活动，要求学生及时把握情景，并采取有效的职业活动，取得满意的效果。这类职业活动主要发生在管理和服务类专业，因此管理和服务类专业教学课件顺序设计一般是情景导向的。

图4-29是按职业活动情景导向原则设计出的职业活动情境导向顺序结构。其中，任务描述是提出任务、明确要求和条件；任务分析是在质量、成本、时间等要求下，提出的科学、先进、可行、经济的方案；列举职业情景是分析可能出现的各种职业情景；应对方案实施是通过采取最佳措施，学习相关知识、技能、态度，形成职业能力；成果评价是评价任务完成达成目标情况；学业评价是评价学生知识、技能和态度目标掌握情况。

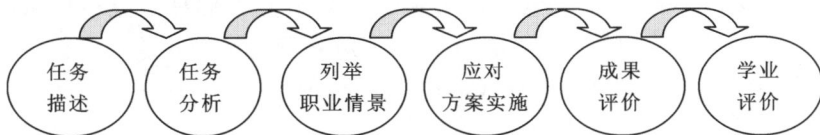

图4-29 职业活动情景导向顺序结构

任务描述是由老师完成；任务分析可由老师指导全体学生一起完成，也可分组后在老师指导下由各个小组完成；列举职业情景是老师和学生一起分析可能出现的职业情景，针对不同职业情景通过采取不同应对方案达到学习目的。这样，不但可以培养学生分析问题的能力，而且对于学生把握这类职业活动的特点，关注情感，形成敏感、机智灵活的思维与应对习惯十分有利。而这些特质正是服务业一线技能人才所需要的。

三、职业活动效果导向顺序结构设计

对于那些关注效果，职业活动情景和过程关系不密切的职业活动，在课件顺序结构设计时，应遵循职业活动效果导向原则进行设计。艺术类专业教学课件设计，一般采用职业活动效果导向的课件顺序结构。

图4-30是按职业活动效果导向原则设计出的职业活动效果导向顺序结构。其中，任务描述是提出任务、明确要求和条件；任务分析是在质量、成本、时间等要求下，提出的科学、先进、可行、经济的方案；效果展示是把已有成果展示出来；效果达超是通过分析产生效果的原因和产生出同样的或更佳的效果，学习相关知识、技能、态度，形成职业能力；成果评价是评价任务完成达成目标情况；学业评价是评价学生知识、技能和态度目标掌握情况。

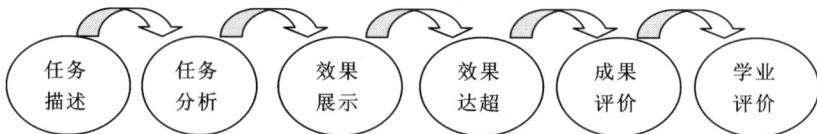

图4-30　职业活动效果导向顺序结构

任务描述是由老师完成；任务分析可由老师指导全体学生一起完成，也可分组后在老师指导下由各个小组完成；效果展示是老师将不同的效果展示给学生；效果达超是学生分组分析哪种效果较好或最佳，提出效果达超的办法并落实，以此达到学习目的。这样，对于培养学生发散和聚合思维，形成创造能力十分有效。而这正是艺术类人才的特质。

第三节　PPT课件的素材选择

课件顺序结构确定后，根据课件的主题和顺序结构，需要进行课件素材的选择。为了能够选择到十分恰当的课件素材，一位优秀的课件设计者，平时应注意素材的收集和储备。

一、PPT素材的分类

PPT的素材是指经过计算机数字化处理的多媒体素材。PPT多媒体系统中的多媒体素材分为六类：文本型、图片型、表格型、音频型、视频型和动画型。

（一）文本型

用文字作为媒体表达内容，这种文字数据称为"文本"。文本型是最容易制作和使用的素材。

文本型素材的格式有：纯文本文件格式（*.txt）、写字板文件格式（*.wri）、Word文件格式（*.doc或*.docx）、Rich Text Format文件格式（*.rtf）、幻灯片文件（*.ppt或*.pptx）、网页文件（*.htm或*.html）和PDF文件（*.pdf）。

（二）图片型

除了文本，最常使用的素材就是图片与影像。相比于文字，图片与影像不仅能将抽象的概念具体化，还能够吸引学习者，更具有美化页面的视觉效果。在计算机图形学中，一般把矢量图称为图形，分为二维图形和三维图形；把位图称为图像，分为静态图像和动态图像。静态图像又称位图，分为二维图像和三维图像；动态图像分为视频影像和动画，动画又有二维动画和三维动画。动态图像后面介绍，这里首先介绍矢量图和位图。

矢量图是用一些数学方式描述的线条和色块组成。具有存储量小，缩放后边缘平滑、不失真的优点。这种图像不能表现丰富的色彩，无法精确地再现物象，适用于制作企业标志、广告招贴、卡通插画等。Flash属于矢量图像的处理软件。矢量图一般用来表达比较小的图像，移动、缩放、旋转、复制、改变属性都很容易，一般用来做成一个图库。比如，很多软件里都有矢量图库，把它拖出来随便画多大都行。矢量图的格式有AI、CDR、WMF、EPS、SWF。CDR是CorelDRAW软件使用中的一种图形文件保存格式。WMF具有文件短小、图案造型化的特点，整个图形常由各个独立的组成部分拼接而成，但其图形往往较粗糙，并且只能在Microsoft Office中调用编辑。SWF是Adobe公司的动画设计软件Flash的专用格式，是一种支持矢量和点阵图形的动画文件格式，被广泛应用于网页设计、动画制作等领域，SWF文件通常也被称为Flash文件。EPS是Adobe Illustrator指定的EPS档案格式。AI格式文件是一种矢量图形文件，适用于Adobe Illustrator软件的输出格式。与PSD格式文件相同，AI文件也是一种分层文件，用户可以对图形内所存在的层进行操作。

位图是由像素组成的，放大到一定程度就会发现是由很多小方形组成的，这些小方形就是像素。图像单位长度内的像素越多，文件越大，图像质量越好。位图可以制作出色彩丰富、逼真的物象，但缩放时会产生失真的现象。Photoshop属于位图式图像处理软件，用它制作保存的图像均为位图式图像，但它能够导入部分格式的矢量式图像。常见图像格式有BMP格式、JPEG格式、GIF格式、PSD格式和PNG格式。BMP格式是Windows系统使用的一种标准的位图式图像文件格式，压缩率低、占用空间大、图像色彩极其丰富。JPEG（*.jpeg、*.jpg）格式是一种高度压缩率位图式图像格式，文件较小，是目前所有格式中压缩率最高的，由于其压缩技术先进，对图像质量影响不大。因其占用空间小、图像质量较好成为目前互联网上的主流图片格式。GIF格式是一种最多可以支持256色的压缩图像格式。因其占用空间小、传输速度快，主要运用于互联网上。该格式可表现的色彩较少，不能表现逼真的物象。PSD格式是Adobe公司开发的图像处理软件Photoshop专用的标准内定格式，也是唯一可以支持所有图像模式的格式，包括位图、灰度、索引颜色、RGB、CMYK、Lab等，可以存储图层、通道、路径等信息。PNG是20世纪90年代中期开始开发的图像文件存储格式，其目的是替代GIF和TIFF文件格式，同时增加一些GIF文件格式所不具备的特性。

（三）表格型

表格型素材本质上是一种结构化的文本型素材，应用于数据的处理、统计分析与计算，简单的数据库管理，能绘制图表。表格型的常见格式有：数据库（*.dbf）、Excel（*.xls）PPT中的表格（*.ppt或*.pptx）、Word中的表格（*.doc或*.docx）和网页中的表格（*.html）。

（四）音频型

音频型素材是多媒体形式的一种，是把自然界的模拟信号转为数字信号并存为电子文档。音频型的常见的格式有：WAV、AIFF、MP3、MIDI和SWA。

WAV是微软公司开发的一种声音文件格式，是最早的数字音频格式。该格式记录声音的波形，被很多应用程序广泛支持。WAV格式支持多种压缩算法、音频位数、采样频率和声道。利用该格式记录的声音音质可以和原声基本一致，但需要的存储空间很大，不便于交流和传播。AIFF格式是一种在Windows平台和Macintosh平台都能使用的通用声音格式。选择声音素材，除了声音的内容，还要考虑声音的文件格式。对于Authorware不支持的格式，要转换成可以支持的格式；对于支持的格式，要在保证声音品质的前提下，选择容量小的格式；对于容量大的格式，如果是Wave格式，可以在Authorware中进行压缩，如果容量确实很大，可以以外部链接方式引用。MP3全称是MPEG-1 Audio Layer 3，是世界上第一个有损压缩的编码方案，也是现在最流行和通用的声音文件格式。这种格式在压缩时，削减音乐中人耳听不到的成分，在音质损失很小的情况下，把文件高度压缩。其具有占用空间小、传输速度快的特点。

MIDI是英文musical instrument digital interface（乐器的数字化接口）的缩写。该技术最初应用在电子乐器上，用来记录乐手的弹奏，以便以后重播。随着在计算机中引入了支持MIDI合成的声卡之后，MIDI才正式成为一种音频格式。在Authorware中，可以将Wave格式的声音压缩成SWA格式。这种格式的声音容量相对较小，并具有较好的品质。在当容量受到限制时，尤其是在网络环境下发行时，可以将要求较高的声音（如音乐）压缩成SWA格式声音。

（五）视频型

视频素材实质上是快速播放的一系列静态图像并具有伴随音效。一般它来源于使用动画软件（如3ds Max、Animator等）和使用视频捕获（如Premiere）等编辑软件处理的数字电影文件。视频作为多媒体家族中的成员之一，在多媒体作品中占有非常重要的地位。因为它本身就可以由文本、图形图像、声音、动画中的一种或多种组合而成。利用其声音与画面同步、表现力强的特点，能大大提高多媒体作品的直观性和形象性。视频是由一系列的帧组成，每一帧又是一幅静止的图像。计算机通过视频采集设备对视频信号进行扫描，然后通过采样、量化和编码生成数字视频。数字视频通常包括运动的图像、语音、背景音乐和音效。常见的数字视频文件格式有：AVI、ASF、WMV、MOV、MPG、DAT、RM、RMVB等。AVI即音频视频交错格式，是audio video interleaved的缩写。所谓"音频视频交错"，就是将视频和音频交织在一起进行同步播放。它是由Microsoft公司于1992年推出的。具有压缩比率小、图像质量好，可以跨多个平台使用的优点。但其体积过大，不便于传输。ASF（advanced streaming format）是微软公司针对Real公司开发的新一代网上流式数字音频压缩技术，是Microsoft为Windows 98开发的串流多媒体文件格式，是包含音频、视频、图像以及控制命令脚本的数据格式。这种压缩技术的特点是同时兼顾了保真度和网络传输需求，可与WMA及WMV互换使用。WMV是微软公司开发的一种数字视频压缩格式，是微软推出的一种流媒体格式，是在ASF格式升级延伸而来。WMV文件可同时包含视频和音频部分。视频部分使用Windows Media Video编码，音频部分使用Windows Media Audio编码。MOV即QuickTime影片格式，它是Apple公司开发的一种音频、视频文件格式，用于存储常用数字媒体类型。当选择QuickTime（*.mov）作为"保存类型"时，动画将保存为.mov文件。MPEG是Moving Picture Experts Group（活动图像专家组）的缩写。MPEG实质是一种运动图像压缩算法的国际标准。常见的，MPEG格式有三个压缩标准，分别是MPEG-1、MPEG-2和MPEG-4。常见的VCD和DVD即分别采用MPEG-1和MPEG-2的标准。其具有压缩率高、画面质量好的优点。RMVB格式是在流媒体RM视频格式上升级延伸而来。可以非常方便地同VCD、ASF、AVI、MPG等多种格式的视频音频文件进行转换。而且它还具有压缩率高、图像质量好，传输速度快的优点，因此在网络中被广泛应用。

（六）动画型

动态图像，包括视频影像和动画，它们实质上都是快速播放的一系列的静态图像。当这些图像是人工通过计算机绘制时，称为动画；当这些图像是实时获取的人文和自然景物图时，称为视频影像，这里单指动画。动画数据都需要制作成GIF格式、FLA格式、SWF格式。GIF（graphics interchange format）的原义是"图像互换格式"，是CompuServe公司在 1987年开发的图像文件格式。GIF文件的数据，是一种基于LZW算法的连续色调的无损压缩格式。其压缩率一般在50%左右，它不属于任何应用程序。目前几乎所有相关软件都支持它，公共领域有大量的软件在使用GIF图像文件。GIF图像文件的数据是经过压缩的，而且是采用了可变长度等压缩算法。所以，GIF的图像深度为1～8 bit，即GIF最多支持256种色彩的图像。GIF格式的另一个特点是其在一个GIF文件中可以存多幅彩色图像，如果把存于一个文件中的多幅图像数据逐幅读出并显示到屏幕上，就可构成一种最简单的动画。FLA文件通常被称为源文件，可以在Flash中打开、编辑和保存它，它在Flash中的地位就像PSD文件在Photoshop中的地位一样。由于它包含所需要的全部原始信息，所以体积较大。FLA文件是千万不能丢失的，否则一切都要重新来做。SWF文件全称是shack wave file，是FLA文件在Flash中编辑完成后输出的成品文件，也就是通常在网络上看见的Flash动画。SWF文件可以由Flash插件来播放，也可以制成单独的可执行文件，无须插件即可播放。SWF文件只包含必需的信息，经过最大幅度的压缩，所以体积大大缩小，便于放在网页上供人浏览。SWF文件受作者版权保护，不能再被Flash编辑。

在不同的开发平台和应用环境下，即使是同种类型的媒体，也有不同的文件格式，如文本媒体常见的有纯文本格式（*.txt）、Word文档格式（*.doc或*.docx），声音媒体有WAV文件格式（*.wav）和MIDI文件格式（*.mid）等。不同格式的文件用不同的扩展名加以区别。表4-1列举了一些常用媒体类型的文件扩展名。

表4-1 常用媒体文件扩展名

媒体类型	扩展名	说明
文本	txt	纯文本文件
	rtf	Rich Text Format 格式
	wri	写字板文件
	doc（docx）	Word文件
	wps	WPS文件
声音	wav	标准Windows声音文件
	mid	乐器数字接口的音乐文件
	mp3	MPEG Layer 3声音文件
	aif	Macintosh平台的声音文件
	vqf	最新的NTT开发的声音文件，比MP3的压缩比还高
图形图像	bmp	Windows位图文件
	jpg	JPEG压缩的位图文件
	gif	图形交换格式文件
	tif	标记图像格式文件
	eps	Post Script图像文件

媒体类型	扩展名	说　明
动画	gif	图形交换格式文件
	flc（fli）	AutoDesk的Animator文件
	avi	Windows视频文件（audio visual interleave）
	swf	Flash动画文件
	mov	QuickTime的动画文件
视频	avi	Windows视频文件
	mov	Quick Time动画文件
	mpg	MPEG视频文件
	dat	VCD中的视频文件
其他	exe	可执行程序文件
	ram（ra、rm）	Real Audio和Real Video的流媒体文件

二、素材的选择原则

为了使课件表述清晰、美观、生动活泼、富有感染力、能够给学生留下深刻印象，课件应合理地收集、选择和使用各种素材。多媒体课件中素材选取需要遵循如下基本原则：

1）针对性原则

素材要针对教学内容的需要和学生的学习特征进行选择。要选择那些贴近学生生活和学生毕业所从事职业的素材。

2）真实性原则

素材必须真实，这是由教育活动的性质所决定的。为此，课件素材选取时，须注意出处，来源必须可靠。

3）科学性原则

素材必须符合科学原理，要做到阐述准确、表达严谨、数据可靠、资料翔实、操作表演规范统一。

4）教学性原则

素材要求具备明确的教学目标和教学目的，主题鲜明，能突出教学的重点和难点，并且能取得常规教学手段难以达到的教学效果。

5）典型性原则

素材要能普遍反映同类事物的现象与本质属性，具有代表性。同时，应尽量选取具有个性特征、新颖性和新奇性的素材。只有这样才能在引起学生兴趣的同时，达到举一反三、触类旁通、启迪思维、培养能力的目的。

6）少而精原则

为达到一定的结果，师生在教与学过程中花费的必要时间最少、投入的精力最小，是教育过程优化的准则之一，因此素材必须少而精。

7）启发性原则

素材内容要符合学生认识事物、解决问题的逻辑推理及思维过程，逐步展开教学内容，层层深入，启发学生对问题的思考，从而使学生善于独立思考，发展思维能力，提高分析、想象、解决问题的能力。

8）技术性原则

素材的清晰度、画面结构以及图片质量均要符合要求。对于视频素材必须达到规定的技术指标。例如，画面清晰、图像稳定、色彩真实、能看清图像细节、声音清楚、语言简练、解说流畅、声画同步、编辑组接流畅、特技合理、音响效果逼真、图像信息的信噪比要求要大于45 dB。另外，要求层次分明，展开节奏合理，解说、效果声和背景音乐三者比例合理，主次分明，音量控制适当并保持一致。

9）艺术性原则

艺术美是自然美、社会美和科学美的进一步提炼和升华，是美的高级形态。教学媒体的设计也要符合美学原理，应以完美的艺术形式和手段去表现教学内容，使内容和形式富于美感，能引起学生美好的感受，达到情感上的共鸣，以此来调动学生积极的情感，激发学生的创造意识。在保证科学的前提下，充分利用一切方法，使教学内容的表现更具有艺术性。可通过巧妙的艺术处理，使画面简洁生动、构图均衡统一、文字优美醒目。也可恰当地运用特技手法组接画面，使教学内容富有表现力，达到寓教于乐的目的。

10）可行性原则

素材内容要易于实现，要考虑低成本与高效能。例如，视频媒体首先要考虑使用现有的视频素材，因为此类素材只要稍微编辑处理就可应用于课件制作。还可以充分运用大量廉价的网络资源。对需自制的素材就应考虑制作的难度及成本，尽量以小的代价取得最佳效果。

在使用现有素材时，要特别注意素材的科学性，对有些重要的史料要进行真实性考证。

三、素材的获取

制作课件使用的六种素材，获取的渠道和方式不尽相同。作为教师，为了制作课件应该掌握基本的获取渠道和办法。

1. 文本型素材的获取

文本型素材一般可以通过网络下载文本型素材，使用已有的文字素材，输入待编辑的文字素材，采用OCR文字识别技术将图像文字转换为文本文字，采用语音录入技术输入文字素材，用手写笔输入文字，使用翻译软件翻译文件，使用文件格式转换软件转换为文本格式等方法获取。

2. 图片型素材的获取

图片型素材一般可以通过网络下载图片型素材，用数码照相机摄取，用扫描仪将普通图像转化为数字化格式，利用图像处理软件加工，数字化仪输入，用抓图软件（如HyperSnap-DX、SnagIt等）从屏幕、动画、视频中捕捉，使用图形图像软件创作等方式获取。

图像素材的采集大多通过扫描完成，高档扫描仪甚至能扫描照片底片，得到高精度的彩色图像。现在流行的数码照相机将为图像的采集带来极大的方便，而且成本较低。数字化仪用于采集工程图形，在工业设计领域有广泛的用途。

图像素材还可用屏幕抓图软件获得，屏幕抓图软件能抓取屏幕上任意位置的图像。在使用VCD软解压软件（如超级解霸）播放VCD时，能从VCD画面中抓取图像，大大拓展了图像的来源。常用的屏幕抓图软件有HyperSnap-DX、Capture Profession、PrintKey、SnagIt等。

3. 表格型素材的获取

表格型素材一般可以通过网络下载，图片化的表格型素材可以应用图片型的获取途径，使用表格型的软件创作等方法获取。

常见的各类数据库管理软件有Excel、PPT、Word中的表格，以及网页设计软件中的表格。

4．音频型素材的获取

音频型素材一般可以通过网络下载音频型素材；现有的光盘中的音频文件；利用计算机声卡从麦克风中采集语音生成WAV文件（如制作课件中的解说语音就可采用这种方法）；利用计算机中声卡的MIDI接口从带MIDI输出的乐器中采集音乐，形成MIDI文件或用连接在计算机上的MIDI键盘创作音乐，形成MIDI文件；使用专门的软件抓取CD、VCD或DVD中的音乐生成声源素材，再利用声音编辑软件对声源素材进行剪辑、合成，最终生成所需的声音文件；使用音频型的软件创作。

音频编辑大师是一款操作简单、功能强大的音频编辑软件。它可以编辑各种音频文件，包括MP3、WMA、RM、WMV、MID等，能对当前所有的音频文件进行各种编辑操作，包括剪切、合并、压缩、格式转换等处理，可以将编辑好的文件保存为任意想要的格式。

5．视频型素材的获取

视频型素材一般获取主要有以下几种方法：

（1）通过视频卡将模拟视频转换为数字视频，并保存为数字视频格式。这种方法主要是使用视频卡，配合相应的视频编辑软件，对模拟视频输出设备（如录像机、电视机等）的模拟视频信号进行采集、量化和编码，生成数字视频数据，并保存在计算机上，进行加工和处理。各种教学录像带提供了大量素材，采集录像带上的素材是比较常见的一种方式。

（2）直接使用数码摄像机拍摄，将DV格式的数据从数码摄像机导入到计算机中进行处理。

（3）利用计算机制作成动画，将这些动画格式转换成AVI等视频格式。

（4）直接从VCD、DVD以及其他视频文件截取视频片段。用这种方法获取的视频画面的清晰度，要明显高于用一般视频捕捉卡从录像带上采集的视频。

（5）通过视频格式转换来获取所需素材，一般将DAT格式的视频文件转换成Windows上通用的AVI文件，或者将普通视频格式转换为流媒体格式。

（6）通过屏幕捕获软件捕获动态图像来获得视频素材。

6. 动画型素材的获取

动画型素材一般可以通过从网络上获取动画资源、利用动画制作软件来制作动画Flash。

四、素材的处理

从某个角度来看，PowerPoint很好地提供了把恰当素材合成为演示文稿的手段，所以几乎不使用它对素材进行处理。对于文本、图像、声音、视频等素材，使用各自的专门工具处理起来更得心应手。

多媒体的创作离不开多媒体素材，常用的多媒体素材制作软件如表4-2所示。

表4-2 常用多媒体素材制作软件

类　型	处理方式	软　件
文本型	文字处理	记事本、写字板、Word、WPS
图片型	图形图像处理	Photoshop、Coredraw、Freehand
表格型	表格处理	Excel、Access、FoxPro、PPT、Word
音频型	声音处理	Ulead Medis Sound Forge、Cool Edit、Wave Edi
视频型	视频处理	Ulead Medis Studio、Adobe Premier
动画型	动画制作	AutoDesk Animator Pro、3ds Max、Maya、Flash

（一）文本素材的处理

多媒体课件多以Windows为系统平台，因此文本素材的处理应尽可能采用Windows平台上的文本处理软件，如写字板、Word等。纯文本文件格式（*.txt）可以被任何程序识别，Rich Text Format文件格式（*.rtf）的文本也可被大多数程序识别。尽管PPT中自带有文本编辑功能，但对于大量的文本信息一般不采取在集成时输入，而是在前期就预先准备好所需的文本素材。

文本素材有时也以图像的方式出现在课件中，如通过格式排版后产生的特殊效果，可用图像方式保存下来。这种图像化的文本保留了原始的风格（字体、颜色、形状等），并且可以很方便地调整尺寸。但图像化的文本其内容不便再次编辑。

（二）图片素材的处理

Windows "附件" 中的画图（Paintbrush）是一个功能全面的小型绘图程序，它能处理简单的图形。还有一些专用的图形创作软件，如AutoCAD用于三维造型，CorelDRAW、Freehand、Illustrator等用于绘制矢量图形等。

图形图像编辑软件很丰富，Photoshop是最优秀的专业图像编辑软件之一，它有众多的用户，但精通此软件并非易事。CorelDRAW、Adobe Illustrator、Adobe Freehand等也都是创作和编辑矢量图形的常用软件。

这里简单介绍一种操作简捷、功能强大，既能抓屏又能处理图像的共享软件——ACDSee。ACDSee的启动界面如图4-31所示。

图4-31　ACDSee的启动界面

1. 屏幕抓图

屏幕抓图就是要抓取屏幕上任意位置的图像，这种图像可以是整个屏幕，可以是当前窗口，当然也可以是屏幕上任意连续的部分。

在ACDSee的启动窗口中单击菜单栏中的 "工具" 按钮，在弹出的下拉菜单中单击 "屏幕截图" 菜单项，弹出 "屏幕截图" 对话框（见图4-32），按照自己的需要做相应设置，单击 "开始" 按钮，然后就可以在屏幕上截图。为了在PPT中显示得效果好，建议以.bmp格式保存截图。

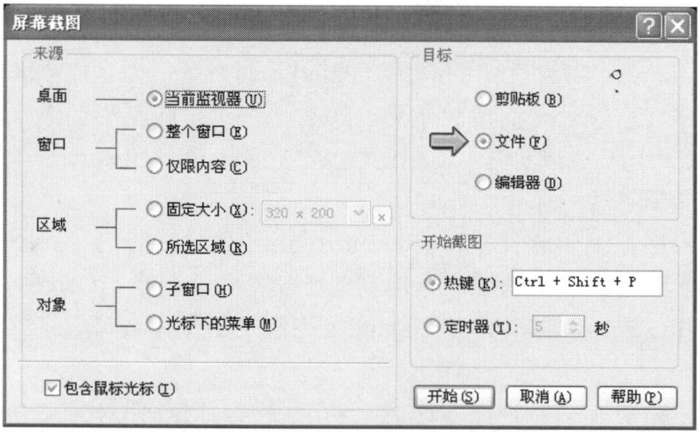

图4-32　ACDSee的"屏幕截图"对话框

2. 编辑图像

这里仅简要介绍旋转和调整大小操作，其他操作可以根据相应提示进行。

（1）使用图4-31所示的文件夹窗格，找到欲处理的图像所在的文件夹，在左窗格中双击欲处理的图像，弹出编辑窗口，如图4-33所示。

图4-33　ACDSee的编辑窗口（一）

（2）在图4-33中单击窗口最左侧的"旋转"按钮，变成图4-34所示的旋转编辑窗口。

图4-34　ACDSee的旋转编辑窗口

（3）选择"右90"单选按钮实现旋转，单击"完成"按钮返回图4-35所示的编辑窗口。

图4-35　ACDSee的编辑窗口（二）

（4）在图4-35中单击窗口最左侧的"调整大小"按钮，变成图4-36所示的调整大小编辑窗口。

图4-36　ACDSee的调整大小编辑窗口

（5）在图4-36中只把现在的高度值或宽度值改为恰当值，单击"完成"按钮，返回图4-37所示的编辑窗口。需要注意的是，调整图像大小时，一般不应改变纵横比，以免画面变形失真。

图4-37　ACDSee的编辑窗口（三）

（6）单击"保存"按钮，关闭窗口，完成对该图像的编辑。

结合使用Windows的"画图"程序和这里介绍的ACDSee软件，可以对图像的特定部分进行特殊处理（如马赛克）。有兴趣的读者不妨一试。

要想在画面上加透明的文字说明，只需先在一个空白的"画图"程序中把文字写好，并设置图像为透明——把"图像"菜单下"不透明处理"前面的"√"去掉，然后把文字复制、粘贴到在另一个"画图"程序内打开的图像上，最后把文字移到合适位置存盘即可。

（三）表格素材的处理

表格素材的处理一般使用Word和Excel软件。这两个软件在一般计算机基础教材中都有介绍，也是大多数教师所熟悉的，此处不再赘述。

（四）声音素材的处理

计算机只能处理数字化的信息。声音也不例外，自然的声音或用模拟信号表示的声音，都需经过数字化处理才能在计算机中使用。计算机中广泛应用的数字化声音文件有两类：一类是专门用于记录乐器声音的MIDI文件；还有一类是采集各种声音的机械振动而得的数字文件（又称波形文件），其中包括乐器的数字音乐、数字语音及数字化的自然界的效果音（音效文件）等。MIDI是英文musical instrument digital interface的缩写，中文含义是电子乐器数字化接口。波形文件其实就是声音模拟信号的数字化结果，可以通过录音获取波形文件。

Windows自带的"录音机"小巧易用，但是录音的最长时间只有60s，并且对声音的编辑功能也很有限，因此在声音的制作过程中不能发挥太大的作用。我们可以在网上下载很多共享版的、专门用于声音编辑的软件，如GoldWave。GoldWave的工作界面如图4-38所示。

GoldWave是一个集声音编辑、播放、录制和转换的音频工具。它体积小巧，功能却不弱，可打开的音频文件相当多，包括WAV、OGG、VOC、IFF、AIF、AFC、AU、SND、MP3、MAT、DWD、SMP、VOX、SDS、AVI、MOV等音频文件格式，也可以从 CD、VCD 、DVD 或其他视频文件中提取声音。内含丰富的音频处理特效，从一般特效，如多普勒、回声、混响、降噪，到高级的公式计算（利用公式在理论上可以凭空生产任何想要的声音），效果很多。

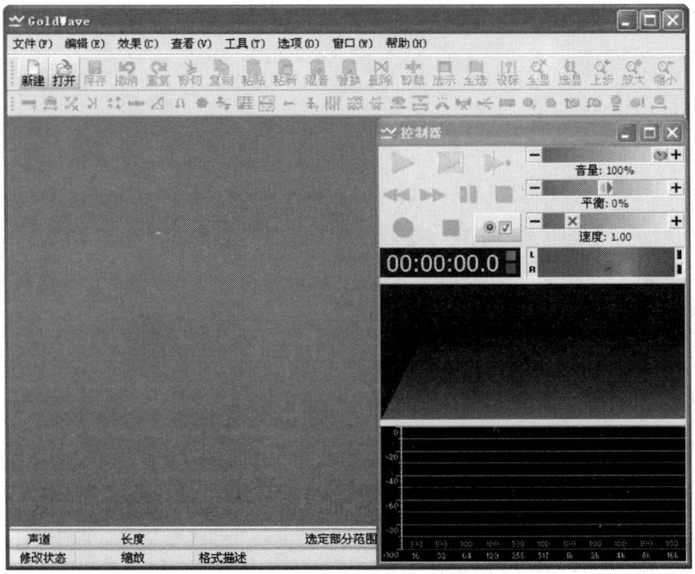

图4-38　GoldWave的工作界面

1. 声音录制

使用GoldWave录制声音的操作很简单，首先设置好音频控制器中的内容，选中需要录音的内容（麦克风还是系统本身的声音），然后单击"新建"按钮，再设置好录音的参数，最后单击控制器上的红色圆形按钮开始录音。

2. 从媒体文件中录制声音

这里对播放器与媒体类型没有什么特别的要求，前提只有一个，只要能够播放就行。下面介绍如何把这些媒体中的音频转录出来：

（1）在任务栏右边的通知区域双击音频设置的小喇叭图标，弹出"音量控制"对话框。

（2）在对话框中执行"选项"→"属性"命令，弹出"属性"对话框。在"调节音量"区域内选中"录音"项，在下面的"显示下列音量控制"列表中选中"立体声混音"（Stereo Mix）复选框。

（3）单击"确定"按钮后会弹出"录音控制"对话框，选中"立体声混音"（Stereo Mix）中的"选择"复选框，然后将"音量"拖动到最大，关闭该对话框。

（4）使用合适的媒体播放软件打开想要的媒体文件，不过暂时先不要播放。

（5）启动GoldWave，设置好音频控制器中的内容。选中需要录音的内容（系统本身的声音），然后单击"新建"按钮，再设置好录音的参数，最后单击控制器上的红色圆形按钮开始录音。

（6）播放刚才的媒体文件。

此时，GoldWave就会把媒体文件中的声音录下来。如果愿意录制不连续的若干片段，只需相应控制GoldWave的"暂停"按钮即可。

3．打开一个已有的声音文件

执行"文件"菜单中的"打开"命令，或使用工具栏中的"打开"按钮都可以打开一个声音文件。

单击工具栏中的"打开"按钮或执行"文件"菜单中的"打开"命令，GoldWave就弹出打开窗口，找到所要打开的波形文件后单击"打开"按钮（或直接用鼠标双击这个波形文件）即可打开文件。

打开波形文件之后会看到，GoldWave的窗口中显示出了波形文件的声音的波形。如果是立体声，GoldWave会分别显示两个声道的波形，绿色部分代表左声道，红色部分代表右声道。而此时设备控制面板上的按钮也变得可以使用了（即由黑白变为彩色）。单击设备控制面板上的 ▷ 按钮，GoldWave就会播放这个波形文件，

播放波形文件的时候，在GoldWave窗口中会看到一条白色的指示线，指示线的位置表示正在播放的波形。与此同时，在设备控制面板上会看到音量显示以及各个频率段的声音的音量大小。

在播放波形文件的过程中可以随时暂停、停止、倒放、快放播放进度，使用方法与普通的录音机一样。在设备控制面板上还有一个"录音"按钮，可以用它录制自己的声音，甚至可以把自己的声音录制到一个已有的声音文件中与原有的声音混合，或者把原有的声音覆盖。也可以在设备控制面板上调整音量、左右均衡和播放速度。

使用"播放"按钮时，总是播放选中的波形（在GoldWave中，声音是用波形来表示的）；如果使用自定义播放按钮，就可以自己决定播放哪一段波形；还可以进行播放选中的波形、未选中的波形等操作。通过"属性"按钮，可以定义自定义播放按钮的功能。单击设备控制面板上的"属性"按钮（见图4-39），GoldWave就会弹出设备

"控制属性"对话框（见图4-40）。

在"控制属性"对话框中可以调整播放属性、录音属性、音量、显示图的内容以及声卡设备。在这里还可以定义设备控制面板中的自定义播放按钮的功能，比如，可以定义这个按钮播放整个波形、选中的波形（这时功能与普通播放按钮一样）、未选中的波形、在窗口中显示出来的波形、从波形开始处播放到选中部分的末尾处和从波形开始处播放，或者循环播放（次数可定）选中的波形，以及播放到波形的末尾处。另外，也可以调整快放和倒放的速度。

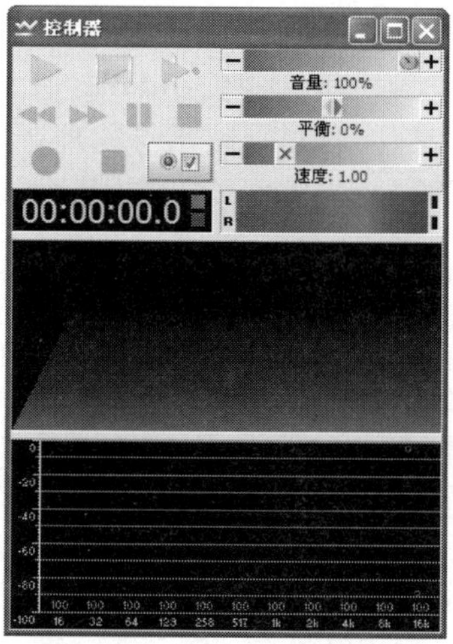

图4-39　GoldWave控制器窗口

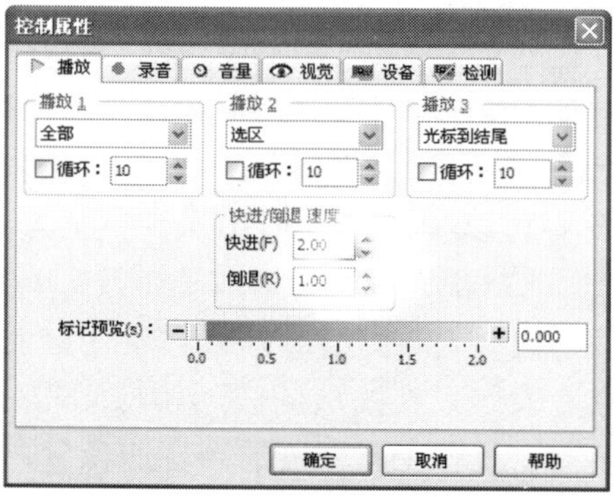

图4-40　GoldWave控制器属性

4．保存波形文件

保存文件的方法和打开文件的方法类似，最简单的方法是使用工具栏中的"保存"按钮。如果要把声音文件保存为其他的格式，就要使用"文件"菜单中的"保存"命令，然后在"另存为"对话框中选择要保存的文件格式。为了便于交流，建议将声音文件格式保存为WAV、MP3或RAW格式，其中RAW格式用于网上广播。

注意：如果要将文件保存为MP3格式，需要装有较高版本的Media Player或其他软件来提供支持。

5．对波形文件进行简单操作

1）选择波形

在GoldWave中，所有操作都针对选中的波形。所以，在处理波形之前，要先选择需要处理的波形。为便于选择波形，建议改变显示比例（用1:10或1:100较为合适，在1:100条件下选择语音中的一个字就容易了）。

选择波形的顺序是：

（1）在波形图上用鼠标左键确定所选波形的开始。

（2）在波形图上用鼠标右键确定波形的结尾。

选中的波形以较亮的颜色并配以蓝色底色显示；未选中的波形以较淡的颜色并配以黑色底色显示，如图4-41所示。现在，就可以对这段波形进行各种各样的处理。

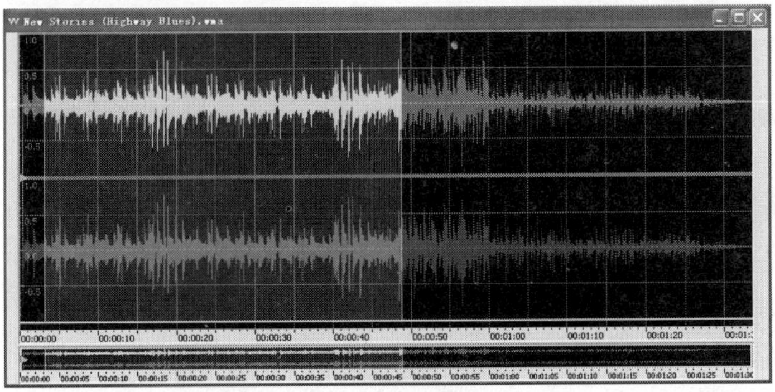

图4-41　GoldWave选择波形

2）复制、剪切、删除、裁剪波形段

（1）复制波形段

与其他Windows应用程序一样，复制分为两个步骤：首先，选择波形段以后，单击工具栏中的"复制"按钮，选中的波形即被复制；然后，用鼠标选择需要粘贴波形的位置（配合使用鼠标左键和右键来选择插入点）；最后，单击工具栏中的"粘贴"按钮，刚才复制的波形段就会被粘贴到所选的位置。

（2）剪切波形段

剪切波形段与复制波形段的区别是：复制波形段是把一段波形复制到某个位置，而剪切波形段是把一段波形剪切下来，粘贴到某个位置。剪切波形段与复制波形段的操作方法是一样，只是复制的时候所用的按钮是"复制"，而剪切的时候所用的按钮是"剪切"。

（3）删除波形段（按【Del】键）

删除波形段的后果是直接把一段选中的波形删除，而不保留在剪贴板中。

（4）裁剪波形段

裁剪波形段类似于删除波形段，不同之处是，删除波形段是把选中的波形删除，而裁剪波形段是把未选中的波形删除，两者的作用可以说是相反的。裁剪波形段所使用的按钮是"裁剪"，裁剪以后，GoldWave会自动把剩下的波形放大显示。

（5）粘贴的几种形式

刚才使用的粘贴是普通的粘贴命令，除此之外，在GoldWave工具栏的第一行中还有粘贴到新文件以及混合这两种特殊的粘贴命令。

（五）视频影像的处理

多媒体课件中可以使用电视录像或VCD中的素材，这些素材就是视频。视频作为多媒体家族中的成员之一，在多媒体课件中占有非常重要的地位。因为它本身就可以由文本、图形图像、声音、动画中的一种或多种组合而成。利用其声音与画面同步、表现力强的特点，能大大提高教学的直观性和形象性。

视频素材的采集方法很多。最常见的方法是利用视频转换软件（如Total Video Converter）把视频文件转换成Windows系统通用的AVI文件。这种方法的特点是无须额外的硬件投资，有一台多媒体计算机就可以了。用这种采集方法得到的视频画面的清晰度，要明显高于用一般视频捕捉卡从录像带上采集到的视频画面。

对得到的AVI文件进行合成或编辑，可以使用Windows（Windows XP SP2及以后版本）自带的视频编辑软件Windows Movie Maker。

1. 用Total Video Converter转换视频

Total Video Converter 提供视频文件转换的终极解决方案，它能够读取和播放各种视频和音频文件，并且将他们转换为流行的媒体文件格式。它内置一个强大的转换引擎，所以能快速地进行文件格式转换，把各种视频格式转换成手机、PDA、PSP、iPod使用的便携视频、音频格式（MP4、3GP、XVID、DIVX、MPEG4、AVI、AMR

Audio）；高度兼容导入RMVB和RM格式；把各种视频转换成标准的DVD/SVCD/VCD；制作DVD RIP；从各种视频中抽取音频，转换成各种音频格式（MP3、AC3、OGG、WAV、AAC）；从CD转换成各种音频。

（1）在图4-42所示的Total Video Converter启动界面中单击位于左下角的"新建任务"按钮，在弹出的下拉式菜单中选择"导入媒体文件"菜单项，弹出"打开"对话框，选择欲转换格式的文件，单击"打开"按钮，如图4-43所示。

图4-42　Total Video Converter启动界面

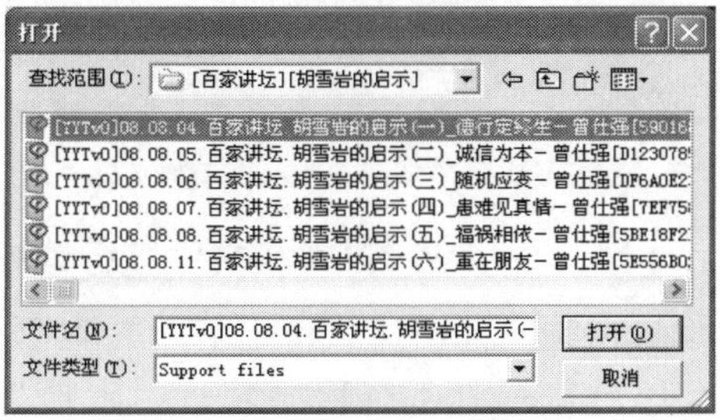

图4-43　Total Video Converter打开媒体文件对话框

（2）弹出选择目标文件格式对话框。为了能使用Windows Movie Maker对视频文件进行编辑，建议选择AVI下的MPEG4 AVI V2、MPEG4 AVI或WMV AVI格式，如图4-44所示。

（3）双击选定合适格式后，自动返回图4-45所示的界面，单击"立即转换"按钮，就可以在使用默认设置的条件下完成视频文件的转换了。

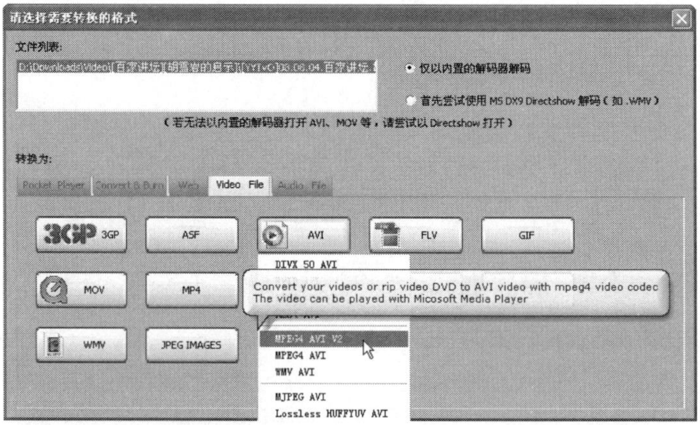

图4-44 Total Video Converter选择目标文件格式对话框

图4-45 Total Video Converter立即转换文件格式界面

2. 用Windows Movie Maker对视频文件进行编辑

这里主要介绍从视频文件中选取特定剪辑的实现方法。

（1）执行"开始"→"所有程序"→"附件"→"Windows Movie Maker"命令，启动Windows Movie Maker，如图4-46所示。

（2）单击界面左侧"电影任务"任务窗格中的"导入视频"链接，弹出"导入文件"对话框。在对话框的"查找范围"下拉列表框中选择恰当的文件夹（这里是"E:\数字地球技术专业宣传片制作"），选择所需的视频文件（这里只有一个"视频"视频文件），如图4-47所示。

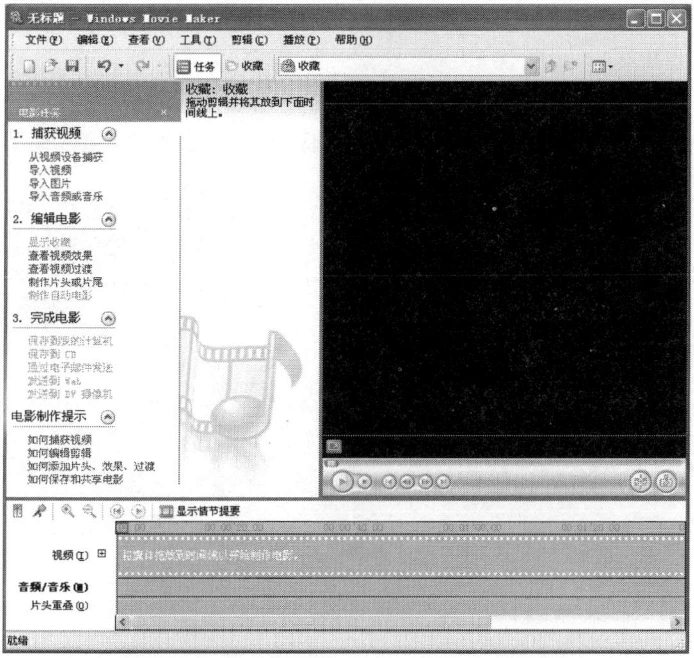

图4-46　Windows Movie Maker的启动界面

图4-47　导入视频

（3）单击"导入"按钮，导入视频。操作完成后，Windows Movie Maker会把跟这些视频文件有关的信息记录到它自己的"收藏夹"中，但是，Windows Movie Maker并没有保存这些视频文件的副本。

（4）在图4-46所示的启动界面中，单击工具栏中的"收藏"按钮，把"电影任务"任务窗格换成"收藏"任务窗格，单击"收藏"下的"视频"选项，出现图4-48所示的界面。

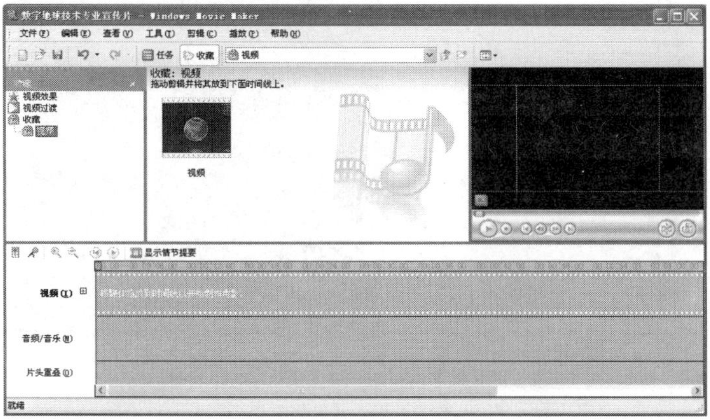

图4-48　"收藏"下的"视频"选项

（5）用鼠标从任务窗格拖动视频文件图标，并把它放到"视频"时间线，如图4-49所示。

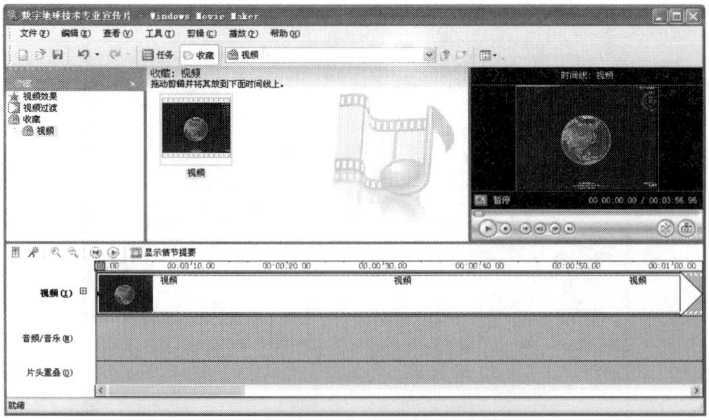

图4-49　添加视频到"视频"时间线

（6）单击"视频"右边的"+"按钮，展开"视频"时间线，在"视频"时间线的"音频"时间线上右击，在弹出的快捷菜单中选择"静音"命令，可以去掉视频中的音频，如图4-50所示。

（7）使用时间线上的"播放"按钮或使用监视器上的"播放"按钮都可以从当前帧开始播放视频，在视频播放过程中，这两个按钮都将自动变为"暂停"按钮。一旦发现镜头切换，马上单击"暂停"
按钮暂停播放。此时按【Alt+→】组合键播放下一帧、按【Alt+←】
组合键播放上一帧，配合使用这两个组合键，就可以找到前一镜头的
最后一帧了，如图4-51所示。

图4-50　"静音"视频中的音频

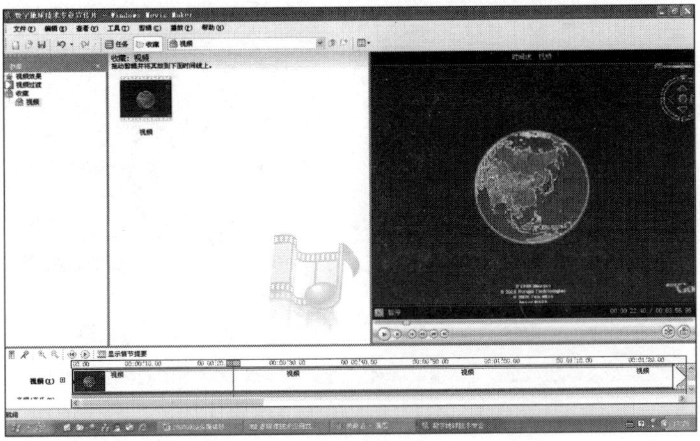

图4-51　找到当前镜头的最后一帧

（8）执行"剪辑"→"拆分"命令可以把视频从当前帧处拆
开，如图4-52所示。使用同样的方法，可以把整个视频拆分成若
干个剪辑。

（9）在无用的剪辑上右击，在弹出的快捷菜单中选择"删除"
命令，可以删掉相应剪辑，如图4-53所示。

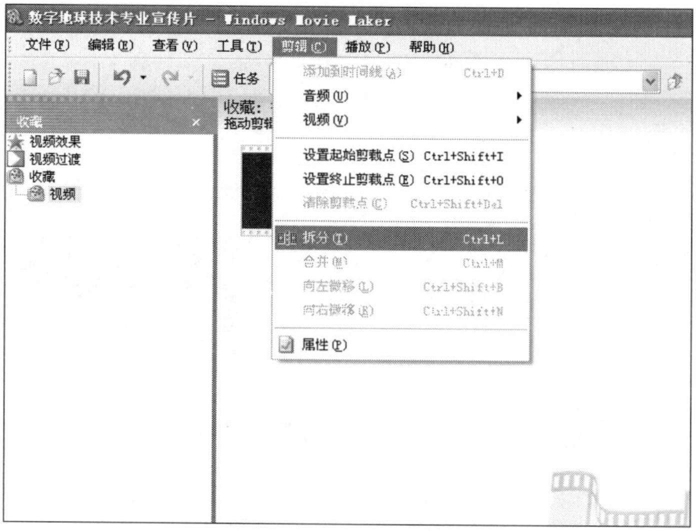

图4-52　拆分视频剪辑

图4-53　删除无用的剪辑

使用鼠标按住剪辑，在视频"时间线"左右移动可以调整该剪辑在播放时出现的时刻。这种移动甚至可以跨越其他剪辑。调整好所有剪辑的位置（顺序和接续），然后执行"文件"→"保存电影文件"命令，按照提示即可将它们做成可以直接播放的视频文件。

（六）动画素材的处理

对于过程事实的描述只依赖于文本信息或图形图像信息是不够的，为达到更好的描述效果，需要利用动画素材。不论是二维动画还是三维动画，所创造的结果都能更直观、更翔实地表现事物变化的过程。动画制作软件很丰富，如Autodesk公司的Animator（二维动画）和3D Studio Max（三维动画）。

由于制作动画是一个十分复杂的过程，只是想基本会用比较流行的动画软件（工具）都不是一件很容易的事情，更不用说编剧、分镜头、写脚本、绘制画面内容、美化画面、合成等工作了。不过，就一般应用来说，PPT自带的动画制作功能基本就够用了。

第四节　PPT幻灯片的表现力

在课件顺序结构设计完成后，还需要设计好每一张幻灯片，以保证课件具有较高的教学效能。幻灯片的表现力设计通过幻灯片的配色、构图、动画来实现。

一、幻灯片的色彩

色彩是构成幻灯片的重要元素。PPT提供了不同的配色方案，为幻灯片的配色提供了方便。

执行菜单栏中的"格式"→"幻灯片设计"命令，弹出"幻灯片设计"任务窗格，单击其中的"配色方案"链接，弹出"应用配色方案"的内容，如图4-54所示。用鼠标指向其中的某一配色方案，在该配色方案的右面会出现一个下三角按钮，单击该按钮，会弹出下拉菜单，如图4-55所示。其中的三个选项是"应用于所有幻灯片""应用于所选幻灯片""显示大型预览"。前两个选项的功能分别是将所选中的配色方案应用到所有的幻灯片，或者应用到所选中的幻灯片；第三个选项的功能是将"应用配色方案"中的内容显示为大图标的预览方式。

单击一种配色方案，就可将其应用在当前文档的幻灯片中。如果对当前选中的配色方案不满意，可以单击"幻灯片设计"任务窗格左下角所示的"编辑配色方案"链接，弹出"编辑配色方案"对话框，如图4-56所示。其中有"标准"和"自定义"两个选项卡，单击"自定义"选项卡，在其中可以对背景、文本、标题文本、填充等颜色进行自定义。如要调整"标题文本"的颜色，在"配色方案颜色"区域中选中"标题文本"选项，单击"更改颜色"按钮，弹出"标题文本颜色"对话框（见图4-57），选择恰当的颜色，单击"确定"按钮完成对"标题文本"颜色的更改。

图4-54 "幻灯片设计"任务窗格

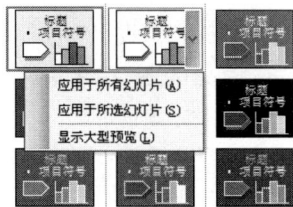

图4-55 配色方案下拉菜单

图4-56 编辑配色方案对话框

图4-57 标题文本颜色对话框

完成颜色调整后，图4-56所示对话框中左下角的"添加为标准配色方案"按钮将有灰色禁用状态变成黑色的可用状态，单击该按钮，就可以将调整后的新的配色方案添加到标准的配色方案中。这样，就为以后使用该配色方案提供了方便。

若要自己定义配色方案，就应该对于各种颜色的含义和颜色间协调搭配有所了解，以便根据具体的需要来选择不同的颜色进行配色。

红色：有乐观、动力、活跃、兴奋、性感、热情、刺激、强大、积极、危险等含义。

紫色：有灵性、王权、神秘、智慧、改革、独立、启迪、尊重、财富等含义。

褐色：有益健康、现实、国家、欢迎、温暖、稳定、秋天、丰收等含义。

金黄色：有欢庆、高兴、活力、乐观、幸福、希望、想象力、阳光、豁达、青春等含义。

蓝色：有真实、康复、宁静、稳定、和平、智慧、平静、信心、保护、安全、忠诚等含义。

绿色：有天然、羡慕、康复、肥沃、好运、希望、稳定、成功、慷慨等含义。

橙色：有野心、娱乐、快乐、积极、平衡、华丽、热情、狂热、慷慨、振奋、豪爽等含义。

棕色：有稳定、雄性、可靠、舒适、持久、简朴、友好等含义。

中性灰：有中性、团体、经典、经验丰富、酷、永恒、安宁、品质等含义。

黑色：黑色有时给人沉默、虚空的感觉，但有时也给人一种庄严肃穆的感觉。

白色：有时给人无尽的希望感觉，但有时也给人一种恐惧和悲哀的感受。具体还是要看白色与哪种色搭配。

另外，选择好了颜色后，还要注意颜色的协调。

所谓颜色的协调就是指以某一种颜色为主调，调和色彩，使各色之间统一联系、互相呼应和感觉协调，以此来表现统一的感觉。协调决定了一幅作品的成败，主要指冷暖色和明暗调的统一，整体被哪种色调所支配。可以说有几种不同的主调，就有几种不同的协调效果。要掌握协调的规律，就是记住各种颜色的浓淡、冷暖以及明暗的搭配变化，如黄与橙搭配、蓝与绿搭配、青与紫搭配、浅绿与深蓝搭配、浅黄与深橙搭配等。

二、幻灯片的构图

正如对配色技巧的把握一样，构图的技巧更是多种多样，而两者的关系却是相互依存和互为表述的。色彩是基础，构图是过程又是最终目的，所以构图也是很重要的。在幻灯片的构图过程中，除了要把握一定的技巧外，还要讲究其视觉效果，而效果才是最终目的。在

PPT中，系统提供了默认的构图方式，也就是系统提供的各种幻灯片版式。

调用系统提供的幻灯片版式的操作方法是：执行菜单栏中的"格式"→"幻灯片版式"命令，弹出"幻灯片版式"任务窗格，如图4-58所示。然后根据实际需要，选择相应的版式即可。这些版式基本满足了幻灯片设计的各种需要。

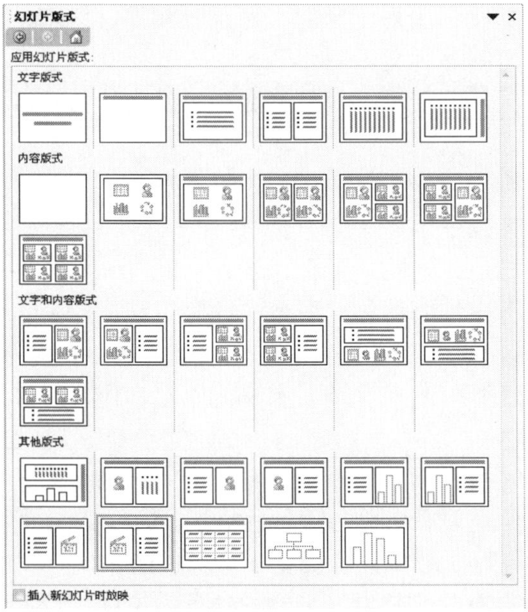

图4-58　幻灯片版式窗格

如果对系统提供的构图版式不满意，就需要自己重新构图制版。构图就是将幻灯片的背景、图片、文字、动画等部分组合成一个整体的过程。

构图制版需要注意两个原则：

（1）关联原理。安排背景时，注意与主题表现的密切联系，而避免出现无关的内容。

（2）均衡原理。均衡是构图中一项最基本的法则。均衡通过视觉而产生形式美感。均衡不同于对称。对称是最稳定而单纯的均衡，对称是一种美的形态，主要应用于装饰与图案。对称的构图法则，也不是绝对形式上的对称。对称能显示高度整齐的状态，有完美、庄严、和谐、静止的效果，但也会产生单调、缺乏生趣等弊病。

制作具有自己的个性构图幻灯片的大体操作步骤如下：新建幻灯片→选定其版式为空白版式→根据需要插入文本、图片、声音、视频等对象→根据以上构图制版的两个原则合理均衡地布局插入的对象。

三、幻灯片的动画

在演示文稿时，可以让文稿中的幻灯片具有一些动作特效，增加演示文稿放映时的动态效果，以达到更好的视觉感受。

演示文稿放映时的动作特效有两种，分别是幻灯片的动作特效和幻灯片间切换的动作特效。幻灯片的动作特效又有两种定义方式：通过"动画方案"定义和自定义动画。

（一）通过"动画方案"定义动画

打开存在的演示文稿"硬件技能培训.ppt"，选中第一张幻灯片，执行菜单栏中的"格式"→"幻灯片设计"命令，弹出"幻灯片设计"任务窗格，单击"动画方案"链接，弹出图4-59所示的"动画方案"内容，在其中为第一张幻灯片选择一种动画特效，如"依次渐变"。然后，单击该窗格的"播放"按钮或者"幻灯片放映"按钮，可以查看幻灯片放映时的动画效果。同样，也可以选择其他幻灯片，为其选择不同的动画效果。

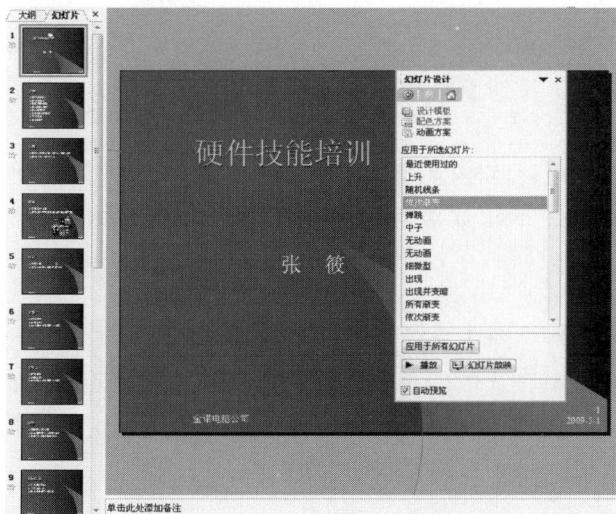

图4-59　"动画方案"界面

（二）自定义动画

对幻灯片内插入的所有对象都可以定义动画。在第二张幻灯片中，添加了两个文本框对象，分别是第一个文本框中的单行文本对象及在第二个文本框中的八行文本对象。

1. 特效的设定

选中第二张幻灯片，执行"幻灯片放映"→"自定义动画"命令，就可以弹出"自定义动画"任务窗格，如图4-60所示。

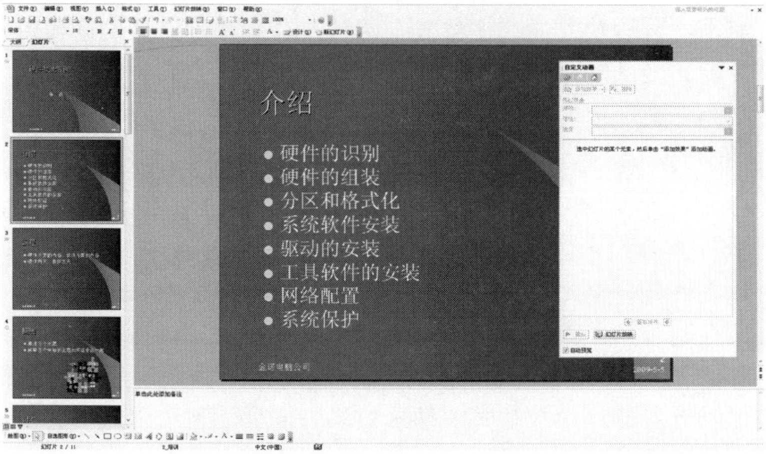

图4-60　"自定义动画"任务窗格

在幻灯片中选中第一个对象"介绍""自定义动画"任务窗格中的"添加效果"按钮就会由原来的灰色无效状态变为黑色有效状态，如图4-61所示。

单击该按钮，此时会出现含有"进入""强调""退出""动作路径"四个命令的快捷菜单，选择其中的一种特效，如"进入"效果，又会出现级联菜单，单击其中的"飞入"效果，为"介绍"对象定义上了"飞入"特效。

"进入"特效除了当前菜单中的几项之外，还可以在级联菜单中单击"其他效果"选项，弹出"添加进入效果"对话框，如图4-62所示，从中可以看到还有很多特效可以选择，单击选定的特效，再单击"确定"按钮，完成对象特效的设定。

图4-61　特效示意图

2. 特效相关信息的设定

特效添加好后，在"自定义动画"任务窗格中的"修改：飞入"下面的"开始"默认为"单击时""方向"默认为"自底部""速度"为默认的"非常快"，可根据自己的需要进行重新设定。

单击"介绍"特效标签右面的下三角按钮，可以看见有七个选项的下拉菜单，如图4-63所示。其中，前三项是关于如何触发特效的设置，系统默认的是"单击时"。

图4-62　"添加进入效果"对话框

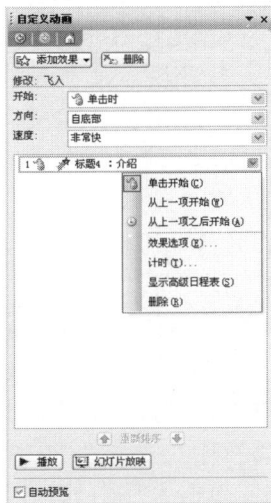

图4-63　特效标签按钮菜单

单击其中的"效果选项"选项，弹出"飞入"对话框，该对话框有三个选项卡，如图4-64所示。

"效果"选项卡（见图4-64）可以设定特效运行时产生的声音和特效后对象的状态。

"计时"选项卡（见图4-65）可以设定特效播放时间长度、是否允许重复播放。

图4-64　　"效果"选项卡

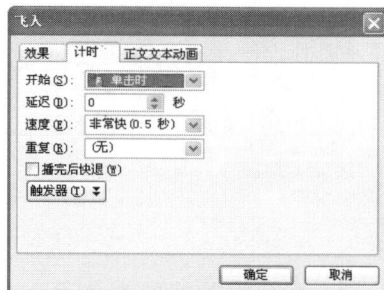

图4-65　　"计时"选项卡

3．特效的删除

如图4-63所示，执行"介绍"特效标签的下拉菜单中的"删除"命令，可以删除该对象的所有特效。

（三）幻灯片切换特效设置

不仅幻灯片中的对象可以特效设定，演示文稿放映时幻灯片间的切换也可以设定特效。具体操作如下：

（1）打开演示文稿，右击其中的一张幻灯片，执行快捷菜单中的"幻灯片切换"命令，弹出"幻灯片切换"任务窗格，如图4-66所示。

（2）在"应用于所选幻灯片"列表框中选择一种切换效果，如"水平百叶窗"切换特效。

（3）在"修改切换效果"区域中，设定切换的速度和声音。例如，设定切换时的速度为"中速"，切换时的声音为"风铃"。

（4）在"换片方式"区域中，选中"每隔"复选框，并在其后的数值框中设定换片间隔的时间。例如，设定为10s，则实现间隔10s时间自动换片。

（5）单击各个幻灯片，为每一张设置不同的切换特效，或者单击"幻灯片切换"任务窗格左下角的"应用于所有幻灯片"按钮，就可以将设定好的一种切换特效设定应用于所有的幻灯片间的切换。

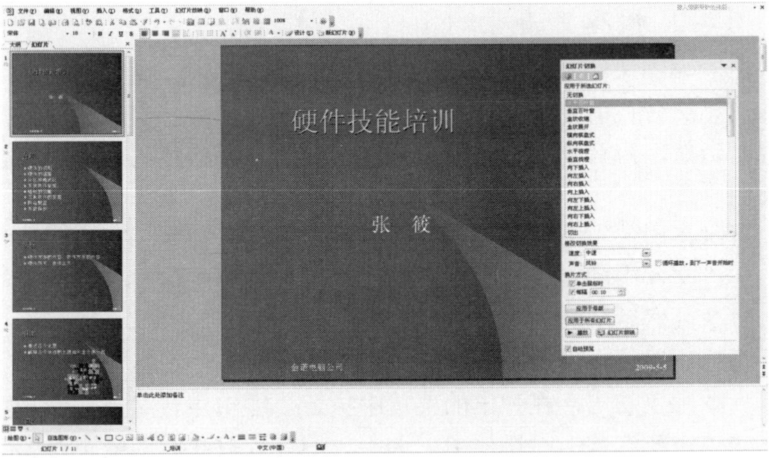

图4-66　幻灯片切换

四、素材的插入

（一）插入文本素材

制作课件最常用的就是插入文字，在PPT中，所有文字的插入都是用"文本框"来实现的。

文本框的使用方法：单击"绘图"工具栏里的"横排文本框"或"竖排文本框"按钮，然后将鼠标移入幻灯片中（指针此时变成细十字），拖动出一个矩形框，框里出现插入条后，往文本框里输入想要的文字或把事先编辑好的文字粘贴过来即可。

当然，也可以执行"插入"→"文本框"→"水平"或"垂直"命令，然后像上面那样操作。

添加文字时要注意一个问题，课件里的所有文字要分几个文本框来放。这样处理的好处是，利用"动画设置"功能，可以在不同的时候出现不同的文字，不同的文字以不同的方式出现。因为PPT在设置动画时以"对象"为基本单位（文本框就是"对象"的一种），而且每一个对象只能设置一种播放动画，所以如果将所有文字放入一个文本框对象，则所有文字就不能分别设置不同的动画效果了。

另外，文本框上那个"绿色"的小圆点是用来旋转文本框的，将鼠标对准该小圆点，然后拖动鼠标就可以实现文本框任意角度的旋转了。

（二）插入声音素材

在多媒体课件中，适当地运用声音能起到文字、图像、动画等媒体形式无法替代的作用，如调节课件使用者的情绪、引起使用者的注意等。当然，声音作为一种信息载体，其更主要的作用是直接、清晰地表达语意。

有时在课件中需要添加音效或音乐，执行"插入"→"影片和声音"→"文件中的声音"命令。当然也可以选择"剪辑管理库中的声音"命令，然后从PPT自带的声音库中去找想要的声音。

要想让课件在播放时屏幕上不出现"小喇叭"图标，可以在"小喇叭"图标上右击，在弹出的菜单中执行"编辑声音对象"命令，在弹出的"声音选项"对话框中，选中"幻灯片放映时隐藏声音图标"复选框。需要注意的是，如果播放声音对象的"自定义动画"设置得不合适，声音将很可能不能播放。

如果在同一张幻灯片上插入多个声音，则声音图标会交叠在一处。如果打算通过单击每个声音的图标来启动它，则需要在插入声音之后拖动它们的图标，使其互相分离。

在默认情况，声音将按照插入顺序进行播放。

在插入声音的过程中，系统将出现提示，询问是希望自动启动声音，还是希望在单击鼠标时启动声音。如果希望声音自行启动，请选中"自动"选项。如果幻灯片上没有其他媒体效果，则会在显示幻灯片之后播放声音。如果幻灯片上已经有其他效果（如动画、声音或影片），则会在播放该效果之后播放声音。

如果希望在单击幻灯片上的声音图标时播放声音，请选中"在单击时"选项。该设置名为"触发器"，这是由于必须单击某个对象（与只须单击幻灯片相比较）才能播放声音。

如果希望改变声音的启动方式，则可以更改"自定义动画"任务窗格中的设置。

如果插入的声音是音乐片段或效果，而又希望在单击其他对象时，在幻灯片中连续播放这些声音（或者在幻灯片结束之后仍播放），则需要指定应当在何时停止它。否则，它将在下次因某种原因（如启动动画或转至下一张幻灯片）而单击该幻灯片时停止。

停止选项位于"自定义动画"任务窗格中，可以在该窗格中设置许多声音选项，这是由于在此处声音相当于动画效果，并且可以将其设置为与动画和其他媒体效果配合播出。

默认设置是在单击鼠标时停止声音（如果它尚未循环播放）。此处的另外两个选项会在满足以下条件时停止播放声音：当前幻灯片之后；指定数量的幻灯片之后。

为了使这些选项生效，声音的长度需要足以显示指定数量的幻灯片。

还可以在另一个位置设置其他声音选项，如循环（重复）播放声音或者隐藏声音图标。可以通过声音图标上的快捷菜单访问此对话框。右击声音图标，执行快捷菜单中的"编辑声音对象"命令，将弹出"声音选项"对话框。

根据声音的停止方式，循环声音选项会重复播放声音，直到停止它。如果选中"循环播放，直到停止"复选框，然后将声音设置在播放三张幻灯片之后停止，则声音将在这三张幻灯片之间循环播放。

选中"隐藏图标"复选框可使声音图标在幻灯片放映过程中不可见。然而，只有在已经将声音设置为自动播放，或者已经创建了某种其他类型的控件（如动作按钮）时，才能使用该选项通过单击来播放声音。声音图标在普通视图中总是可见的。

声音文件既可以嵌入到演示文稿中，也可以链接到演示文稿。

在默认情况下，如果声音是大小为100 KB或更小的.wav文件，会将它嵌入到演示文稿中。它属于PPT文件并伴随演示文稿移动。

如果声音是大于100 KB的.wav文件，以及所有其他类型的声音文件，会将它们链接到演示文稿。它们将从PPT文件外部的某个位置播放，而且在物理上不属于该PPT文件。因此，如果您打算在另一台计算机上放映演示文稿，则需要确保已经将链接声音文件复制到与要放映的演示文稿相同的文件夹中。这样，这些声音文件就可由演示文稿使用，同时也会更新 PPT中的链接，以便演示文稿在需要播放声音时可以找到它们。

有关.wav 文件的详细信息：

在"选项"对话框（位于"工具"菜单上）中，可嵌入.wav 文件的默认最大设置是100 KB。在"常规"选项卡上，可以将最大大小增加到50 000 KB。当然，声音文件越大，幻灯片放映文件的总体大小也越大。

（三）插入图像素材

往幻灯片中添加图片主要可以有两种：一是添加PPT自带的剪贴画；二是添加自己准备的课件素材。

1. 添加PPT自带的剪贴画

单击"绘图"工具栏中的"插入剪贴画"按钮（或者执行"插入"→"图片"→"剪贴画"命令），在屏幕右侧任务窗格中的"搜索"文本框里填入要找的剪贴画关键字（如"计算机"），然后单击"搜索"按钮，即可出现相关的剪贴画图形，单击所要图形旁边的下拉三角按钮，执行"插入"命令即可完成剪贴画插入幻灯片的操作。

2. 插入自己的课件素材

单击"绘图"工具栏中的"插入图片"按钮，弹出"插入图片"对话框，选择存放在硬盘上的素材即可。

为了使幻灯片演示效果更佳，人们常常会在其中插入许多精美的图像，导致文件"身材"增大，不便于幻灯片的复制与操作。为此，可以按下面方法来压缩幻灯片中的图像，让幻灯片变得小巧起来：

首先，打开制作好的幻灯片，执行"文件"→"另存为"命令。在出现的"另存为"对话框中，单击右上角的"工具"按钮。在打开的下拉菜单中执行"压缩图片"命令。

然后，在"压缩图片"对话框中，单击"更改分辨率"，将分辨率从默认的"打印"修改为"Web/屏幕"，这样就能使显示分辨率下降到96 dpi。

最后，将"选项"对话框中的"压缩图片"和"删除图片的剪裁区域"复选框同时选中。单击"确定"按钮，关闭对话框。这样新保存的文件尺寸就比压缩之前小许多了。

（四）插入视频素材

为了能合理地在PowerPoint课件中插入和播放视频文件，通常在课件中，插入影片有三种方法。

1．直接插入播放视频

这种播放方法是将事先准备好的视频文件作为电影文件直接插入到幻灯片中，该方法是最简单、最直观的一种方法。使用这种方法将视频文件插入到幻灯片中后，PPT只提供简单的"暂停"和"继续播放"控制，而没有其他更多的操作按钮供选择。具体操作步骤如下：

（1）运行PowerPoint程序，打开需要插入视频文件的幻灯片。

（2）执行菜单栏中的"插入"→"影片和声音"→"文件中的影片"命令。

（3）在随后弹出的文件选择对话框中，将事先准备好的视频文件选中，并单击"添加"按钮，这样就能将视频文件插入到幻灯片中了。

（4）选中视频文件，并将它移动到合适的位置，然后根据屏幕的提示直接单击"播放"按钮来播放视频，或者设置为自动播放方式。

（5）在播放过程中，可以将鼠标移动到视频窗口中，单击一下，视频就能暂停播放。如果想继续播放，再单击一下即可。

2．插入控件播放视频

这种方法就是将视频文件作为控件插入到幻灯片中，然后通过修改控件属性，达到播放视频的目的。使用这种方法，有多种可供选择的操作按钮，播放进程可以完全自己控制，更加方便、灵活。该方法更适合PowerPoint课件中图片、文字、视频在同一页面的情况。具体操作步骤如下：

（1）运行PowerPoint程序，打开需要插入视频文件的幻灯片。

（2）执行菜单栏中的"视图"→"控件工具箱"→"其他控件"命令。

（3）在随后打开的控件选项界面中，选择Windows Media Player选项，再将鼠标移动到PowerPoint的编辑区域中，画出一个合适大小的矩形区域，随后该区域就会自动变为Windows Media Player的播放界面，如图4-67所示。

（4）选中该播放界面，然后右击，执行快捷菜单中的"属性"命令，打开该媒体播放界面的"属性"对话框。

图4-67　Windows Media Player控件

（5）在"属性"对话框中，在自定义设置处正确输入需要插入到幻灯片中视频文件的详细路径及文件名。这样在打开幻灯片时，就能通过"播放"控制按钮来播放指定的视频了。

（6）为了让插入的视频文件更好地与幻灯片组织在一起，还可以修改"属性"对话框中控制栏、播放滑块条以及视频属性栏的位置。

（7）在播放过程中，可以通过媒体播放器中的"播放""停止""暂停"和"调节音量"等按钮对视频进行控制。

使用该方法可以插入所有视频，条件是计算机中安装有相应的控件。

3．插入对象播放视频

这种方法是将视频文件作为对象插入到幻灯片中，与以上两种方法不同的是，它可以随心所欲地选择实际需要播放的视频片段，然后再播放。具体操作步骤如下：

（1）打开需要插入视频文件的幻灯片，执行"插入"→"对象"命令，打开"插入对象"对话框。

（2）选中"新建"选项后，再在对应的"对象类型"区域中选中"视频剪辑"选项，单击"确定"按钮。

（3）PowerPoint自动切换到视频属性设置状态，执行"插入剪辑"→"Windows视频"命令，将事先准备好的视频文件插入到幻灯片中。

（4）执行"编辑"→"选项"命令，打开"选项"对话框。在其中设置视频是否需要循环播放，或者是播放结束后是否要倒退等。单击"确定"按钮，返回到视频属性设置界面。

（5）单击工具栏中的视频"入点"按钮和"出点"按钮，重新设置视频文件的播放起始点和结束点，从而达到随心所欲地选择需要播放视频片段的目的。

（6）单击设置界面的空白区域，即可退出视频设置界面，从而返回到幻灯片的编辑状态。还可以执行"预览"命令，检查视频的编辑效果。

第五节　PPT演示文稿的保存

当演示文稿编辑处理完成后，就可以保存了。根据对演示文稿不同的需要，可以将演示文稿保存为不同的格式。执行菜单栏中的"文件"→"另存为"命令，弹出"另存为"对话框，如图4-68所示。在"保存类型"中，可以看到有17种之多的保存类型，这17种保存类型可以归为演示文稿类型、网页类型、图片类型、文本类型四大类。

图4-68　"另存为"对话框

一、演示文稿类型

演示文稿类型包括*.ppt、*.pps、*.pot、*.ppa四种文件格式。

（一）*.ppt格式

.ppt文件格式，在具体的保存类型下拉菜单中又有四种具体的选择，分别为"演示文稿（.ppt）"、"PowerPoint 95(*.ppt)"、"PowerPoint 97-2003&95演示文稿（*.ppt）"、"要审阅的演示文稿（*.ppt）"四种格式。

1．演示文稿（*.ppt）

这种类型是计算机默认的格式，是一种典型的Microsoft PowerPoint演示文稿类型，也就是一般的演示文稿的保存格式。在打开的时候，可以使用PowerPoint 97或更高版本打开此格式的演示文稿。

2．PowerPoint 95（*.ppt）

保存时，与PowerPoint 95保持兼容的格式。PowerPoint 95是一种演示文稿刚出现时的一种格式，在文件保存时对图形图像并不采用压缩方式保存，因此它的保存容量要大一些，此外的其他情况与后期版本是相同的。

3．PowerPoint 97-2003&95演示文稿（*.ppt）

保存时，保留与PowerPoint 95、PowerPoint 97和更高版本的兼容的格式。在PowerPoint 97和更高版本中，图形图像是经过压缩的，而这种格式同时支持PowerPoint 95和更高版本这两种情况，因此文件比较大。

4．要审阅的演示文稿（*.ppt）

这种保存格式在演示文稿新建立之时并没有，只有当打开一个已经存在的演示文稿文件以后，才会在"另存为"对话框的"保存类型"下拉菜单中找到该选项。一旦对所打开的演示文稿修改后，且在保存时将文件保存为"要审阅的演示文稿（*.ppt）"格式后，当再打开该文件时，将弹出一个提示对话框，如图4-69所示。单击"是"按钮，就将更改的内容合并到了源文件中；如果单击"否"按钮，就不合并修改的内容到源文件，只是简单地打开修改后的文件即可；单击"否，而且不再询问"按钮，则不合并，而且也不再出现该对话框了。

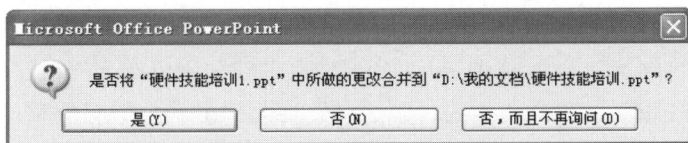

图4-69 合并提示对话框

（二）*.pps格式

这种方式在保存演示文稿的文件时候，直接将演示文稿保存为PowerPoint放映（*.pps）格式。也就是在打开这类文件时，相当于直接打开了演示文稿的放映方式，操作方便、简单；另外，还可以避免课件内容被他人意外改动而导致"面目全非"；而且还避免了放映时由于操作不慎等原因而将后面的演示内容提前"曝光"的可能。一般情况下，只有将文稿都处理完成后，才保存为这种格式。保存为这种格式以后，想重新编辑文稿，操作步骤是：先打开PowerPoint软件，再执行"文件"→"打开"命令，弹出"打开"对话框，找到相应的文件并打开，即可重新编辑。

（三）*.pot格式

如果所设计的演示文稿的版面非常有个性、漂亮，而且以后需要制作很多相同或相似的演示文稿课件，就可以将已经设计好的演示文稿保存为"演示文稿设计模板（*.pot）"格式，以后再制作同类的演示文稿的时候，简单调用即可，就像使用系统提供的模板一样方便。

（四）*.ppa格式

这种存储格式是为一些比较专业的用户提供的。当在演示文稿中添加了一些自定义命令、Visual Basic for Applications（VBA）代码或一些宏操作后，保存这类演示文稿就需要用此格式。这种格式一般用户是不需要的。

二、网页类型

在演示文稿中会有很多的动画、特效和各种声音效果等，这些在网页中实现起来比较麻烦，而一旦保存成网页类型，这些动画、特效和声音效果将会保存下来。网页类型具体分为"单个文件网页（*.mht;*.mhtml）"和"网页（*.htm;*.html）"两种格式。

1. 单个文件网页（*.mht;*.mhtml）

当将名为"硬件技能培训1.ppt"的演示文稿另存为"单个文件网页（*.mht;*.mhtml）"格式时，会弹出图4-70所示的对话框，在其中可以对文件名、页标题等做修改。单击其中的"发布"按钮，会弹出"发布为网页"对话框，如图4-71所示，在其中实现对发布内容、浏览器支持等方面的设定。如果想保留演示文稿已有的动作特效和音频特效，单击该对话框中的"Web选项"按钮，弹出"Web选项"对话框，如图4-72所示，选中其中的"浏览时显示幻灯片动画"复选框，这样就可以在网页中看到演示文稿中的动画了。

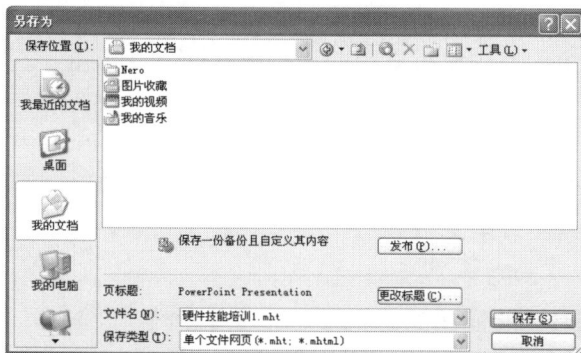

图4-70　另存为网页对话框

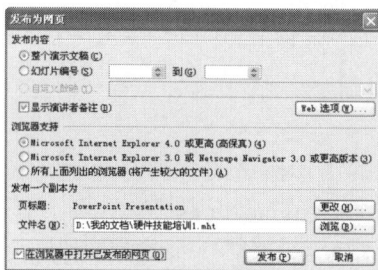

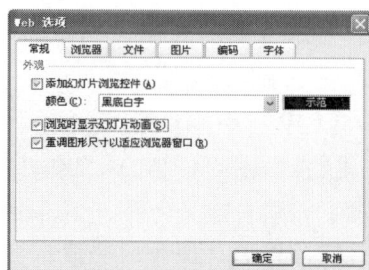

图4-71　"发布为网页"对话框　　　图4-72　"Web选项"对话框

这种格式下生成的网页是以*.mht为扩展名的单一网页文件。这种格式主要适用于通过电子邮件发送的演示文稿。

2. 网页（*.htm;*.html）

将演示文稿保存成"网页（*.htm;*.html）"格式时，步骤和上面的保存为单个网页文件一样。区别在于，选择保存类型时选择"网页

（*.htm;*.html）"，此时在生成一个*.htm网页文件的同时也会生成一个同名文件夹，文件夹中包含网页所需的所有支持文件。这种格式适合用 FrontPage 或其他 HTML 编辑器进行编辑。这种文件格式就是当一个演示文稿中有图片、音乐、视频时，保存成为网页后，与网页同名的文件夹中就会包含演示文稿中出现的图片、音乐、视频等文件。

三、图片类型

图片类型可以分为"GIF可交换的图形格式（*.gif）"、"JPEG文件交换格式（*.jpg）"、"PNG可移植网络图形格式（*.png）"、"TIFF Tag图像文件格式（*.png）"、"位图（*.bmp）"、"Window图元文件（*.wmf）"、"增强型Windows元文件（*.emf）"六种格式的文件。

1．*.gif 文件格式

这种格式支持动画，最多支持 256 色，因此更适合扫描图形和简单的图像，不适合保存彩色照片。

2．*.jpe文件格式

这种格式支持 1 600 万种颜色，最适于存储照片和复杂图像。

3．*.png文件格式

这种格式作为一种替代 GIF 的标准，但 PNG 不像 GIF 那样支持动画，一些旧版本的浏览器不支持此文件格式。

4．*.tiff文件格式

这种格式是被广泛支持的、用来在个人计算机上存储位映射图像的文件格式，TIFF 图像可以采用任何分辨率，可以是黑白、灰度或彩色。

5．*.bmp文件格式

这种格式是位图表示形式。

6．普通*.wmf文件

这种格式作为 16 位图形的幻灯片用于 Windows 3.x 和更高版本；增强*.emf文件作为 32 位图形的幻灯片用于 Windows 95 和更高版本。

当演示文稿以图片类型格式另存时，会在指定位置生成一个文件夹，演示文稿中的每一张幻灯片生成相应的一张图片保存在此文件夹中。

例如，当将名为"硬件技能培训.ppt"的演示文稿另存为GIF图片格式时，会出现图4-73所示的幻灯片转换提示框。单击"每张幻灯片"按钮后，就会出现图4-74所示的幻灯片转换结束提示框，提示在指定的位置生成了一个文件夹，名为"硬件技能培训"，文稿中的所有幻灯片都相应生成了一张GIF格式的图片，保存在此文件夹中。

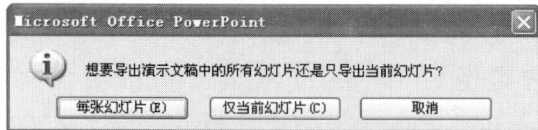

图4-73　幻灯片转换提示框

图4-74　幻灯片转换结束提示框

在PowerPoint中，调整图片格式、给图片添加文本、组合图片都是很容易的，而且它还提供了各种背景样式、自选图形以及大量的艺术字特效（用专业图像编辑软件制作出这些特效字往往很麻烦）。同时，还可以轻松实现对象的移动、缩放、旋转、翻转等。当满意之后，把幻灯片保存为图片类型就可以了。

四、文本类型

这种类型包含两种格式，分别为大纲/RTF文件（*.rtf）和*.doc文件。

1．大纲/RTF文件（*.rtf）

如果只想把演示文稿中的文本部分保存下来，可以将演示文稿保存为大纲/RTF文件。RTF格式的文件可以用Word等软件打开，非常方便。但有一点需要注意，用这种方法只能保存添加在默认文本占位符中的文本（即在幻灯片各版式中默认的虚线圈处文本框中添加的文本），而自己插入的文本框中的文本是不能被保存的。将演示文稿"硬件技能培训.ppt"另存为大纲/RTF文件"硬件技能培训.rtf"的效果如图4-75所示。

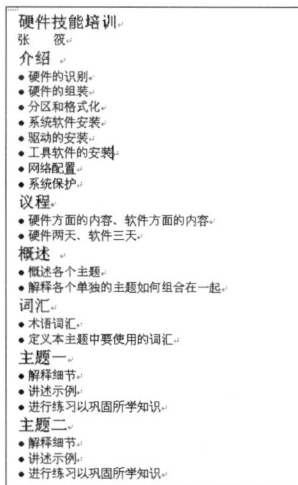

图4-75　"硬件技能培训.rtf"效果图

2．*.doc文件

执行菜单"文件"→"发送"→"Microsoft Word"命令，弹出"发送到Microsoft Office Word"对话框，如图4-76所示，选中"备注在幻灯片旁"单选按钮，并选中下面的"粘贴"单选按钮，单击"确定"按钮，就将演示文稿文件保存成*.doc文件了。

将演示文稿"硬件技能培训.ppt"另存为Word文件"硬件技能培训.doc"的效果如图4-77所示。此时，演示文稿中每张幻灯片是以图片的形式嵌入在Word中，一旦保存，就无法在Word中对图片的内容进行编辑。用这种方法还可以将幻灯片备注也一并保存过来。

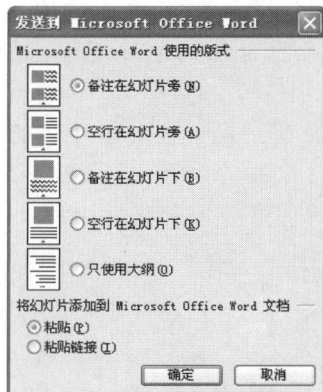

图4-76 "发送到Microsoft
Office Word"对话框

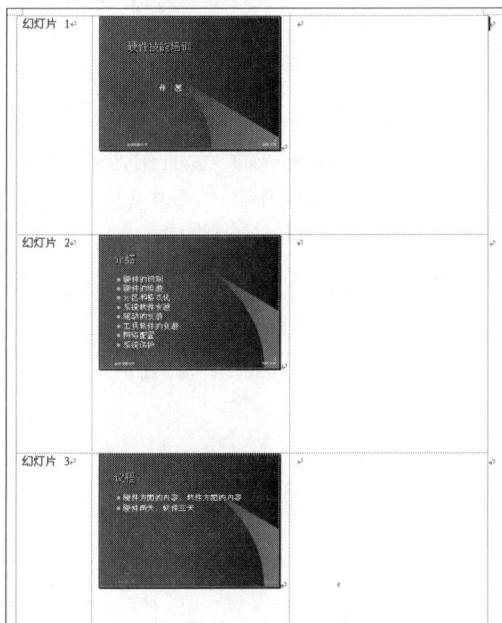

图4-77 保存为"硬件机能
培训.doc"的效果

第六节 PPT演示文稿的放映

演示文稿编辑完成以后，就可以执行菜单栏中的"幻灯片放映"→"观看放映"命令，或者单击PowerPoint窗口左下角的放映按钮（按【F5】键或者【Shift+F5】组合键）播放演示文稿。

一、笔工具的使用

在放映幻灯片时，屏幕左下角有四个按钮，其中第二个笔状按钮是"笔工具"。放映时，可以用提供的"笔工具"对幻灯片的内容进行点评。

单击笔状按钮弹出"笔工具"菜单，如图4-78所示。其中，从上到下分别是"箭头""圆珠笔""毡尖笔""荧光笔""墨迹颜色""橡皮擦""擦除幻灯片上的所有墨迹"和"箭头选项"八个选项，分成了四个区域。第一个区域可以选择不同的笔形，其中"箭头"选项不能在幻灯片上留下墨迹，单击其他三个选项中的任何一个，这时鼠标已经被笔工具捕获，单击幻灯片上四个按钮之外的任何内容都会在幻灯片上留下墨迹；第二个区域的"墨迹颜色"选项用来选择墨迹的颜色，单击会弹出颜色选择框，在其中选择所需的墨迹颜色；第三个区域的两个选项用来擦除在幻灯片上用笔工具留下的墨迹，在演示文稿中用笔工具在幻灯片上画出墨迹后，可以选择"橡皮擦"工具一个个擦除留下的墨迹，也可以选择此区域中第二个选项一次性擦除在幻灯片上留下的所有墨迹；第四个区域的选项可以用来选择在演示文稿播放时是否显示鼠标箭头。

在演示文稿播放时，右击，弹出快捷菜单，在快捷菜单中选择"指针选项"，弹出和"笔工具"功能一样的级联菜单，如图4-79所示。

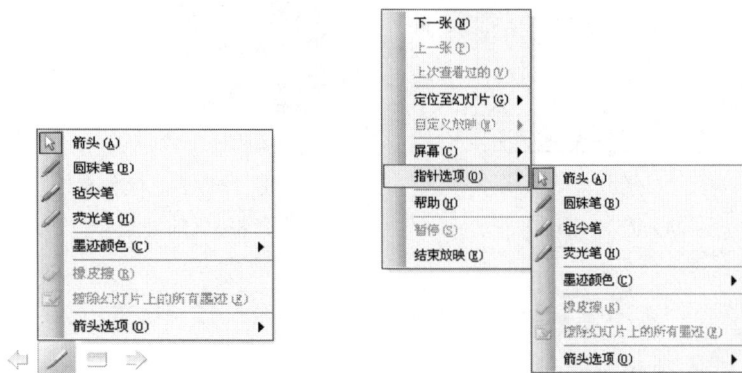

图4-78　笔工具　　　　图4-79　放映幻灯片时的右键快捷菜单

在使用"笔工具"提供的笔点评时，如果想让鼠标恢复到原来的箭头形状，执行"笔工具"→"箭头"命令，鼠标即可恢复原来功能。

演示文稿播放时，除了"笔工具"按钮之外，其他三个按钮分别是使幻灯片前进、定位和后退的。

在演示文稿的放映过程中，只需要按【Esc】键即可返回编辑状态。

二、放映方式的选择

（一）按排练时间设置放映

在演示文稿自动放映的时候，需要文稿的自动放映进度和演示者口头讲述进度一致，这时就要在自动放映演示文稿前，对演示文稿中每张幻灯片的自动放映时间和演示者的讲解内容进行"排练计时"，将每张幻灯片的放映时间和演示者讲述内容所需的时间完美结合。具体操作如下：

（1）执行菜单栏中的"幻灯片放映"→"排练计时"命令，弹出"预演"对话框，如图4-80所示。这时，演示者开始讲述在此幻灯片中要讲述的内容，讲述完成后，"预演"对话框中会显示讲述此张幻灯片使用的时间，单击鼠标或单击"预演"对话框中的按钮，即可前进到下一张幻灯片，同样开始讲述，"预演"对话框同样会记录这张幻灯片讲述需要的时间。这样，PowerPoint 会分别记住在讲述每张幻灯片上花费的时间和在整个演示文稿讲述上花费的总时间。"排练计时"完成后，屏幕上会自动出现保留排练时间提示框，如图4-81所示，单击"是"按钮，完成对排练时间的保存。此时，PowerPoint窗口会预览演示文稿中每张幻灯片在自动放映时的放映时间，如图4-82所示。

图4-80 "预演"对话框　　　　　　图4-81 保留排练时间对话框

（2）执行菜单栏中的"幻灯片放映"→"设置放映方式"命令，弹出"设置放映方式"对话框，如图4-83所示，在其中的"换片方式"区域中选中"如果存在排练时间，则使用它"单选按钮，单击"确定"按钮。再自动放映演示文稿时，会按照事先演练好的时间进行放映。

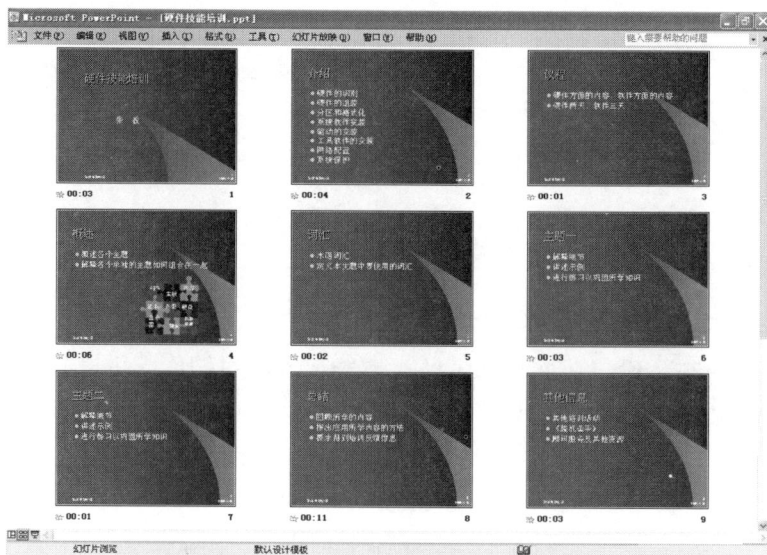

图4-82　排练时间预览

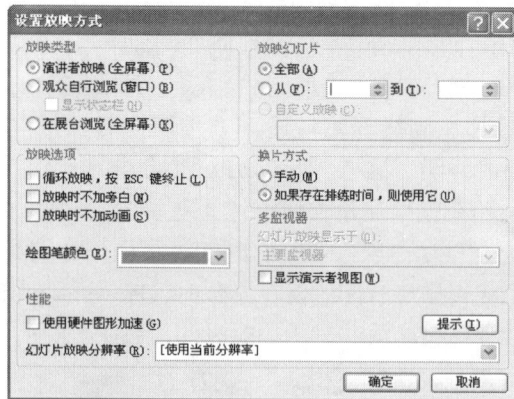

图4-83　"设置放映方式"对话框

（二）固定时间间隔的放映

演示文稿自动放映时，可以事先设定好幻灯片的切换时间间隔。具体步骤如下：

（1）执行菜单栏中的"幻灯片放映"→"设置放映方式"命令，弹出"设置放映方式"对话框，在"换片方式"区域中选中"如果存在排练时间，则使用它"单选按钮，单击"确定"按钮。

（2）执行菜单栏中的"幻灯片放映"→"幻灯片切换"命令，弹出"幻灯片切换"任务窗格，如图4-84所示。在"换片方式"区域中，选中"每隔"复选框，在其后的数值框中设定换片间隔的时间；也可两个都选中，实现两个条件并行控制幻灯片的切换；然后单击"应用于所有幻灯片"按钮。这样，自动放映演示文稿时就会按照设定好的时间进行放映。

（三）部分幻灯片顺序放映

放映演示文稿时，有时只需要放映其中顺序排列的部分幻灯片。执行菜单栏中的"幻灯片放映"→"设置放映方式"命令，弹出"设置放映方式"对话框，在其中的"放映幻灯片"区域中选中

图4-84　"幻灯片切换"
任务窗格

`◉从(F): 4 ⬍ 到(T): 6 ⬍` 单选按钮，在其中的两个数值框中填入要播放的幻灯片编号，单击"确定"按钮。例如，填入从4到6，在放映演示文稿时，就会只放映其中4、5、6三张幻灯片。

（四）演示文稿自定义放映

在演示文稿放映时，不仅可以播放顺序排列的部分幻灯片，还可以跳跃播放幻灯片。执行"幻灯片放映"→"自定义幻灯片"命令，弹出"自定义放映"对话框，如图4-85（a）所示。

单击"新建"按钮，弹出"定义自定义放映"对话框，如图4-85（b）所示，在"在演示文稿中的幻灯片"列表框中选中要播放的幻灯片，单击中间的"添加"按钮，添加到"在自定义放映中的幻灯片"列表框中。

如果要在"在自定义放映中的幻灯片"列表框中删除幻灯片，选中要删除的幻灯片，单击中间的"删除"按钮即可。

如果要将"在自定义放映中的幻灯片"调整一下顺序，选择待调整的幻灯片，单击右边的上、下箭头按钮实现幻灯片位置的向上、向下调整。

设置完成后，单击"确定"按钮。在放映演示文稿时候，就只放映

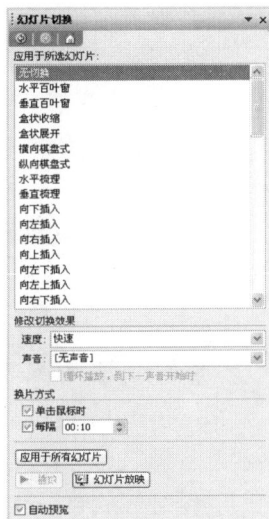

选中的幻灯片，并且按照"在自定义放映中的幻灯片"顺序进行放映。

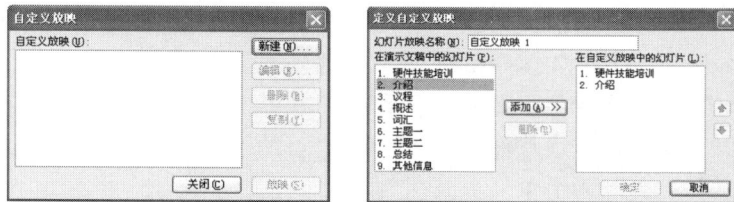

（a）"自定义放映"对话框　　　　　（b）"定义自定义放映"对话框

图4-85　自定义放映

（五）演示文稿的分屏放映

PowerPoint可以支持一个幻灯片放映时使用两台监视器。安装好两台监视器之后，打开要在这些监视器上放映的演示文稿。执行菜单栏中的"幻灯片放映"→"设置放映方式"命令，弹出"设置放映方式"对话框，如图4-83所示。在"幻灯片放映显示于"下拉列表框中，选择要放映演示文稿的监视器，选中"显示演示者视图"复选框，然后单击"确定"按钮，完成设定。最后，启动幻灯片放映即可（编者使用的是只支持单显示器的计算机，"幻灯片放映显示于"列表是灰色的）。

（六）带旁白演示文稿的制作及放映

在幻灯片放映的同时，可以用语音信息对幻灯片的内容进行解释。这种语音信息就是旁白。录制旁白的硬件要求是计算机中有声卡并配有麦克风。录制旁白的操作步骤如下：

将光标定位在幻灯片1上；执行"幻灯片放映"→"录制旁白"命令，弹出"录制旁白"对话框，如图4-86所示，参数默认，单击"确定"按钮，开始录制；录制完成后，弹出保存提示对话框，如图4-87所示，单击"保存"按钮，完成"录制旁白"。再放映幻灯片，旁白就有了。

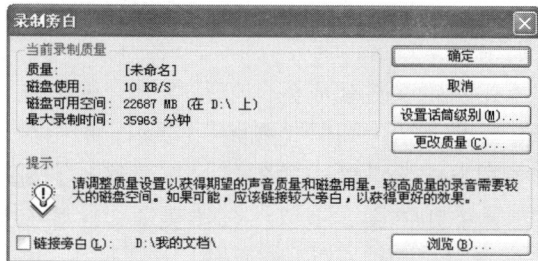

图4-86　"录制旁白"对话框

图4-87　保存提示对话框

确定录制前光标定位在第一张幻灯片上。如果在其他的幻灯片上，就会出现图4-88所示的另一个"录制旁白"对话框，单击"第一张幻灯片"按钮后，就可以重新录制旁白了。

图4-88　"录制旁白"对话框

第七节　PPT演示文稿的打印

演示文稿在打印前，需要经过页面设置、打印预览、打印三个步骤。

一、页面设置

在演示文稿打印前，需要对演示文稿进行页面设置。具体操作如下：

执行菜单栏中的"文件"→"页面设置"命令，弹出"页面设置"对话框，如图4-89所示。在"幻灯片大小"下拉列表框中设置好纸张，下面会自动显示纸张的宽度和高度，再下面显示需打印的"幻灯片编号起始值"；在"方向"区域中可设定"幻灯片"和"备注、讲义和大纲"两项内容在打印时的方向。最后，单击"确定"按钮完成设定。

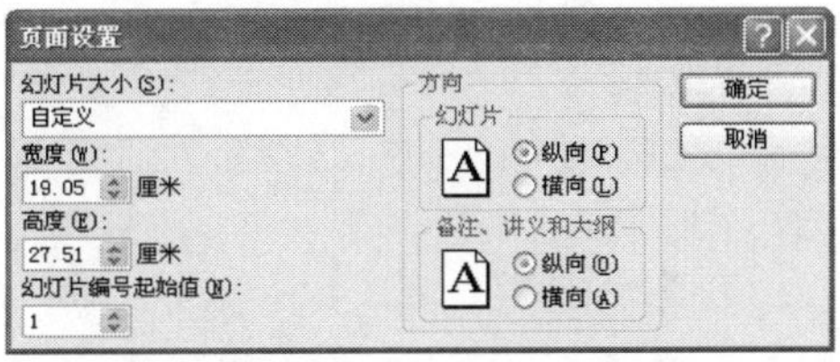

图4-89　"页面设置"对话框

二、打印预览

在页面设置完成后开始打印前，需要预览一下打印效果，以便及时调整。执行"文件"→"打印预览"命令，进入预览界面，如图4-90所示，查看一下打印效果是否与要求一致。预览时，可以调整一页显示的幻灯片张数，最多时一页显示9张幻灯片。图4-90所示的是每页显示9张幻灯片。

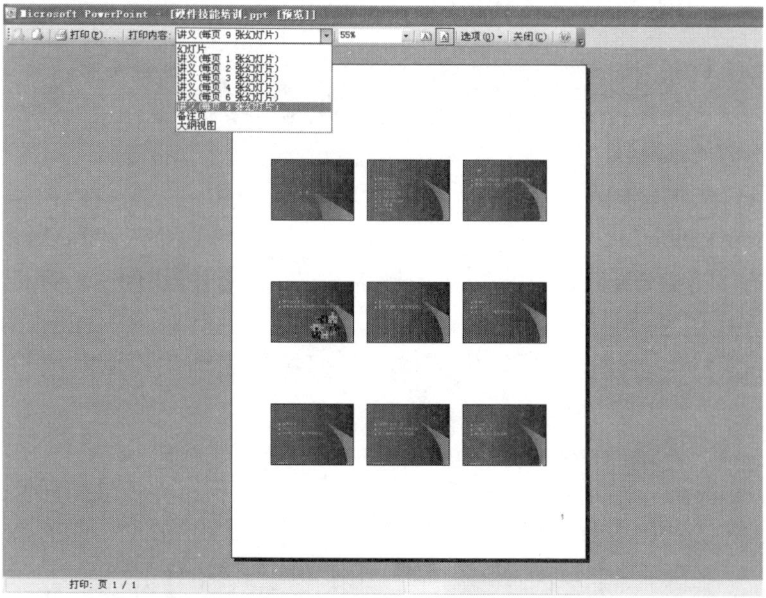

图4-90　"打印预览"效果

三、打印

打印预览满意后，就可以直接打印了。执行"文件"→"打印"命令，弹出"打印"对话框，如图4-91所示。在该对话框中可以完成对打印机的机器名称、打印范围、打印份数、打印内容、颜色灰度等内容的设定。完成设定后，单击"确定"按钮开始打印。

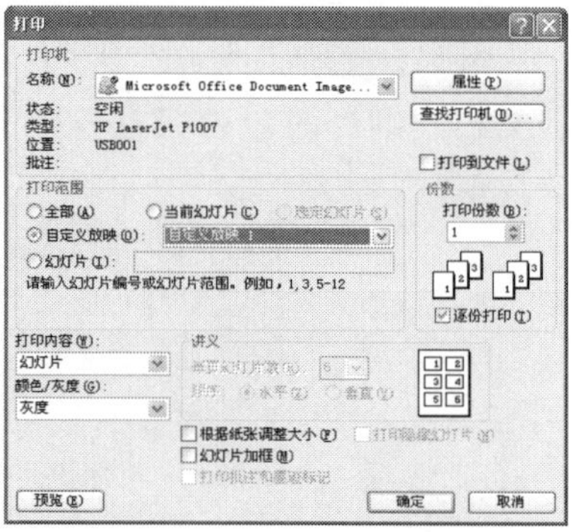

图4-91　"打印"对话框

第五章 网络课件设计

第一节　课件站点建立管理

打开Dreamweaver之后，程序界面如图5-1所示。Dreamweaver 8的窗口有三个区和一个顶部的菜单栏。第一区：工作区，在这个区域中可以对网站进行设计。第二区：属性面板，在这个区域中，显示在第一区中所选中的项目的属性。第三区：导航面板，在这里会发现与互联网网站联系的所有功能。菜单栏中共有"文件""编辑""查看""插入""修改""文本""命令""站点""窗口"和"帮助"十个菜单项。课件制作所用到的大部分操作都可以使用菜单来完成。

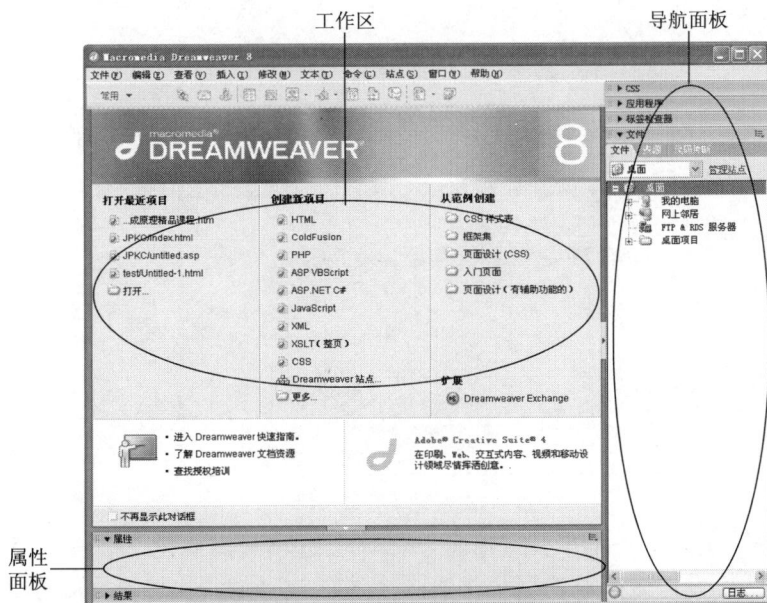

图5-1　Dreamweaver 8的工作界面

一、创建站点

由于一般网络课件都是由若干个网页、图片和媒体对象等元素组成的，为了快速利用各种元素，常采用网络站点的形式对其进行存放和组织。所以，网络课件设计之初，需要建立一个用于存放网络课件的站点。创建站点由建立文件夹和创建空白站点两个步骤完成。

1. 建立文件夹

在桌面上右击，执行快捷菜单中的"新建文件夹"命令，并将期命名为My project。这样，在桌面上就创建了一个叫My Project的文件夹。

2. 创建空白站点

（1）执行菜单栏中的"站点"→"新建站点"命令。

（2）在新建站点对话框（见图5-2）中选择"基本"选项卡，输入所要建立站点的名称，如Mytest，HTTP部分不做修改，单击"下一步"按钮。

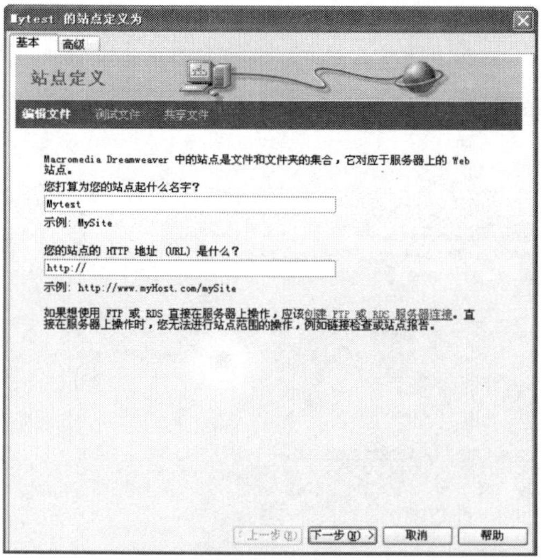

图5-2　创建空白站点第1步

（3）进入图5-3所示的界面。第一个选项为默认选项，是采用HTML语言设计最简单的网页；第二个选项为"是，我想使用服务器技术"。这里保持默认设置，然后单击"下一步"按钮。

（4）进入图5-4所示的界面。在这里可以选择在开发期间，工作文件放置的地方。第一个选项为默认选项，即"编辑我的计算机上的本地副本，完成后再上传到服务器（推荐）"；第二个选项为"使用本地网络直接在服务器上进行编辑"。选中第一个选项，并在下面存放文件位置的文本框中输入刚才创建的My Project文件夹的位置。或者单击后面的文件夹图标，通过在桌面上选择刚创建的My Project文件夹，进行输入。然后，单击"下一步"按钮。

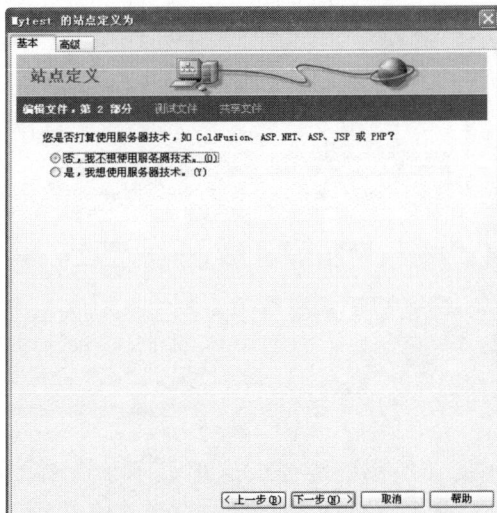

图5-3　创建空白站点第2步

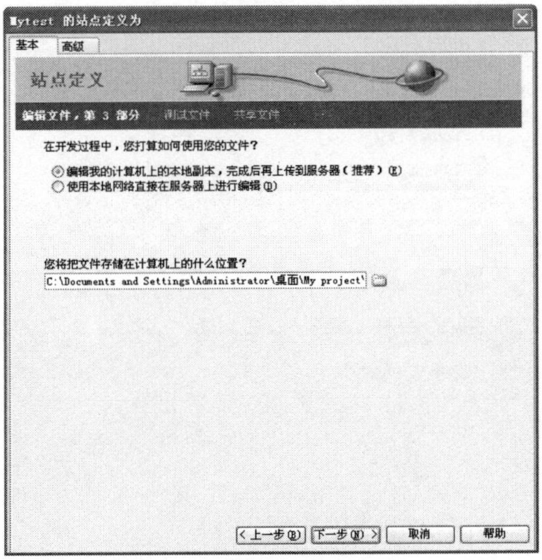

图5-4　创建空白站点第3步

（5）进入图5-5所示的界面。由于要在本地文件夹中创建我们的网页，所以，在这里选择"无"选项。然后，单击"下一步"按钮。

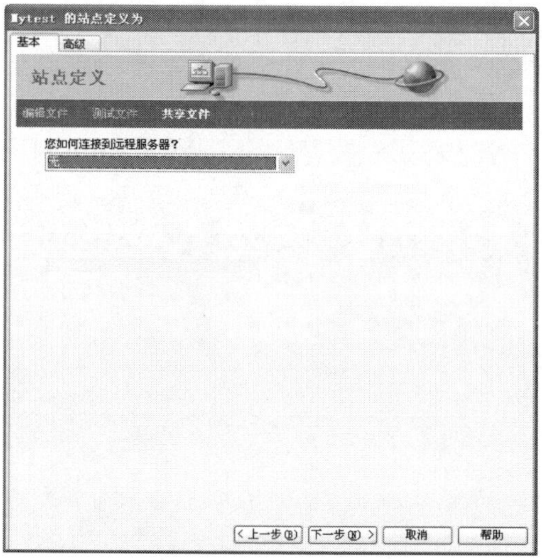

图5-5　创建空白站点第4步

（6）进入图5-6所示的界面，这里显示了所有前面所选择的设置。核对无误后，单击"完成"按钮。当然，要是发现哪些设置有问题，可以单击"上一步"按钮，返回进行修改。

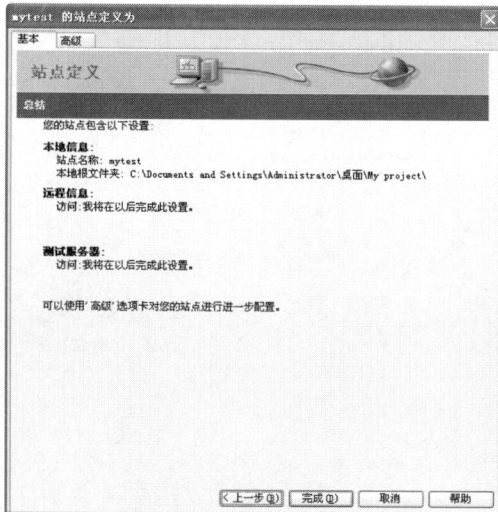

图5-6　创建空白站点第5步

在新建站点后，右侧的"文件"面板发生了变化，由原来的桌面，变为了Mytest站点。这也就表明，当新建其他网络资源时，均在Mytest站点中，并被其管理，如图5-7所示。现在，就可以开始制作第一个网络课件了。

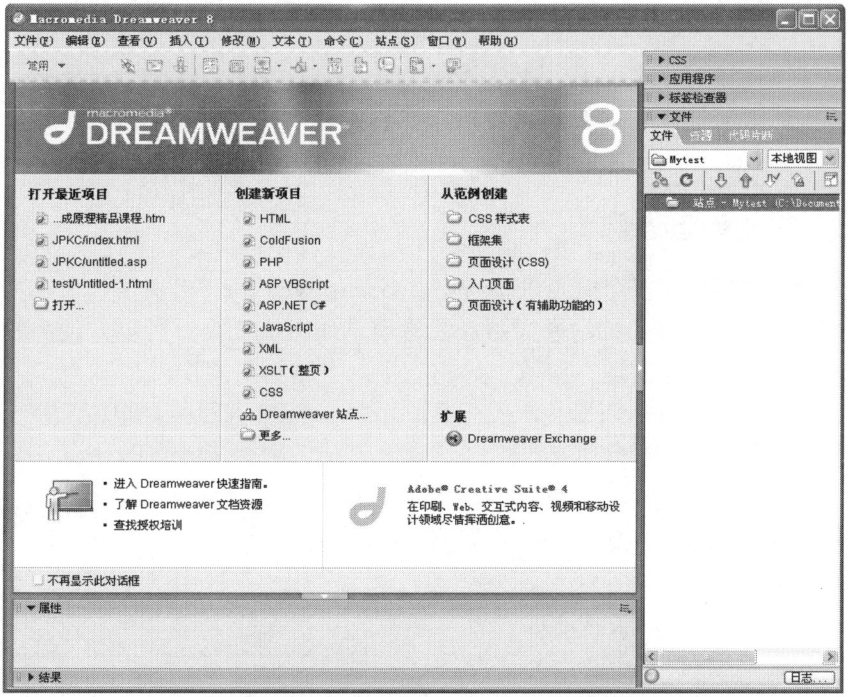

图5-7　Dreamweaver 8中的新建文档界面

二、打开已有站点

当然，对于原来已经建立的Dreamweaver站点，可以采用直接打开站点的方式，进入该站点进行编辑。这里，以打开我们建立的Mytest站点为例，通过以下操作来完成：

（1）执行菜单栏中的"窗口"→"文件"命令，打开"文件"面板，如图5-8（a）所示。

（2）在"文件"面板中，在下拉列表框中选择"桌面"，打开My Project文件夹，如图5-8（b）所示。这时就打开了Mytest站点，如图5-8（c）所示。

（a）打开"文件"面板　　　（b）选择站点文件夹　　　（c）打开Mytest站点

图5-8　　"文件"面板的使用

三、管理站点

在同时存在多个站点的情况下，Dreamweaver 8提供了一个称为"管理站点"的工具，进行站点的管理。使用该工具，可以方便、快捷地进行站点的创建、修改、导出、导入、删除等操作。

在Dreamweaver 8中，执行菜单栏中的"站点"→"管理站点"命令，打开管理站点对话框。该对话框包括新建、编辑、复制、删除、导出、导入等按钮，如图5-9所示。

图5-9　　"管理站点"对话框

（1）新建站点。通过"管理站点"对话框，也可以新建一个空白站点。首先，单击"新建"按钮，选择"站点"选项；然后，出现新建站点导向的对话框，根据导向提示，完成新站点建立，其过程与图5-2至图5-6所示一致。

（2）修改站点。选择要修改的站点，如Mytest，单击"编辑"按钮，打开新建站点导向对话框。可以根据导向提示，逐项修改所选站点属性，其过程与新建站点类似。

（3）复制站点。选择要复制的站点，如Mytest，单击"复制"按钮，则在Mytest站点下面出现一个名称为"Mytest 复制"的新站点，如图5-10所示。而Mytest站点被设定在同一个文件夹下，在这里就是MyProject文件夹。由于站点是网络课件的组织者，而把几个站点放在一个文件夹下会产生很多难以想象的后果，所以在复制生成新站点后，可以选择编辑站点，来更改站点的存放位置。当设置完成后，单击"完成"按钮，则系统自动切换到"Mytest 复制"站点下，如图5-11所示。这时，可以发现"Mytest 复制"站点是一个空白站点。

（4）删除站点。选择要删除的站点，单击"删除"按钮，弹出警告对话框，单击"是"按钮则删除该站点及其全部内容。

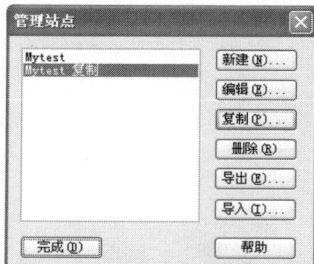

图5-10　复制站点

图5-11　复制后的"文件"面板

（5）导出站点。选择要复制的站点，如Mytest，单击"导出"按钮，出现"导出站点"对话框，如图5-12所示。选择要保存的文件夹，单击"保存"按钮，就可以保存到Mytest.ste中了。

图5-12　"导出站点"对话框

（6）导入站点。单击"导入"按钮，弹出"导入站点"对话框，如图5-13所示，选择站点文件Mytest.ste，单击"打开"按钮，就可以导入到站点中了。若已存在同名的站点，则弹出警告对话框，提示导入的站点被重命名为Mytest0。单击"确定"按钮后，站点管理器如图5-14所示。若再次导入同名的站点，则会提示重命名为Mytest1、Mytest2……即在原名字后加上1、2、3等序号。单击"完成"按钮，系统则将原站点全部内容导入到文件面板中，如图5-15所示。

图5-13 "导入站点"对话框

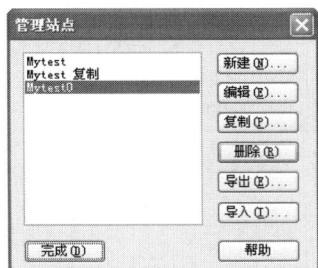

图5-14 导入重名站点

图5-15 导入后的"文件"面板

第二节　站点结构搭建

　　站点本身就是一个大的文件夹，存放着我们所要用的各种文件，如网页、声音、图片、Flash动画、PPT等。这些格式不同的文件若混乱地堆放在一起，势必给课件制作和组织带来困难。所以，需要对站点进行结构设计与搭建，将文件按照类型分别存放。下面，根据Mytest网络课件所用到的文件类型，对网络课件站点的结构进行设计与搭建。

一、站点结构设计

对于一个站点来说，其包括的内容越丰富，功能越强大，画面越精美，它的结构组织起来就越困难。这里，以《计算机组成原理》网络课件的制作为例，说明网络课件的整个实施过程。

考虑到我们所要制作的这个网络课件是以展示授课信息、传播知识为主题，所以涉及课件专业信息的组织和文件结构的组织两个方面的内容。

1. 专业信息的组织

《计算机组成原理》课件应包括计算机硬件教学大纲、在线教学录像播放、PPT课件下载等服务功能。其中，计算机硬件教学大纲又可按章节细分为核心设备（如CPU、内存、主板等）、外围设备（如硬盘、显示器、鼠标、键盘等）等各章；在线教学录像播放也可按章节进行播放，为学生提供在线学习和远程教育；PPT课件按讲授顺序进行浏览和下载，以供学生课后复习。下面将各部分进行划分，设计出网络课件功能的总体结构，如图5-16所示。

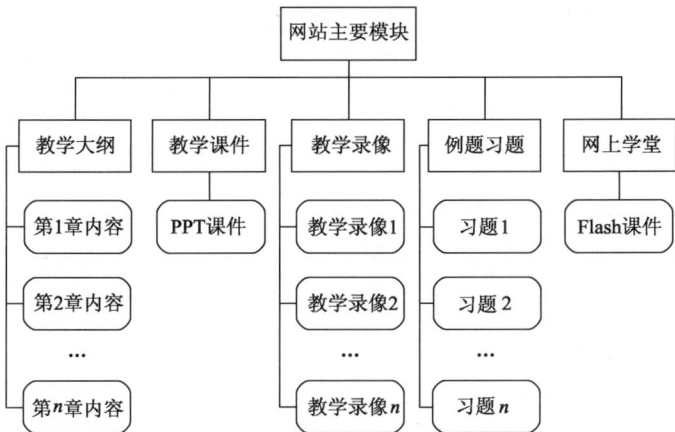

图5-16　网络课件总体功能结构

2. 文件结构的组织

除了按功能进行文档结构组织外，一般的网络课件都包括文字、图片、PPT、Word、Flash、视频和样式等文件。其中，文字和图片作为课程的介绍、课件的说明等；PPT、Word主要提供学生课后学习的资料；Flash、视频等多媒体文件主要为远程教学、动画仿真等提供途径。依此为依据，对站点的文件夹结构进行设计，如图5-17所示。

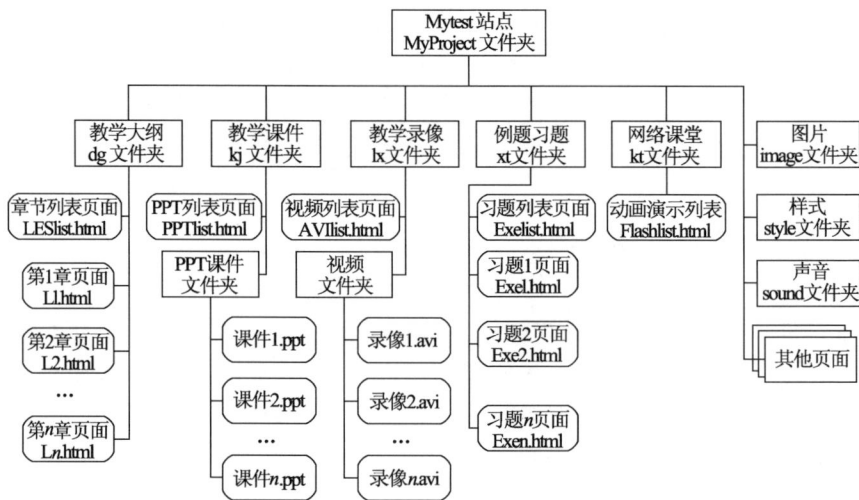

图5-17　网络课件文档组织结构

在图5-17中，images文件夹用来存放图片文件，style文件夹用来存放样式文件，sound文件夹用来存放声音文件，dg文件夹存放每节课的介绍，kj文件夹存放教学课件，lx文件夹存放教学录像，xt文件夹存放例题、习题，kt文件夹存放动画演示课件列表等。

二、站点结构建立

按照图5-17设计的站点文档组织结构，在Mytest站点下建立每个文件夹。

1. 新建文件夹

（1）在"文件"面板的站点根目录下右击，执行快捷菜单中的"新建文件夹"命令，在站点根目标下出现一个处于编辑状态的文件夹untitled，如图5-18所示，将文件夹命名为dg。

（2）这里，继续单击站点根目录，创建其他七个文件夹，分别命名为 kj、lx、xt、jc、image、style和sound，效果如图5-19所示。

（3）下面接着建立二级文件夹。右击kj文件夹，执行快捷菜单中的"新建文件夹"命令，在kj文件夹下出现一个处于编辑状态的文件夹untitled，如图5-20所示，将文件夹命名为PPT。

（4）继续创建AVI文件夹。最终"文件"面板中的文件目录如图5-21所示。

图5-18　新建文件夹

图5-19　文件夹建立效果

图5-20　新建二级文件夹

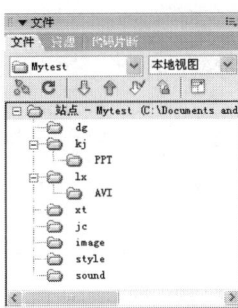

图5-21　最终"文件"面板中的文件目录

2．文件夹的管理

在站点下建立文件夹后，可以通过右击需要管理的文件夹，执行快捷菜单中的"编辑"命令，进行文件夹的剪切、复制、粘贴、重命名和删除等基本管理操作。

当然，也可以直接在桌面的**MyProject**文件夹下，按照逻辑关系建立各一级文件夹和二级文件夹，但这时的"文件"面板中并没有我们所建立的文件夹。这是由于没有对站点进行刷新操作，造成站点与实际的存储出现了不同步现象。对此，可以单击"文件"面板中的"刷新"按钮 ⟳ （或按快捷键【F5】），对站点进行刷新，这时就可以看到在**MyProject**文件下直接建立的这些文件夹了。

第三节　网页布局设计

网页是网络课件的基本载体，按照网页布局设计流程，依次是创建空白页面、布局设计、表格布局、保存文档四个环节。

一、创建空白页面

在Dreamweaver 8中创建空白页面的方法很多，在这里介绍几种典型方法的创建步骤。

（一）通过启动页创建空白页面

（1）创建文档。在启动页面上，单击创建新项目中的HTML，这时，系统自动创建一个空白文档，并进入文档编辑状态，如图5-22所示。我们注意到，实际空白文档并未被存储起来，在标题栏中显示的是该页面的临时文件名Untitled-1、类型为XHTML，这就需要我们保存这个空白文档，并赋予路径和文件名称。

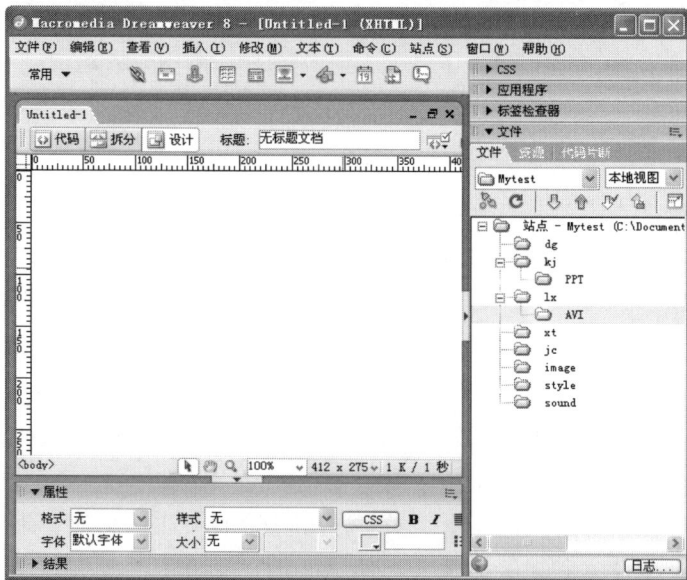

图5-22　新建空白页面

（2）文档保存。执行菜单栏中的"文件"→"保存"命令，打开"另存为"对话框。选择保存的文件夹后，修改文件名，单击"保存"按钮即可。在此，我们把这个空白页要设定为主页，故命名为Index.html，并直接保存在站点目录下，如图5-23所示。

（3）检查创建内容。打开"文件"面板（执行"窗口"→"文件"命令或按【F8】键），"文件"面板中应出现命名为Index.html的文件，且其位置在其站点文件夹下面，如图5-24所示。

图5-23 保存新建页面

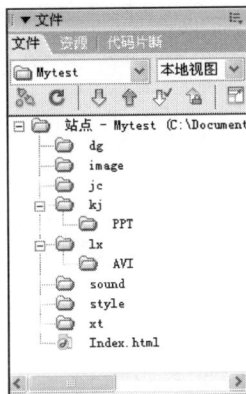

图5-24 检查Index.html文件

（二）通过"文件"面板创建空白页面

（1）打开"文件"面板。执行菜单栏中的"窗口"→"文件"命令（或按【F8】键），打开"文件"面板。

（2）创建页面。在"文件"面板中的站点根目录下右击，执行快捷菜单中的"新建文件"命令，这时文件被临时命名为untitled.html，如图5-25所示。

（3）文件命名。右击untitled.html文件，执行快捷菜单中的"编辑"→"重命名"命令（或按【F2】键），进入修改状态，修改文件名为Index.html即可。

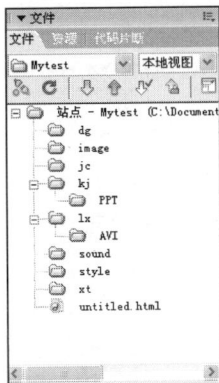

图5-25 新建页面
文档面板

（三）通过菜单栏创建空白页面

（1）打开"新建文档"对话框。执行菜单栏中的"文件"→"新建"命令，打开"新建文档"对话框，如图5-26所示。

（2）创建页面。选择"常规"选项卡，在"类别"列表框中选中"基本页"选项，出现"基本页"列表框（见图5-27）。单击"创建"按钮，系统自动创建一个空白文档，并进入文档编辑状态。这时，与通过启动页创建的情况相同，在标题栏中显示该页面的临时文件名为untitled-1、类型为XHTML，这就需要我们保存这个空白文档，并赋予路径和文件名称。

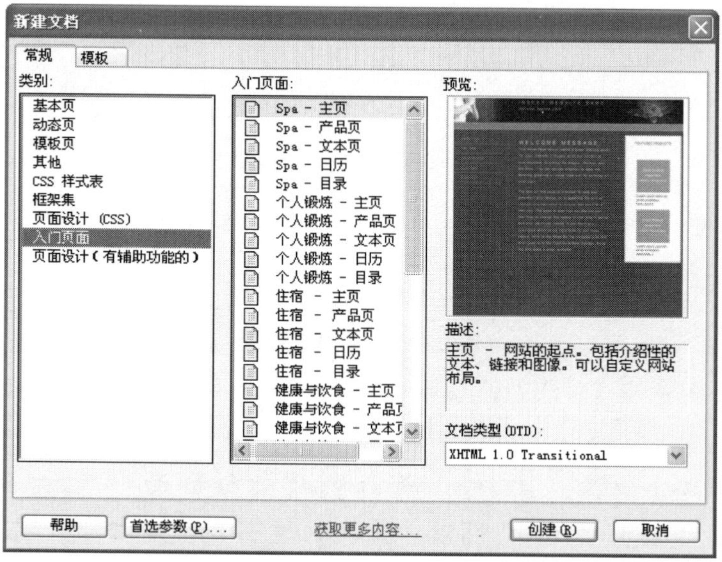

图5-26　"新建文档"对话框

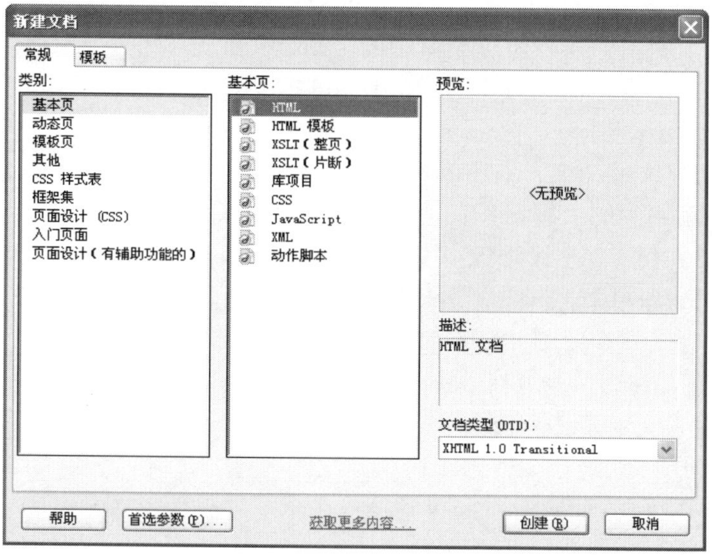

图5-27　新建基本页文档

（3）文档保存。执行菜单栏中的"文件"→"保存"命令，打开"另存为"对话框。选择站点根目录，修改文件名为Index.html，单击"保存"按钮。

二、布局设计

在建立空白页面后，可以为该页面添加菜单导航条、图像、文字、动画等各种课件元素了。但如何在一个页面上对它们进行组织和管理呢？Dreamweaver 8提供了两种布局方式：一种是基于框架的页面布局方式，另一种是基于表格的页面布局方式。其中，基于框架的页面布局方式是通过多个分页面的组合共同构成整体页面，构造较为复杂，且灵活性不高，在此不做介绍；而基于表格的页面布局方式则是通过表格对网页上各种元件进行排列、组合和组织，较为灵活和方便。下面以基本表格的页面布局方式为例进行网页的设计。

（一）检查设计草样

对于一个空白页面，我们通常会先画出该页面的草图（又称"草样"），以确保页面的最终表达效果是否满足我们的要求。

在草图中，一般包括页面顶端的网站标题图片、链接到其他页面的导航功能和可以插入图片、视频剪辑等的位置，如图5-28所示。

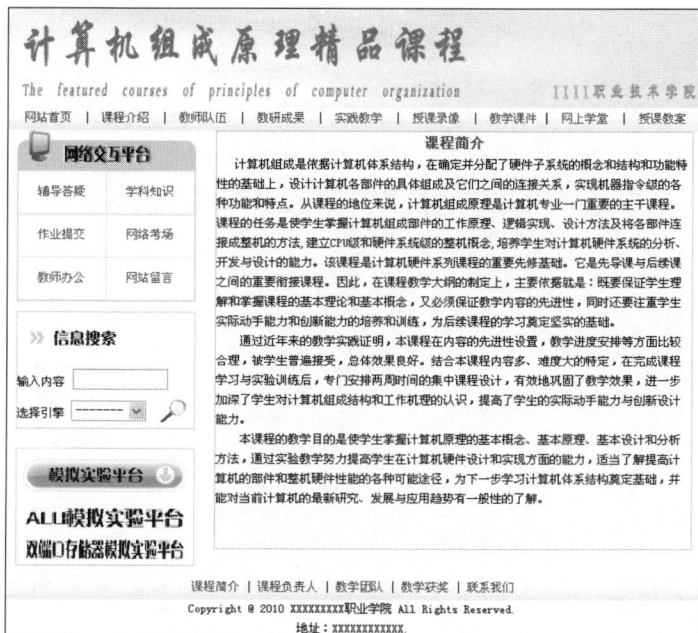

图5-28 网页的草图效果

（二）更改页面设置

打开建立的Index.html空白页面并检查设计草样后，我们就可以开始创建页面了。

1）设置跟踪图像

（1）执行菜单栏中的"修改"→"页面设置"命令，打开"页面属性"对话框，如图5-29所示。

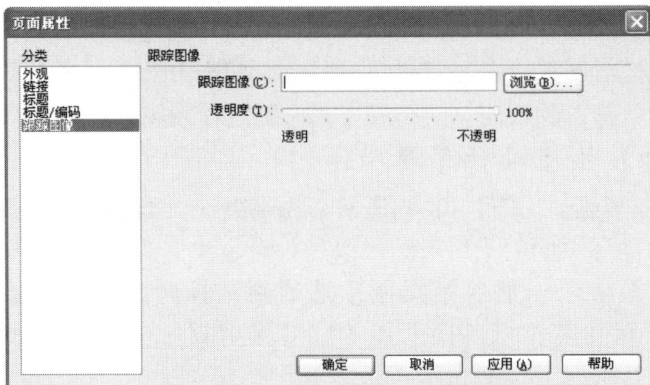

图5-29　"页面属性"对话框

（2）选择"分类"列表框中的"跟踪图像"选项，单击"浏览"按钮，弹出"选择图像源文件"对话框，如图5-30所示。选择所要跟踪的图片（即页面草图），单击"确定"按钮。

图5-30　"选择图像源文件"对话框

（3）弹出保存提示对话框，如图5-31所示。单击"是"按钮，弹出"复制文件为"对话框，如图5-32所示。选择image文件夹，单击"保存"按钮后，将草图放入站点之中统一管理。

图5-31　保存提示对话框

图5-32　"复制文件为"对话框

（4）在草图保存之后，调整透明度为60%（0为完全透明，100为完全不透明），如图5-33所示，单击"确定"按钮，保存设置。

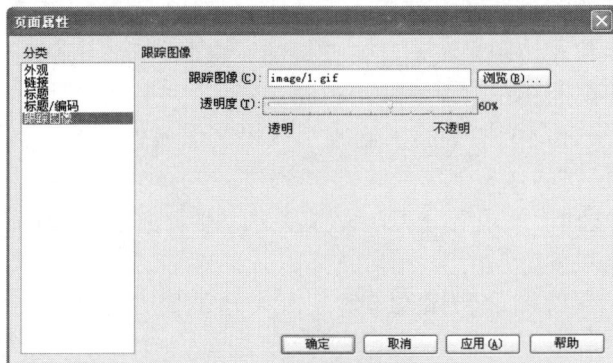

图5-33　调整透明度

这时，在工作窗口中出现了半透明状的草图，如图5-34所示，通过这个草图的引导我们可以很好地把握网页中每一个元素的布局。

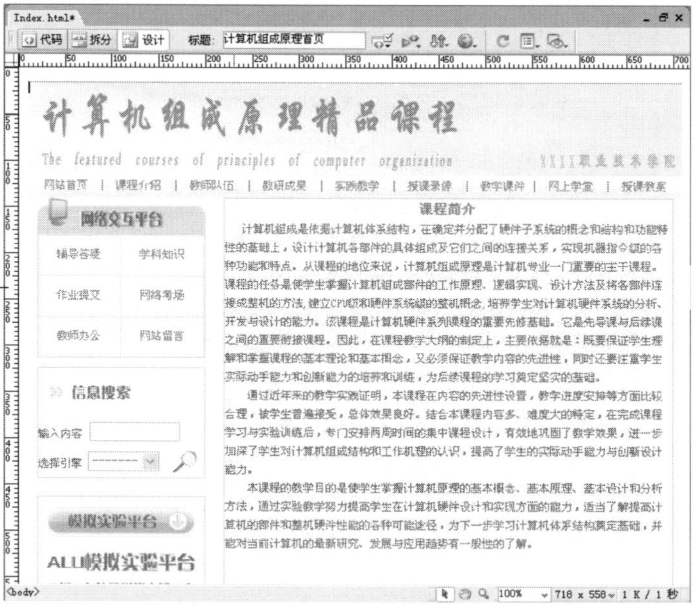

图5-34　工作窗口状态

2）修改页边距

仔细观察跟踪图像和工作区中闪烁的录入起始点，可以发现其位置并不是页面的最上面和最左面，这个空白的部分称为"页面边距"。页面边距包括四个部分：上边距、下边距、左边距和右边距。其中上边距和左边距是我们经常使用的。在此，我们修改上边距和下边距值，使页面从左上顶角开始布局。

（1）执行菜单栏中的"修改"→"页面属性"命令，打开"页面属性"对话框。

（2）选择"外观"分类，设置左边距和上边距均为0（像素px），单击"确定"按钮。

这时，跟踪图像和插入点均从左上角位置开始布局，如图5-35所示。

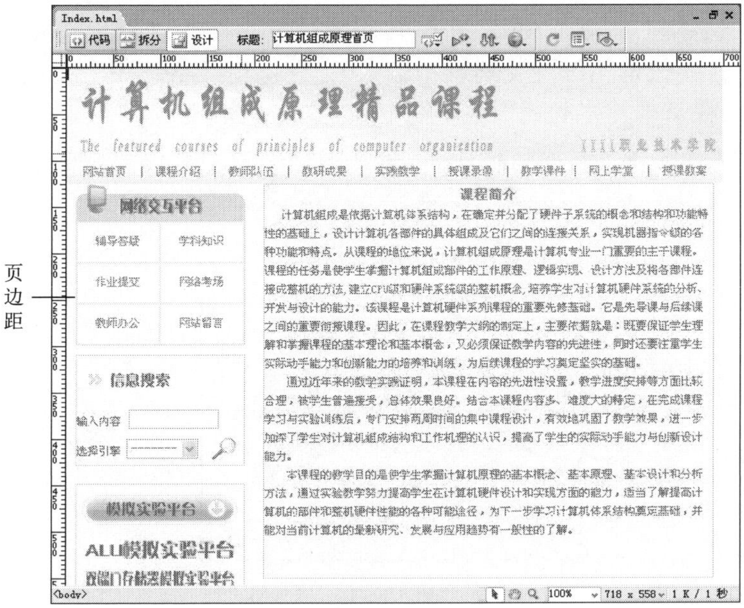

图5-35　修改页边距后的工作区

三、表格布局

表格是在页上对文本、图形、各种多媒体等网络元素进行布局的强有力工具，它的行和单元格通常被用做添加内容的"容器框"。前面我们已经创建一个新页面Index.html，该页面最终将成为网络课件的首页。

（一）插入整体布局表格

观察草图，我们不难发现草图从上至下大致包括网站标题图片、导航条、具体内容区域、站点内部常用链接和版权说明五部分。所以，我们需要添加一个五行的表格用于放置文本、图形和各种网络资源。

（1）打开"插入表格"对话框。在页面上单击一次，在页面左上角放置插入点，执行菜单栏中的"插入"→"表格"命令，弹出"插入表格"对话框；或者，使用工具栏中的"插入表格"工具，打开"插入表格"对话框。

（2）插入表格。在"插入表格"对话框中，执行下面的操作：在"行数"文本框中输入5，在"列数"文本框中输入1；在"表格宽度"文本框中输入700，并在其后的单位下拉列表框中选择"像素"；在"边框粗细"文本框中输入0；在"单元格边距"文本框中输入0；在"单元格间距"文本框中输入0，如图5-36所示。单击"确定"按钮，完成插入表格。

图5-36　插入整体布局表格

（3）查看表格。一个5行1列的表格即出现在工作窗口中，该表格的宽度为700像素，边框、单元格边距和单元格间距均为0，如图5-37所示。

图5-37　查看表格

（二）拆分表格

在具体内容区域中，草图又包括两个部分的内容，所以我们需要对表格的第3行进行拆分，以满足布局的要求。

（1）选中拆分行。单击表格第3行中的空白部分，当光标在该行内闪烁时，表明该行被选中。

（2）打开"拆分单元格"对话框。执行菜单栏中的"修改"→"表格"→"拆分单元格"命令，弹出"拆分单元格"对话框。

（3）修改拆分单元格属性。选中"列"单选按钮，设置列数为2，如图5-38所示。单击"确定"按钮，第3行被拆分为左右两部分。

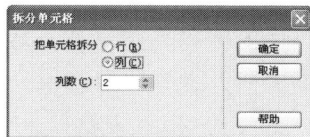

图5-38　拆分表格

（三）使用扩展表格设置表格属性

"扩展表格"模式是用于临时添加表格的单元格边距和间距，并增加表格边框以简化编辑的一种功能，它能够精确地放置插入点，而不会意外选择错误的表格或其他表格内容。下面使用"扩展表格"模式设置具体的表格属性。

（1）进入"扩展表格"模式。执行菜单栏中的"查看"→"表格模式"→"扩展表格模式"命令，则表格由图5-39（a）变为图5-39（b）的模式。注意：这时表格由于增加了边框和边距等因素临时变大，一旦退出该模式，将恢复正常。

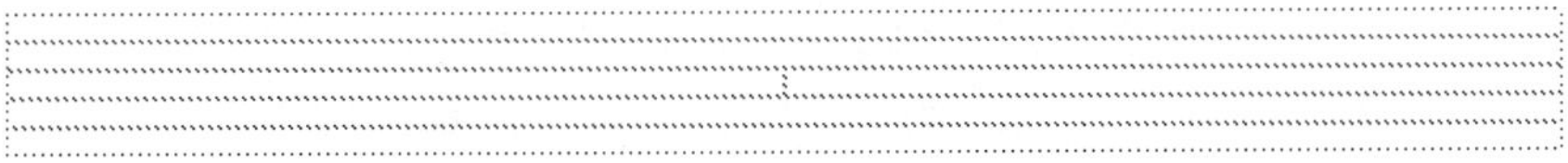

（a）标准模式

（b）扩展模式

图5-39　不同模式下的表格样式

（2）在第一行中单击，在"属性"面板（执行"窗口"→"属性"命令）的"单元格高度"文本框中输入 100，然后按【Enter】键，表示确认。

（3）在第二行中单击，在"属性"面板的"单元格高度"文本框中输入24，然后按【Enter】键。

（4）在第三行的第一列中单击，在"属性"面板的"单元格宽度"文本框中输入 200，然后按【Enter】键。在第二列中单击，在"属性"检查器的"单元格宽度"文本框中输入500，然后按【Enter】键。对于第三行，我们无须为其输入高度值，因为该行的高度将取决于我们后面所添加内容的高度。

（5）在第四行中单击，在"属性"面板的"单元格高度"文本框中输入24，然后按【Enter】键。

（6）在第五行中单击，在"属性"面板的"单元格高度"文本框中输入24，然后按【Enter】键。

（7）单击"文档"窗口顶部的"退出扩展表格模式"链接，返回到"标准"模式，保存页面。

如果已打开表格选择器（执行"查看"→"可视化助理"→"表格宽度"命令），将能看到刚才在表格各个行上输入的像素值。

（四）插入图像占位符

图像占位符是在准备好将最终图形添加到页面之前使用的图形。在对 Web 页面进行布局时图像占位符很有用，因为通过使用图像占位符，我们可以在真正创建图像之前确定图像在页面上的位置。

（1）选中插入位置。在工作窗口中表格的第一行内单击，使该行光标闪烁。

（2）打开"图像占位符"对话框。执行菜单栏中的"插入"→"图像对象"→"图像占位符"命令，打开"图像占位符"对话框。

（3）设置属性。在"图像占位符"对话框（见图5-40）中，执行下面的操作：在"名称"文本框中输入 banner_graphic；在"宽度"文本框中输入700；在"高度"文本框中输入100；单击颜色框并从颜色选择器中选择一种颜色，这里选择红棕色（#993300）；保持"替换文本"文本框为空。

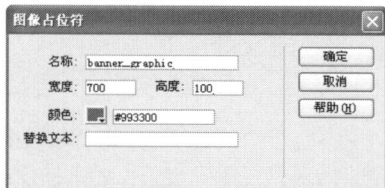

图5-40 "图像占位符"对话框

（4）单击"确定"按钮，则图像占位符出现在表格第一行内，并显示最终放置于此处的图像的标签和大小属性，如图5-41所示。

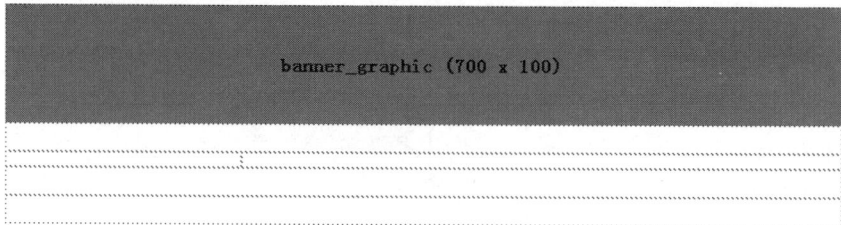

banner_graphic (700 x 100)

图5-41 使用图像占位符的效果

四、保存文档

面对建立的网页，需要对其进行保存，以便后续工作的开展。保存的方法主要有两种：一种是使用"文件"→"保存"命令保存现有文档，Dreamweaver 8会执行一次快速保存，将新信息追加到现有文件中；另一种是使用"文件"→"另存为"命令进行保存，Dreamweaver 8会将以新文件存储当前文档。

（一）保存文档方法

方法1：要覆盖磁盘上的当前版本，执行菜单栏中的"文件"→"保存"命令。

方法2：要将文档保存到不同的位置或用不同的名称保存文档，或者要压缩文档，执行菜单栏中的"文件"→"另存为"命令。如果执行"另存为"命令，或者以前从未保存过该文档，则须输入文件名和位置，单击"保存"按钮。

（二）保存为模板方法

执行菜单栏中的"文件"→"另存为模板"命令，在弹出的"另存为模板"对话框中，选择站点Mytest，并在"另存为"文本框中输入模板的名称，单击"保存"按钮，以便创建新模板。

（三）退出保存的方法

如果在包含未保存更改的一个或多个文档处于打开状态的情况下退出Dreamweaver 8，Dreamweaver 8会提示保存包含更改的文档。

方法1：执行菜单栏中的"文件"→"退出"命令，或直接单击"关闭"按钮⊠。

方法2：如果有打开的文档包含未保存的更改，Dreamweaver 8会提示保存或放弃每个文档的更改。单击"是"按钮，保存更改并关闭文档；单击"否"按钮，关闭文档，不保存更改。

第四节 首页设计制作

在前面的章节中，我们已经基本完成了一个简单网页的布局。若对系统自动定义的网页属性不太满意的话，还可以使用"页面属性"对话框来更改网页属性的相应设置，如页面字体、默认字体大小、背景颜色、背景图片、边距等。

一、插入表格

对比网页设计草图，我们会发现虽然已经利用表格进行了整个页面的布局设计，但是在首页的第3行内仍有很多的内容需要组织。这就需要我们再次使用表格对第3行的内容进行布局。

（一）在第3行左侧单元格插入子表格

观察第3行左侧单元格，该内容由三部分组成：网络交互平台、信息搜索、模拟试验平台。其中，网络交互平台又包括辅导答疑、学科知识、作业提交、网络考场、教师办公和网站留言六部分；信息搜索包括搜索关键词文本框和下拉选择框两部分；模拟实验平台包括ALU模拟实验平台和双端口存储器模拟实验平台两部分。下面我们来一一插入表格进行布局。

（1）选择插入表格的位置。单击第三行左侧的单元格，插入光标在对应位置闪烁。

（2）插入表格。执行菜单栏中的"插入"→"表格"命令，打开"表格"对话框。设置行数为3，列数为1，表格宽度为180像素，页眉为无，边框粗细为0，单元格边距为0，单元格间距也0，如图5-42所示。

（3）单击"确定"按钮，则左侧单元格被划分为三个部分。

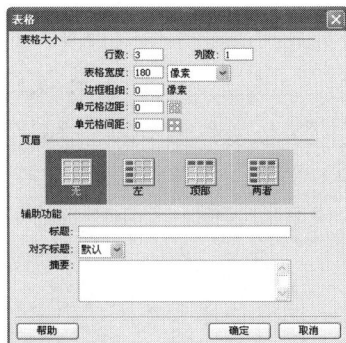

图5-42　插入子表格

（二）在第3行右侧单元格插入子表格

右侧单元格结构比较简单，仅包括课程简介部分。为了后面样式控制显示样式，在此也插入一个表格。

（1）选择插入表格位置。单击第三行右侧的单元格，插入光标在对应位置闪烁。

（2）插入表格。执行菜单栏中的"插入"→"表格"命令，打开"表格"对话框。设置行数为2、列数为1，表格宽度为480像素，页眉为无，边框粗细为0，单元格边距为0，单元格间距也0。

（3）单击"确定"按钮，则右侧单元格被划分为上下两个部分。

（三）修改表格各属性

（1）进入"扩展表格"模式。执行菜单栏中的"查看"→"表格模式"→"扩展表格模式"命令，则表格变为图5-43所示的模式。

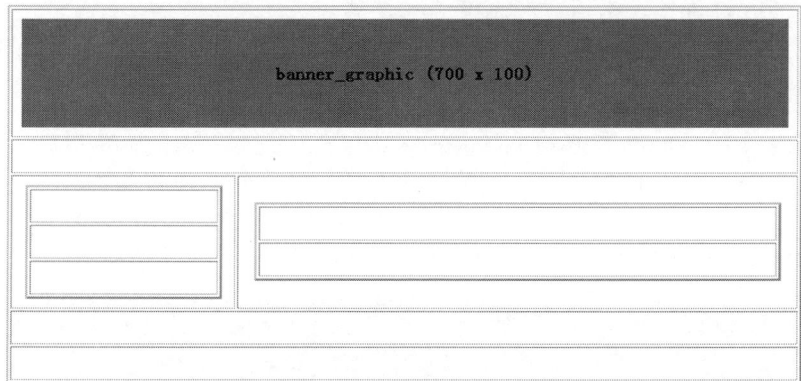

banner_graphic (700 x 100)

图5-43　进入"扩展表格"模式

（2）修改第三行左侧单元格属性。单击第三行左侧单元格后，在工作区下方，单击引导条\<body>\<table>\<tr>\<td>中的\<td>，就可选中第三行左侧单元格。在下方的单元格属性面板中设置水平为"居中对齐"、垂直为"顶端"对齐方式。

（3）修改左侧插入的表格。单击左侧插入表格内任意区域，然后执行菜单栏中的"修改"→"表格"→"选择表格"命令，则选中左侧表格，并在下方的表格属性面板中设置高度为400像素。

（4）修改左侧插入表格的各行。单击左侧插入表格的第一行内任意区域，在下方的表格属性面板中，设置高度为160像素。同样设置第二行的高度为120像素，第三行的高度为120像素。

（5）修改第三行右侧单元格属性。单击第三行右侧单元格后，在工作区下方，单击引导条\<body>\<table>\<tr>\<td>中的\<td>，就可选中第三行右侧单元格。在下方的单元格属性面板中设置水平为居中对齐、垂直为顶端对齐。

（6）修改右侧插入的表格。单击右侧插入表格第一行内的任意区域，在下方的表格属性面板中，设置高度为24像素。同理，设置第二行的高度为400像素。

（7）在左侧表格中再插入各子表格。

- 选择左侧插入表格的第一行，插入一个2行1列、宽度为180像素、无页眉的表格，并设置该表格第1行的高度为40像素；再在其第2行，插入一个3行2列、宽度为180像素、无页眉的表格，并设置该表格每行的高度为40像素。

- 选择左侧插入表格的第二行，插入一个3行1列、宽度为180像素、无页眉的表格，并设置该表格每行的高度为40像素。

- 选择左侧插入表格的第三行，插入一个3行1列、宽度为180像素、无页眉的表格，并设置该表格每行的高度为40像素。

（8）在"扩展表格"模式下，表格的样式最终如图5-44所示。退出"扩展表格"模式，返回"标准表格"模式。

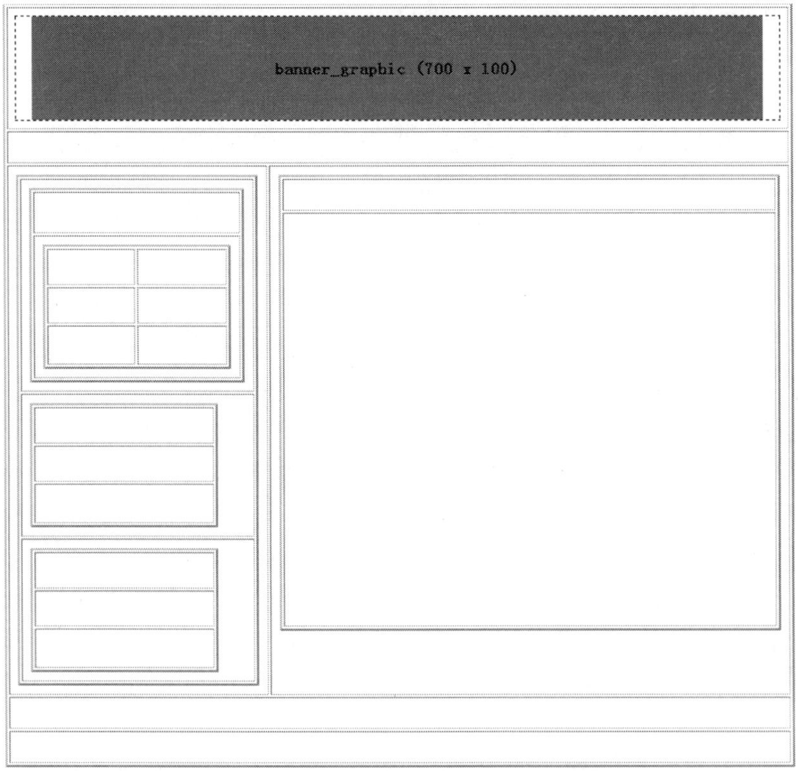

banner_graphic (700 x 100)

图5-44　"扩展表格"模式下表格的最终样式

二、插入图片

众所周知，所谓一图胜千言，图片能给人们以最直观的感觉，让人一看便知道课件所要介绍的主题、内容以及提示信息等。所以，网络课件通常使用大量的图片，以达到图文并茂地传播知识的作用，并使人们从大量文字描述中解脱出来，去接受新的事物和观点。

在此，对照草图，我们需要增加几个图片，以起到对说明性文字的补充作用。

（一）替换图像占位符

在前面的章节中，标题头一直以棕色的图片占位符进行表示，在此对其用图片进行替换。

（1）选中图像占位符。双击页面顶部的图像占位符 banner_graphic。

（2）在"选择图像源文件"对话框中，选择准备好的图像文件 top.gif，并单击"确定"按钮，如图5-45所示。

图5-45　"选择图像源文件"对话框

（3）在Dreamweaver 8中，图像占位符被替换为top.jpg的横幅图形。但由于图片大小与我们所设表格大小不同，需要对图片的属性进行进一步地设定。

（4）单击刚替换的top.jpg图片，选中需要修改属性的图片。

在下方的图像属性面板中，设置宽为700像素，高为100像素，对齐方式为"顶端"对齐，单击"居中"按钮。

（5）在表格外单击，以取消选中该图像，如图5-46所示。

图5-46　替换图片后的效果

（6）执行"文件"→"保存"命令，保存该页。

（二）直接插入图片

　　我们能够通过替换图像占位符的方式来插入一个图片，但有时让人觉得过于烦琐。可不可以直接插入图片呢？Dreamweaver 8为我们提供了直接插入图片的方法。下面我们以在第三行左侧单元格中的图片插入为例，进行介绍，其主要过程如下：

　　（1）选择插入点。单击第三行左侧单元格中第一个表格的第一行，选中该单元格。

　　（2）选择插入图片。执行菜单栏中的"插入"→"图像"命令，弹出"选择图像源文件"对话框，在其中选择所要插入的图片，单击"确定"按钮，如图5-47所示。

　　（3）复制图片。若图片已存储在站点下，则该图片将直接出现在插入点的表格中；若图片没有在站点下，则弹出复制到站点中的提示对话框，如图5-48（a）所示。单击"是"按钮，弹出"复制文件为"对话框，如图5-48（b）所示。由于我们用image文件夹存放所有的图片文件，所以这里选择image文件夹，单击"保存"按钮。

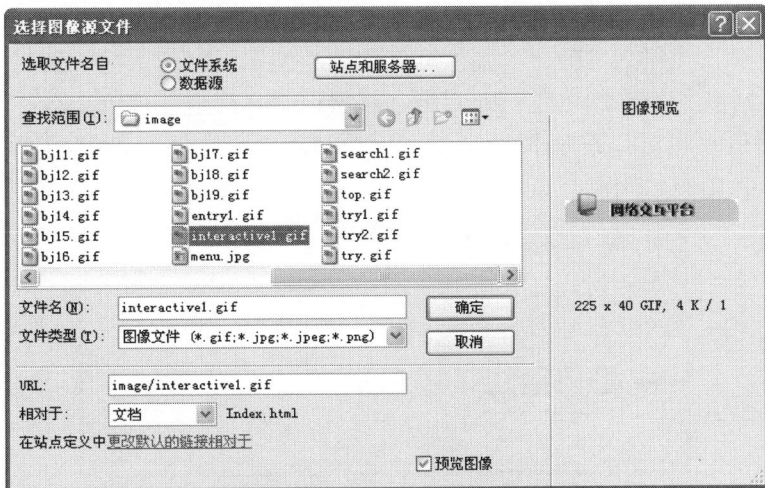

图5-47　选择图像文件对话框

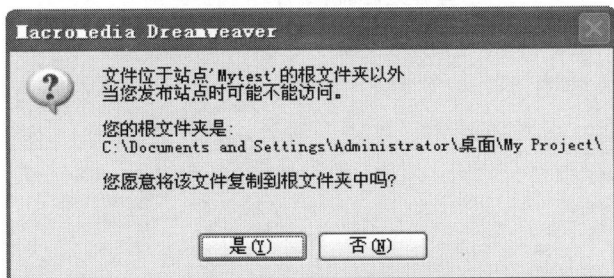

（a）复制文件到站点中的提示对话框

（b）选择复制文件的存储路径

图5-48　复制图片

（4）设置替换文本。替换文本是当图片无法正常显示时，以文字形式代替图像显示出来，从而给网页访问者提供说明信息。当单击"保存"按钮后，弹出"图像标签辅助功能属性"对话框，如图5-49所示。我们可以忽略这一对话框，直接单击"确定"按钮，跳过这一对话框；也可以在"替换文本"下拉列表框中，写入图片的说明语句，再单击"确定"按钮。

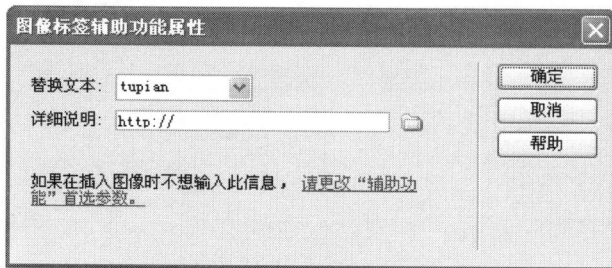

图5-49　"图像标签辅助功能属性"对话框

（5）此时，该表格中出现我们所插入的图片，但图片大小与我们所设表格大小不完全相同，需要对图片的属性进行进一步地设定：单击刚插入的图片，在下方的图像属性面板中，设置宽为180像素，高为40像素，对齐方式为"顶端"对齐，选中"居中"按钮三。

（6）在表格外单击，以取消选中该图像。

（7）执行"文件"→"保存"命令，保存该页。

同样，在第三行左侧单元格第二个表格的第一行，插入信息搜索图片，设置其属性宽为100像素、高24像素、左对齐；在第三个表格中的第一行中插入模拟实验平台图片设置其属性宽为160像素、高35像素、左对齐；在第二行中插入ALU模拟实验平台图片，设置其属性宽为160像素、高20像素、左对齐；在第三行中插入双端口存储器模拟实验平台图片，设置其属性宽为160像素、高20像素、左对齐。

（三）设置背景图片

在插入的图片中，有一些图片需要有简单的文字描述，而这些文字往往被放置在这些图片之上。这类插入的图片，我们称做那些文字的背景图片。下面我们以表格第二行的导航条区域的背景图片为例进行介绍。

（1）选中设置表格。单击表格第二行导航条区域内的任意位置，选中设置表格。

（2）设置背景图片。通过单元格属性面板设置背景图片，方法包括下面两种：

方法1：在单元格属性面板中，单击单元格背景URL按钮，打开选择图像对话框，进行图片的选择。

方法2：复制背景图片到image文件夹下，通过单击指向文件按钮，并拖动鼠标，在文件面板中选择图片。

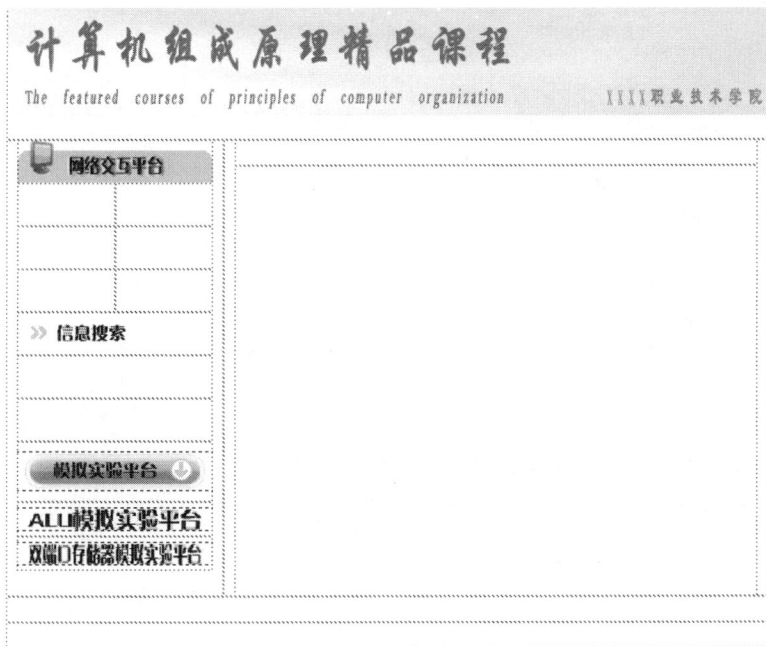

图5-50　插入图片后的效果

（3）执行"文件"→"保存"命令，保存该页。

注意：由于我们所选的图片不够表格长度，这时网页会自动重复填充图片。当然，我们选择背景图片的内容比较简单，所以，重复填充图片的效果较难发现。

同理，设置表格第四行的站内链接区域的背景图片，效果如图5-51所示。

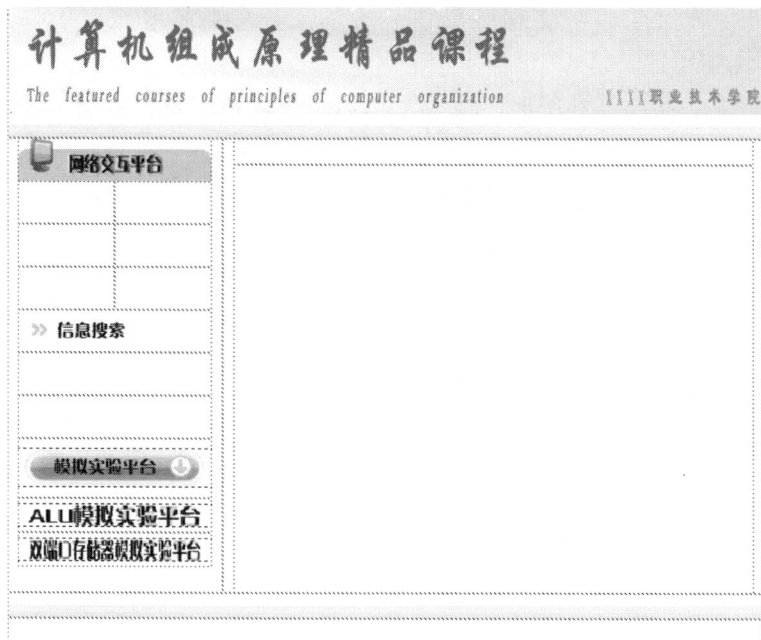

图5-51　设置背景图片后的效果

三、插入文本

文本是所有课件所必须的元素，它直接表达了课件的主题、意义、内容和说明。网页的文本分为段落和标题两种格式。标题应用于网页的标题部分，又可细分为"标题1"至"标题6"六级标题，对应的字体由大到小，同时文字全部加粗。另外，在属性面板中可以定义文字的字号、颜色、加粗、加斜、水平对齐等内容。在首页的制作过程中，文字主要出现在布局表格第三行的右侧子表格中，用以描述和介绍"计算机组成原理"课程。

（一）插入标题文本

要向Dreamweaver 8的网页中添加文本，可以直接在工作区的"文档"窗口中输入文本，也可以剪切并粘贴，还可以从Word文档导入文本。具体过程如下：

（1）选择插入点。单击布局表格第三行的右侧子表格中第一行内的空白区域，窗口中出现闪动的光标，提示文字的起始位置，这里采用直接录入方式，输入"课程简介"。

（2）编辑文本格式。选中"课程简介"字样，在文字属性面板中，设置格式为标题2，字体为默认字体，大小为14像素，颜色为#5E2708，单击"居中"按钮▤，使文字居中。

（二）插入段落文本

对于"课程简介"行下面的内容是一段该门课程的简要说明，接下来我们按照段落文本进行插入。具体过程如下：

（1）选择插入点。单击布局表格第三行的右侧子表中第二行内的空白区域，窗口中出现闪动的光标，提示文字的起始位置。

（2）这里采用复制/粘贴的方式进行文本插入。执行菜单栏中的"编辑"→"粘贴"命令，则插入文本就会出现在所选表格单元格中。

（3）编辑文本格式。选中该段文字，在文本属性面板中，设置格式为段落，字体为默认字体，大小为12像素，单击"左对齐"按钮▤，使文字左对齐；同时，在下方的单元格属性面板中，选择水平为左对齐，垂直为顶端对齐方式。

（三）插入特殊字符

如果我们仔细观察所插入的文本，就会发现，其中每个段落前面的4个空格被系统自动删除掉了，而我们直接输入空格，却丝毫不起作用。这是因为，文本空格在网页的插入文本中被Dreamweaver 8认为是一种特殊字符，默认情况下不能直接输入，但可以用代码进行生成。

在网页的制作过程中，Dreamweaver 8的特殊字符主要包括以下几种：

（1）换行字符。按【Enter】键换行的行距较大，按【Enter+Shift】组合键换行的行间距较小。

（2）文本空格。在Dreamweaver 8中，执行"编辑"→"首选参数"命令，在弹出的对话框中左侧的"分类"列表框中选择"常规"选项，然后在右边选中"允许多个连续的空格"复选框，我们就可以直接按空格键给文本添加空格了，如图5-52所示。

（3）特殊字符。要向网页中插入特殊字符，需要在工具栏中选择"文本"，切换到字符插入栏（见图5-53），单击最后一个按钮，可以向网页中插入相应的特殊符号。

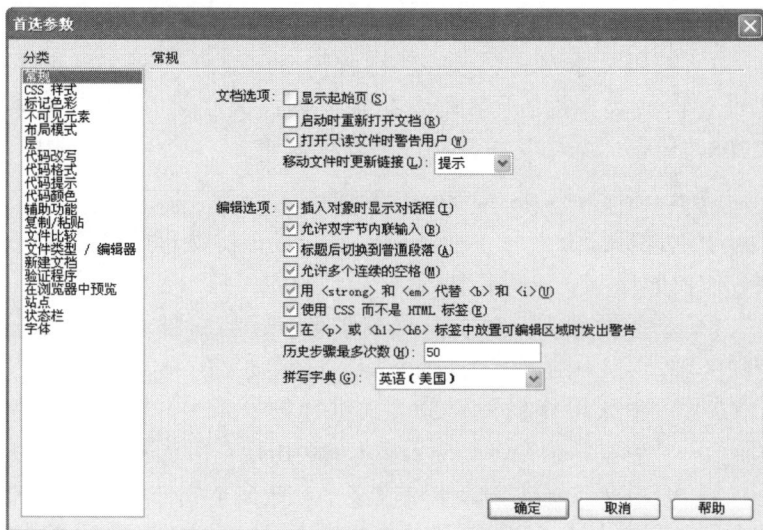

图5-52　设置文本空格输入

图5-53　字符插入栏

（4）插入列表。列表分为两种，有序列表和无序列表。无序列表没有顺序，每一项前边都以同样的符号显示；有序列表前边的每一项有序号引导。在文档编辑窗口中选中需要设置的文本，在属性面板中单击 ☰ 按钮，则选中的文本被设置成无序列表；单击 ☷ 按钮则被设置成有序列表。

（5）插入水平线。水平线起到分隔文本的排版作用，选择工具栏中的HTML项，单击HTML栏的第一个按钮，即可向网页中插入水平线。选中插入的这条水平线，可以在属性面板对它的属性进行设置。

（6）插入时间。在文档编辑窗口中，将光标移动到要插入日期的位置，单击常用插入栏的"日期"按钮，在弹出的"插入日期"对话框中选择相应的格式即可。

四、插入导航条

导航条是由一组文字或图像组成，这些文字或图像的显示内容随用户操作而变化。导航条通常为在站点上的页面和文件之间移动提供一条简捷的途径。导航条项目有四种状态：一般状态、滑过状态、按下状态和按下时鼠标经过状态。

- 一般状态：用户尚未单击或尚未与此项目交互时所显示的文字样式或图像。
- 滑过状态：指鼠标指针滑过"一般"状态的文字或图像时所显示的样式。
- 按下状态：指项目被单击后所显示的文字样式或图像。
- 按下时鼠标经过状态：指在项目被单击后，鼠标指针滑过"按下"图像时所显示的图像。

接下来，开始制作首页的导航条。

（一）插入导航条文本

（1）选择表格插入点。在表格的第二行内空白处单击，在插入光标闪烁处输入导航条文本。

（2）输入导航条文本。输入"网站首页"后，连续输入空格、"|"和空格。重复前面的步骤，直到输入以下导航文本：课程介绍、教师队伍、教研成果、授课录像、教学课件、网上学堂、授课教案"，并且在每个文本之间有"|"。

（3）修改文本属性。选中所有导航文本，修改字体大小为12像素，让一行中能够容纳所有文本。

（4）修改单元格属性。插入点所在的单元格，单击导航条\<body>\<table>\<tr>\<td>中的\<td>。在属性面板（执行菜单栏中的"窗口"→"属性"命令打开属性面板）中，设置"垂直"为"居中"，"水平"为"居中对齐"。

（5）保存页面。

（二）创建链接

链接是在Web页面中插入的指向其他文档的引用。可以将任何类型的资源转换为链接，但最常用的链接类型是文本链接。在本节中，我们为导航条创建链接。

1）创建链接目标的空白文件

在创建链接前，我们先来创建几个空白页面，创建方法与前面创建首页方法一致。

（1）在站点根目录中创建课程介绍网页kcjs.html、教师队伍网页jsdw.html、实践教学网页sjjx.html、网上学堂网页wsxt.html、教研成果jycg.html、授课教案skja.html、辅导答疑fddy.html、学科知识xkzs.html、作业提交zytj.html、网络考场wlkc.html、教师办公jsbg.html、网站留言wzly.html网页。

（2）另外，在教学大纲文件夹dg下创建LESlist.html页面、在教材文件夹jc下创建JClist.html页面、在课件文件夹kj下创建PPTlist.html页面、在教学录像文件夹lx下创建AVIlist.html页面、在xt文件夹下创建EXElist.html页面，如图5-54所示。

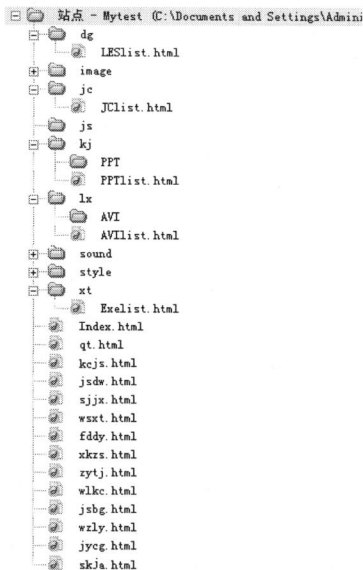

图5-54 新建其他页面后的网站结构示意图

此时，站点文件夹中包含可以用于链接的空白HTML页面。下面，我们将把这些页面与导航条中的文本通过建立链接的方式联系起来。

2）创建链接

（1）选择链接文本。在index.html页面中选择刚才输入的文本"网站首页"。注意：只选择文本"网站首页"，不要选中它后面的空格。

（2）建立链接。在最下方的属性面板中（执行菜单栏中的"窗口"→"属性"命令打开属性面板），单击"链接"文本框旁的文件夹图标按钮 。

（3）在"选择文件"对话框中，浏览选择首页index.html文件，并单击"确定"按钮。

（4）在页面上单击一次以取消选择文本"网站首页"，这时
"网站首页"文本出现下画线并变成蓝色，表示它现在是一个链接。

重复上述步骤，继续为作为导航而输入的文本建立链接，创建链
接包括：课程介绍、教师队伍、教研成果、实践教学、授课录像、教
学课件、网上学堂和授课教案。分别链接到课程介绍网页kcjs.html、
教师队伍网页jsdw.html、教研成果jycg.html、录像页面avilist.html、
课件页面pptlist.html、网上学堂网页wsxt.html、授课教案网页skja.
html、实践教学网页sjjx.html。

3）保存页面

当在 Dreamweaver 的工作区中单击链接时，它们并不起作用，链接只
在浏览器中才起作用。为确保链接正常工作，可以在浏览器中预览页面。

（三）预览页面

当所有链接创建完毕后，我们需要检查一下导航条中所有链接是
否能用。这就需要在浏览器中浏览网页，观察效果。

预览网页的步骤如下：

（1）执行菜单栏中的"文件"→"在浏览器中预览"命令。

（2）选择浏览器名称，一般选择IE浏览器。结果如图5-55所示。

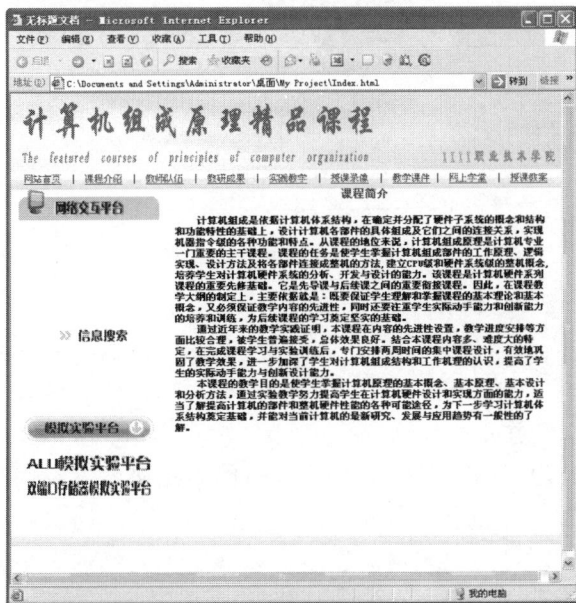

图5-55　在IE浏览器中首页浏览效果

当然，我们也可以按快捷键【F12】，直接启动IE浏览器预览。

注意：尽管Dreamweaver 8是一个"所见即所得"的网页制作工具，但也只能说用它设计的网页与浏览器的显示效果非常接近。所以，我们需要经常采用预览的方式对所设计的网页查看效果。

五、插入其他链接

对比我们所设计的草图，还有三部分的链接区域没有创建，如图5-56所示，包括左侧辅助导航区域包括表格1、表格2和下方快速导航条表格3。其中，表格1、3属于文本链接区域，表格2属于图片链接区域。

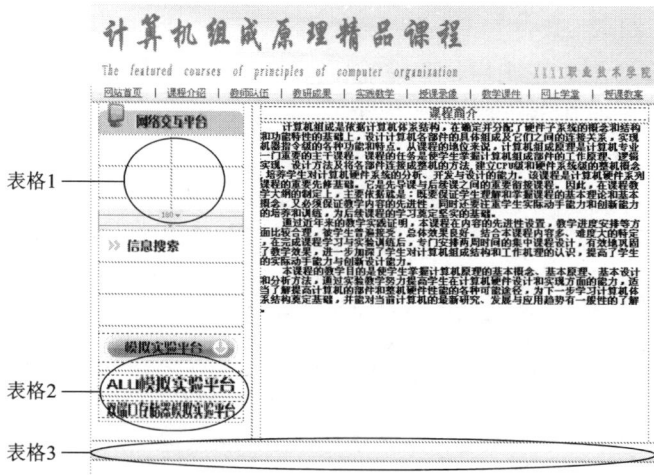

图5-56　待插入链接区域

（一）创建表格1中的链接

（1）在表格中输入文字。单击表格1，依次选中第一行第一列、第一行第二列、第二行第一列、第二行第二列，依次录入文本内容：辅导答疑、学科知识、作业提交、网络考场、教师办公和网站留言。

（2）修改单元格属性。由于表格1的单元格宽度我们没有设置，在输入文本时，可能出现单元格大小变化的情况。为了避免出现这个问题，我们可以设置单元格的宽度，以固定单元格的大小。操作步骤如下：选中所有要固定大小的单元格，在下方的属性面板中，设置单元格的高度为40像素、宽度为90像素、水平为居中对齐、垂直为居中。

（3）修改文本属性。选中所有输入的文本，在下方的属性面板中，设置文本的大小为12像素，对齐方式为水平居中。

（4）创建链接。选中刚才输入的文本，如"辅导答疑"文本。在最下方的属性面板中，单击"链接"文本框旁的文件夹图标按钮▢，选择链接文件辅导答疑页面fddy.html；或者在单击"链接"文本框旁的指向按钮图标⊕，拖动鼠标到文件面板中的fddy.html文件，也可以实现链接的创建。继续创建其他链接，分别链接到学科知识xkzs.html、作业提交zytj.html、网络考场wlkc.html、教师办公jsbg.html、网站留言wzly.html页面。

（二）创建表格2中的链接

表格2的链接属于图片链接，其建立过程与文本链接基本一致，所不同的是采用图片来代替文本添加链接。具体过程如下：

（1）选中需要添加链接的图片。单击图片，如选择"ALU模拟实验平台"图片，该图片周围出现黑色边框，表明该图片已被选中；

（2）添加链接。在下方图像属性面板中的"链接"文本框中直接输入链接文件名即可添加链接；当然也可像创建文本链接一样，单击文件夹图标按钮▢，或者指向按钮图标⊕方式，来完成图片链接的添加。

由于"ALU模拟实验平台"和"双端口存储器模拟实验平台"不属于我们这个例子中所涉及的内容，故采用直接添加链接的方式处理这两个图片的链接。如分别设置链接为http:/107.0.0.1/computer/alu.html和http:/107.0.0.1/computer/dstorage.html。

（三）创建表格3中的链接

（1）创建文本。与创建导航条中的文本链接类似，输入链接文本"课程介绍 | 课程负责人 | 教学团队 | 教学获奖 | 联系我们"。

（2）修改属性。修改文本属性：选择上述所有文本，并在属性面板中设置格式为段落，对齐方式为水平居中，大小12像素；修改单元格属性：设置垂直为居中，水平为居中对齐，标题为不选状态。

（3）创建空白页面。在站点根目录下创建课程介绍页面ckjs.html、课程负责人页面kcfzr.html、教学团队页面jxtd.html、教学获奖页面jxhj.html、联系我们页面lxwm.html。

（4）建立链接。依次选中链接文本，分别与ckjs.html、kcfzr.html、jxtd.html、jxhj.html、lxwm.html建立链接。

（5）保存文件。

此时，按【F12】键来预览网络课件的首页面，如图5-57所示。

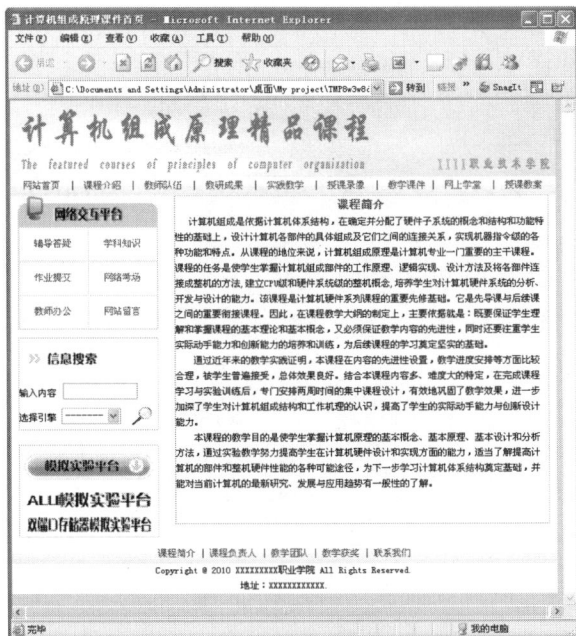

图5-57　添加链接后首页的预览效果

六、修改样式

通过前面章节，首页的基本功能已建立起来。回顾建立过程，我们会发现网页的建立过程其实就是用表格、段落、链接、导航条、标题等元素对网页填充的过程。在这些元素添加后，我们需要对其格式属性进行或多或少的设置，且这些属性的设置过程、内容都有很高的重复性，能否采用一种方法对这些元素进行统一的修饰，使段落、文字、链接等在浏览器中更整齐、美观呢？这个方法就是利用的层叠样式表（cascading styles sheet，CSS）来对整个网页进行"美容"。

（一）CSS样式表知识补充

CSS是由W3C（World Wide Web Consortium）组织所拟定的、是一个样式定义的集合，主要用来指定文字、段落、版面等网页素材的格式。熟悉Word排版的人一定很容易看懂这些排版的方式，未接触过排版的人也不要紧张，CSS使用起来是很方便、易懂的。

按照CSS样式表与HTML网页的相对位置关系，CSS样式表一般可分为外部 CSS 样式表、内部（或嵌入式）CSS 样式表、内联样式等几类。

1）外部 CSS 样式表

它是存储在一个单独的外部.css文件（并非 HTML 文件）中的一系列 CSS 规则。利用文档 head 部分中的链接，该.css文件被链接到 Web 站点中的一个或多个页面。

2）内部（或嵌入式）CSS 样式表

它是包含在HTML文档<head>部分的<style>标签内的一系列CSS规则。

例如：下面的示例为已设置段落标签的文档中的所有文本定义字体大小。

```
<head>
  <style>
  p{font-size:80px}
  </style>
</head>
```

3）内联样式

它是在HTML文档中的特定标签实例中定义的。

例如，<p style="font-size: 9px"> 仅对用含有内联样式的标签设置了格式的段落定义字体大小。

当我们在网页中应用大多数样式属性时，Dreamweaver 8会在工作区的文档窗口中呈现它们的效果，这样我们就可以预览网页中样式的应用情况。

但是，有些 CSS 样式属性在Microsoft Internet Explorer、Netscape Navigator、Opera 和 Apple Safari中呈现的外观并不相同，这时需要我们格外注意。

（二）建立外部CSS样式表

在Dreamweaver 8中，我们不需要熟悉CSS的语法就可以很轻松地设计出很美妙的网页效果。由于在外部样式表中所创建的样式具有同时控制多个网页外观的优点，所以我们选择建立一个外部CSS样式表进行整个网站样式的设计。这样，就可以不需要为每个页面独立设置相似的样式了。下面我们一起建立一个外部CSS样式表。

（1）新建CSS文档。执行菜单栏中的"文件"→"新建"命令，弹出"新建文档"对话框，如图5-58所示。在"新建文档"对话框中的"类别"列表框中选择"基本页"选项，在"基本页"列表框中选择CSS选项，然后单击"创建"按钮。空白样式表将出现在工作区的文档窗口中，CSS样式表是纯文本文件，其内容将不能使用浏览器进行查看。

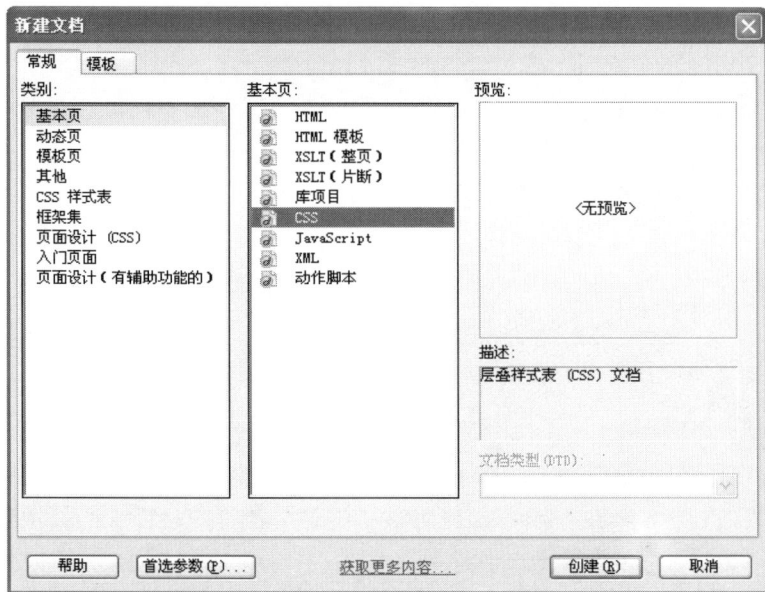

图5-58　"新建文档"对话框

（2）保存CSS文档。执行菜单栏中的"文件"→"保存"命令，弹出"另存为"对话框。在站点文件夹中选择我们前面所建立的style文件夹（专门用来存放样式文件的文件夹），并输入文件名为style.css，如图5-59所示，单击"保存"按钮。

（三）附加外部样式表

当我们创建了外部样式表之后，需要将该样式表附加到网页中时，使在样式表中定义的规则能应用到页面上的相应元素上去。

（1）打开CSS样式面板。执行菜单栏中的"窗口"→"CSS 样式"命令，打开CSS样式面板，如图5-60所示。

（2）附加CSS样式表，其过程如下：

① 单击CSS样式面板中附加样式表按钮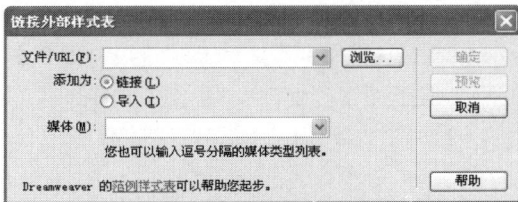，打开"链接外部样式表"对话框，如图5-61所示。

图5-59　保存CSS文档对话框

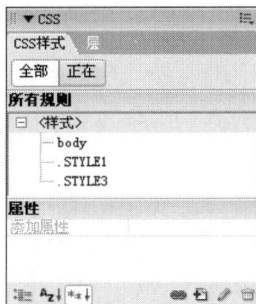

图5-60　CSS样式面板　　图5-61　"链接外部样式表"对话框

② 单击"浏览"按钮，弹出"选择样式表文件"对话框，在该对话框中选择style文件夹下我们刚才保存的style.css文件，如图5-62所示。单击"确定"按钮，返回"链接外部样式表"对话框。

③ 在"链接外部样式表"对话框中，选中"添加为"区域中的"链接"单选按钮，单击"确定"按钮。

图5-62 "选择样式表文件"对话框

这时，我们可以发现，在CSS样式面板中多了一个style.css的样式，如图5-63所示。接下来开始通过修改该样式完成段落、表格及链接等样式的美化。

（四）段落样式修改

当我们将style.css 样式表附加到index.html 页时，就可以根据定义的 CSS 规则设置所有段落文本的格式。设置过程如下：

1. 创建新样式

（1）在CSS样式面板的下方，单击创建CSS规则按钮，弹出"新建CSS规则"对话框。

图5-63 CSS样式面板变化

（2）在"新建CSS规则"对话框中，设置选择器类型为类，名称为p1，定义在style.css文件中，如图5-64所示。单击"确定"按钮，弹出p1的CSS规则定义对话框。

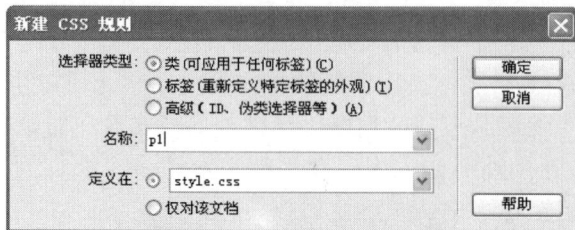

图5-64 新建段落CSS规则

（3）在CSS规则定义对话框中，选择分类为"类型"，设置字体为宋体，大小为12像素，1.65倍行高，如图5-65所示。

图5-65　定义p1类的CSS规则

（4）单击"确定"按钮，这时在CSS样式面板的style.css下，相应地出现我们所创建的类p1。当我们选中.p1项时，则在"所有规则"下方的属性栏中出现在创建时对p1所做的设置，如图5-66所示。

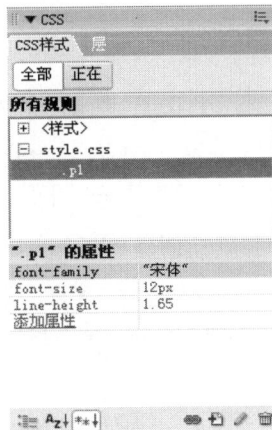

（5）保存样式文件，其方法与一般网页保存方法一致（也可使用快捷键【Ctrl+S】）。

2. 应用样式

在新的段落样式p1建立后，我们需要把这个样式应用于"课程简介"段落中，其过程如下：

（1）选中所要修饰的文字。选择布局表格的第三行右侧单元格中子表格第二行，课程简介文字描述段落。

（2）应用样式。在工作区下方的文本属性面板中，选择"样式"下拉列表框中的新建样式p1。

此时，"课程简介"文字段落的外观按照外部样式表style中p1所定义的CSS规则发生了改变，如图5-67所示。

图5-66　浏览p1所定义的CSS规则

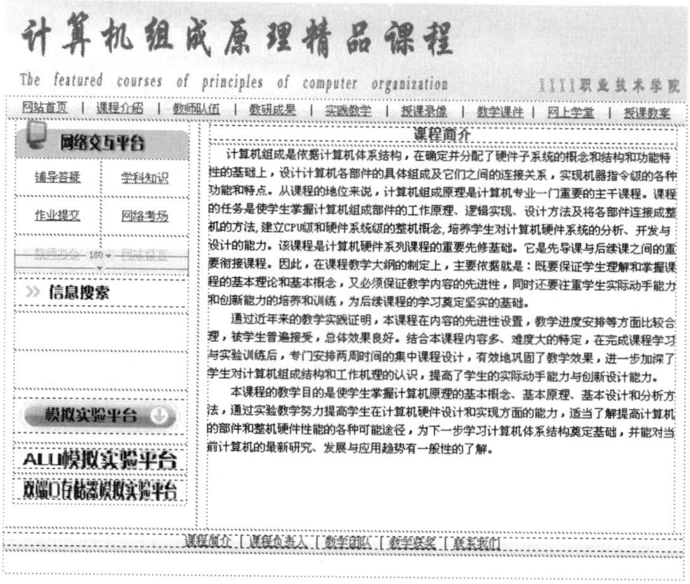

图5-67　应用p1后段落外观变化

（五）表格样式修改

下面，我们开始修改表格的样式。表格的样式修改过程和段落样式设置过程大致一样，也分为创建样式和应用样式两步。

1. 创建样式

（1）在CSS样式面板的下方，单击创建CSS规则按钮，弹出"新建CSS规则"对话框。

（2）在"新建CSS规则"对话框中，设置选择器类型为"类"，名称为table1，定义在style.css文件中。单击"确定"按钮，弹出table1的CSS规则定义对话框。

（3）在CSS规则定义对话框中，选择分类为"背景"，设置背景颜色为#FFFBEF；选择分类为"方框"，设置边界为10像素，且选中"全部相同"复选框；选择分类为"边框"，设置样式为"实线"，宽度为1像素，颜色为#FFB64B，且样式、宽度及颜色全部选中"全部相同"复选框。

（4）单击"确定"按钮，这时在CSS样式面板的style.css下，相应地出现我们所创建的类table1。当我们选中.table1项时，则在"所有规则"下方的属性栏中出现在创建时对table1所做的设置内容，如图5-68所示。

（5）保存样式文件。

2．应用样式

接下来，我们把table1样式应用于"课程简介"单元格上，其过程如下：

（1）选中所要修饰的表格。选择布局表格的第三行右侧单元格中整个子表格。

（2）应用样式。在工作区下方的文本属性面板中，选择"样式"下拉列表框中的样式table1。此时，表格的外观按照外部样式表style中table1所定义的CSS规则发生了改变，如图5-69所示。

同样，创建另一表格样式table2，以修改第三行左侧单元格中表格的样式。

图5-68　浏览table1所定义的CSS规则

课程简介

　　计算机组成是依据计算机体系结构，在确定并分配了硬件子系统的概念和结构和功能特性的基础上，设计计算机各部件的具体组成及它们之间的连接关系，实现机器指令级的各种功能和特点。从课程的地位来说，计算机组成原理是计算机专业一门重要的主干课程。课程的任务是使学生掌握计算机组成部件的工作原理、逻辑实现、设计方法及将各部件连接成整机的方法，建立CPU级和硬件系统级的整机概念，培养学生对计算机硬件系统的分析、开发与设计的能力。该课程是计算机硬件系列课程的重要先修基础。它是先导课与后续课之间的重要衔接课程。因此，在课程教学大纲的制定上，主要依据就是：既要保证学生理解和掌握课程的基本理论和基本概念，又必须保证教学内容的先进性，同时还要注重学生实际动手能力和创新能力的培养和训练，为后续课程的学习奠定坚实的基础。

　　通过近年来的教学实践证明，本课程在内容的先进性设置，教学进度安排等方面比较合理，被学生普遍接受，总体效果良好。结合本课程内容多、难度大的特定，在完成课程学习与实验训练后，专门安排两周时间的集中课程设计，有效地巩固了教学效果，进一步加深了学生对计算机组成结构和工作机理的认识，提高了学生的实际动手能力与创新设计能力。

　　本课程的教学目的是使学生掌握计算机原理的基本概念、基本原理、基本设计和分析方法，通过实验教学努力提高学生在计算机硬件设计和实现方面的能力，适当了解提高计算机的部件和整机硬件性能的各种可能途径，为下一步学习计算机体系结构奠定基础，并能对当前计算机的最新研究、发展与应用趋势有一般性的了解。

图5-69　应用table1后表格外观的变化

3．创建样式

（1）在CSS样式面板的下方，单击创建CSS规则按钮，弹出

"新建CSS规则"对话框。在"新建CSS规则"对话框中，设置选择器类型为"类"，名称为table2，定义在style.css文件中。单击"确定"按钮，弹出table2的CSS规则定义对话框。

（2）在CSS规则定义对话框中，选择分类为"方框"，在不选中"全部相同"的条件下，设置上边界为0像素、下边界为10像素，并设置宽为180像素；选择分类为"边框"，设置样式为"实线"，宽度为1像素，颜色为#CCC，且样式、宽度及颜色全部选中"全部相同"复选框。

（3）单击"确定"按钮，这时在CSS样式面板的style.css下，相应地出现我们所创建的类.table2。当我们选中.table2项时，则在"所有规则"下方的属性栏中出现在创建时对table2所做的设置内容，如图5-70所示。

（4）保存样式文件。

图5-70　浏览table2所定义的CSS规则

4．应用样式

接下来，我们把table2样式应用于布局表格第三行左侧单元格的表格。为了介绍方便，首先在"扩展表格"模式下对布局表格第三行左侧单元格中需要修改的子表格进行了标识，如图5-71所示。

（1）选中所要修饰的表格1。

（2）应用样式。在工作区下方的文本属性面板中，选择"样式"下拉列表框中的样式table2。

随后，选择表2和表3，依次进行样式设定。最终，表格的外观按照外部样式表style中table2所定义的CSS规则变为图5-72所示。

对于表格1部分，各个链接显得过于独立，故以表格的边框为组织形式对其进行局部修改。

（1）选中表格1。

（2）在属性面板中，设置边框为1，填充为1，边框颜色为#ECE9D8，如图5-73所示。

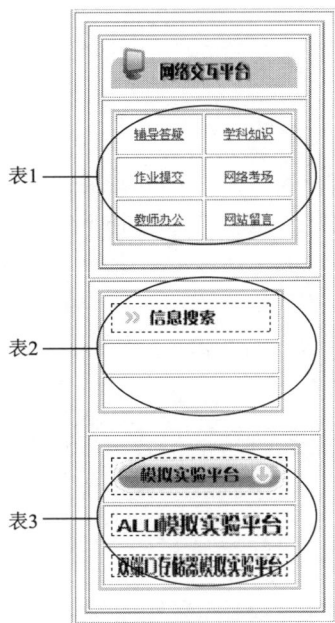

图5-71 标识各表关系　　图5-72 应用table2后表格外观的变化

图5-73 更改表格边框样式

设置应用后，则表1的样子变为图5-74所示。

注意：这里需要提醒一下关于颜色的选择。在HTML中，颜色或者表示成十六进制值（如 #FF0000）或者表示为颜色名称（如红色）。网页安全色是指使用256色模式时，无论在Windows还是在Macintosh系统中，在Netscape Navigator和Microsoft Internet Explorer中都显示相同的颜色。在Dreamweaver 8中，可以通过在相应的文本框中输入十六进制值或从颜色选

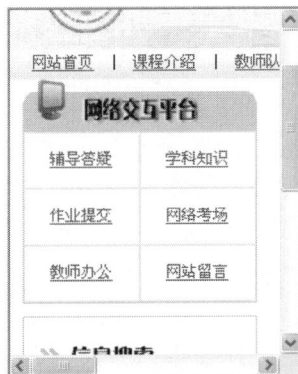

图5-74 更改后表1的边框样式

择器中选择颜色来选择颜色。颜色选择器使用216色Web安全的调色板；从此调色板选择颜色即显示颜色的十六进制值。

（六）链接样式修改

在网络课件中，链接是最常见的一种导航工具，它将整个站点的资料内容连接到一起，供人们访问。通常，链接样式在访问前默认为带下画线的蓝色字体，访问后为带下画线的红色字体。虽然这样的样式能很方便地看出链接的所在，但往往显得与整体颜色不是很协调。在此，我们看一下，使用CSS修改链接样式的过程。

1．链接文字在CSS中的表示

接下来我们设计一个样式表，以控制超链接的形式、颜色变化。要达到的目标为：未被单击时超链接文字无下画线，显示为蓝色；当鼠标在链接上时有下画线，链接文字显示为黄色；当单击链接后，链接无下画线，显示仍为蓝色。

在前面的章节中，我们已经知道了HTML的链接通常有四种状态，这些状态已经被CSS作为<a>标签的扩展部分，被分别定义为以下四个对象：

- a:link：指正常的未被访问过的链接。
- a:active：指正在点的链接。
- a:hover：指鼠标在链接上。
- a:visited：指已经访问过的链接。

在此，我们通过对这几种状态的标签进行修改，以达到修改链接样式的目标。

2．更改CSS中的链接文字a:link样式

（1）在CSS样式面板的下方，单击创建CSS规则按钮🗐，弹出"新建CSS规则"对话框。在"新建CSS规则"对话框中，设置选择器类型为"高级"，选择器为a:link，定义在style.css文件中，如图5-75所示。单击"确定"按钮，弹出a:link的CSS规则定义对话框。

（2）在CSS规则定义对话框中，选择分类为"类型"，设置修饰为"无"，颜色为#039。

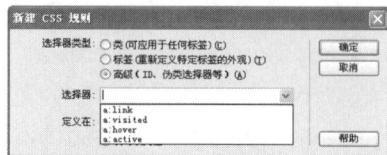

图5-75　更改链接样式

（3）单击"确定"按钮，这时在CSS样式面板的style.css下，相应地出现了我们所更改的a:link。

同样，在style.css中设置a:visited的修饰属性。

3．更改CSS中的链接文字其他样式

（1）在CSS样式面板的下方，单击创建CSS规则按钮 🖆，弹出"新建CSS规则"对话框。在"新建CSS规则"对话框中，设置选择器类型为"高级"，选择器为a:active，定义在style.css文件中。单击"确定"按钮，弹出a:active的CSS规则定义对话框。

（2）在CSS规则定义对话框中，选择分类为"类型"，设置修饰为无，颜色为#f60。

（3）单击"确定"按钮，这时在CSS样式面板的style.css下，相应地出现了我们所更改的a:active。

同样，在style.css中设置a:hover的修饰属性。

4．应用样式

由于a:link、a:active、a:hover和a:visited是对HTML标签<a>的扩展，故一旦在CSS中更改链接样式，则被直接应用于标签<a>样式的改变。按快捷键【F12】，在浏览器中观看首页更改后的样子，如图5-76所示。

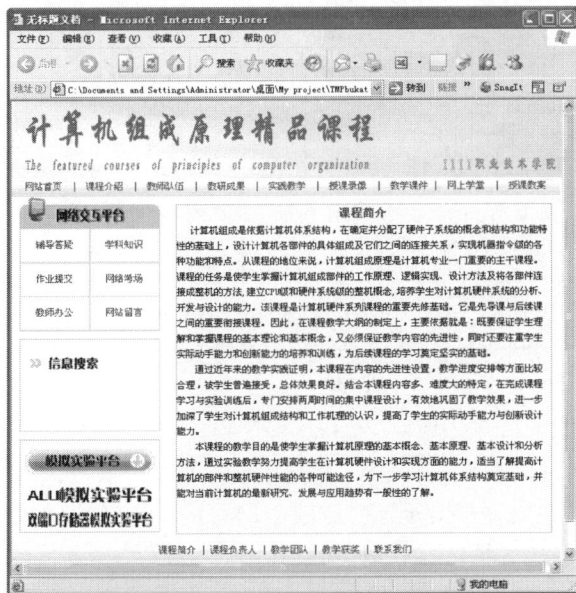

图5-76　链接样式修改后的网页效果

七、添加简单表单

表单是一个包含表单元素的区域，表单元素是允许用户在表单（如文本域、下拉列表、单选框、复选框等）中输入信息，达到人机之间信息交互的元素。现在，我们在信息搜索区域（见图5-77）中添加两个简单的表单元素，实现简单的人机交互。

图5-77　信息搜索区域

（一）添加文本字段表单元素

（1）选中文本字段所要添加的位置，单击信息搜索区域第二行的空白区域。

（2）单击"插入"工具栏中的"表单"按钮，如图5-78所示。

图5-78　"插入"工具栏

（3）单击文本字段表单元素按钮，弹出"输入标签辅助功能属性"对话框。输入标签文字"输入内容"，并选择样式为"无标签标记"，如图5-79（a）所示。单击"确定"按钮后，弹出是否添加表单标签提示对话框，如图5-79（b）所示单击"否"按钮。

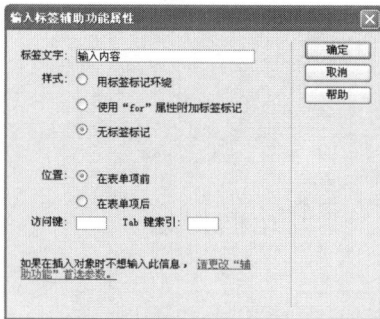

（a）"输入标签辅助功能属性"对话框　　　　（b）是否添加表单标签提示对话框

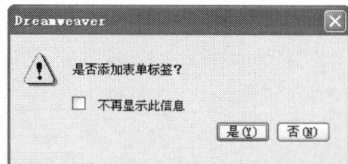

图5-79　插入文本表单元素

（4）这时，在表格内第二行内出现相应的文本表单元素。

（5）选中文本表单元素，在工作区下方的属性面板中设定其属性：将原文本域名称textfield更改为key，字符宽度设为12，最多字符数设为16。

（二）拆分信息搜索区域表格

在信息搜索区域的第三行包括左右两部分，左边的单元格是下拉菜单，右边是图片按钮。所以，我们先对该行进行拆分。

（1）右击信息搜索区域的第三行空白区域，弹出快捷菜单，执行"表格"→"拆分单元格"命令，弹出"拆分单元格"对话框，如图5-80所示。

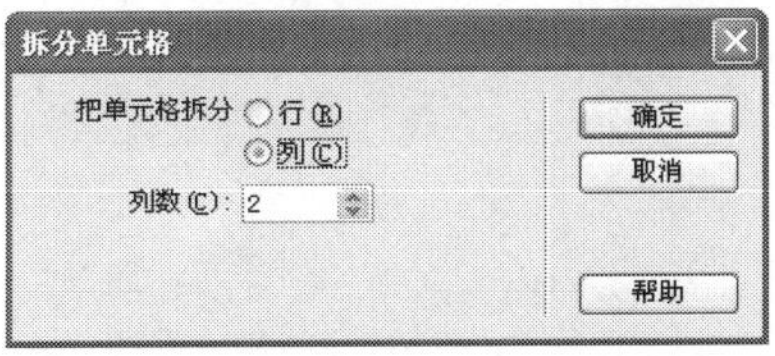

（2）在"拆分单元格"对话框中，选择把单元格拆分方式为"列"，列数为2，并单击"确定"按钮。

图5-80　"拆分单元格"对话框

（3）选中左侧单元格，在属性面板中设置宽度为140像素；选中右侧单元格，在属性面板中设置宽度为40像素。

此时，信息搜索区域的第三行被拆分为左右两个子单元。

（三）添加下拉菜单表单元素

（1）单击信息搜索区域第三行左侧的空白区域，选中下拉菜单表单元素所要添加的位置。

（2）单击"插入"工具栏中的表单选项中下拉菜单元素按钮，弹出"输入标签辅助功能属性"对话框。输入标签文字为"选择引擎"，并设置样式为"无标签标记"。

（3）单击"确定"按钮，则在表格内第三行左侧单元格内出现空白下拉菜单表单元素。

（4）选中下拉菜单表单元素，在工作区下方的属性面板中单击"列表值"按钮，弹出"列表值"对话框。通过单击增加按钮和删除按钮，进行项目标签的增加和删除；通过单击上升按钮和下降按钮，调整项目的先后次序。这里，增加了三项内容，分别为空项目"--------"，谷歌"google"和百度"baidu"，如图5-81所示。

图5-81　"列表值"对话框

（四）添加图像域表单元素

（1）单击信息搜索区域第三行右侧的空白区域处作为图像域的选择插入点。

（2）在插入表单工具条中，单击图像域表单元素按钮 ，弹出"选择图像源文件"对话框，选择所要插入的图片，如图5-82所示。

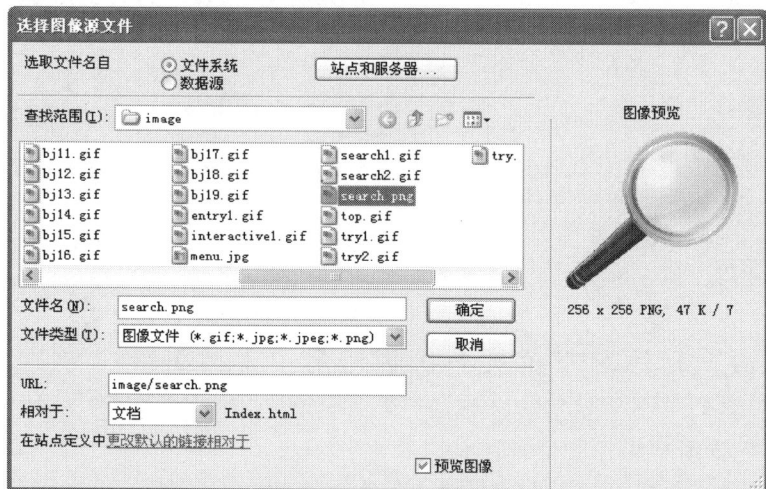

图5-82　添加图像源文件

（3）单击"确定"按钮，弹出"输入标签辅助功能属性"对话框。不输入标签文字，选择样式为"无标签标记"。单击"确定"按钮后，弹出是否添加表单标签提示对话框，单击"否"按钮。

（4）这时在光标插入位置，出现了一个原始大小的图像。为了适应单元格大小，需要重新设定图像的大小。过程为：

① 选中该图像域，执行菜单栏中的"窗口"→"标签检查器"命令，打开"标签"面板，如图5-83所示。

② 在"标签"面板的"属性"选项卡中，打开"图像"分类，设置图像高度为25像素，宽度为25像素。

最终，样式如图5-84所示。

（五）添加表单

在上述各个表单元素添加时，Dreamweaver 8均询问是否创建表单，我们均没有创建。现在，所有的表单元素都创建完成，我们开始着手为它们添加同一个表单。在设计之初，信息搜索区域就采用表格进行布局，而表单元素又恰恰都在这个表格中。只要我们对信息搜索区域所在表格加上表单，就可以实现一个能包含所有表单元素的表单。其过程如下所述：

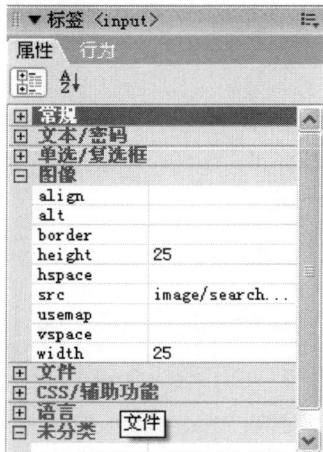

图5-83　使用"标签"面板

图5-84　信息搜索部分效果

（1）单击信息搜索区域中的任意位置，执行菜单栏中的"修改"→"表格"→"选中表格"命令，选择信息搜索区域所在表格。

（2）执行菜单栏中的"编辑"→"剪切"命令，使信息搜索区域所在表格成为空白，即布局表格第三行左侧单元格内表格第二行为空白。

（3）单击"插入"工具栏中的插入表单按钮▢，在该空白区域插入一个红色边框，即表单。

（4）单击红色边框中的任意位置，执行菜单栏中的"编辑"→"粘贴"命令，将原来的信息搜索区域重新粘贴到红色边框区域中。

这样，一个包含文本、下拉菜单、图像域的表单就插入到我们的网页中了。剩下的就是对该表单的属性进行设置，以满足向其他网页传递信息的要求。

（六）添加代码

（1）选择所建表单，单击信息搜索区域中的任意位置，并在工作区下方的导航条中选择<form#form1>，则选中所建表单。

（2）在"标签"面板中，选择"行为"选项卡。在第一栏中选择onSubmit，在第二栏中输入自定义的search()函数。

（3）切换到代码编辑窗口，单击代码按钮 代码，将工作区切换到代码编辑文档窗口，如图5-85所示。

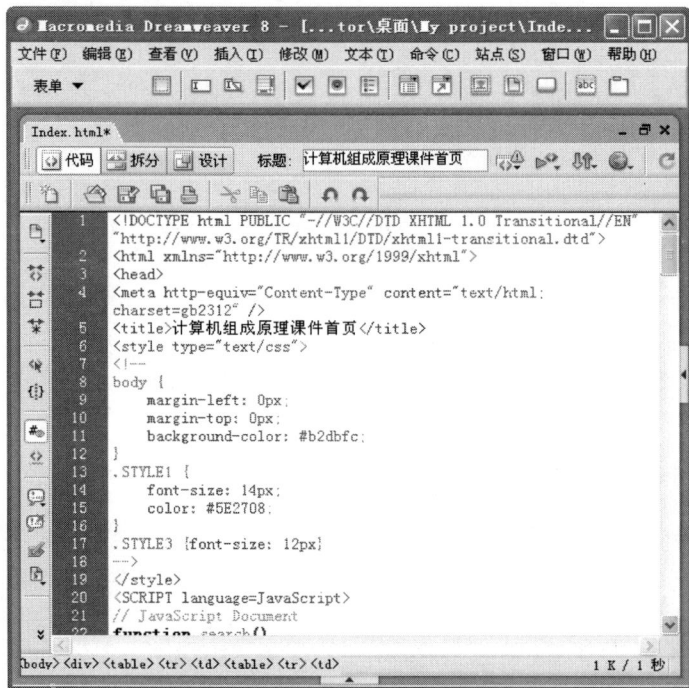

图5-85　代码编辑文档窗口

（4）添加简单代码，将以下代码复制到代码文档的\<head\>标签后。

```
<SCRIPT language=JavaScript>
function search()
{
  switch (form1.select.value) {
  case 'google':
  window.open("http://www.google.cn/search?hl=zh-
     CN&q="+form1.key.value,"");
    break;
  case 'baidu':
    window.open("http://www.baidu.com/s?wd="+form1.key.
       value,"");
    break;
  default: return false;
  }
}
</SCRIPT>
```

代码分析：

（1）语句\<SCRIPT language=JavaScript\>与语句\</SCRIPT\>作为一对，主要用来表明其间所用的语言为JavaScript。

（2）语句function search(){}是我们自定义的函数，search是函数名。

（3）语句form1指的是表单名称，语句select是下拉菜单的名称，语句key是文本表单元素的名称，语句value是指属性值。

（4）语句form1.select.value是指表单form1中下拉菜单select的选择值。

（5）语句form1.key.value是指表单form1中文本表单key的输入内容。

（6）语句window.open()是指打开另一个IE窗口，内部是所打开的网页地址。

（7）语句switch...case...default是分支语句，switch后跟需要判断的内容。在本例中，该语句具体的意思是将下拉菜单的选择值与case后跟的'google'、'baidu'分别进行比较，并根据不同的选择值打开不同的网页。

其他语句，大家可以参考其他网页代码资料，在此不再讲述。

八、其他设置

（一）更改页面标题

仔细观察IE浏览器中我们所建立的首页，其标题一直是"无标题文档"，这很难对本网络课件的首页做整体说明，下面来更改页面标题。

在Dreamweaver 8中，当打开修改或编辑的网页文件，就会看到有个标题的修改框，如图5-86所示。我们直接修改标题的文本框，将标题"无标题文档"改为"计算机组成原理课件首页"，则IE浏览器的标题便发生了改变。

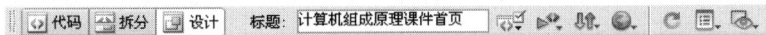

图5-86　修改标题文本框

（二）添加版本信息

一般来说，网页的制作都有一定的制作者信息和版权信息，这些说明信息都写在网页的最下方。添加信息过程如下：

（1）录入版本信息。在布局表格的第五行中，输入信息内容如："Copyright @ 2010 XXXXXXXXX职业学院 All Rights Reserved. 地址：XXXXXXXXXXXX."。

（2）新建版本样式。在style.css中新建.endtxt样式，并在CSS规则定义对话框中，设置分类为"类型"，字体为"宋体"，大小为12像素，1.65倍行高；选择分类为"区块"，设置文本对齐为"居中"。

（3）应用新样式，选中第五行的单元格，设置"样式"为.endtxt。

（三）更改页面和表格的背景色

接下来，我们修改页面属性和表格属性来更改整个页面的背景颜色。

（1）执行菜单栏中的"修改"→"页面属性"命令，打开"页面属性"对话框。

（2）在"页面属性"对话框的"外观"选项卡中，单击"背景颜色"颜色框，然后从颜色选择器中选择淡蓝色（#b2dbfc）。

（3）单击"确定"按钮，则页面的背景即变为淡蓝色。

（4）修改表格背景。选中整个布局表格，在"属性"面板中设置背景颜色为白色#FFFFFF。

（5）保存页面。

（四）居中对齐页面内容

当在IE浏览器中浏览所做的网页时，会发现网页是紧贴于浏览器左侧。可以使用标签选择器选择文档中的所有HTML，然后居中对齐文档内容。

（1）在工作区的文档窗口中打开index.html页面时，单击标签选择器中的<body>标签。

（2）在"属性"面板中（执行菜单栏中的"窗口"→"属性"命令），单击"居中对齐"按钮，则Dreamweaver 8将插入用于居中对齐页面正文内容的CSS <div> 标签。在"设计"视图中，<div> 标签居中对齐的区域周围有虚线边框。

（3）保存该页。

至此，课件首页制作已经完成，我们可以在IE浏览器中浏览制作完成的课件站点首页，如图5-87所示。

图5-87 课件站点首页效果

第五节 多媒体课件嵌入

网络课件的优点就是能通过网络服务站点的建设将各种媒体课件集成到统一的数字资源库中，提供远程教学、培训、信息反馈等服务。这些资源包括PPT文档、Word学习资料、Flash仿真课件以及各种视频、音频文件等。为了使网络课件教学效能更高，需要在网页中嵌入多媒体课件。

一、制作嵌入PPT课件

PPT文档在教学过程中多有应用。然而，如何将PPT文档与网络页面相结合呢？目前，网页中嵌入PPT文档的途径主要包括两类：一类是将PPT文档发布为网页格式，与其他网页一样处理；一类是通过链接在网页中实现PPT的打开和下载功能。下面以第一种方式为主，介绍基于PPT文档网页发布方式制作网络课件的过程。

（一）导出PPT文档到网页

（1）用PowerPoint打开已经制作好的PPT文档，如第4章存储管理，文件名为4.ppt。

（2）执行菜单栏中的"文件"→"另存为网页"命令，打开"另存为"对话框。选择导出PPT网页的位置，在本例中设置为上章所建目录PPT中，此时，导出网页文件名为4.mht，如图5-88所示。

当然，通过执行菜单栏中的"文件"→"另存为"命令，并选择另存为网页格式，也可打开"另存为"对话框，进行PPT文档的导出。

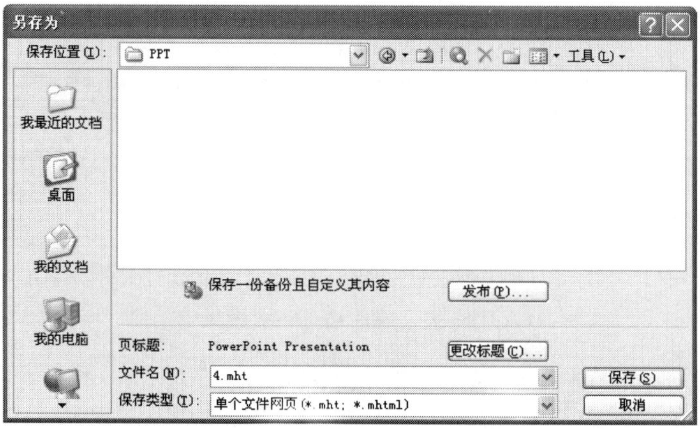

图5-88　PPT课件导出对话框

（二）制作PPTlist.html网页

（1）在文件面板中，选择kj文件夹，打开PPTlist.html网页。

（2）与首页布局类似，这里仍采用表格进行网页设计。

① 修改页面属性。打开页面设置对话框，选择外观分类，设置左边距和上边距均为0（像素），背景颜色设为#b2dbfc。

② 插入整体布局表格。也大致包括网站标题图片、导航条、具体内容区域和站点内部常用链接和版权说明五部分。所以，打开"插入表格"对话框（执行"插入"→"表格"命令），设置行数为5、列数为1，表格宽度为700像素，边框粗细为0、单元格边距为0、单元格间距也为0。单击"确定"按钮，完成插入表格。

③ 进入"扩展表格"模式（执行"查看"→"表格模式"→"扩

展表格模式"命令），设置第一行的"单元格高度"为100像素、第二行的"单元格高度"为24像素、第四行的"单元格高度"为24像素、第五行的"单元格高度"为24像素。然后，单击"文档"窗口顶部的"退出扩展表格模式"链接，返回到"标准"模式，保存页面。

④ 选中第三行的单元格，插入一个2行1列的子表格，并设置第一行行高为24像素，并输入"在线观看教学课件"字样。在第二行中，再插入一个4行4列的表格，且设边框属性为0像素，用以存放PPT课件链接。

（3）插入导航条、内部链接和版权等文字信息、网站标题和导航条等相关图片，其插入过程与首页相同，这里不做累述。

（4）应用表格样式和段落样式，美化页面设置。

（三）加入PPT网页链接

（1）插入PPT图片。在image文件夹下选择PPT图片，并拖动图片到刚才所建立的4行4列表格中的第1行第1列，并在"属性"面板中设置图片高为50像素、宽为40像素。重复插入图片操作，再拖动五个图片到第一行第二列、第一行第三列等。

（2）插入PPT图片描述文字。依次选中表格中具有图片的单元格，当插入光标在图片右侧时按【Enter】键，并在下一行中输入描述文本，如"第1章"、"第2章"……并设置文字样式为p1样式。

（3）创建图片链接。以加入"第4章"PPT文档为例，在选中"第4章"文字所对应的PPT图片后，拖动"属性"面板中链接文本框旁边的指向文件图标⊛至"文件"面板中ppt文件夹下的4.mht文件。此时，在链接文本框中出现ppt/4.mht，表明链接建立成功。

同理，建立其他图片链接。

（四）浏览嵌入PPT文档的网络课件

（1）按【F12】键，启动IE浏览器，浏览该网页，如图5-89所示。

（2）单击图片，如第4章PPT图片，则可在网页中打开刚添加的PPT文档。

在这种课件打开方式下，不仅可以使PPT文档像单机上一样进行幻灯片放映，还能有效地保护PPT文档不被用户下载，只能在线观看。

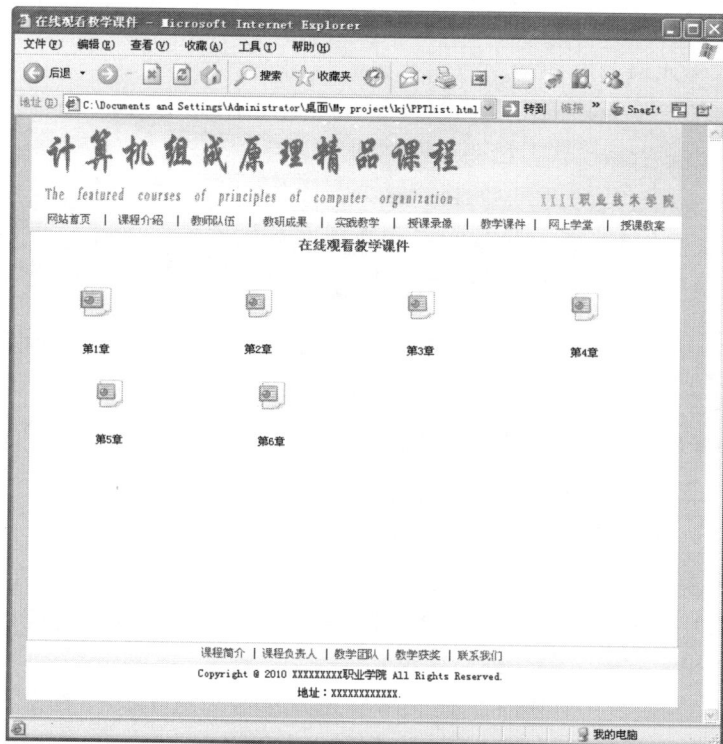

图5-89　嵌入PPT文档的网络课件

二、制作嵌入Word课件

Word文档嵌入网页的途径与PPT文档类似，也包括两类：一类是将Word文档发布为网页格式，与其他网页一样处理；一类是通过链接实现Word文档的打开和下载功能。由于Word文档在发布为网页格式时，图表的相对位置会因为各种原因发生或多或少的变化，故在此不对其做专门的介绍。

下面，以嵌入教学大纲的Word文档为例，对基于链接方式嵌入Word文档的网络课件制作进行介绍。

（一）保存Word文档到站点中

（1）选中教学大纲的Word文档，复制到教学大纲dg的文件夹下，如"第4章.doc"。

（2）在"文档"面板中，单击"刷新"按钮，查看Word文档是否已经复制到相应的文件夹下。

（二）制作LESlist.html网页

LESlist.html网页的制作过程与PPTlist.html网页类似，故我们可以通过复制代码的方式进行复制。

（1）打开PPTlist.html1网页，单击代码按钮 ，打开代码设计窗口。

（2）当插入光标在代码设计窗口中时，执行菜单栏中的"编辑"→"全选"命令（或按【Ctrl+A】组合键），选中全部代码。接着，执行菜单栏中的"编辑"→"拷贝"命令，复制所有代码。1111

（3）打开LESlist.html网页，单击代码按钮，打开代码设计窗口。

（4）当插入光标在代码设计窗口中时，执行菜单栏中的"编辑"→"全选"命令（或按【Ctrl+A】组合键），选中全部代码。接着，执行菜单栏中的"编辑"→"清除"命令，删除所有临时代码。最后，执行菜单栏中的"编辑"→"粘贴"命令，粘贴所有复制代码。

（5）在LESlist.html网页选中情况下，单击设计按钮 ，这时LESlist.html网页与PPTlist.html网页完全一样。

（三）加入Word文档链接

下面，我们对其进行简单修改和链接创建。

（1）修改Word图片。在复制过来的网页中，原来的图标仍然是PPT图标，这就需要对其进行更改。修改的方法很简单，就是在选中该图片的同时，在"属性"面板中拖动源文件文本框后的指向文件图标 至"文件"面板中的Word图片上，这时原来的PPT图片变被Word图片所替代。选中Word图片，在"属性"面板中设置图片高为50像素、宽为40像素。重复修改图片操作，直至所有图片全部被修改。

（2）改变描述文字。依次选中表格中的描述文本，更改描述内容，并设置样式为p1样式。

（3）创建图片链接。以"第4章"Word文档为例，在选中"第4章"文字所对应的Word图片后，拖动"属性"面板中链接文本框旁边的指向文件图标 至"文件"面板中大纲dg文件夹下的"第4章.doc"文件。此时，在链接文本框中出现"第4章.doc"，表明链接建立成功。同理，建立其他图片链接。

（四）浏览教学大纲网页

（1）按【F12】键，启动IE浏览器，浏览该网页，如图5-90所示。

图5-90　嵌入Word文档的网络课件

（2）单击图片，如第4章Word图片，则弹出"文件下载"对话框，如图5-91所示。单击"打开"按钮，便可在网页中直接启动Word程序，实现在线浏览Word文档。若单击"保存"按钮，则弹出保存文档对话框，选择路径后，即可保存Word文件到本地，供学生观看。

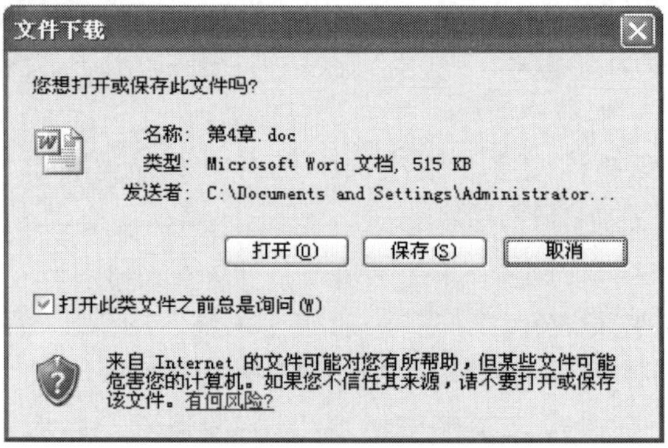

图5-91　嵌入Word文档的网络课件

除了此方法，还有利用框架、控件等方式进行Word输入网络课件的制作，在这里不再做介绍，有兴趣的读者可以参考其他相关资料。

三、制作嵌入Flash课件

通常，Flash文档以动画方式作为网络课堂教学的手段，具有鲜明、生动、易于理解等优点，特别是该类文档还可以很好地实现音频、视频等多媒体控制操作。根据Flash文件发布方式的不同，Dreamweaver 8制作嵌入Flash的网络课件的途径分为两类：一类是利用Flash软件发布设置，将Flash文档直接保存为网页格式，并通过链接与其他网页相连；另一类是将Flash文档嵌入到当前网页中，进行播放控制。

（一）利用Flash软件发布文档为网页格式

（1）打开"发布设置"对话框。用Flash软件打开Flash文档，如myfirst.fla。执行菜单栏中的"文件"→"发布设置"命令，打开"发布设置"对话框。

（2）设置发布属性。在"发布设置"对话框中，选择HTML选项卡，并在该面板中设置相应的发布属性，其中属性包括尺寸、品质、窗口模式、对齐方式等。可以根据实际情况对各个属性进行设定，如图5-92所示。

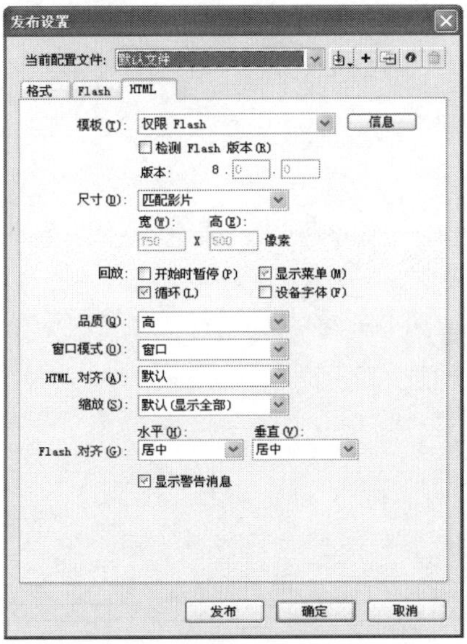

图5-92　Flash文档发布设置

（3）发布HTML文件。在设置完成后，单击"发布"按钮，就可以在该Flash文档所在文件夹中出现与Flash文档名所对应的HTML文件，如myfirst.html。若单击"确定"按钮，则保存发布设置，发布时，执行菜单栏中的"文件"→"发布"命令即可。

（4）复制文档。将刚才所发布的含有Flash动画的网页和在发布过程中所生成的Flash播放文档myfirst.swf，复制到站点的kt文件夹下，可按前面章节介绍的方法添加kt文件夹。

（5）更改页面样式。按制作嵌入Word网络课件的样式更改"网上学堂"网页。

（6）创建图片链接。以myfirst.swf文档为例，在选中"接口类型介绍课程"文字所对应的SWF图片后，拖动"属性"面板中链接文本框旁边的指向文件图标☉至"文件"面板中课堂kt文件夹下的myfirst.html文件。此时，在链接文本框中出现myfirst.html，表明链接建立成功。同理，建立其他图片链接。

（7）按下【F12】键，启动IE浏览器，在首页单击"网上学堂"链接，打开"网上学堂"网页，如图5-93所示。

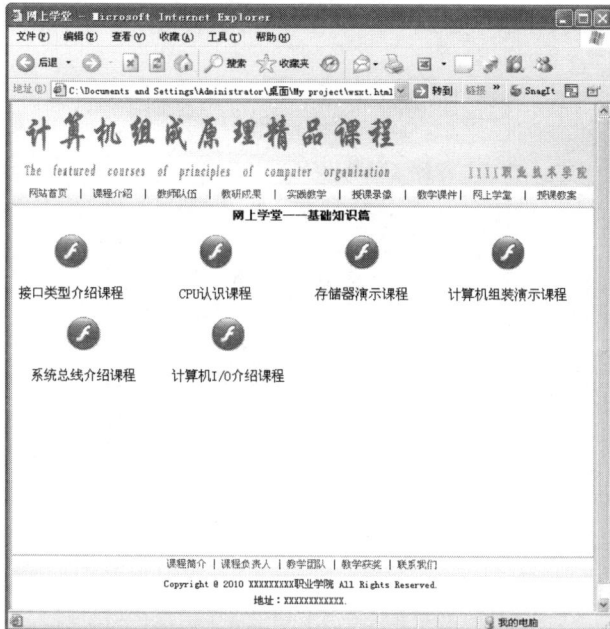

图5-93 "网上学堂"网页

单击图片，如"接口类型介绍课程"的SWF图片，则弹出myfirst.html页面，如图5-94所示。

在该页面的Flash文档中，我们可以动态仿真演练设备与主板接口匹配实验。

图5-94　嵌入Flash文档的网页

（二）将Flash文档嵌入到当前网页

将Flash文档嵌入到网页的方法一般需要在网页中插入一定的HTML代码来完成，但是对于不具有编程经验的一般课件制作人员来说，编写代码是一件很困难的事情。出于降低代码编写所造成的网页制作难度，Dreamweaver 8可以通过"所见即所得"的方式代替我们写入所有必需的HTML代码。

下面我们使用Dreamweaver 8向一个页面插入SWF文件（导出的Flash影片文件）。

（1）打开学科知识网页wkzs.html，按照前面所述样式向网页中加入图片、表格、链接等。

（2）在工作区下方的"属性"面板中，更改表格属性，设置表格的样式为水平居中对齐、垂直居中。

（3）执行菜单栏中的"插入"→"媒体"→"Flash"命令，打开"选择文件"对话框。

（4）在"选择文件"对话框中，选中flash文件夹中的"基础知识.swf"文件，如图5-95所示，然后单击"确定"按钮。

图5-95　"选择文件"对话框

（5）在单击"确定"按钮后，弹出"对象标签辅助功能属性"对话框，不做任何修改，继续单击"确定"按钮，完成Flash文件的插入过程。

（6）保存页面。

这时，在工作区的表格中将显示Flash 内容占位符（而不是Flash本身的场景），如图5-96所示。

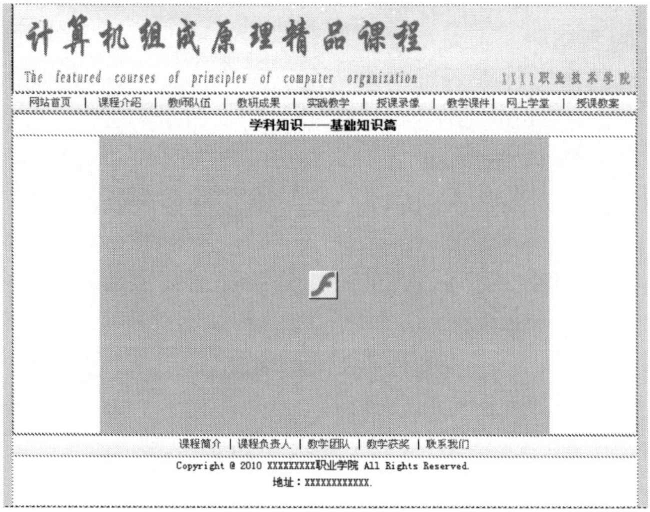

图5-96　Flash 内容占位符

这是因为 HTML 代码仅指向"基础知识.swf"文件，只有当用户载入wkzs.html 页面时，浏览器才会自动播放该Flash文件，如图5-97所示。

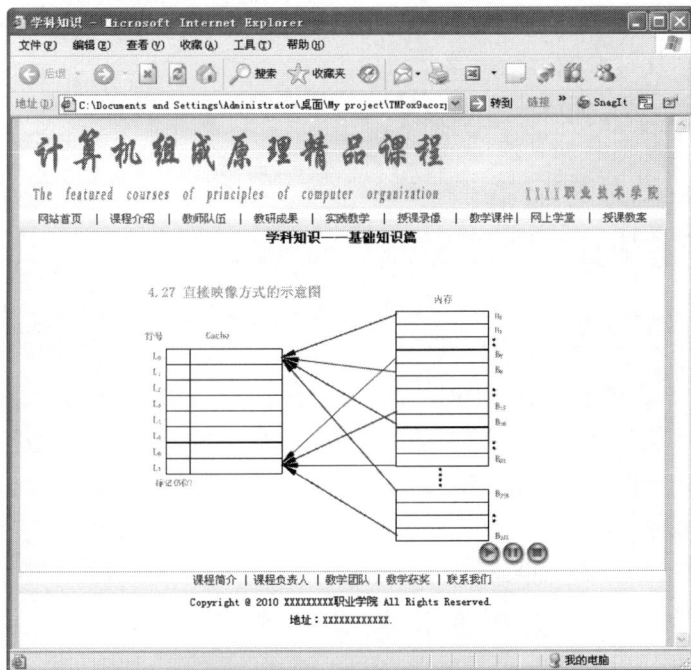

图5-97　Flash文档在IE浏览器中的显示效果

四、制作嵌入视频课件

视频文件是在网络课件的教学过程中所普遍采用的又一重要手段，它以视觉的表现方法实现远程教育和在线培训功能。视频文件类型众多，如微软的WMV、ASF、ASX，Real Player的RM、RMVB，MPEG视频的MPG、MPEG，Sony视频的MP4，其他的AVI、DAT、FLV、VOB等。由于这些视频的文件类型不同，播放它们的插件也各不相同，因此，嵌入视频的网络课件的制作过程并不具有统一的方法。在此，以插入AVI视频为例，进行简要介绍。

AVI多媒体格式是一种用于在网页中进行媒体交互的标准，它采用压缩格式，可以实现媒体课件的快速下载。插入AVI视频必须使用相应的播放器，在IE中是通过ActiveX控件来实现。当在文档中插入

AVI视频时，Dreamweaver 8使用<object>和<embed>标记来实现它们在浏览器中的正确播放。

下面，我们使用Dreamweaver 8向一个页面加入AVI视频文件。

（1）打开授课录像网页AVIlist.html，按照前面所述样式向网页中加入图片、表格、链接等。

（2）在工作区下方的"属性"面板中，更改表格属性，设置表格的样式为水平居中对齐、垂直居中。

（3）执行菜单栏中的"插入"→"媒体"→"插件"命令，打开"选择文件"对话框。

（4）在"选择文件"对话框中，浏览文件夹，并选择一个AVI视频文件，如AVI文件夹中的"计算机组成原理.avi"文件，然后单击"确定"按钮。

（5）在单击"确定"后，弹出"对象标签辅助功能属性"对话框。不做任何修改，继续单击"确定"按钮，完成AVI视频的插入过程。拖动图标边缘的控制点，改变视频播放界面的大小，直至满足要求。

（6）保存页面。

这时，在工作区的表格中将显示AVI视频的占位符，如图5-98所示。

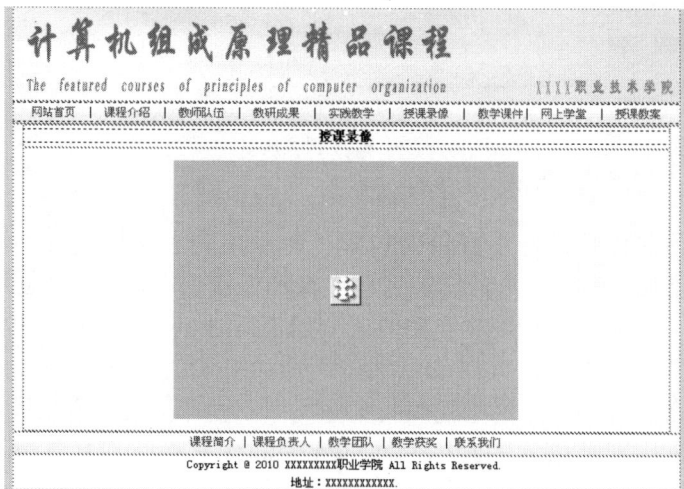

图5-98　AVI视频内容占位符

当用户载入 AVIlist.html 页面时，浏览器就会自动播放该视频文件，如图5-99所示。

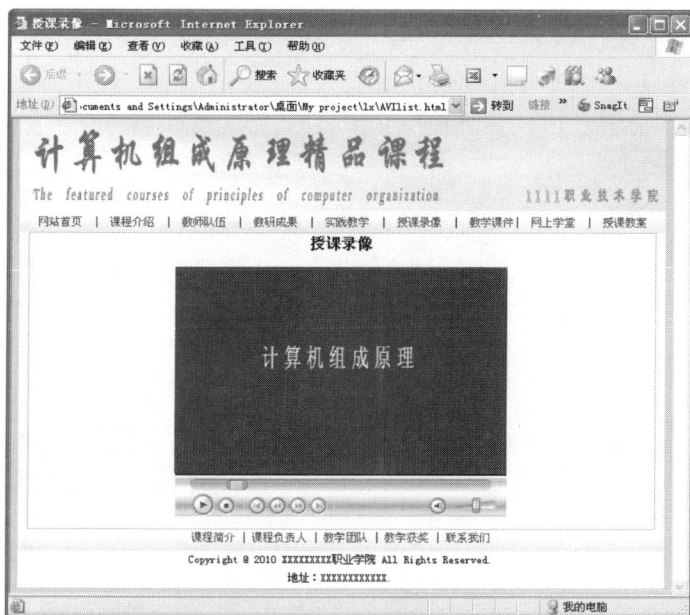

图5-99　AVI视频在IE浏览器中的显示效果

第六节　课件测试与发布

基于网络的课件测试与传统的课件测试不同，它不但需要检查和验证课件是否按照设计的要求制作，而且还要测试系统在不同用户的浏览器端的显示是否合适。

一、课件测试

课件测试内容包括链接测试、图形测试、内容测试、平台测试、浏览器测试等。可以用Dreamweaver 8进行测试。它能对网页下载时间、浏览器兼容性、网页链接、文本拼写等方面进行测试。

(一)设置访问首页

因Dreamweaver 8的默认首页为index.html（或index.htm），若首页为其他文件名需要对站点设置进行更改。

（1）打开"管理站点"对话框，单击"编辑"按钮，打开"Mytest的站点定义"对话框，如图5-100所示。

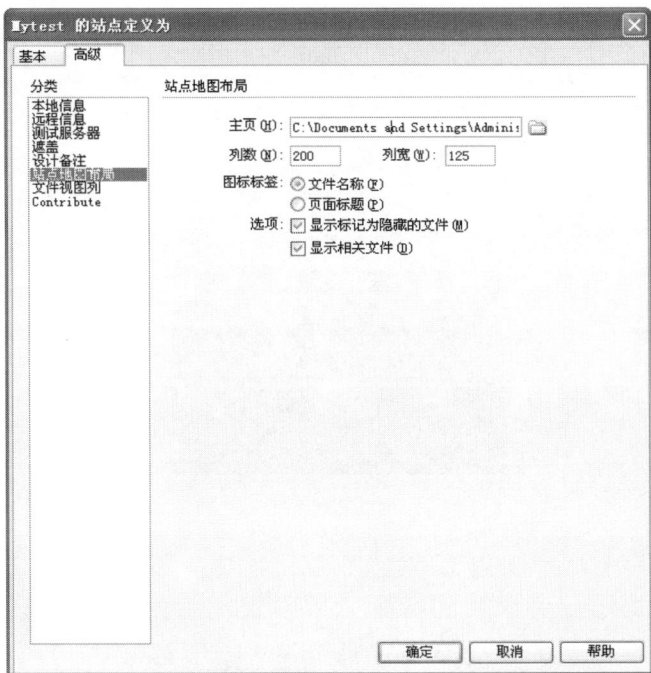

图5-100 网络课件站点定义对话框

（2）在站点管理器的"站点地图布局"分类中，设定其主页的名称。

（二）打开站点地图

在对首页进行设置之后，单击"文件"面板右侧下拉列表框中选择"地图视图"选项，如图5-101所示。

这样，我们在站点地图中就可以清楚地看到各网页的层次关系了，如图5-102所示。

（三）下载时间测试

同一主页在不同速率的Modem下其下载速度是不同的，在Dreamweaver 8中我们可以选择不同速率的Modem对主页进行测试。

（1）执行菜单栏中的"编辑"→"首选参数"命令，打开"首选参数"对话框。

（2）选择"分类"列表框中的"状态栏"选项，则在其右边出现"连接速度"下拉列表框，其选项包括14.4、28.8、33.6、56、

64、128、1500七个参数供选择，如图5-103所示。如果我们想测试网页在56kbit/s Modem下的下载时间，参数设为56即可（1500这个参数做Intranet测试用），然后单击"确定"按钮，完成设置。

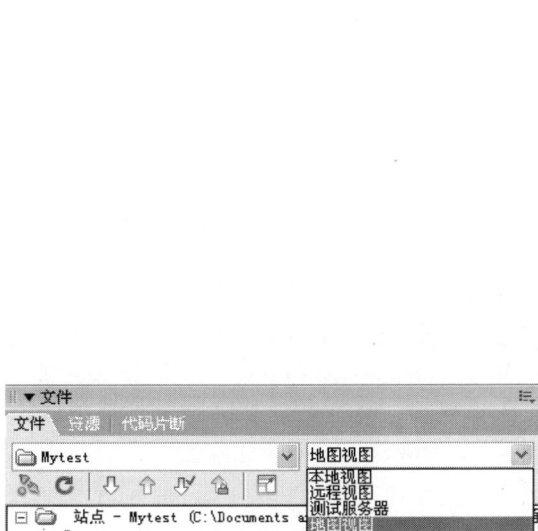

图5-101　改变视图方式　　　　　　图5-102　站点地图视图方式

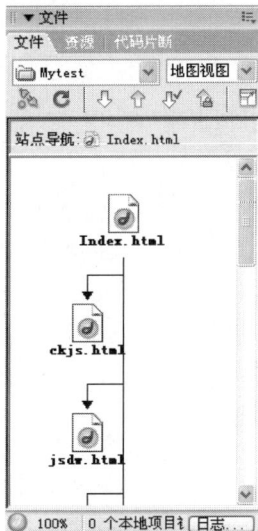

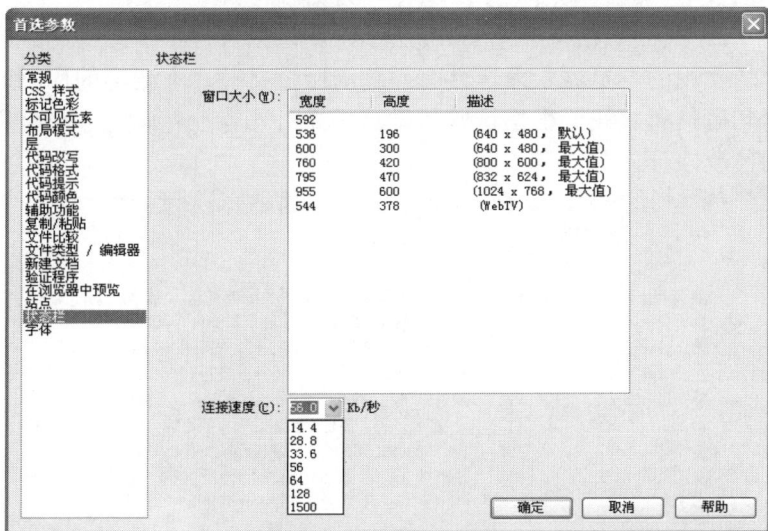

图5-103　连接速度设定

（3）双击站点管理器的任一个网页文件，都可以在Dreamweaver

8的编辑窗口打开它，同时在编辑窗口下方的状态栏就会显示出这个网页文件的大小及下载时间，如"7K/1秒"，如图5-104所示。

图5-104　速度测试

这就表明这一网页大小为7KB（包括与其链接的图片和文字等），用56kbit/s Modem下载到浏览器中打开所需的时间大约为1s钟。如果网页文件很大，那么其下载时间就相应长些。

（四）浏览器兼容性测试

我们编写的网络课件当然希望在各种不同的浏览器下都有同样的效果，但由于浏览器的兼容性问题，一些在IE浏览器下非常漂亮的网页有可能在其他浏览器下却显得一团糟。为了使自己的网页至少在目前主流浏览器下获得兼容，可以用Dreamweaver来对网页兼容性进行测试。

（1）在"文件"面板中，设置视图为"地图视图"，右击选定整个站点的首页（对全部网页进行测试）或选单个网页文件（测试单个文件），执行快捷菜单中的"检查目标浏览器"命令，则在"属性"面板下方的结果面板中出现各种浏览器的测试结果。

（2）其测试结果如图5-105所示，测试报告包括了此次测试的时间、所使用的浏览器、兼容性有问题的网页文件、不兼容的原因及具体语句等信息。我们根据这些信息，只需对兼容性有问题的部分做适当的修改即可。

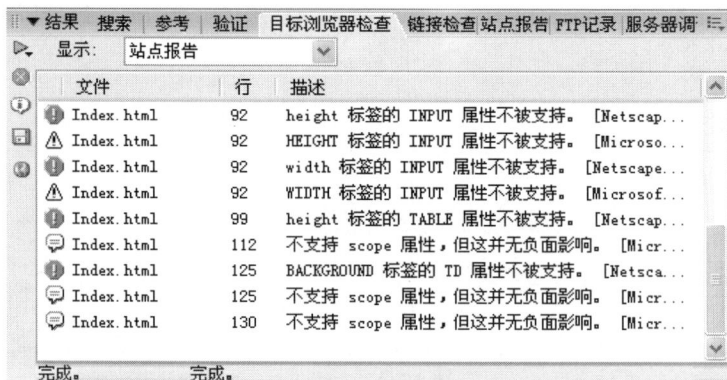

图5-105　浏览器兼容性测试报告

（五）网页链接测试

如果我们编写的网页较多，很难避免网页文件之间一些链接出错。若要我们对各个链接一一进行检查，工作量之大，确实并非易事，况且有些隐藏链接我们也不易发现。Dreamweaver不但能快速测试网页中的错误、损坏的链接（broken links）、外部链接（external links）和单独文件（orphaned files），还能帮我们对错误链接做快速轻松的修改。

在"文件"面板中，右击里面任一个文件或文件夹，执行快捷菜单中的"检查链接"→"整个站点"命令，即可对整个网站链接进行测试。测试报告如图5-106所示。

在"显示"下拉列表框中，还可以看到外部链接和单独文件。

对于错误链接，我们单击右边"断掉的链接"列表中的任一个，其右边都会出现一个文件夹图标，单击这一文件夹图标，选择正确的链接文件就可使它"复活"了。也可以直接输入正确的路径、文件名。

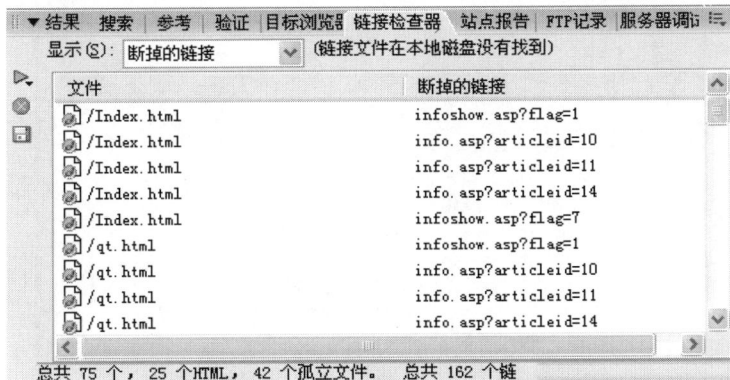

图5-106　站点链接测试报告

经过以上测试，建立的网络课件所存在的问题基本上都被找出来了，下一步就是发布网络课件。

二、课件发布

一个网络课件经过测试，修改所有错误之后，就可以上传到网络的站点上进行发布了。

（一）站点发布的网络设置

（1）执行菜单栏中的"站点"→"管理站点"命令，弹出"管理站点"对话框。

（2）在该对话框中，选择Mytest站点，单击"编辑"按钮，弹出"Mytest的站点定义为"对话框。

（3）在该对话框中，选择"高级"选项卡中的"远程信息"分类，在对话框的右侧更改访问类型，将原来的"无"改为FTP。这时，访问类型下方出现相应的参数配置。

（4）按照实际情况配置网络站点参数，如图5-107所示。

- FTP主机：FTP的网络地址或IP地址（如果在本机上做测试可输入127.0.0.1）。
- 主机目录：如果没有特别规定，为空。
- 登录：输入网络站点FTP的用户名。
- 密码：输入网络站点FTP的密码。

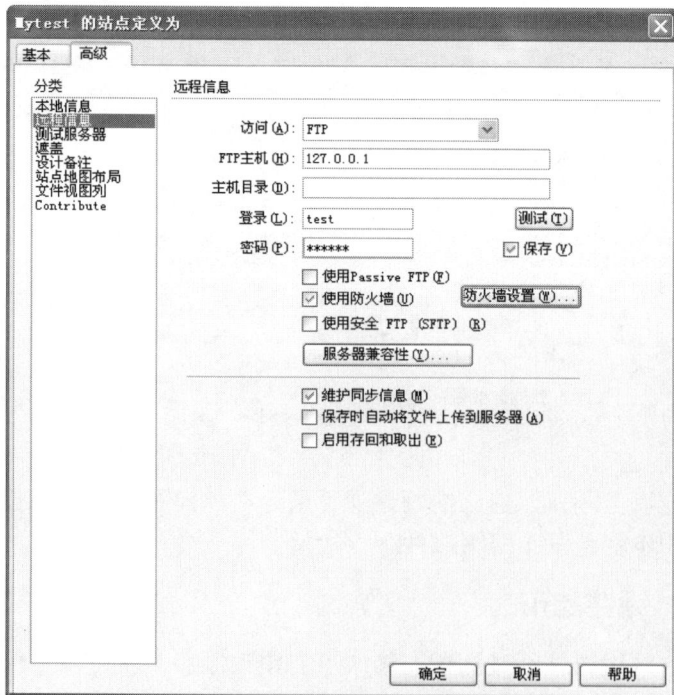

图5-107　配置网络站点参数

（5）单击"防火墙设置"按钮，弹出"首选参数"对话框，并聚焦于"站点"分类；在右侧的区域中，我们可以进行FTP参数的设置，如图5-108所示。

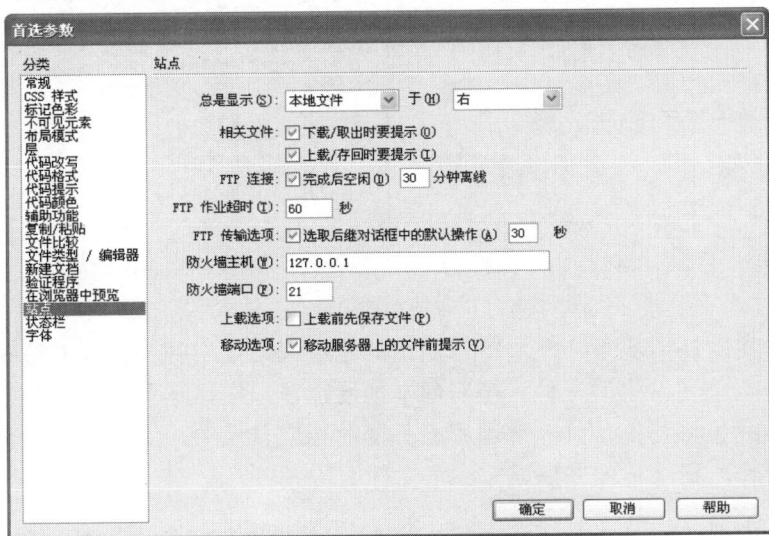

图5-108　配置防火墙参数

- 防火墙主机：输入FTP地址，如127.0.0.1。
- 防火墙端口：输入端口值，默认的是21。

在实际的参数设置过程中，所配置的FTP参数要看网络服务商的规定。

（6）单击"确定"按钮，返回"Mytest的站点定义为"对话框。

（7）在将所有信息输入完成之后，单击"测试"按钮来查看是否能够顺利登录到远程FTP服务器。

（二）发布课件

设置完站点FTP之后，就可以发布网络课件了。

（1）单击"文件"面板中的"展开以显示本地和远端站点"按钮，展开"本地和远端站点"管理器。

（2）在"本地和远端站点"管理器中，单击各个功能按钮就能操作本地和远程站点了，如图5-109所示。

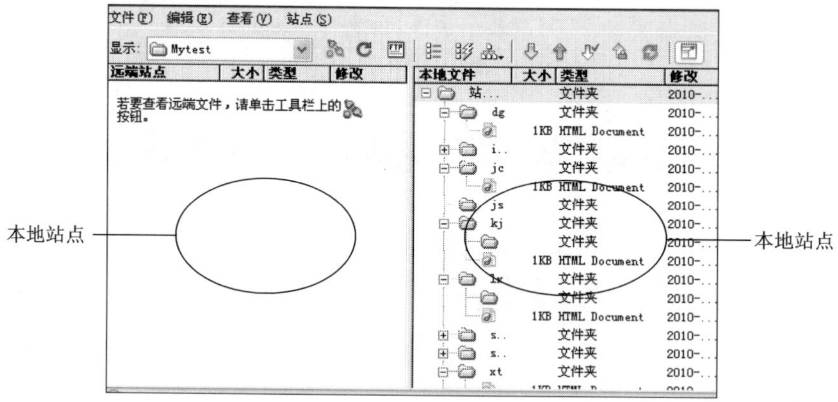

图5-109 "本地和远端站点"管理器

在默认情况下，左边窗口显示的是远程站点中的文件，右边窗口则是本地硬盘中的文件。在右部本地硬盘窗口中，选取需要上传的文件，并且将其拖动到左部远程服务器的相应目录中，即可开始文件传输操作，稍等片刻之后就完成了文件上传任务。

提示：可以通过【Shift】或者【Ctrl】键来选择多个文件上传。

在网页文件全部上传之后，就可以打开IE浏览器，输入相应的网站地址之后，就能够看见精心制作的网站了。

第六章 仿真课件设计

Flash是一个创作工具，从简单的动画到复杂的交互式Web应用程序（如在线商场），使用它可以创建任何作品。通过添加图片、声音和视频，可以使Flash应用程序媒体丰富多彩。Flash包含了许多种功能，如拖放用户界面组件、将动作脚本添加到文档的内置行为，以及可以添加到对象的特殊效果。这些功能使Flash不仅功能强大，而且易于使用，因此在仿真课件设计中得到广泛应用。Flash Professional 8是Web 设计人员、交互式媒体专业人员或开发多媒体内容的主题专家的理想工具。该版本注重于创建、导入和处理多种类型的媒体（音频、视频、位图、矢量、文本和数据）。用Flash设计一个仿真课件一般需要课件设计、空白课件建立、界面制作、动画制作、音频制作和课件测试与发布五步骤即可完成。

第一节 仿真课件设计概述

仿真课件有很多类型，如以单摆课件为代表的动态过程仿真课件，以动态电容充放电过程为代表的模拟仿真课件，以教学及测试为代表的课程讲授课件，以三维视景漫游为代表的人机交互仿真课件等。在各类仿真课件中，教学及测试课件是比较常见的一类课件，且它在一定程度上可以包括模拟仿真课件和动态过程仿真课件等。因此，本书以教学及测试课件为例，对仿真课件设计和制作过程的讲述。

一、课件制作过程

通常，利用Flash软件制作仿真课件的过程包括两部分：一是基础制作阶段；二是高级制作阶段。

1）基础制作阶段

在该阶段中，通过Flash的图形绘制工具、文字工具等制作各种基本元素，完成课件的布局设计、说明性文字的录入、简单图形的绘制、图片的加工和制作等工作。具体来说，就是对课件中各个界面中的布局、边框、说明文字、图形图像、翻页按钮描述等进行设计和加工。

2）高级制作阶段

在该阶段中，通过Flash的按钮工具、声音控制工具、动画制作工具等制作课件的仿真效果。就本例而言，主要是完成翻页按钮、简单动画、课程介绍声音、鼠标响应事件等的设计和制作。

本书将带领大家从基础制作阶段到高级制作阶段，一步步学习利用Flash制作仿真课件的方法和步骤。

二、课件实例效果

图6-1至图6-5是所要设计和制作的仿真课件的实例效果。该课件以计算机组装为例，通过教学与仿真练习相结合的方式，向学生讲授各种接口类型的鼠标。

该课件由三个主要部分组成：欢迎界面、内容介绍和仿真练习。

1）欢迎界面

该界面为进入课件后的第一个界面。该界面主要是以文字的形式，概括描述本课件所要展示的主要内容，如图6-1所示。

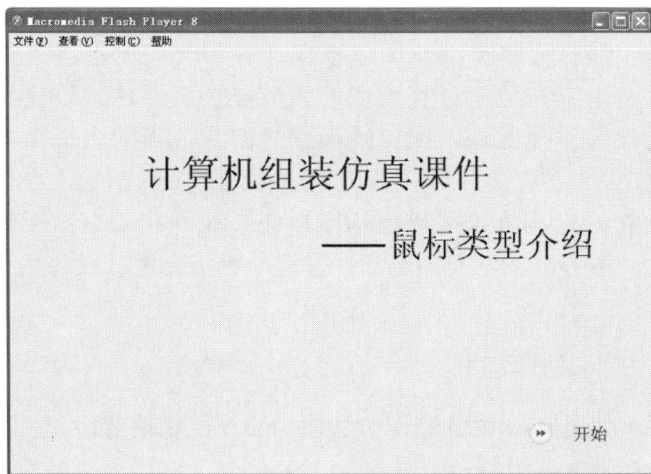

图6-1 欢迎界面

2）内容介绍

该部分包括主要教学内容。在此是指PS/2接口鼠标介绍界面（见

图6-2）和USB接口鼠标介绍界面（见图6-3），并通过图例、文字、录音等方式进行知识讲授。

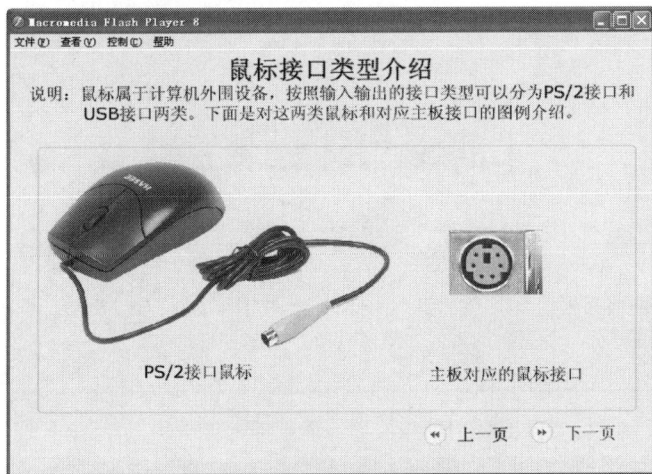

图6-2　PS/2鼠标介绍界面

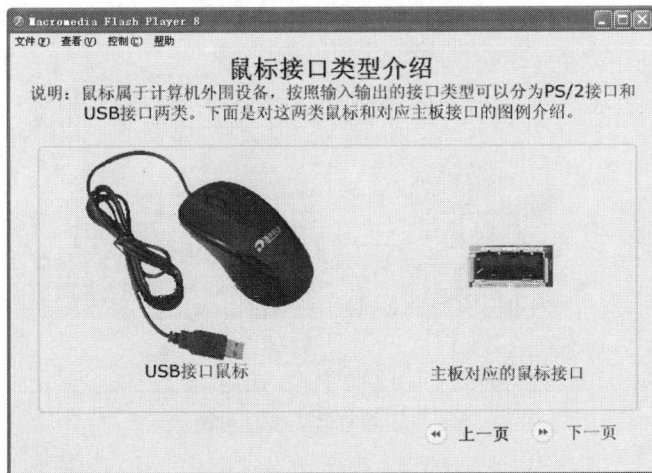

图6-3　USB鼠标介绍界面

3）仿真练习

该部分主要是训练学生，在辨识主板接口的基础上，按照提示信息选择不同类型的鼠标，如图6-4所示。选择完毕，出现反馈信息界面，如图6-5所示。

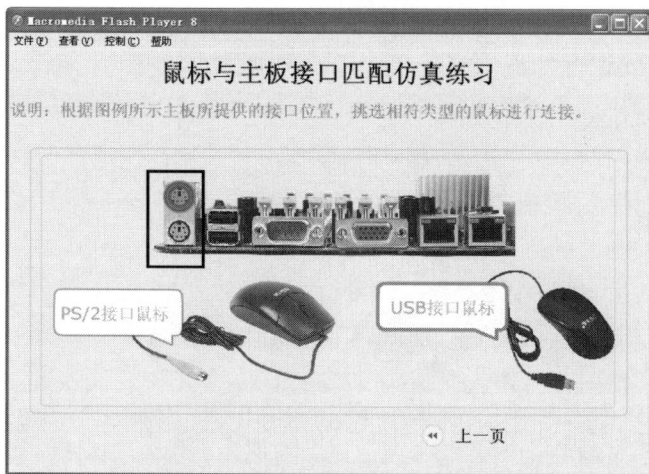

图6-4　选择不同接口鼠标的练习

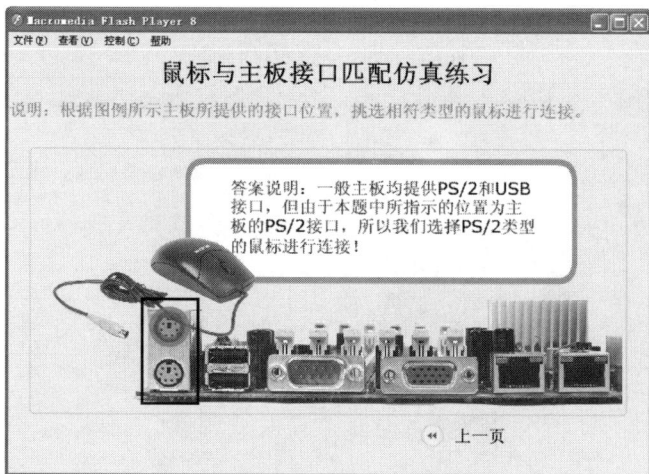

图6-5　练习结果信息反馈

三、课件结构设计

1）课件结构分析

分析本仿真课件的实例效果，可以发现课件的逻辑结构、逻辑控制比较简单。

该课件的逻辑结构主要是由欢迎界面、内容介绍和仿真练习三部分构成。其中，内容介绍部分又可细分为PS/2鼠标介绍和USB鼠标介绍两部分；仿真练习也可划分为练习和结果反馈两部分。

该课件的逻辑控制总体上具有顺序性，其各部分在播放过程中依次出现。但在内容介绍时，需要有介绍声音的长短控制；在练习部分，需要有简单的跳转控制。

2）逻辑结构设计

考虑到该课件逻辑结构和控制关系，对其进行简单的结构、控制逻辑设计，如图6-6所示。

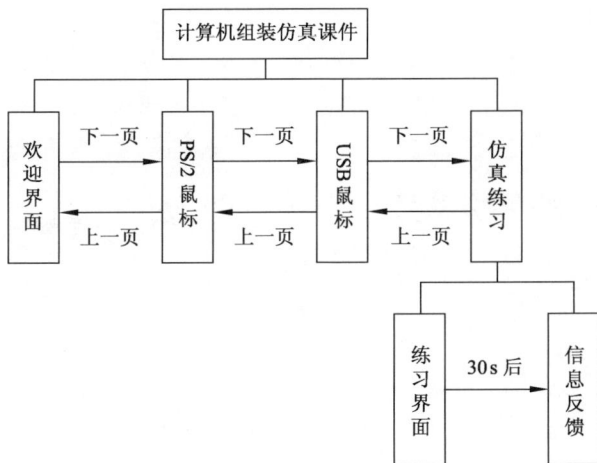

图6-6　逻辑结构设计

四、课件组织工具

在确定组织课件的方式之前，先了解一下Flash软件所提供的三种组织课件工具：场景、元件和图层。

（一）场景

在前面的介绍中，我们知道Flash舞台是所有Flash元素表演和演出的场所，而场景就像剧目一样将一连串的舞台（幕）按照时间、出现方式连接在一起，完成一场电影的放映。反映在课件的组织上，一个场景可以用来表达一个专门的主题。与舞台不同，场景不是简单的画布，它是在舞台的基础上添加了一个时间轴，即规定了每个舞台的出现顺序和出现时间。

在Flash仿真课件中，可以添加一个新的场景、更改场景、删除场景。下面以欢迎界面为例进行场景的简要说明。

1）添加场景

（1）打开"场景"面板。执行菜单栏中的"窗口"→"其他面板"→"场景"命令，打开"场景"面板。

（2）添加场景。可以通过单击"场景"面板中的"添加场景"按钮 **+** ，或执行菜单栏中的"插入"→"场景"命令，添加场景，如图6-7所示。

2）修改场景

（1）更改场景名称。在"场景"面板中双击"场景2"名称，场景名称处于可编辑状态，输入新名称"仿真教学"；然后，双击"场景1"名称，输入新名称"欢迎界面"，如图6-8所示。

图6-7 使用"场景"面板添加场景   图6-8 使用"场景"面板更改场景名称

（2）更改场景的出现顺序。在"场景"面板中，场景名称在列表中越靠上，该场景出现得越早。由于欢迎界面位于最上面，所以该场景将最先出现。若在其他情况下需要更改场景的出现顺序，可以用鼠标在列表中上下拖动场景名称，调整出现顺序，如图6-9所示。

3）切换场景

执行"视图"→"转到"命令，然后从子菜单中选择所要切换的场景名称"欢迎界面"，就可以切换到该场景中，也可以点

图6-9 使用"场景"面板更改出现顺序

击时间轴面板上方的"编辑场景"按钮 ，来切换场景。在"欢迎界面"场景中，出现了一个空白的舞台，可以对其进行进一步的修改。

4）删除场景

当然，若不需要某些场景，可以在"场景"面板中，选中所要删除的场景名称，单击"删除场景"按钮，删除该场景。

5）多场景的使用

但对于一个具有多个主题的复杂课件而言，如何进行组织呢？其实，Flash允许采用多个场景的组织方式来解决一个课件有多个主题的问题。这种组织方式类似于使用几个Flash文件一起创建一个较大的演示文稿。每个场景都有一个时间轴。当播放头到达一个场景的最后一帧时，播放头将前进到下一个场景。发布SWF文件时，每个场景的时间轴会合并为SWF文件中的一个时间轴。文档中的场景将按照它们在Flash文档的"场景"面板中列出的顺序进行播放。

在Flash中，虽然使用多个场景可以有效地组织课件的各种内容，但是这种组织方法存在很多弊端：

（1）多场景的组织方式会使文档难以编辑，尤其是在多个创作环境中进行编辑时。

（2）多场景的组织方式所产生的播放文件，只有在全部下载完成后才能运行。

（3）因为每个场景的时间轴都压缩至一个时间轴，这通常需要进行额外的复杂调试。

因此，通常情况下不建议采用多场景的方式来组织课件。

（二）元件

元件是一种可重复使用的对象，也可被视为复杂课件的一种常用组织方式。一般将元件在舞台上的一次具体使用称为元件实例，而重复使用元件实例是不会增加课件的大小，这为Flash课件具有较小的存储空间奠定了基础。

1．元件的类型和适用范围

每个元件都有一个唯一的时间轴和舞台，创建元件时要选择元件类型，这取决于课件制作过程中如何使用该元件。

1）图形元件

它可用于静态图像的重复使用，并可用来创建连接到主时间轴的可重用动画片段。图形元件与主时间轴同步运行。与影片剪辑或按钮元件不同，用户不能为图形元件提供实例名称，也不能在动作脚本中引用图形元件。

2）按钮元件

它包含针对不同按钮状态（例如，当用户的鼠标指针放置在按钮上时或当用户单击按钮时）的特殊帧。如果对新的元件选择"按钮"行为，Flash将为按钮对象创建时间轴。用户可以通过使用行为或编写动作脚本的方法来给按钮添加导航。

3）影片剪辑元件

它在许多方面都类似于文档内的文档，它可以创建可重用的动画片段。影片剪辑拥有它们自己的独立于主时间轴的多帧时间轴。可以将影片剪辑看做是主时间轴内的嵌套时间轴，它们可以包含交互式控件、声音甚至其他影片剪辑实例。此元件类型自己有不依赖主时间轴的时间轴。用户可以在其他影片剪辑和按钮内添加影片剪辑以创建嵌套的影片剪辑。用户还可以使用属性检查器为影片剪辑的实例分配实例名称，然后在动作脚本中引用该实例名称。

2．创建/插入元件

这里以本课件的"热点"元件为例，对元件的创建进行简要说明。

（1）执行菜单栏中的"插入"→"新建元件"命令（或按【Ctrl+ F8】组合键），弹出"创建新元件"对话框。

（2）在"创建新元件"对话框中，在"名称"文本框中输入相应名称如"热点"，如图6-10所示。在默认情况下，元件创建的类型为"影片剪辑"，这里暂不做改变。如果在其他课件的创建中，也可以选择"按钮"或"图形"等单选按钮。

图6-10　"创建新元件"对话框

（3）单击"确定"按钮，则新元件"热点"添加到"库"面板（执行"窗口"→"库"命令）中，Flash 进入元件编辑模式，如图6-11所示。该窗口与场景很像，所不同的是，在时间轴面板上部的标识 发生了变化。

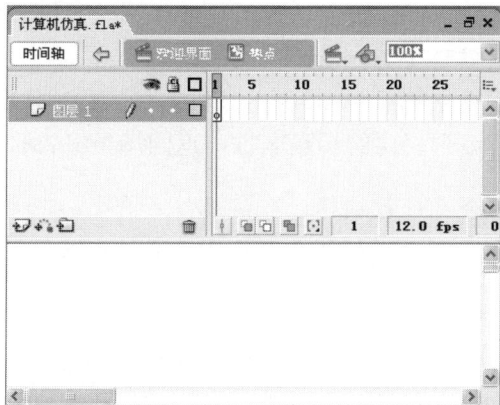

图6-11 "热点"影片剪辑元件的编辑窗口

3．使用元件创建实例

创建元件后，可以在文档中任何需要的地方（包括在其他元件内）插入该元件。当把元件从"库"面板中拖入舞台时，舞台上便增加了一个元件实例。增加元件实例后，可以对其进行缩放、效果变化等操作，不会影响到元件本身。

根据元件的类型不同，元件实例的使用略有不同。

（1）对于图形元件实例，当拖入图形元件到舞台形成实例时，会出现相应的属性面板，可以调节实例中元件的透明度、亮度及色彩等相应属性。

（2）对于按钮元件实例，按钮元件实际上是一个四帧的影片剪辑，它可以感知用户的鼠标动作，并触发相应的事件。与图形元件不同的是，按钮实例可以对鼠标事件进行响应，具有交互性能。

（3）对于影片剪辑元件实例，影片剪辑元件与按钮元件实例类似，它可以感知用户的鼠标动作，并触发相应的事件，具有交互性能。

4．编辑元件

编辑元件与编辑Flash场景的过程基本一致。首先，打开一个已创建的元件，其方法主要包括以下三种：

第一种方法：执行菜单栏中的"窗口"→"库"命令，打开"库"面板。双击"库"面板中的元件图标，进入元件编辑状态。

第二种方法：在舞台上右击元件实例，然后执行快捷菜单中的"编辑"命令，进入元件编辑状态。

第三种方法：直接在舞台上双击元件实例，进入元件编辑状态。然后，根据需要在舞台上编辑该元件。

最后，在编辑完毕后单击舞台上方编辑栏左侧的"返回"按钮，或单击舞台上方编辑栏内的场景名称，返回场景编辑状态。

注意：当一个元件被编辑时，该元件所产生的所有实例也相应地进行更新和编辑，这样就大大简化了Flash文档中相关对象的编辑。

5. 删除元件

执行菜单栏中的"窗口"→"库"命令，打开"库"面板。右击"库"面板中所要删除的元件图标，执行快捷菜单中的"删除"命令；也可以用鼠标直接将元件图标拖动到"库"面板下方的垃圾桶🗑中进行删除。

（三）图层

通过场景、元件的使用可以很好地解决课件之间及课件内部的各个舞台的组织、划分和重用，而对具体的图形、文字、声音、视频等更小的元素而言，Flash提供了另一种工具——图层，来对元件和场景进行更细的划分和管理。

那什么是图层呢？具体说来，图层就像透明胶片，在舞台上一层层地向上叠加，以包含舞台上显示的图像、文本或动画等。若在一个图层上绘制和编辑对象，不会影响到其他图层上的对象。

当创建了一个新的 Flash 文档之后，它仅包含一个图层，如图6-12所示，也可以添加更多的图层。可以使用Flash所提供的图层工具建立不同的图层，把图形文件、声音文件、动作脚本、帧标签和帧注释等分开。这有助于在需要编辑这些项目时快速地找到它们。

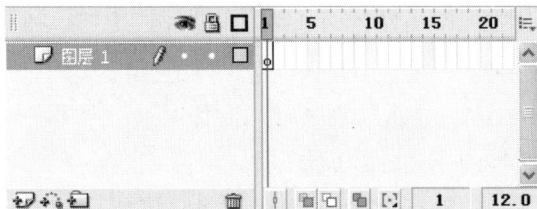

图6-12　时间轴中的图层

另外，Flash提供了两种特殊的图层：一种是引导层，它可以引导对象按照特定的方式实现动画效果；另一种是遮罩层，它可以帮助我们创建更为复杂的透明、半透明、遮盖等效果。总之，图层的使用使课件的制作和动画的编辑变得更加容易。

下面以"欢迎界面"为例进行图层的使用说明。

1）增加图层

执行菜单栏中的"插入"→"时间轴"→"插入图层"命令添加图层，或者单击图6-12下面的添加图层按钮 。若单击两次，则在原有"图层1"的基础上，增加"图层2"和"图层3"，并从下至上依次排列，如图6-13（a）所示。

2）更改图层名称

双击时间轴中图层的名称"图层1"，图层名称呈可编辑状态，如图6-13（b）所示，输入新名称"背景"。然后，更改"图层2"和"图层3"的名称为"标题"和"描述信息"。也可在时间轴中选择该图层，执行菜单栏中的"修改"→"时间轴"→"图层属性"命令，打开"图层属性"对话框，在"名称"文本框中输入新名称，然后单击"确定"按钮。

3）修改图层

在时间轴中，若选中"背景"图层，则可以激活该图层。在图层被激活时，时间轴中"背景"图层名称旁边将出现一个铅笔图标 ，表示该图层处于活动状态，如图6-13（c）所示。此时，若在舞台上进行文字录入、图形绘制、声音插入等操作，则这些文字、图形、声音等就附属于该图层中。

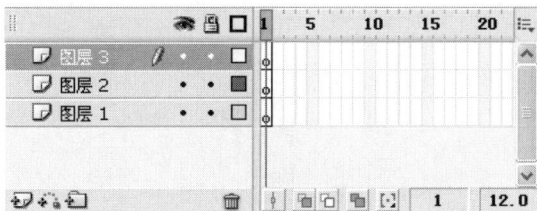

（a）增加图层

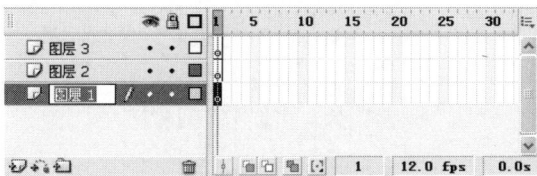

（b）选中图层名称

图6-13　图层的使用

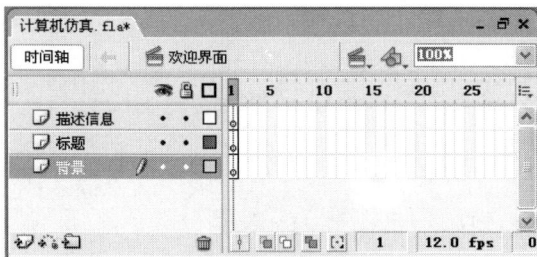

（c）图层最终效果

图6-13　图层的使用（续）

4）删除图层

若觉得图层过多或没有用到，可以通过右击该图层，执行快捷菜单中的"删除图层"命令，即可删除该图层；或用鼠标直接拖动待删除图层至面板下方的垃圾桶🗑中，进行删除。

五、课件组织结构

在上节中，学习了Flash中场景、元件、图层的简单使用方法，现在看一下如何利用Flash软件的这些工具进行课件的组织和播放的控制。下面按照课件的逻辑结构（见图6-6）组织课件的物理结构。

在课件的整体组织上，采用一个场景和多个图层来完成，如图6-14所示。

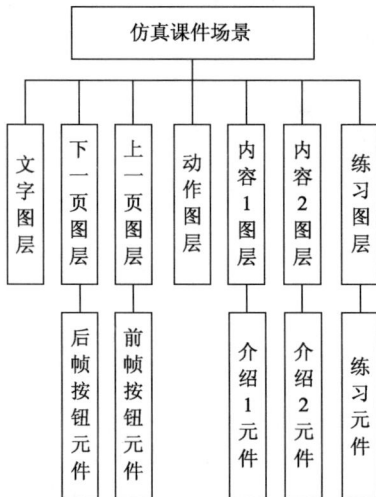

图6-14　仿真课件整体设计

而对于其中每个元件则采用多个元件和图层进行组合实现，分别对"介绍1元件""介绍2元件"和"练习元件"进行设计，如图6-15所示。

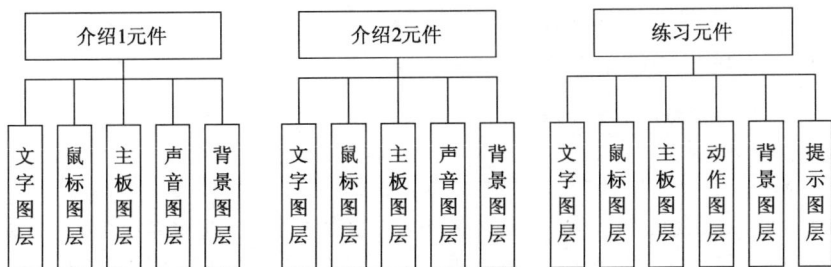

图6-15　各元件结构设计

第二节　空白课件建立

当打开Flash之后，程序界面如图6-16所示。在该界面中，用户可以方便地打开最近创建的Flash文档，创建一个新文档或项目文件，或者选择从任意模板创建Flash文档等，这样大大方便了用户的操作。

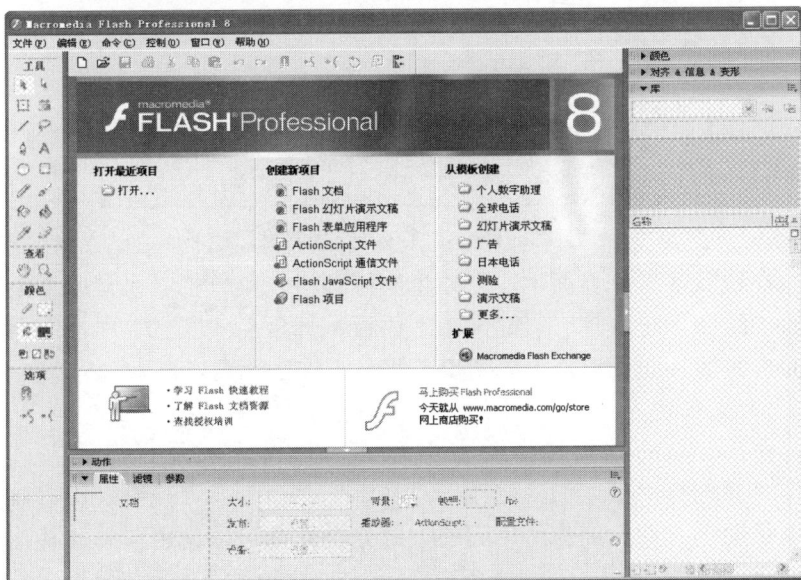

图6-16　Flash的工作界面

如果用户想在打开Flash的同时直接进入文档编辑窗口，可以选中"开始"页面下方的"不再显示此对话框"复选框。执行"编辑"→"首选参数"命令，或使用快捷键【Ctrl+U】，在弹出的"首选参数"对话框（使用该对话框可对Flash的工作环境进行设置）的"常规"选项卡中，选中"启动提示"选项区域中的"新建文档"单选按钮，单击"确定"按钮后即可再次显示"开始"页面。

一、创建空白文档

在"开始"页面中，可以选择"创建项目"下面的"Flash文档"选项，或者执行"文件"→"新建"命令，弹出"新建文档"对话框。在对话框中选择"Flash文档"选项，进入Flash 编辑文档界面，如图6-17所示。现在可以开始制作Flash课件。

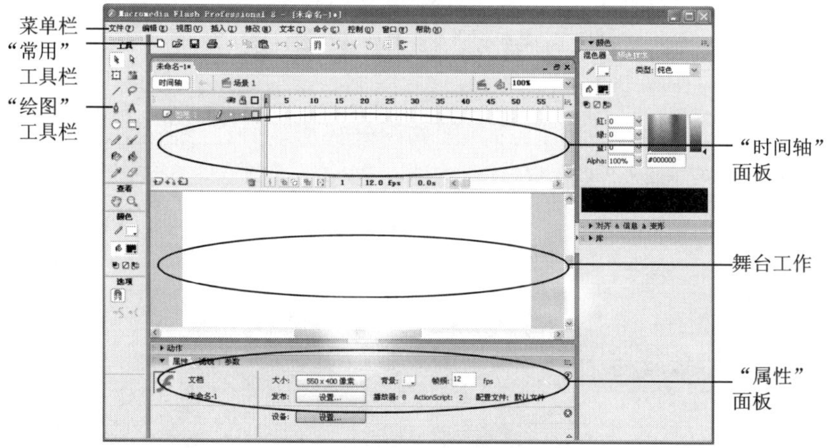

图6-17 普通Flash文档界面

在该默认工作界面中，可以见到标题栏、菜单栏、"常用"工具栏、"绘图"工具栏、"时间轴"面板、舞台工作区、"属性"面板及面板集等界面元素。下面初步了解一下这些元素。

1）菜单栏

在Flash的菜单栏中共有十个菜单项，分别是"文件""编辑""视图""插入""修改""文本""命令""控制""窗口"和"帮助"。课件制作所用到的大部分操作都可以使用菜单及其选项来完成。

2）"常用"工具栏

当执行"窗口"→"工具栏"→"主工具栏"命令时，可以打开

"常用"工具栏，如图6-18所示。使用该部件可以快速创建一个新的项目，并可以方便地完成打开、保存、打印、剪切、复制、粘贴、撤销等操作。

图6-18 "常用"工具栏

3）"绘图"工具栏

"绘图"工具栏在默认情况下位于Flash工作界面的左侧，当然也可根据需要，选中"绘图"工具栏中的非功能区并拖动鼠标，将"绘图"工具栏在窗口中任意移动。在后面的实例中会对其进行进一步的说明。

4）"时间轴"面板

时间轴是Flash进行动画创作的和编辑的主要工具，如图6-19所示。通过对时间帧的控制，可以组织各帧的具体内容从而形成动画。时间轴的主要组件是层、帧和播放头。层在左侧的层控制区，每个层中包含的帧显示在该层名右侧的一行中，播放头指示在舞台中当前显示的帧。

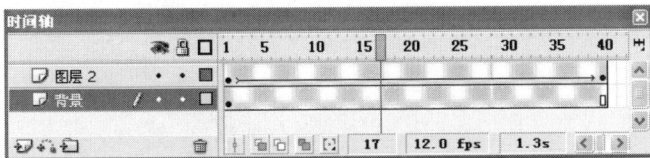

图6-19 "时间轴"面板

5）舞台

舞台是使用Flash进行图形绘制、文字编辑、动画制作的矩形工作区域。这个区域就像一个大舞台，可以容纳、加工、设计诸如文字、图形、声音、视频和动画等各种课件制作元素。为了能精确地勾画和安排各种元素，Flash提供了网格、标尺和辅助线等工具。这些工具如图6-20所示。

显示与隐藏标尺、网格和辅助线的方法如下：

（1）执行"视图"→"标尺"命令可以显示或隐藏标尺。

（2）执行"视图"→"网格"→"显示网格"命令可以显示或隐藏绘画网格。

（3）执行"视图"→"辅助线"中的命令来实现辅助线操作。

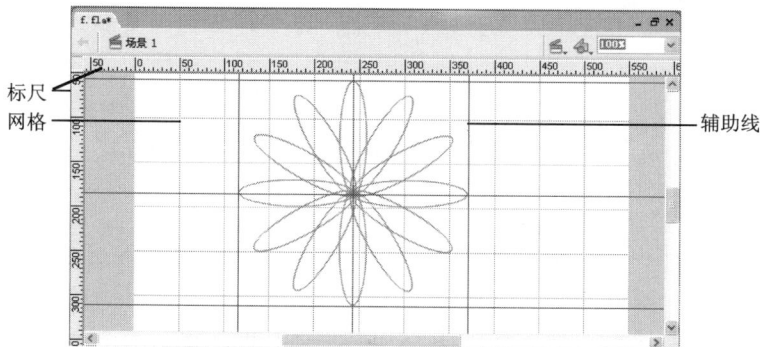

标尺
网格
辅助线

图6-20　舞台的标尺、网格和辅助线

6）"属性"面板

　　"属性"面板位于舞台的下方，如图6-21所示。在该面板中，用户可以设置新建文档的相应属性。在具体使用时，该面板根据所选择元素的不同，具有不同的属性设置功能，如文字属性、图形属性、音频属性、视频属性等。

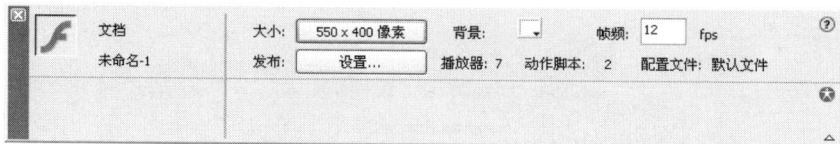

图6-21　"属性"面板

　　除了以上几种主要的元素外，Flash 中还有其他许多面板，如"组件"面板、"历史记录"面板、"场景"面板、"辅助功能"面板、"动作"面板、"行为"面板等其他十几种面板。这些面板数量较多，若全部显示在工作界面中，会显得界面凌乱，不好进行文档的操作，所以这些面板在通常情况下被隐藏起来。若要使用这些面板，可以通过"窗口"中的菜单项显示对应的面板，以根据自己的需要定制Flash界面。

二、更改文档属性

　　面对一个新建的空白Flash文档，要考虑这个课件界面设计的大小、文档的名称、背景颜色、帧频等问题，这可以靠文档"属性"面板来完成相应的设置。

打开"属性"检查器（执行菜单栏中的"窗口"→"属性"命令），并单击"大小"旁边的按钮弹出"文档属性"对话框，如图6-22所示，其中包括标题、描述、尺寸、背景颜色、帧频等几个文档级属性。

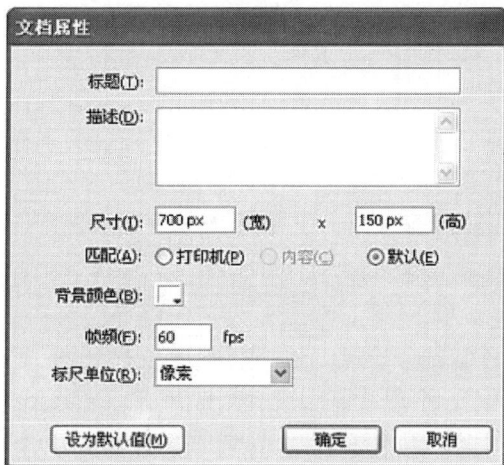

图6-22　文档属性面板

- 标尺单位：包括英寸、点、厘米、毫米和像素等。
- 标题：文档的标题。
- 尺寸：宽×高，可以按照自己的要求设定尺寸。默认情况下，新 Flash 文档中舞台的宽度为 550 像素、高度为 400 像素。
- 背景颜色：可以根据自己爱好进行设置。更改颜色的话，只须单击三角按钮，即可打开颜色画板，单击所需的颜色，进行背景颜色的设定。
- 帧频：用来度量动画播放的速度，单位为帧每秒（fps）。在默认情况下，Flash 动画以 12 fps 的速率播放，该速率最适于播放 Web 动画。但是，有时可能需要更改速率。如果把帧频更改为 36 fps，会使课件播放得更快。

在此，给新建文档标题设为"仿真课件"，尺寸设定为750（宽）、500（高），标尺单位设定为像素，帧频为12 fps，背景颜色为灰色#ECE9D8。

当修改了文档相应属性后或更改了Flash文档的内容后，在没有保存时，文档标题栏、应用程序标题栏和文档选项卡中的文档名称后会出现一个星号（*），一旦保存文档星号即会消失。这时Flash软件会提醒我们需要注意保存所做的修改。

三、保存Flash文档

面对所建立的空白Flash文档，需要对其进行保存，以便后续工作的开展。保存的方法主要有两种、一种是执行"文件"→"保存"命令保存现有文档，Flash 会执行一次快速保存，将新信息追加到现有文件中。另一种是执行"文件"→"另存为"命令进行保存，Flash会将以新文件存储当前文档。下面具体介绍这两种方法。

1. 保存 Flash 文档的方法

1）直接保存文件

要覆盖磁盘上的当前版本，执行菜单栏中的"文件"→"保存"命令，当第一次保存时，会弹出"另存为"对话框，输入文件名"仿真课件"并选定保存位置后（见图6-23），单击"保存"按钮。

图6-23 "另存为"对话框

2）另存文件

若要将文档保存到不同的位置，用不同的名称保存文档，或压缩文档，可执行"文件"→"另存为"命令，也会弹出"另存为"对话框，输入文件名并选定保存位置后，单击"保存"按钮。

2. 保存为模板的方法

执行"文件"→"另存为模板"命令，弹出"另存为模板"对话框。在"名称"文本框中输入模板的名称，从"类别"下拉列表框中选择一种类别或输入一个名称，以便创建新类别，单击"确定"按钮。

3. 退出保存的方法

如果在包含未保存更改的一个或多个文档处于打开状态的情况下退出 Flash，Flash 会提示保存包含更改的文档。退出 Flash 时保存文档操作步骤如下：

（1）执行"文件"→"退出"命令。

（2）如果有打开的文档包含未保存的更改，Flash 会提示保存或放弃每个文档的更改，如图6-24所示。单击"是"按钮保存更改并关闭文档；单击"否"按钮关闭文档，不保存更改。

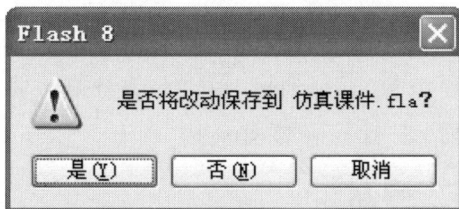

图6-24　保存提示对话框

四、打开现有Flash文档

若是在已有的Flash文档上，继续先前的课件制作工作，这时可以打开原来保存的Flash文档，具体步骤如下：

（1）执行菜单栏中的"文件"→"打开"命令，弹出"打开"对话框。

（2）在"打开"对话框中，定位到文件"仿真课件.fla"，如图6-25所示，或在"文件名"文本框中直接输入路径和文件名。

图6-25 "打开"对话框

（3）单击"打开"按钮，即可打开相应的Flash文档。

第 三 节 界 面 制 作

在上一节中，已经创建了一个空白Flash文档，并更改了相应的文档属性，下面将在其基础上进一步介绍Flash仿真课件的基本制作过程。若还没有建立空白Flash文档，可执行主菜单中的"文件"→"新建"命令，重新创建一个空白Flash文档。

一、制作欢迎界面

现在，开始制作作品的一个界面——欢迎界面，如图6-26所示。当新建一个空白Flash文档时，会自动添加一个名称为"场景1"的场景供使用。按照设计的仿真课件结构（见图6-14），首先更改场景名称，然后增加相应图层。

（一）更改场景名称

（1）打开"场景"面板。执行菜单栏中的"窗口"→"其他面板"→"场景"命令，出现"场景"面板。

（2）更改场景名称。在"场景"面板中，双击"场景1"名称，输入新名称"仿真课件场景"，如图6-26所示。

（3）关闭"场景"面板。

此时，在"时间轴"面板上方的场景信息"场景1"改变为"仿真课件场景"。

图6-26　使用"场景"面板更改场景名称

（二）增加图层

（1）插入图层。单击"图层"面板中的插入图层按钮 ，再插入6个图层，一共插入7个图层，如图6-27所示。

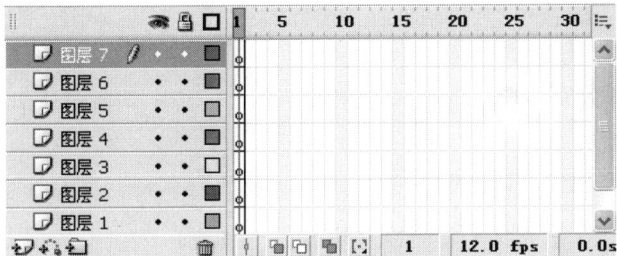
图6-27　增加图层

（2）更改图层名称。双击相应图层，从上到下依次更改名称为"动作"图层、"内容1"图层、"内容2"图层、"练习"图层、"文字"图层、"上一页"图层、"下一页"图层，如图6-28所示。

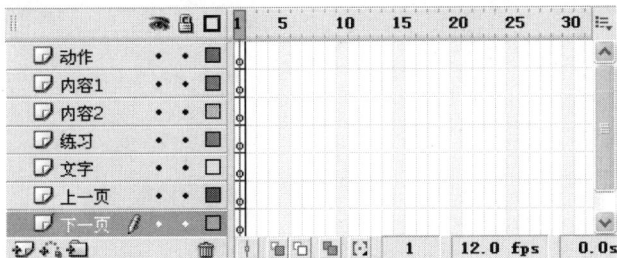
图6-28　更改图层名称

（三）插入文本

1. "工具"面板使用方法介绍

如前所述，在Flash标准布局的左侧提供了绘图工具面板。在该面板中包括"工具"面板、"查看"面板、"选项设置"面板、"颜色"面板等。其中，"工具"面板又包括了选择工具▶和▶、变形工具▣、填充工具▦、套索工具❡、文本工具A、直线绘制工具╱、椭圆绘制工具○、矩形绘制工具□等，如图6-29所示。

　　一旦"工具"面板中某个工具被选中，则和它相关的"选项设置工具"面板将自动出现在工具栏下方，"属性"面板也将相应发生改变。

图6-29　绘图工具栏的组成

　　例如，在绘图工具栏中选择了铅笔工具▨，则在下方选项设置工具中将出现▣ ↳等工具，"属性"面板也更改为图6-30所示的样式。在"属性"面板中，可以设置铅笔的笔触颜色、线条粗细和样式等。在选项设置工具中，可以更改铅笔工具的绘制模式，其效果如图6-31所示。

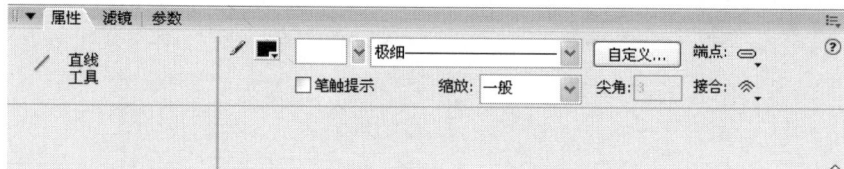

图6-30　铅笔工具的"属性"面板

图6-31　分别以伸直、平滑和墨水模式绘制的线条

提示：铅笔绘制过程中，一旦铅笔工具的选择和属性设置完成，就可以在画板上选择绘制的起始点按下鼠标左键，拖动鼠标进行图形的绘制，直至完成，释放鼠标左键，完成绘图。当拖动鼠标进行绘图时，按住【Shift】键，即可将所绘制的线条限制为垂直或水平方向。

2. 使用文本工具插入文字

（1）激活录入图层。单击"文字"图层名称，在该图层名称后出现一个铅笔图标 ✐，表示该图层处于活动状态，如图6-32所示。

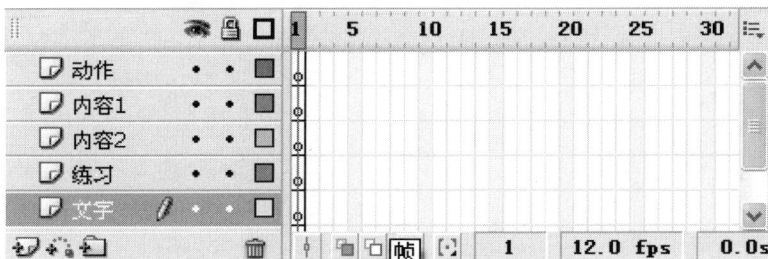

图6-32　激活文字图层

（2）选择文本工具。选中"工具"面板中的文本工具 A。

（3）插入文本。在舞台上任意位置双击（或按下鼠标左键并拖动），形成文本录入区域，输入文本内容"计算机组装仿真课件"。再次双击（或按下鼠标左键并拖动），形成文本录入区域，输入文本内容"——鼠标类型介绍"，如图6-33所示。

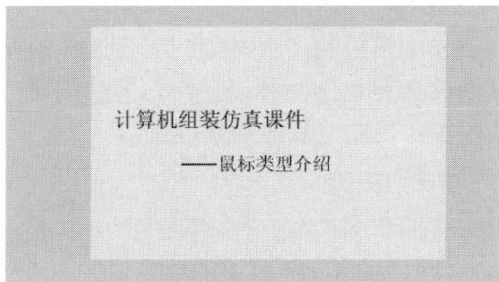

图6-33　插入文本

（4）调整文本属性。选中选择工具 ▶，选择文本"计算机组装仿真课件"，则在"舞台"下方的"属性"面板对应更改为"静态文本"属性面板，更改相应属性：字体设定为"宋体"，大小为45，颜色为黑色，选择居中对齐，位置设定为距页面左边距离X=130、距页面顶部距离Y=120，如图6-34所示。同样，选择"——鼠标类型介绍"文本，修改相应属性：字体设定为"宋体"，大小为40，颜色为黑色，选择居中对齐，位置设定为距页面左边距离X=360、距页面顶部距离Y=200。

图6-34　文本"属性"面板

此时，欢迎界面的文字插入完毕，效果如图6-35所示。

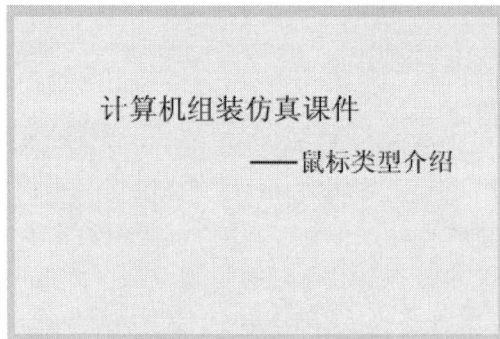

计算机组装仿真课件

——鼠标类型介绍

图6-35　文本插入后效果

（四）插入按钮

按钮是课件制作中常用的一个对象，它为课件的执行提供了引导作用。通常，使用的按钮包括两种：一种是播放按钮；另一种是返回按钮。通过这两种按钮控制课件的播放进度。

1. 插入公共库按钮实例

Flash的公用库给使用者提供了许多精美的按钮范例，可直接使用。

（1）打开公用库。执行菜单栏中的"窗口"→"公用库"→"按钮"命令，打开按钮公用库面板，如图6-36（a）所示。

（2）使用按钮。在公共库中，分别选定按钮文件flat blue forward和flat blue back，并拖动该按钮文件到"库"面板中，如图6-36（b）所示。

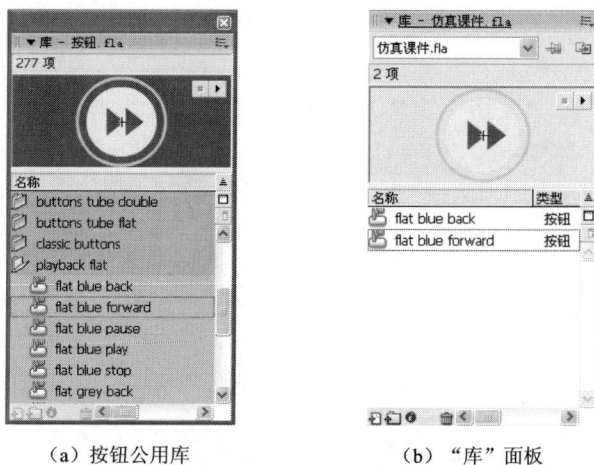

（a）按钮公用库　　　　　　　（b）"库"面板

图6-36　按钮库的使用

（3）生成实例。单击"下一页"图层，使该图层处于激活状态。然后，在"库"面板中，选择flat blue forward按钮文件，并拖动到舞台上，使该按钮成为按钮实例，如图6-37所示。

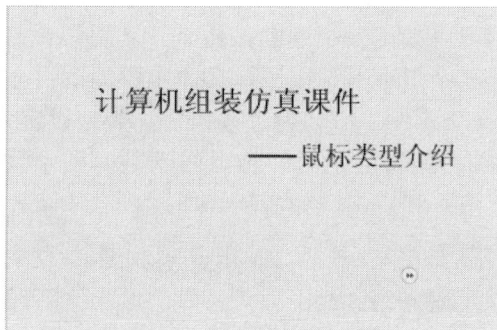

计算机组装仿真课件

——鼠标类型介绍

图6-37　生成课件按钮实例

（4）更改实例属性。选中按钮实例，则下方的"属性"面板更改为按钮属性面板；设置按钮的位置坐标，距页面左边距离为X=600、距页面上边距离为Y=450，如图6-38所示。

图6-38　更改按钮实例属性

（5）插入按钮说明文字。在激活"下一页"图层的情况下，在绘制工具面板中选择文本工具。在舞台的空白位置，双击，输入"开始"文本。在"开始"文本选中的状态下，在文本属性面板中调整文本的位置为X=620、Y=450，字体为"宋体"，大小为20，效果如图6-39所示。

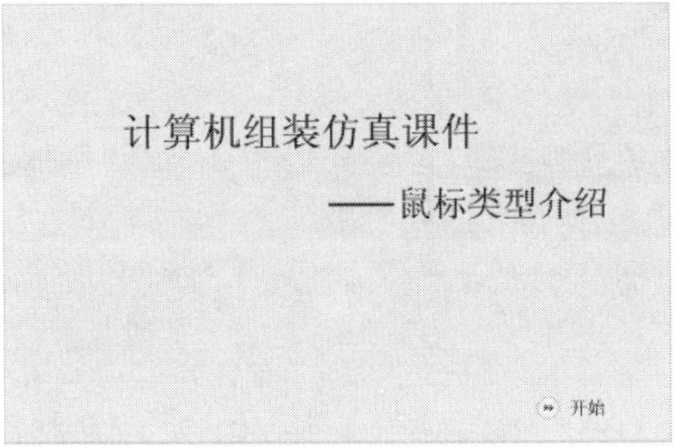

图6-39　更改按钮实例属性

2. 插入自制按钮实例

当然，除了可以使用公用库的按钮外，还可以制作自己喜欢的按钮。例如，制作一个"进入"按钮，具体步骤如下：

（1）新建一个元件，命名为"按钮"，类型设定为按钮元件。

（2）进入按钮编辑区，时间轴上面一共有四个过程，分别为弹起、指针经过、按下和点击，如图6-40所示。

图6-40　按钮元件的时间轴

（3）在第1个过程中，单击绘制工具栏里面的矩形工具绘制一个绿色的矩形。

（4）在图层面板中新建图层2，单击文本工具，并在矩形中输入"进入"。在"文本"属性面板中，设置颜色为"红色"，并调整位置，如图6-41所示。

图6-41 加入文字图层

（5）生成按钮实例。单击"仿真课件场景"，退出编辑元件界面后，该元件就出现在库面板中。拖动该按钮元件到舞台上，即可生成按钮实例。

至此，"欢迎界面"制作完毕，下面将继续制作第二个界面——PS/2鼠标介绍界面。

二、制作PS/2鼠标介绍界面

在继续学习制作课件的新界面之前，先介绍一下Flash软件制作过程中各界面间切换的关键知识点。

（一）知识补充

课件如何形成动态效果呢？这就需要用到动画。动画与常见的电影类似，也是将一系列的画面存储起来，形成播放的内容。一般，将一个画面称其为一帧，代表着一个时间片段上所播放的内容。当播放时，每一帧都与前一帧略有不同，并且每一帧都很短、很快地被下一帧代替，这样就形成了动画。可见，有许多帧隐藏在每个Flash课件的背后来构造每一个动画的细节。

例如，分析小球摆动的过程，其本质就是将摆球的运动效果分解为若干帧播放出来，效果如图6-42所示。

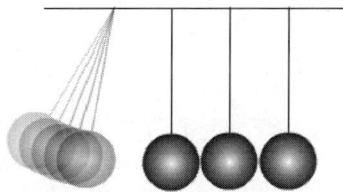

图6-42 动画的多帧效果

1．Flash制作动画工具

Flash为了能使人们可以方便、快捷地制作动画效果，提供了一个重要的编辑工具——"时间轴"面板。

"时间轴"面板位于Flash工作区中舞台的上方，是Flash进行课件创作和编辑的主要工具，决定了场景切换、文档内容变化的时间和次序。"时间轴"面板中包含图层和帧。图层在前面已经介绍过了，而帧是Flash文档进行课件制作的基本度量单位。通过对一系列帧的编辑，就可以产生像电影或声音那样连续的播放效果。

在新建Flash文档的默认情况下，"时间轴"面板的帧停留在一个帧（第1帧）的第一个图层（图层1）上。对于前面所绘制的欢迎界面，就是在第1帧上进行的。这就说明，当课件播放的时候，首先出现的就是欢迎界面。下面以一个样式较全的"时间轴"面板为例（见图6-43），介绍该工具的内容。

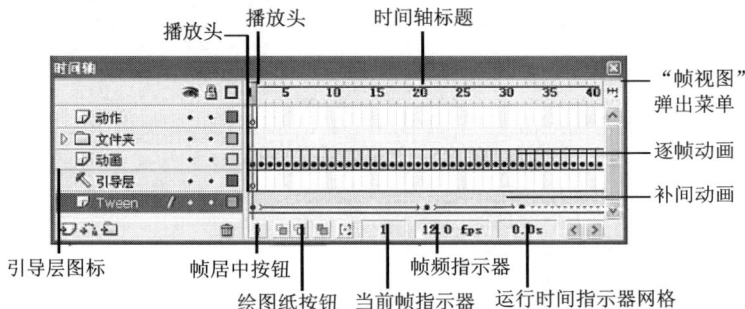

图6-43 "时间轴"面板

在"时间轴"面板上有一些图标按钮和信息框，它们的功能如下：

- 👁 按钮：显示或隐藏图层。
- 🔒 按钮：使图层锁定或解锁。
- ☐ 按钮：使图层中的图形只显示轮廓。
- 🗂 按钮：在选定图层的上面增加一个新的普通图层。
- ➕ 按钮：在选定图层的上面增加一个引导图层。
- ➕ 按钮：在选定图层的上面增加一个图层目录，可将图层拖动到该目录中。
- 🗑 按钮：删除选定的图层。
- ┃ 按钮：当影片较长、帧控制区的帧较多时，单击该按钮，可使播放指针显示的帧显示到帧控制区窗口中间。
- 🖺 按钮：单击该按钮，在时间轴上出现一个连续的、可以调整范围的多帧选择区域{ ┃ }，该区域内的所有帧对应的对象会同时显示在舞台上。

- 按钮：单击该按钮，可在时间轴上制作多帧选择区域，除当前帧外，其余帧中的对象仅显示其轮廓线，实现区域内所有帧对应的对象轮廓的同时显示。
- 按钮：单击该按钮，可在时间轴上制作多帧选择区域，该区域内帧的对象可以同时显示和编辑。
- 按钮：单击该按钮，可显示一个选项菜单，用来定义多帧选择区域的范围，可以定义显示2帧、5帧或全部帧的内容。
- 按钮：该按钮位于时间轴的右上角，单击该按钮可以弹出一个菜单，利用它可以改变时间轴单元格的显示方式。
- 信息栏：从左向右分别显示当前帧、帧频和总计时间。

2．Flash中的各种帧

Flash中的帧可以分为关键帧、普通帧、空白关键帧、空白帧、动作帧和过渡帧。在时间轴中，帧的表示方法如下：

- 关键帧：帧单元格内有一个实心的圆圈，表示该关键帧有内容。单击选中某一个帧单元格，再按【F6】键即可插入一个关键帧。
- 普通帧：在时间轴中，帧单元格背景为浅灰色的帧为普通帧，它的内容与左边的关键帧内容一样。单击选中某一帧单元格，再按【F5】键，即可将关键帧到该帧之间的所有帧变成普通帧。
- 空白关键帧：帧单元格内有一个空心的圆圈，表示它是一个没有内容的关键帧，用户可以为该帧创建内容。
- 空白帧：该帧没有内容。
- 动作帧：该帧也是一个关键帧，其中有一个字母"a"，表示在该帧中分配了动作。
- 过渡帧：在过渡动画中两个关键帧之间的帧，它的底色为浅蓝色或浅绿色。

在动画制作过程中，关键帧起到了非常重要的作用。顾名思义，关键帧就是在动画变化过程中，存放有关键内容的帧。通过在动画过程中插入关键帧，就可以在关键帧中编辑动画变化效果、更改各种元素状态。

注意：实际上只有在关键帧处才能编辑舞台上存在的实例对象。

3．帧的相关操作

- 帧的选择：Flash 提供了两种不同的方法来选择帧。一种可以在时间轴中选择单个帧，另一种可以在基于整体范围的选择下。单击两个关键帧之间的任何帧来选择整个帧序列。
- 帧的顺序：帧和关键帧在时间轴中出现的顺序决定它们在 Flash 应用程序中显示的顺序。可以通过在时间轴中改变关键帧的顺序，来编辑动画播放的顺序。
- 帧的创建：在时间轴中创建各种帧，用户可以先单击选中某个帧单元格，然后执行"插入"→"时间轴"命令，在弹出的菜单中选择要插入的帧。或者在选中某个帧单元格后右击，在弹出的快捷菜单中选择要创建的帧。
- 帧的补间动画/动作：在动画制作的过程中，若每一个帧都要进行人工编辑，那是一个很烦琐的过程。所幸的是，Flash中提供了在动画关键帧间自动填充帧、自动插入补间动画/动作等方式，这样就可以快速生成流畅的动画。

另外，右击时间轴中的帧，可以弹出与帧相关的快捷菜单，进行复制帧、粘贴帧、剪切帧等操作，从而简化了帧的制作过程。

（二）添加第2帧

课件的播放其实质是一系列帧顺序出现的过程，通过在各图层中插入第2帧来制作课件的第2个出现界面。

1．插入关键帧

（1）选中"动作"图层第2帧，使该图层成为激活状态，如图6-44（a）所示。

（2）右击，执行快捷菜单中的"插入关键帧"命令，结果如图6-44（b）所示。

当插入关键帧后，舞台就自动停留在第2帧上。由于其他图层在第2帧上没有图像，这时舞台变成了类似新建文档的"空白"区域。

2．插入其他关键帧

按照上述方法，依次在其他图层第2帧处插入关键帧，最终如图6-44（c）所示。

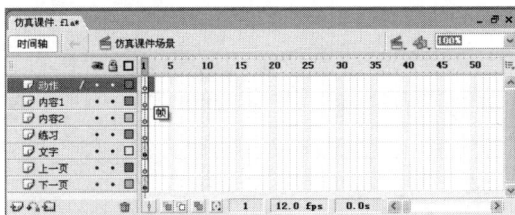

（a）选中"动作"图层第2帧

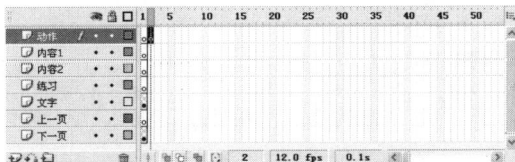

（b）在"动作"图层第2帧插入关键帧

（c）在其他图层第2帧插入关键帧

图6-44　第2帧的编辑

注意： 当插入"文字"图层和"下一页"图层的第2帧时，Flash 为了保持图像的连续性，会自动将前一帧的内容复制到插入的关键帧中。当全部关键帧插入完毕时，第2帧的"空白"舞台将变成与第一帧完全相同的样子。

在默认情况下，"文字"图层与"下一页"图层的第2帧已经有内容，故"时间轴"面板中这两层的关键帧标识为 ；而其他的图层的关键帧没有被编辑过，故为空白关键帧，标识为 。

（三）修改"文字"图层的第2帧

当课件沿着时间轴进行播放时，第2帧将出现介绍PS/2鼠标的界面。在此，按照设计内容，首先对第2帧的"文字"图层内容进行修改。

1. 清除已有关键帧

由于"文字"图层与"下一页"图层的第2帧保留有第1帧内容，而"文字"图层的内容与第2帧所涉及内容无关，故需要对其内容进行"清除"。

（1）单击"文字"图层，使该图层处于激活状态。

（2）右击该图层的第2帧，执行快捷菜单中的"清除帧"命令，将"文字"图层中的内容全部删除。

这时"时间轴"面板变为图6-45所示。

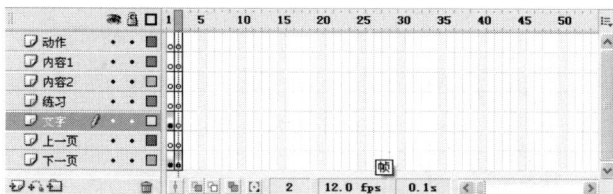

图6-45　清除"文字"图层第2帧后的"时间轴"面板

2. 使用文本工具添加"文字"图层内容

（1）激活"文字"图层。单击"文字"图层名称，使该图层处于活动状态，并确认目前修改的内容位于第2帧上。

（2）添加文字。选中"工具"面板中的文本工具 **A**，并在舞台上任意位置双击（或按住鼠标左键并拖动），形成文本录入区域，分行输入文本内容"鼠标接口类型介绍"，以及"说明：鼠标属于计算机外围设备，按照输入输出的接口类型可以分为PS/2接口和USB接口两类。下面是对这两类鼠标和对应主板接口的图例介绍。"

（3）分别调整文本段落属性。双击输入的文字，使该区域成为被编辑状态。选中"鼠标接口类型介绍"文本，在舞台下方的"文本"属性面板中设置相应属性：字体设定为"宋体"，大小为30，颜色为黑色，选择居中对齐，粗体。同样，选择后面文本，修改相应属性：字体设定为"宋体"，大小为20，颜色为黑色，选择居中对齐。效果如图6-46（a）所示。

（4）调整文本形状属性。选中选择工具 ，在"静态文本"属性面板中设定该文本的位置和大小属性：距页面左边距离X=0、距页面顶部距离Y=5，宽为750、高为120。效果如图6-46（b）所示。

注意：若在设置过程中，难以精确调整大小和位置，可以先单击"宽"旁边的 按钮，使其变为开锁状态 ，把约束去掉，然后再进行设置。待设置完成后，再次点击 按钮，使其成为锁住状态 。

（a）调整文本段落属性

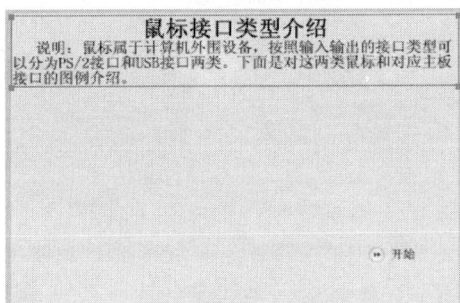

（b）调整文本形状属性

图6-46　添加文本

（四）修改"下一页"图层第2帧内容

（1）激活"下一页"图层。单击"下一页"图层名称，使该图层处于活动状态。

（2）输入修改内容。在第2帧中选中"开始"文字，双击该文字，使其成为修改状态，并输入文字内容"下一页"。

（3）保持按钮样式不变，如图6-47所示。

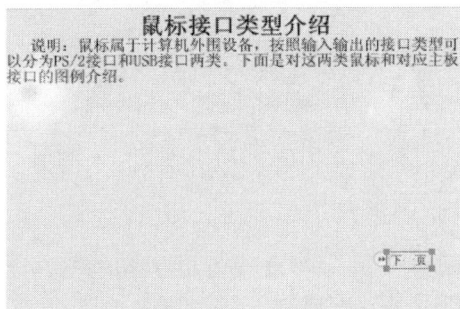

图6-47　修改"下一页"文本

（五）插入"上一页"图层内容

（1）打开"库"面板。执行菜单栏中的"窗口"→"库"命令，打开"库"面板。

（2）生成实例。单击"上一页"图层，使该图层处于激活状态，并单击该图层的第2帧。

（3）在"库"面板中，选择flat blue back按钮文件，并将其拖动到舞台上，使该按钮成为按钮实例。

（4）更改实例属性。选中按钮实例，则下方的"属性"面板更改为"按钮"属性面板。设置按钮的位置坐标，距左边距为X=450、距上边距为Y=450，如图6-48所示。

图6-48　更改"上一页"按钮实例属性

（5）插入按钮说明文字。在激活"上一页"图层的情况下，选中绘制工具面板中的文本工具 A；在舞台的空白位置双击，输入"上一页"文本。在"上一页"文本选中的状态下，在"文本"属性面板中调整文本的位置为X=470、Y=450，字体为"宋体"，大小为20，效果如图6-49所示。

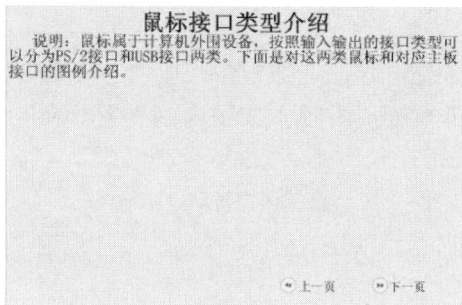

图6-49　插入"上一页"图层课件效果

（六）插入"介绍1"元件

按照该课件所设计的结构，本界面中新建一个名称为"介绍1"元件，用于介绍PS/2类型的鼠标。

1．新建元件

（1）执行菜单栏中的"插入"→"新建元件"命令（或按【Ctrl+F8】组合键），弹出"创建新元件"对话框。

（2）在"创建新元件"对话框中，在"名称"文本框中输入"介绍1"，设置元件创建的类型为"影片剪辑"，如图6-50所示。

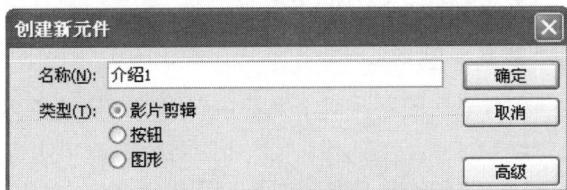

图6-50　创建新元件对话框

（3）单击"确定"按钮，则新元件"介绍1元件"被添加到"库"面板中，Flash进入元件编辑模式，如图6-51所示。

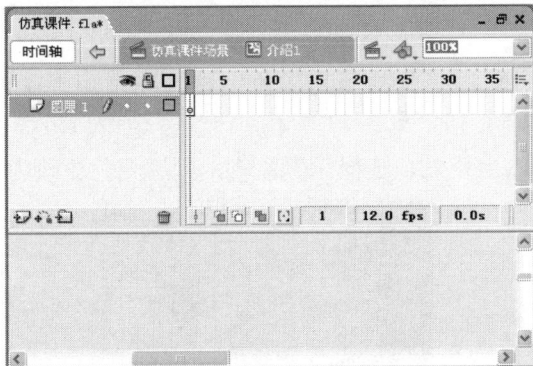

图6-51　"介绍1"元件编辑窗口

编辑元件与编辑Flash场景的过程基本一致，也只包含一个图层，并停留在第1帧上。

2．插入图层

（1）新建图层。根据该元件的内容需要添加4个图层。在"时间轴"面板连续4次单击插入图层按钮，插入4个图层。

（2）修改图层。双击各图层名称"图层1""图层2"……并从上到下修改图层名称为"主板图片""鼠标图片""文字""背景""声音"，如图6-52所示。

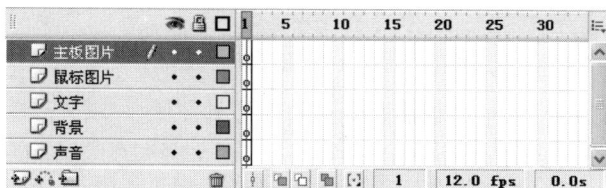

图6-52 "介绍1"元件插入图层

3．绘制"背景"图层

（1）激活"背景"图层。双击"背景"图层，使其成为活动状态。

（2）选择绘制工具。在绘制"工具"面板中选中矩形工具▢，这时舞台下方的属性面板变为"矩形工具"属性面板，如图6-53所示。

图6-53 "矩形工具"属性面板

（3）设置矩形工具的填充颜色属性。在"矩形工具"属性面板中，单击填充色按钮，打开填充色的混色窗口，如图6-54所示。在混色窗口的右上角处，选择无颜色☑，则填充色更改为无颜色。

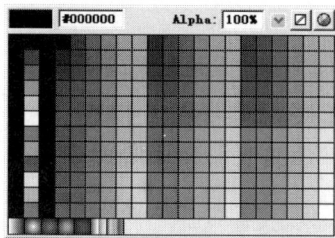

图6-54 填充色的混色窗口

（4）设置矩形工具的边框颜色属性。在"矩形工具"属性面板中，单击笔触颜色按钮，出现与填充色窗口类似的混色窗口。在颜色文本框中输入颜色，更改黑色（#000000）为灰色（#CCCCCC），将矩形工具的所绘制线条颜色设为灰色；或在绘图工具面板下方的颜色面板中直接修改相应属性。

（5）设置矩形工具的线宽属性。在属性面板中，默认的线宽为1，若要更改线宽，可以在输入栏中输入数字更改线宽；也可单击图6-55（a）中"1"旁边的小三角，出现图6-55（b）所示的线宽调整栏，用鼠标拖动把手也可以更改线宽。这里将线宽设为1.5。

（6）设置"矩形工具"的线型属性，Flash绘制的矩形有多种线型，包括极细、实线、虚线、点状线、斑马线、点描、锯齿状等，如图6-55（c）所示，这里设为实线。

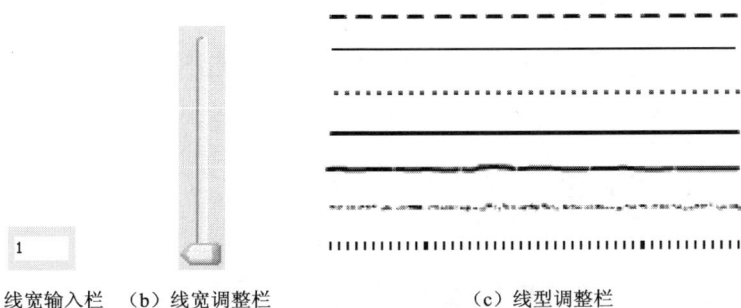

（a）线宽输入栏　（b）线宽调整栏　　　　　　（c）线型调整栏

图6-55　设置矩形工具的线宽、线型属性

（7）设置矩形工具的边角属性。单击绘制工具面板下方的"选项"面板中边角半径设置按钮 ，弹出"矩形设置"对话框。并设置边角半径为5，如图6-56所示。

注意：设置矩形边角半径的大小可更改矩形的样式，当取0值时，表示尖角；若输入大于0的值（1～999），则为圆角样式，且随着输入值的增大，圆角越明显，如图6-57所示。

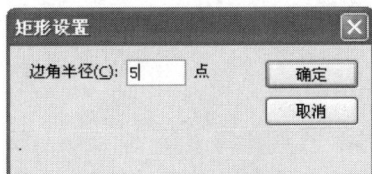

图6-56　矩形设置窗口

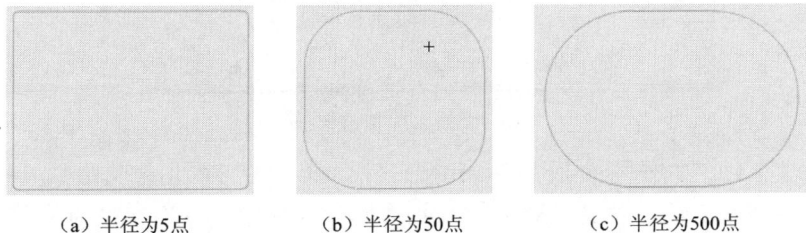

（a）半径为5点　　　　（b）半径为50点　　　　（c）半径为500点

图6-57　边角半径大小对绘制矩形的影响

（8）在舞台上绘制矩形。单击舞台任意位置并拖动，绘制出矩形。在绘制过程中，若同时按【Shift】键，则可绘制正方形。

（9）更改所绘制矩形的形状位置属性。在绘制工具面板中选中选择工具，选择舞台中刚绘制的矩形。在窗口下方的"绘制对象"属性面板中，设置宽为700、高为320，X=0、Y=0，如图6-58所示。

图6-58　绘制对象属性设置面板

4. 编辑"鼠标图片"图层

（1）激活"鼠标图片"图层。双击"鼠标图片"图层，使其成为活动状态。

（2）导入鼠标图片。执行菜单栏中的"文件"→"导入"→"导入到库"命令，打开"导入到库"对话框，选择mouse_ps2.gif图片文件，如图6-59所示。

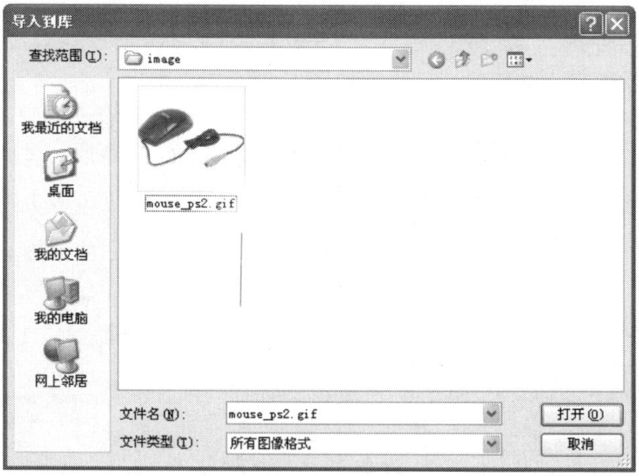

图6-59　导入鼠标图片

（3）"库"面板显示导入文件，单击"打开"按钮后，该mouse_ ps2.gif图片文件就被导入到"库"面板中，导入类型为位图。单击该文件时，可以预览该文件效果，如图6-60所示。

（4）生成位图实例。在"库"面板中，选中mouse_ps2.gif图片文件，并将其拖动到舞台中，生成位图实例。由于原始的图片大小、位置不符合设计要求，故须修改位图的相应属性。

（5）调整位图属性。在绘图工具面板中选中选择工具，单击所生成的图片实例，使其成为选定状态。在舞台下方的"位图"属性面板中，单击按钮，使其成为状态，表示图像按比例变化。修改位图的形状属性，设置宽为400、高为220。修改位图的位置属性，托曳鼠标图片到适合位置；也可以直接设置位置，如X=18、Y=18。位图属性面板的属性设置如图6-61所示。

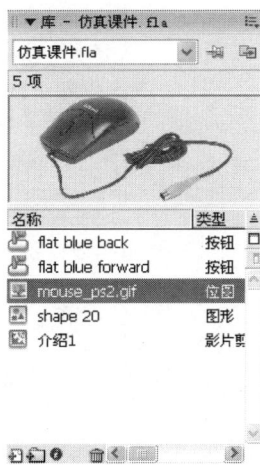

图6-60　库文件预览效果

图6-61　位图属性面板

元件插入"PS/2类型鼠标"的位图文件后，整体效果如图6-62所示。

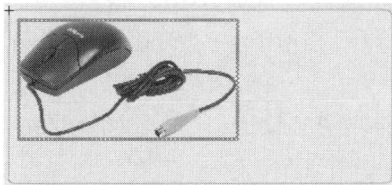

图6-62　元件插入鼠标图片效果

5．编辑"主板图片"图层

（1）激活"主板图片"图层、双击"主板图片"图层，使其成为活动状态。

（2）导入主板图片。执行菜单栏中的"文件"→"导入"→"导入到库"命令，打开导入到库对话框，选择masterboard.gif图片文件，如图6-63所示。

图6-63　导入主板图片

（3）"库"面板显示导入文件，单击"打开"按钮后，该masterboard.gif图片文件就被导入到"库"面板中。导入类型为位图，当点击该文件时，可以预览该文件效果。

（4）生成位图实例。在"库"面板中，选中masterboard.gif图片文件，并将其拖动到舞台中，生成位图实例。由于原始图片的大小、位置不符合设计要求，故需修改位图的相应属性。

（5）调整位图属性。在绘图工具面板中选中选择工具，单击所生成的主板图片实例，使其成为选定状态。在舞台下方的"位图"属性面板中，单击按钮，使其成为状态，表示图像按比例变化。修改位图的形状属性，设置宽为1000、高为227。修改位图的位置属性，拖动主板图片到适合位置；也可以直接设置位置，如X=460、Y=40。

元件插入主板的位图文件后，整体效果如图6-64所示。

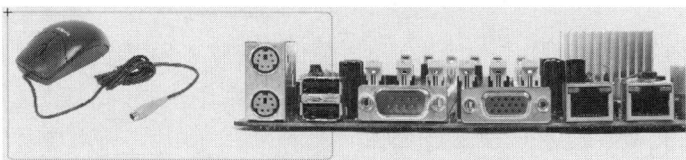

图6-64　元件插入主板图片效果

6．使用"蒙版"图层

对于在元件中所插入的主板图片，所关注的仅仅是主板与鼠标对应接口的位置，而不需要展示整个"主板"。对于这种情况，一般可以利用图片处理工具，根据需要进行图片的截取。若没有相应的图像处理软件，也可以通过Flash提供的蒙版图层实现该功能。Flash蒙版图层提供了一种有选择地显示图层中某些部分的简单方法。应用Flash蒙版需要专门建立一个图层作为蒙版图层，而使它下面的图层成为被遮盖的图层。

（1）激活"主板图片"图层。双击"主板图片"图层，使其成为活动状态。

（2）添加"蒙版"图层。在"时间轴"面板中单击插入图层按钮，插入1个新图层。右击新图层名称"图层6"，在快捷菜单中选择"遮罩层"，"图层6"会转换为蒙版图层，并用一个蓝色的菱形图标表示，紧挨着该图层下面的图层"主板图片"图层，链接到蒙版图层，被遮罩图层的名称会缩进，其图标会更改为蓝色图层图标。蒙版图层"图层6"以及它遮盖的图层"主板图片"将自动被锁定，如图6-65所示。

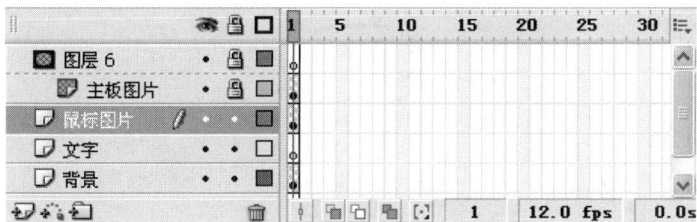

图6-65 增加蒙版图层后的元件"时间轴"面板

（3）增加"蒙版"图层内容。单击"图层6"的锁图标，则锁消失，表明该图层进入编辑状态。在绘制工具面板中，选中矩形工具，并在舞台下方的"矩形工具"属性面板中，设置填充色、线条颜色均为黑色#000000，线型为实线，边角半径为0值。在舞台上绘制矩形，单击舞台任意位置并拖动，绘制出矩形，如图6-66（a）所示。利用选择工具选择舞台中刚绘制的矩形，并拖动该矩形到主板图片上，让矩形覆盖PS/2类型的鼠标接口。在"绘制对象"属性面板中，单击按钮，取消矩形按比例变化，设置矩形的宽为85、高为80，X=515、Y=70，如图6-66（b）所示。

（4）查看蒙版效果。执行菜单栏中的"控制"→"测试场景"命令（或按【Ctrl+Alt+Enter】组合键），可以看到蒙版后元件的运行效果，如图6-66（c）所示。

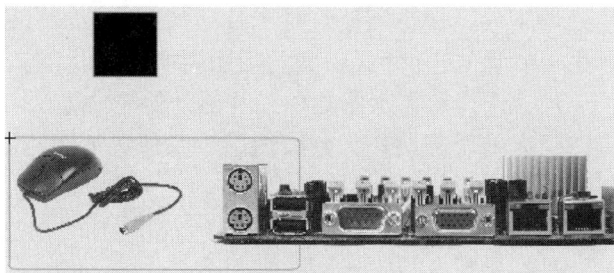

（a）在蒙版图层绘制矩形

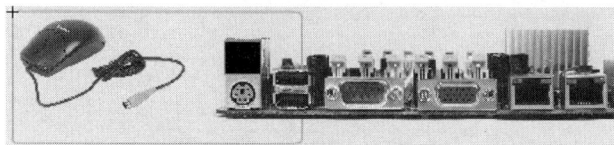

（b）调整矩形形状和位置

（c）查看蒙版效果

图6-66　增加蒙版图层后的效果

通过在蒙版层中绘制矩形区域，使蒙版层"图层6"下面的"主板图片"图层只显示蒙版层有颜色的区域部分，即主板的PS/2接口。若还有其他图层需要被蒙版层处理，则需要在时间轴中将该图层拖动到蒙版图层下面即可。

7.编辑"文字"图层

（1）激活"文字"图层。单击"文字"图层名称，使该图层处于活动状态。

（2）添加文字。在"工具"面板中选中文本工具 A，并在舞台上任意位置双击，形成文本录入区域，并输入文本内容"PS/2接口鼠标"。同样，再新建一个文本区域，并输入文本内容"主板对应的鼠标接口"。

（3）分别调整文本属性。双击输入的文字，使该区域成为被编辑状态。选中"PS/2接口鼠标"文本，在舞台下方的"静态文本"属性面板中设置相应属性：字体设定为"宋体"，大小为20，颜色为黑色。同理，设置另一文本的属性。

（4）调整文本位置属性。选中选择工具 ![指针]，选中"PS/2接口鼠标"文本，在"静态文本"属性面板中设定该文本的位置属性：距页面左边距离X=100，距页面顶部距离Y=270。同理，选中"主板对应的鼠标接口"文本，在"静态文本"属性面板中设定该文本的位置属性：距页面左边距离X=450、距页面顶部距离Y=270，效果如图6-67（a）所示。

执行菜单栏中的"控制"→"测试场景"命令查看该元件的最终效果，如图6-67（b）所示。

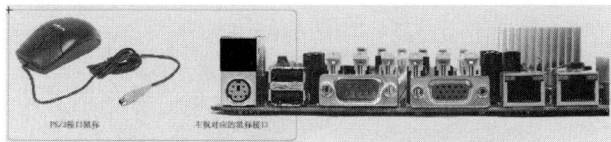

（a）插入文字效果

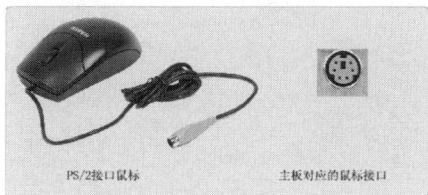

（b）最终效果

图6-67　元件插入文字效果及最终效果

在"时间轴"面板上，单击"返回"按钮 ![返回]，关闭"介绍1"元件编辑窗口，返回"仿真课件场景"编辑窗口。这时，在"库"面板中，出现了刚才所建立的元件"介绍1"，如图6-68所示。

（七）插入新建元件

（1）激活"内容1"图层。双击"内容1"图层，使其成为活动状态。

（2）生成"介绍1"元件实例。在"库"面板中，选中"介绍1"影片剪辑

图6-68　"库"面板中新增"介绍1"元件

元件，并将其拖动到舞台中，生成影片剪辑元件实例。

（3）调整元件属性。在绘图工具面板中选中选择工具 ，单击所生成的"介绍1"元件实例，使其成为选定状态。在舞台下方的"影片剪辑"属性面板中，单击 按钮，使其成为 状态，表示元件大小按比例变化。修改元件属性，设置宽为700、高为320，X=25、Y=125。

（八）保存文件

执行菜单栏中的"文件"→"保存"命令（或按【Ctrl+S】组合键），保存元件和场景。

至此，PS/2类型鼠标介绍界面（即课件的第2帧内容）制作完毕，其整体效果如图6-69所示。

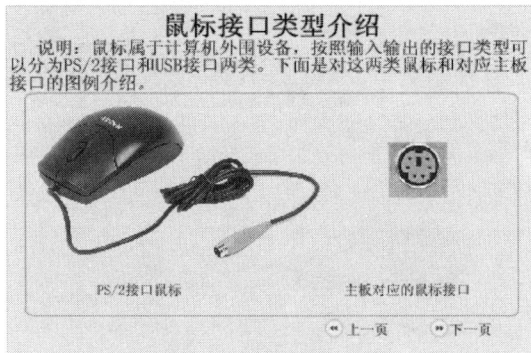

图6-69　课件第2帧界面

三、制作USB鼠标介绍界面

下面我们向课件的各层插入第3帧来制作课件的第三个界面——USB鼠标介绍界面。

（一）添加第3帧

与添加第2帧方法相似，向课件各层插入第3帧。其过程如下：

（1）选中"动作"图层第3帧，使该图层成为激活状态。

（2）右击，执行快捷菜单中的"插入关键帧"命令。

（3）当插入关键帧后，舞台自动停留在第3帧上，并变成了"空白"区域。

（4）按照上述方法，依次在其他图层第3帧处插入关键帧，最终如图6-70所示。

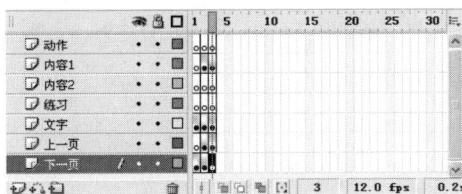

图6-70　第3帧的编辑

　　由于在默认情况下部分图层的第2帧已经有内容，故第3帧对应的图层保留仍有相应的内容。按照设计内容，第3帧的"文字""上一页"和"下一页"三个图层的具体内容与第2帧相应图层内容相同，故不做进一步修改。下面仅对"内容1"和"内容2"图层进行相应的修改。

（二）清除"内容1"图层的第3帧

　　在"内容1"图层的第3帧中，仍保留有原来第2帧内容，故在此对其内容进行"清除"。

　　（1）单击"内容1"图层，使该图层处于激活状态。

　　（2）右击该图层的第3帧，执行快捷菜单中的"清除帧"命令，将"内容1"图层中的第3帧内容全部删除。

　　这时，"时间轴"面板变为图6-71所示的样式，第3帧界面整体效果如图6-72所示。

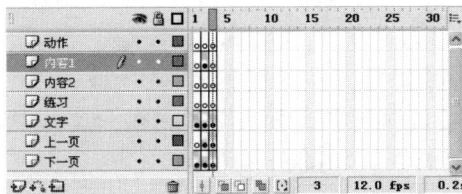

图6-71　清除"内容1"图层第3帧后"时间轴"面板

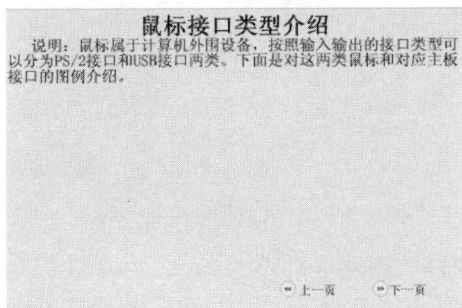

图6-72　第3帧课件效果

（三）插入"内容2"图层的第3帧内容

按照该课件所设计的结构，新建"介绍2"元件来介绍USB类型的鼠标。

1. 新建元件

（1）执行菜单栏中的"插入"→"新建元件"命令（或按【Ctrl+F8】组合键），弹出"创建新元件"对话框。

（2）在"创建新元件"对话框中，设置名称为"介绍2"，元件创建的类型为"影片剪辑"，如图6-73所示。

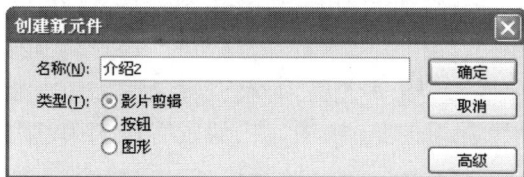

图6-73 "创建新元件"对话框

（3）单击"确定"按钮，则新元件"介绍2"元件添加到"库"面板中，Flash进入元件编辑模式，编辑状态停留在"图层1"的第1帧上。

2. 插入图层

（1）新建图层。根据该元件的内容需要再添加5个图层，鼠标在"时间轴"面板连续5次单击插入图层按钮，插入5个新的图层。

（2）修改图层。双击各图层名称"图层1""图层2"……，并从上到下修改图层名称为"屏蔽层""主板图片""鼠标图片""文字""背景""声音"，如图6-74所示。

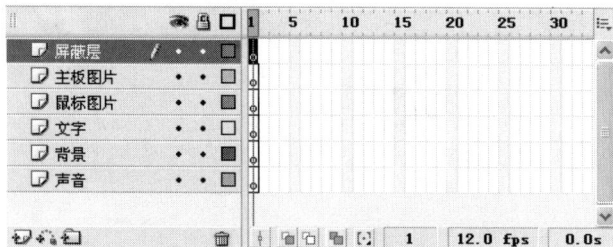

图6-74 "介绍2"元件插入图层

3. 绘制"背景"图层

（1）激活"背景"图层。双击"背景"图层，使其成为活动状态。

设置矩形工具属性，在绘制"工具"面板中选中矩形工具 ▢，这时舞台下方的属性面板变为"矩形工具"属性面板。在"矩形工具"属性面板中，与第2帧类似，设置填充色为无颜色 ◿，边框颜色为灰色#CCCCCC，线宽设为1.5，线型为实线，边角半径为5。

（2）在舞台上绘制矩形。单击舞台任意位置并拖动，绘制出矩形。

（3）更改所绘制矩形的形状位置属性。在绘制工具面板中选中"选择工具" ▙，选择舞台中刚绘制的矩形；并在窗口下方的"绘制对象"属性面板中，设置宽为700、高为320，X=0、Y=0。

4．编辑"鼠标图片"图层

（1）激活"鼠标图片"图层。双击"鼠标图片"图层，使其成为活动状态。

（2）导入鼠标图片。执行菜单栏中的"文件"→"导入"→"导入到库"命令，打开"导入到库"对话框，选择mouse_usb.gif图片文件，如图6-75所示。

图6-75　导入鼠标图片

（3）"库"面板显示导入文件。单击"打开"按钮后，mouse_usb.gif图片文件就被导入到"库"面板中，导入类型为位图。

（4）生成位图实例。在"库"面板中，选中mouse_usb.gif图片文件，并将其拖动到舞台中，生成位图实例。

（5）调整位图属性。在绘图工具面板中选中选择工具 ▙，单击所生成的图片实例，使其成为选定状态。在舞台下方的"位图"属性面板中，单击 🔒 按钮，使其成为 🔒 状态，表示图像按比例变化。修改位图的形状属性，设置高为220、宽自动为236；修改位图的位置属性。拖动鼠标图片到适合位置，也可以直接设置位置，如X=50、Y=18。

元件插入"USB类型鼠标"的位图文件后，整体效果如图6-76所示。

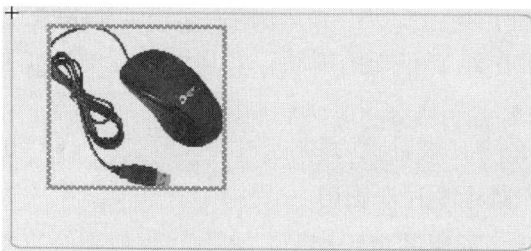

图6-76 元件插入"鼠标"图片效果

5. 编辑"主板图片"图层

在编辑"主板图片"图层的过程中，由于在"介绍1"元件建立的过程中主板图片masterboard.gif已经被导入"库"面板中，故我们可直接利用该图片生成位图实例。生成方法与"介绍1"元件的"主板图片"图层编辑过程一致。

但这种方法过于烦琐，我们还可以利用Flash提供的"复制"功能将位置、形状一样的课件元素在不同元件、课件之间"粘贴"。下面介绍这种方法。

（1）激活"主板图片"图层。双击"主板图片"图层，使其成为活动状态。

（2）复制"主板"图片元素。在"库"面板中，双击"介绍1"元件的图标，打开"介绍1"元件。双击"介绍1"元件的"主板图片"图层，使其成为活动状态。若该图层仍在锁定状态，需要单击锁图标，恢复编辑状态，这时该图层上各种实例均被选中。右击某一位图实例，如主板图片，执行快捷菜单中的"复制"命令，复制所有实例。

（3）粘贴位图实例。在"库"面板中，双击"介绍2"元件的图标，打开"介绍2"元件。右击舞台空白处，执行快捷菜单中的"粘贴到当前位置"命令，则"主板"图片出现在与"介绍1"元件的主板图片相同的位置上，并且大小一样。

（4）调整位图位置。由于主板对应USB类型鼠标为USB接口，故对主板位图的位置进行简单调整。利用选择工具[图标]，选中"主板"图片，并在舞台下方的属性面板中设置位置属性X=320、Y=0。

元件插入"主板"的位图文件后，整体效果如图6-77所示。

图6-77　元件插入主板图片效果

6. 编辑"屏蔽层"图层

（1）激活"屏蔽层"图层。双击"屏蔽层"图层，使其成为活动状态。

（2）转换"屏蔽层"图层。右击"屏蔽层"图层，执行快捷菜单中的"遮罩层"命令，则"屏蔽层"图层转换为蒙版类型图层，其下面紧临的"主板图片"图层称为其遮盖图层，它们均被系统自动锁定[图标]，如图6-78所示。

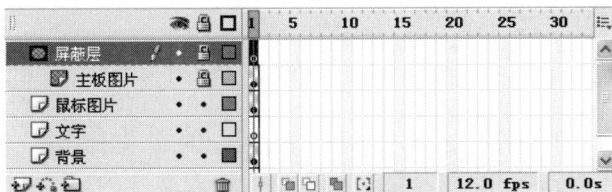

图6-78　元件"时间轴"面板

（3）增加"屏蔽层"图层内容。单击"屏蔽层"的锁图标[图标]，使该图层进入编辑状态。在"库"面板中，双击"介绍1"元件的图标[图标]，打开"介绍1"元件，并激活"图层6"蒙版图层。右击绘制的黑色矩形位图，执行快捷菜单中的"复制"命令。在"库"面板中，双击"介绍2"元件的图标[图标]，重新打开"介绍2"元件。右击舞台空白处，执行快捷菜单中的"粘贴到当前位置"命令，则该矩形出现在与"介绍1"元件的相同位置上，如图6-79（a）所示。在属性面板中调整该矩形的位置和大小属性：宽为100、高为50，X=485、Y=102。

（4）查看蒙版效果。执行菜单栏中的"控制"→"测试场景"命令（或按【Ctrl+Alt+Enter】组合键），可以看到蒙版后元件的运行效果，如图6-79（b）所示。

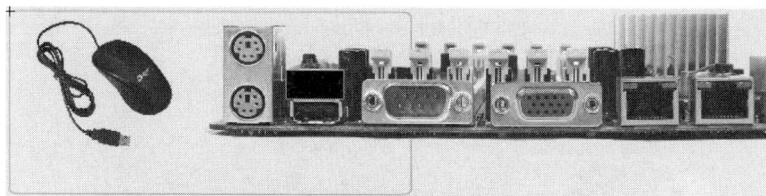

（a）调整矩形形状和位置

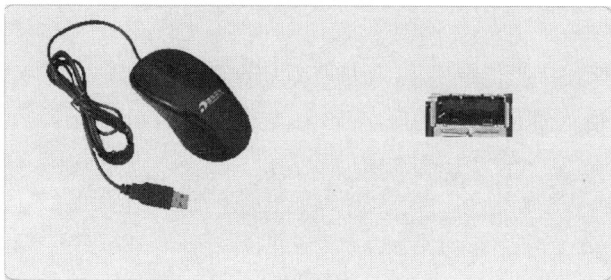

（b）查看蒙版效果

图6-79　增加蒙版图层后的效果

7. 编辑"文字"图层

（1）激活"文字"图层。单击"文字"图层名称，使该图层处于活动状态。

（2）添加文字。选中"工具"面板中的文本工具 A，并在舞台上任意位置双击，形成文本录入区域，输入文本内容"USB接口鼠标"。同样，再新建一个文本区域，并输入文本内容"主板对应的鼠标接口"。

（3）分别设置文本属性。双击输入的文字，使该区域成为被编辑状态。选中"USB接口鼠标"文本，在舞台下方的"静态文本"属性面板中设置相应属性：字体设定为"宋体"，大小为20，颜色为黑色。同样，设置另一文本的属性。

（4）调整文本位置属性。单击选择工具 ，再选中"USB接口鼠标"文本，在"静态文本"属性面板中设定该文本的位置属性：距页面左边距离X=100、距页面顶部距离Y=270。同样，选中"主板对应的鼠标接口"文本，在"静态文本"属性面板中设定该文本的位置属性：距页面左边距离X=450、距页面顶部距离Y=270。效果如图6-80所示。

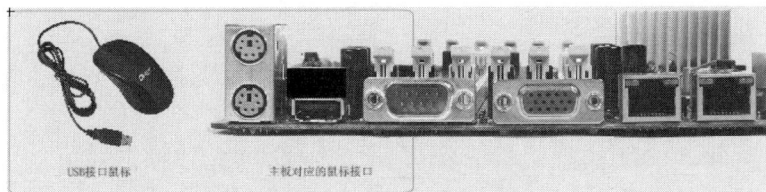

图6-80　元件插入文字效果

执行菜单栏中的"控制"→"测试场景"命令，查看该元件的最终效果，如图6-81所示。

在"时间轴"面板上单击返回按钮⇦，关闭"介绍2"元件编辑窗口，返回到"仿真课件场景"编辑窗口。这时，"库"面板中出现了刚才所建立的元件"介绍2"，如图6-82所示。

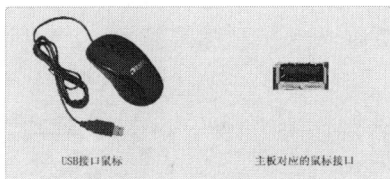

图6-81　元件最终效果

图6-82　"库"面板中新增"介绍2"元件

（四）插入新建元件

（1）激活"内容2"图层。双击"内容2"图层，使其成为活动状态。

（2）生成"介绍2"元件实例。在"库"面板中，选中"介绍2"影片剪辑元件，并将其拖动到舞台中，生成影片剪辑元件实例。

（3）调整元件属性。在绘图工具面板中选中选择工具▮，单击所生成的"介绍2"元件实例，使其成为选定状态。在舞台下方的"影片剪辑"属性面板中，单击▮按钮，使其成为▮状态，表示元件大小按比例变化。修改元件属性，设置宽为700，高为320，X=25，Y=125。

（五）保存文件

执行菜单栏中的"文件"→"保存"命令（或按【Ctrl+S】组合键），保存元件和场景。

至此，USB类型鼠标介绍界面（即课件的第3帧内容）制作完毕，其整体效果如图6-83所示。

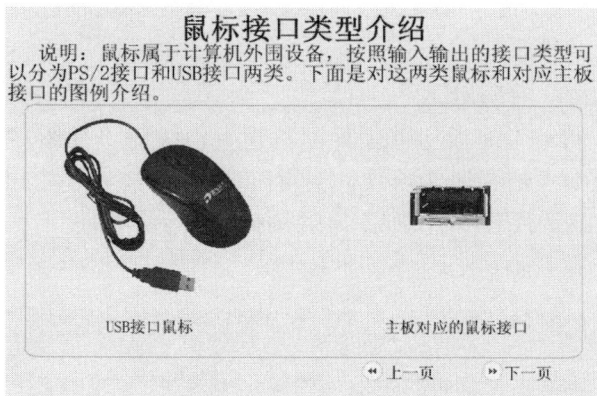

图6-83　课件第3帧界面

四、制作仿真练习界面

本节继续制作本课件的第四个界面——仿真练习界面。

（一）添加第4帧

首先，在"仿真课件场景"的各层插入第4帧。与添加第2帧方法相似，向课件各层插入第4帧。其过程如下：

（1）选中"动作"图层第4帧，使该图层成为激活状态。

（2）右击，执行快捷菜单中的"插入关键帧"。当插入关键帧后，舞台自动停留在第4帧上，并变成了"空白"区域。

（3）按照上述方法，依次在其他图层第4帧处插入关键帧，最终如图6-84所示。

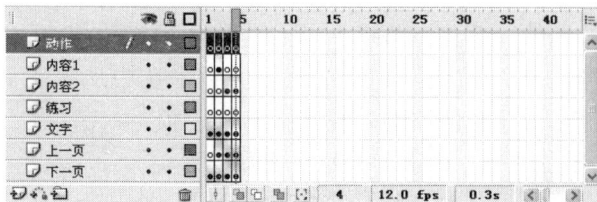

图6-84　第4帧的编辑

由于在默认情况下部分图层的第3帧已经有内容，故第4帧对应的图层保留仍有相应的内容。按照设计内容，第4帧的"上一页"图层的具体内容与第3帧相应图层内容相同，故不做进一步修改。下面对其他各图层进行相应的修改。

（二）清除"内容2"图层的第4帧

在"内容2"图层的第4帧中，仍保留有原来第3帧内容，故在此对其内容进行"清除"。

（1）单击"内容2"图层，使该图层处于激活状态。

（2）右击该图层的第4帧，执行快捷菜单中的"清除帧"命令，将"内容2"图层中的第4帧内容全部删除。

（三）清除"下一页"图层的第4帧

由于本界面为最后一个界面，故"下一页"图层的第4帧内不需要任何内容。而第4帧内保留有原来第3帧内容，故在此对其内容进行"清除"。

（1）单击"下一页"图层，使该图层处于激活状态。

（2）右击该图层的第4帧，执行快捷菜单中的"清除帧"命令，将"下一页"图层中的第4帧内容全部删除。

（四）修改"文字"图层的第4帧

1．清除已有关键帧

由于"文字"图层与"下一页"图层的第2帧保留有第1帧内容，而"文字"图层的内容与第2帧所涉及内容无关，故需要对其内容进行"清除"。

（1）单击"文字"图层，使该图层处于激活状态。

（2）右击该图层的第2帧，执行快捷菜单中的"清除帧"命令，将"文字"图层中的内容全部删除。

2．使用文本工具添加"文字"图层内容

（1）激活"文字"图层。单击"文字"图层名称，使该图层处于活动状态，并确认目前修改的内容位于第2帧上。

（2）添加文字。在"工具"面板中选中文本工具Ａ，并在舞台上任意位置双击，形成文本录入区域，分行输入文本内容"鼠标与主板接口匹配仿真练习"以及"说明：根据图例所示主板所提供的接口

位置，挑选相符类型的鼠标进行连接。"

（3）分别调整文本段落属性。双击输入的文字，使该区域成为被编辑状态。选中"鼠标与主板接口匹配仿真练习"文本，在舞台下方的"文本"属性面板中设置相应属性：字体设定为"宋体"，大小为30，颜色为黑色，选择居中对齐，粗体。同样，选中后面的文本，修改相应属性：字体设定为"宋体"，大小为20，颜色为黑色，选择居中对齐。

（4）调整文本形状属性。选中选择工具 ，在"静态文本"属性面板中设定该文本的位置和大小属性：距页面左边距离X=0、距页面顶部距离Y=5，宽为750、高为100。效果如图6-85所示。

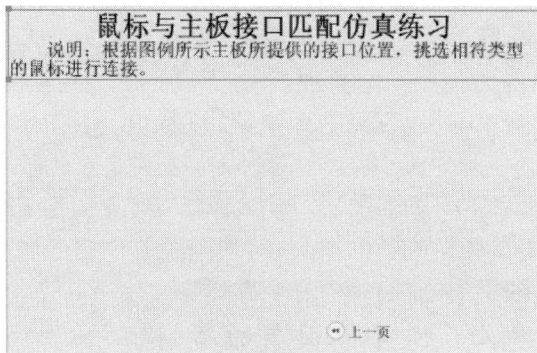

图6-85　添加文本效果

（五）插入"练习"元件

1. 新建元件

（1）执行菜单栏中的"插入"→"新建元件"命令（或按【Ctrl+ F8】组合键），弹出"创建新元件"对话框。

（2）在"创建新元件"对话框中，设置名称为"练习"，元件创建的类型为"影片剪辑"，如图6-86所示。

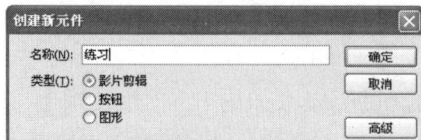

图6-86　"创建新元件"对话框

（3）单击"确定"按钮，则新元件"练习"添加到"库"面板中，Flash进入元件编辑模式，编辑状态停留在"图层1"的第1帧上。

2．插入图层

（1）新建图层。根据该元件的内容需要再添加5个图层，鼠标在"时间轴"面板连续5次单击插入图层按钮 🗐 。

（2）修改图层，双击各图层名称"图层1""图层2"……并从上到下修改图层名称为"动作""提示""文字""鼠标""主板""背景"，如图6-87所示。

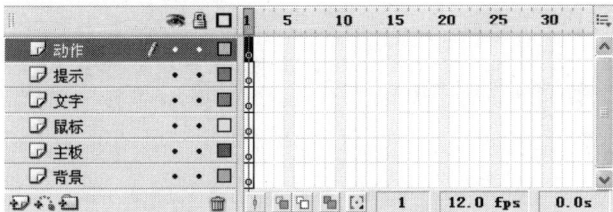

图6-87　"练习"元件插入图层

3．绘制"背景"图层

（1）激活"背景"图层。双击"背景"图层，使其成为活动状态。

（2）设置矩形工具属性。在绘制"工具"面板中选中矩形工具 🔲 ，这时舞台下方的属性面板变为"矩形工具"属性面板。与第2帧类似，在"矩形工具"属性面板中，设置填充色为无颜色 🔲 ，边框颜色为灰色#CCCCCC，线宽设为1.5，线型为实线，边角半径为5。

（3）在舞台上绘制矩形。单击舞台任意位置并拖动，绘制出矩形。

（4）更改所绘制矩形的形状位置属性。在绘制工具面板中选中选择工具 🔖 ，选中舞台中刚绘制的矩形，并在窗口下方的"绘制对象"属性面板中，设置宽为700、高为320，X=0、Y=0。

4．编辑"主板图片"图层

在编辑"主板图片"图层的过程中，由于在前面的元件建立的过程中主板图片masterboard.gif已经被导入"库"面板中，故可直接利用该图片生成位图实例。

（1）激活"主板图片"图层。双击"主板图片"图层，使其成为活动状态。

（2）生成位图实例。在"库"面板中，选中masterboard.gif图片文件，并拖动到舞台中，生成位图实例。

（3）调整位图属性。在绘图工具面板中选中选择工具，单击所生成的主板图片实例，使其成为选定状态。在舞台下方的"位图"属性面板中，单击按钮，使其成为状态，表示图像按比例变化。修改位图的形状属性，设置宽为600、高为136。修改位图的位置属性，拖动主板图片到适合位置，也可以直接设置位置，如X=50、Y=10。

元件插入主板的位图文件后，整体效果如图6-88所示。

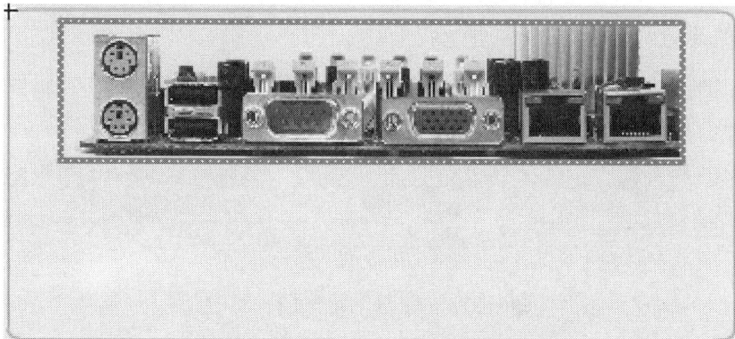

图6-88 元件插入主板图片效果

5. 编辑"鼠标"图层

（1）激活"鼠标"图层。双击"鼠标"图层，使其成为活动状态。

（2）生成"PS/2类型鼠标"位图实例。在"库"面板中，选中mouse_ps2.gif图片文件，并将其拖动到舞台中，生成位图实例。在绘图工具面板中选中选择工具，单击所生成的图片实例，使其成为选定状态。在舞台下方的"位图"属性面板中，单击按钮，使其成为状态，表示图像按比例变化。修改该位图的形状属性，设置宽为200、高为110。修改位图的位置属性，拖动鼠标图片到适合位置，也可以直接设置位置，如X=200、Y=200。

（3）生成"USB类型鼠标"位图实例。在"库"面板中，选中mouse_usb.gif图片文件，并将其拖动到舞台中，生成位图实例。调整位图属性，在绘图"工具"面板中选中选择工具，单击所生成的图片实例，使其成为选定状态。在舞台下方的"位图"属性面板中，单击按钮，使其成为状态，表示图像按比例变化。修改该位图的形状属性，设置宽为150、高为139。修改位图的位置属性，拖动鼠标图片到适合位置，也可以直接设置位置，如X=520、Y=170。

元件插入鼠标的位图文件后，整体效果如图6-89所示。

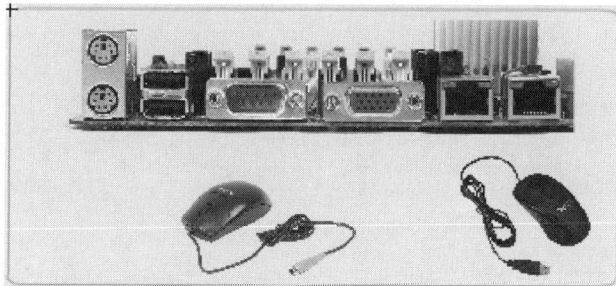

图6-89　元件插入鼠标图片效果

6．新建"文字"背景元件

（1）执行菜单栏中的"插入"→"新建元件"命令，弹出"创建新元件"对话框。

（2）在"创建新元件"对话框中，设置名称为"描述"，元件创建的类型为"影片剪辑"。

（3）单击"确定"按钮，则新元件"描述"添加到"库"面板中，Flash进入元件编辑模式，编辑状态停留在"图层1"的第1帧上。

（4）设置矩形工具属性。在绘制工具面板中选中矩形工具，这时舞台下方的属性面板变为"矩形工具"属性面板。在"矩形工具"属性面板中，设置填充色为米黄色#FFFF9F，边框颜色为灰色#CCCCCC，线宽设为5，线型为实线，边角半径为20。

（5）在舞台上绘制矩形。单击舞台任意位置并拖动，绘制出矩形。

（6）更改所绘制矩形的形状位置属性。在绘制工具面板中选中选择工具 ，选中舞台中刚绘制的矩形。并在窗口下方的"绘制对象"属性面板中，设置宽为200、高为100，X=0、Y=0，如图6-90（a）所示。

（7）改变矩形形状。首先，单击空白处取消对整个矩形的选择；然后，在按【Ctrl】键的同时，鼠标靠近矩形下部的灰色边框；当鼠标旁出现弧线时，按下鼠标左键，这时矩形的边框上出现一个小圆圈，向下拖动小圆圈到适当位置后，松开鼠标左键和【Ctrl】键，形成图6-90（b）所示样式；再次按【Ctrl】键，鼠标从下方靠近矩形下方左侧倾斜边框，当鼠标旁出现弧线时，按下鼠标左键，这时该边框上出现一个小圆圈，向上拖动小圆圈到原矩形边框位置，松开鼠标左键和【Ctrl】键，形成图6-90（c）所示样式。在鼠标拖动过程中，若需要进行精确定位，则可以打开标尺或网格进行辅助设计。

（a）绘制矩形　　　　　（b）初步变形效果　　　　　（c）完成效果

图6-90　矩形形状改变效果

（8）添加第2帧内容。选中"图层1"的第2帧，右击，执行快捷菜单中的"插入关键帧"命令。此时，舞台自动停留在第2帧上，内容与第1帧相同。利用选择工具 ，选中整个绘制图像区域；在舞台下方的"形状"属性面板中，设置形状的边框颜色为绿色#00FF00，如图6-91（a）所示。

（9）添加第3帧内容。按照上述方法，在第3帧处插入关键帧，并改变形状的边框颜色为红色# FF0000，如图6-91（b）所示。

在"时间轴"面板上，单击返回按钮 ，关闭"描述"元件编辑窗口，返回"仿真课件场景"编辑窗口。

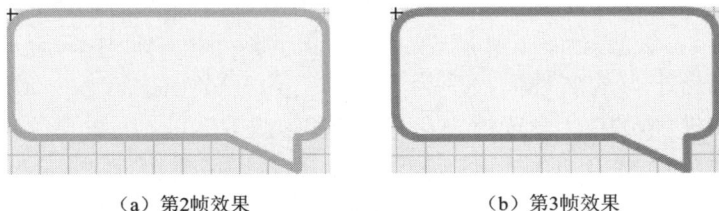

（a）第2帧效果　　　　　　　（b）第3帧效果

图6-91　其他帧位图效果

7．编辑"文字"图层

在"库"面板中，双击"练习"影片剪辑元件图标，再次打开"练习"元件。

（1）激活"文字"图层。单击"文字"图层名称，使该图层处于活动状态。

（2）添加"PS/2类型鼠标"文字描述和背景元件、从"库"面板中，拖动"描述"元件到"文字"图层上，放置在PS/2类型鼠标旁边，并在"影片剪辑"属性面板中设置属性，X=15、Y=150，实例名称为c1。在"工具"面板中选中文本工具 ，并在该背景元件上双击，形成文本录入区域，输入文本内容"PS/2接口鼠标"。在"文本"属性面板设置属性：字体设定为"宋体"，大小为30，颜色为黑色，选择居中对齐，粗体。

（3）添加"USB类型鼠标"文字描述和背景元件。从"库"面板中，拖动"描述"元件到"文字"图层上，放置在USB类型鼠标旁边，并在"影片剪辑"属性面板中设置属性，X=360、Y=150，实例名称为c2。在"工具"面板中选中文本工具Ａ，并在该背景元件上双击。再新建一个文本区域，并输入文本内容"USB接口鼠标"，

在"文本"属性面板设置属性：字体为"宋体"，大小为30，颜色为黑色，选择居中对齐，粗体。

此时，"练习"元件的界面如图6-92所示。

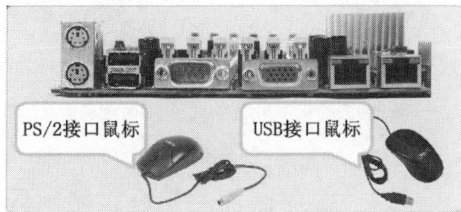

图6-92 添加"文字"图层效果

8. 编辑"提示"图层

在"提示"图层中，制作一个覆盖在主板上用于信息提示的红色圆环。通过所绘制的圆环在主板上的位置，提示练习人员在下方的两类鼠标中选择正确的鼠标类型加以对应。

首先，使用Flash的椭圆工具○绘制一个"圆"元件，作为建立"提示"的基本素材。其过程如下：

（1）新建"圆"元件。执行菜单栏中的"插入"→"新建元件"命令，弹出"创建新元件"对话框。在"创建新元件"对话框中，设置名称为"圆"、元件创建的类型为"影片剪辑"。单击"确定"按钮，则新元件"圆"添加到"库"面板中，Flash 进入元件编辑模式，编辑状态停留在"图层1"的第1帧上。

（2）选择工具。在绘图工具栏中，单击椭圆工具○，并将鼠标移动至舞台中心，这时属性面板也相应发生更改，如图6-93所示。

图6-93 设置椭圆工具的颜色、线宽和线型

（3）设置颜色。使用Flash椭圆工具绘制的椭圆由轮廓和填充两部分构成，如图6-94（a）所示，所以包括轮廓和填充色两部分的颜

色设置，其设置方法与矩形工具设置颜色的方法类似。当然，如果不想使绘制的椭圆显示轮廓或填充色，则可以将其颜色设置为无颜色 ，如图6-94（b）和图16-94（c）所示。在此，设置轮廓线为无色，填充色为红色（#FF0000）。

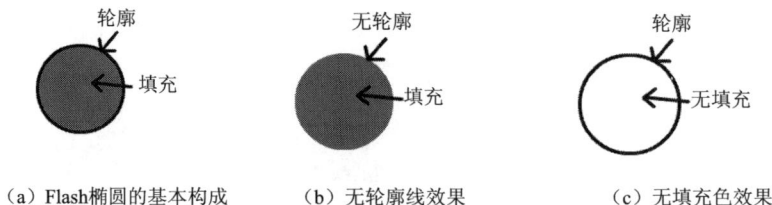

（a）Flash椭圆的基本构成　　（b）无轮廓线效果　　（c）无填充色效果

图6-94　椭圆工具的线宽、线型属性

（4）绘制圆形。当设置完毕后，单击舞台中任意空白处并拖动，就可以绘制出一个圆形形状。若在绘制过程中，同时按【Shift】键，可以绘制一个正圆。在此，绘制一个正圆形状。

（5）设置相关属性。绘制完成后，可使用选择工具并选中该圆形，在"形状"属性面板中设置各种属性：宽20、高20，X=-10、Y=-10。

（6）继续绘制一个正圆形，按照上述方法设置椭圆工具的轮廓线为无色，填充色为深红色（#CC0000）。在舞台空白处，绘制一个正圆形状，在"形状"属性面板中设置各种属性：宽16、高16，X=-8、Y=-8。

（7）再绘制另一个正圆形。设置椭圆工具的轮廓线为无色，填充色为深红色#990000，Alpha=30%（Alpha表示透明度值，当为0时，表示完全透明；当为100时，表示完全不透明；），如图6-95所示。在舞台空白处，绘制一个正圆形状，在"形状"属性面板中设置各种属性：宽10、高10，X=-5、Y=-5。

一个包括三个圆形形状的影片剪辑元件已经做好，效果如图6-96所示。在"时间轴"面板上，单击返回按钮 ，关闭"圆"元件编辑窗口，返回到场景编辑窗口。

接着，利用这个"圆"元件作为基本素材制作"提示"元件。

（1）新建"提示"元件。执行菜单栏中的"插入"→"新建元件"命令，弹出"创建新元件"对话框。在"创建新元件"对话框中，设置名称为"提示"、元件创建的类型为"影片剪辑"。单击"确定"按钮，则新元件"提示"添加到"库"面板中，Flash进入元件编辑模式，编辑状态停留在"图层1"的第1帧上。

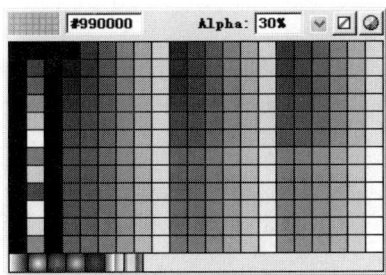

图6-95　带Alpha属性设置的混色面板　　图6-96　"圆"元件最终效果

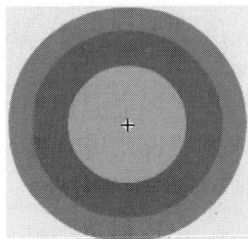

（2）插入"圆"元件实例。在"库"面板中，选择"圆"影片剪辑元件，并将其拖动到舞台上。在舞台下方的"影片剪辑"属性面板中，设置相应属性X=-10、Y=-10，如图6-97所示。

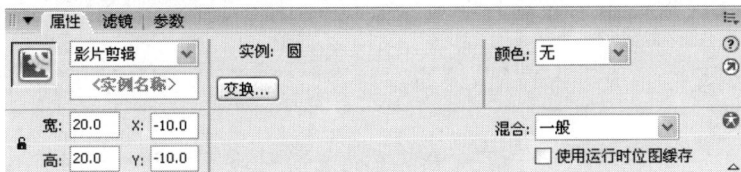

图6-97　"圆"元件实例属性面板设置

最后，将"提示"元件插入"练习"元件。

（1）打开"练习"元件。在"库"面板中双击"练习"影片剪辑，进入"练习"元件的编辑窗口。

（2）激活"提示"图层。双击"提示"图层，使其成为活动状态。

（3）生成"提示"元件实例。在"库"面板中，选择"提示"影片剪辑元件，并将其拖动到舞台中，生成影片剪辑元件实例。

（4）调整元件属性。在绘图工具面板中选中选择工具 ，单击所生成的"提示"元件实例，使其成为选定状态。在舞台下方的"影片剪辑"属性面板中，单击 按钮，使其成为 状态，表示元件大小按比例变化。修改元件属性，设置宽为40、高为40，X=90、Y=30。效果如图6-98所示。

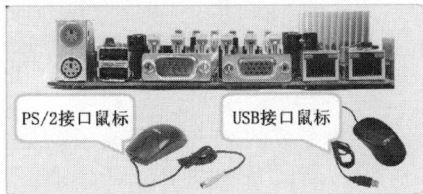

图6-98　编辑"提示"图层效果

在"时间轴"面板上，单击返回按钮 ，关闭"练习"元件编辑窗口，返回"仿真课件场景"编辑窗口。

9. 插入新建元件

（1）激活"练习"图层。双击"练习"图层，使其成为活动状态。

（2）生成"练习"元件实例。在"库"面板中，选择"练习"影片剪辑元件，并将其拖动到舞台中，生成影片剪辑元件实例。

（3）调整元件属性。在绘图"工具"面板中选中选择工具 ，单击所生成的"练习"元件实例，使其成为选定状态。在舞台下方的"影片剪辑"属性面板中，单击 按钮，使其成为 状态，表示元件大小按比例变化。修改元件属性，设置宽为700、高为320，X=25、Y=125。

（六）保存文件

执行菜单栏中的"文件"→"保存"命令（或按【Ctrl+S】组合键），保存场景。

至此，完成了课件第4帧的练习界面绘制，其整体效果如图6-99所示。

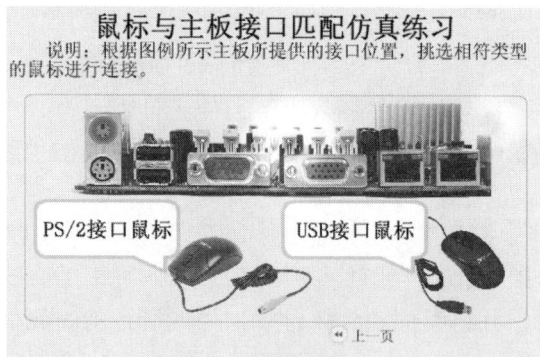

图6-99　课件第4帧界面

第四节　动画制作

通过本节的制作，完成了欢迎界面、PS/2鼠标介绍界面、USB鼠标介绍界面以及练习界面的绘制。下面我们来学习本课件的动画制作过程。

在课件设计与制作过程中，交互性往往是很多人所关注的焦点。Flash提供了一些简单的动作脚本（Action Script）来实现交互式动画的创作。这些动作脚本与JavaScript编程语言类似，如果了解JavaScript，会感到动作脚本并不陌生。如果对编程不熟悉，那也没关系，您可以使用动作面板自动形成脚本，从而控制动画的播放。

一、动作面板介绍

为了让Flash的交互变得更为简单，Flash专门提供了动作面板的工具，为影片的对象添加各种动作，从而降低了掌握动作脚本语言的难度。下面我们来认识一下动作面板。

1. 动作面板

动作面板可分为三种：帧的"动作-帧"面板、按钮的"动作-按钮"面板和影片剪辑的"动作-影片剪辑"面板。

执行菜单栏中的"窗口"→"动作"命令，或使用快捷键【F9】，即可打开动作面板。当用户选择不同对象时，会根据对象的不同激活不同类型的动作面板。三种面板的功能和使用方法基本一样，下面以"动作-帧"面板（见图6-100）为例，介绍动作面板各按钮的功能。

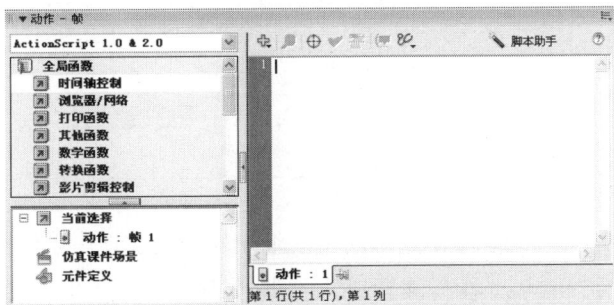

图6-100 "动作-帧"面板

Flash动作面板由两部分组成：右侧部分是程序编辑区，这是键入代码的区域；左侧部分是一个动作工具箱，每个动作脚本语言元素在该工具箱中都有一个对应的条目。动作工具箱还包含一个脚本导航器，如果用户单击脚本导航器中的某一项，则与该项目关联的脚本将出现在程序编辑区中；如果用户双击脚本导航器中的某一项，则该脚本会被固定。

• 收缩/展开按钮▼：位于动作面板的左上角，单击它可以收缩或展开动作面板。

- 选项菜单按钮：位于动作面板的右上角，单击它可以打开动作面板选项菜单，如图6-101所示。
- 按钮：单击该按钮可打开图6-102所示的菜单，在菜单中选择动作语句，即可将其添加到程序编辑区内。

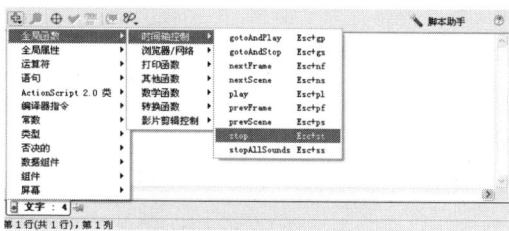

图6-101　动作面板选项菜单　　　　图6-102　选择动作语句

- 查找按钮：单击该按钮，打开"查找"对话框，用户可以在动作脚本中查找与查找关键字相符的内容。
- 插入目标路径按钮：单击该按钮，打开"插入目标路径"对话框，使用该对话框可设置路径方式，并将元件实例的路径插入到程序编辑区内。
- 语法查看按钮：单击该按钮，可对动作脚本进行语法检查。若脚本正确，则弹出Flash消息对话框，显示"此脚本中没有错误"信息；否则，在弹出的Flash消息对话框中显示"此脚本中包含有错误"，并在下方的"输出"面板中显示脚本的出错信息。
- 自动套用格式按钮：单击该按钮，可以自动调整动作脚本的格式。

- 显示代码提示按钮⬚：在当前命令没有设置好参数时，单击该按钮，可以弹出一个参数提示列表框，供用户选择参数。
- 脚本参考按钮◈：单击该按钮，可以在"帮助"面板中显示当前命令的帮助信息。
- 调试选项按钮⬚：单击该按钮，弹出一个用于调试程序的菜单。执行"设置断点"命令，可将选中的命令行设置为断点，程序运行到改行将暂停。执行"删除断点"命令，可将所选中的断点行设置的断点删除。执行"删除所有断点"命令，可将设置的所有断点删除。

2. 设置对象动作

通过动作面板，Flash可以为帧、按钮和影片剪辑三种对象设置动作。

（1）设置帧动作。在Flash中，只有关键帧才能设置动作，当影片播放到该帧时就可以执行设定的动作。

（2）设置按钮动作。在"动作-按钮"面板中，可设置各种按钮动作。按钮动作需要嵌入到on处理函数中，并指定触发该动作的鼠标或键盘事件。这些事件包括按下（press）、释放（release）、外部释放（releaseOutside）、滑过（rollOver）、拖过（rollOut）、拖离（dragOut）和按键（keyPress）。

（3）设置影片剪辑动作。给影片剪辑设置动作的方法与给按钮设置动作的方法相似，不同的是，设置影片剪辑动作，需要将动作嵌套在onClipEvent处理函数中，并指定出发该动作的影片剪辑事件。影片剪辑事件包括加载（load）、加入帧（enterFrame）、卸载（Unload）、鼠标向下（mouseDown）、鼠标向上（mouseUp）、鼠标移动（mouseMove）、向下键（keyDown）、向上键（keyUp）等。

3. 动画控制指令

在Flash中，使用动作脚本可以创建各种交互动画，然而对于不懂编程的人来说，学习动作脚本语言确实枯燥。其实对于初学者来说，能够在熟悉动作脚本语言的基础上掌握编程的方法，对以后进行动画创作是很有帮助的。在Flash的动作脚本中，有一些常用的指令，包括时间轴控制指令、浏览器/网络控制指令、影片剪辑控制指令和流程控制指令，使用这些指令，就可以实现对影片的控制，从而实现简单的交互功能。下面主要介绍一下时间轴控制指令。

常用的时间轴控制指令包括stop()、play()、gotoAndPlay()、gotoAndStop()、nextFrame()、prevFrame()、nextScene()、prevScene()、stopAllSounds()等。

- stop()：停止当前影片的播放。
- play()：从当前帧播放影片。
- gotoAndPlay()：跳转到指定场景的指定帧并开始播放。
- gotoAndStop()：跳转到指定场景的指定帧并停止播放。
- nextFrame()：播放下一帧，并停在下一帧。
- prevFrame()：播放前一帧，并停在前一帧。
- nextScene()：动画进入下一场景。
- prevScene()：动画进入前一场景。
- stopAllSounds()：停止当前影片中的所有声音播放，但影片仍然继续播放。

下面利用Flash动作面板来制作具有简单交互功能的课件。

二、制作课件导航按钮

在前面的设计中，希望通过"上一页"和"下一页"等导航按钮完成课件播放过程控制的效果，并在一定条件下允许界面能够停留一段时间。事实上，现在若执行菜单栏中的"控制"→"测试影片"命令时，课件四个界面一一快速闪过，最终停留在第4帧"练习"界面上。这与设计所要制作的课件效果有很大出入。分析原因，这种结果是因为这四帧按照顺序连续播放的效果。要解决这一问题，首先，我们应该在每个帧上加入"停止"效果；然后，再在每个帧的导航按钮上增加帧的"播放"和"回放"功能。

（一）加入"停止"效果

1. 第1帧"停止"处理

若要影片播放到第1帧时，停止播放，可以在第1帧出设置一个动作。

（1）激活"动作"图层。选中"动作"图层，使该图层成为激活状态，在"时间轴"面板中选择第1帧，并确定其为关键帧。

（2）打开动作面板。执行菜单栏中的"窗口"→"动作"命令，打开动作面板。

（3）加入"停止"脚本。在动作工具箱中双击"全局函数"→"时间轴控制"→"stop"选项，将该动作添加到脚本编辑区，完成帧动作设置。

在时间轴面板的第1帧插入stop脚本后，其"动作-帧"面板如图6-103所示。同时，"时间轴"面板中第1帧的图标由原来空白关键帧图标，改变为含有代码的关键帧-动作帧图标。

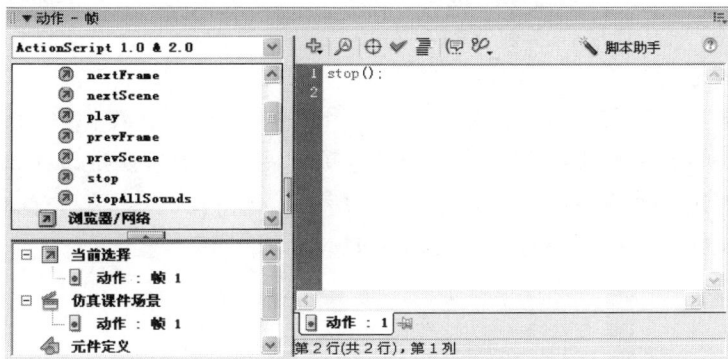

图6-103　第1帧"动作-帧"面板

2．其他帧"停止"处理

按照第1帧插入脚本步骤，对应"动作"图层的2～4帧均添加stop脚本。这时，"时间轴"面板的状态如图6-104所示。

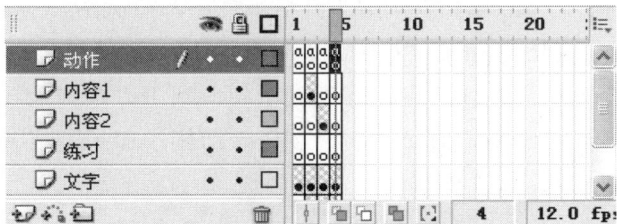

图6-104　"时间轴"面板的"动作"层状态

当再次执行菜单栏中的"控制"→"测试影片"命令（或按【Ctrl+Enter】组合键），就会发现课件停留在第1帧上，不再继续播放了。下面对翻页按钮添加"播放"和"回放"等导航功能，完成场景的动画制作。

（二）增加导航功能

对于课件的播放过程控制，Flash可以方便地编写各种事件来控制课件的播放。

1. 第1帧"开始"按钮增加"下一页"导航

利用动作面板编写脚本的操作方法如下：

（1）激活"下一页"图层。选中"下一页"图层，使该图层成为激活状态，在"时间轴"面板中选择第1帧。

（2）选择按钮对象。选中"开始"文字前面的 按钮图标。

（3）打开动作面板。执行菜单栏中的"窗口"→"动作"命令（或按【F9】键），打开动作面板。

（4）选择触发脚本条件。在动作工具箱中双击"全局函数"→"影片剪辑控制"→"on"选项，调用on处理函数，在脚本编辑区弹出动作事件菜单，如图6-105所示，选择press选项，意味着当按下鼠标左键时，执行下面的动作脚本。

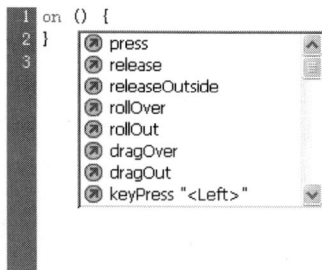

图6-105 "时间轴"面板的"动作"层状态

（5）编写执行脚本。在脚本两个大括号之间单击，使光标插入点放在两个大括号之间。在动作工具箱中，双击"全局函数"→"时间轴控制"→"nextFrame"选项，将该动作添加到脚本编辑区，完成按钮动作设置。代码如下：

```
on(press){
nextFrame ();
}
```

注意：鼠标事件仅对按钮和影片剪辑有效，故这里选择"按钮"实例才能编写press脚本。

2. 添加第2帧的导航功能

1）添加第2帧的"上一页"按钮导航功能

（1）选择"上一页"按钮。鼠标选中"上一页"图层，使该图层成为激活状态，在"时间轴"面板中选择第2帧，选中"上一页"文字前面的"按钮图标。

（2）打开动作面板，执行菜单栏中的"窗口"→"动作"命令（或按【F9】键），打开动作面板。

（3）选择触发脚本条件。在动作工具箱中双击"全局函数"→"影片剪辑控制"→"on"选项，调用on处理函数，并在弹出动作事件菜单中选择press选项。

（4）编写执行脚本。在动作工具箱中，双击"全局函数"→"时间轴控制"→"prevFrame"选项，将该动作添加到脚本编辑区，完成按钮动作设置。代码如下：

```
on(press){
prevFrame ();
}
```

2）添加第2帧的"下一页"按钮的导航功能

（1）选择"下一页"按钮。选中"下一页"图层，使该图层成为激活状态，在"时间轴"面板中选择第2帧，选中"下一页"文字前面的"按钮图标。

（2）打开动作面板。执行菜单栏中的"窗口"→"动作"命令（或按【F9】键），打开动作面板。

（3）选择触发脚本条件。在动作工具箱中双击"全局函数"→"影片剪辑控制"→"on"选项，调用on处理函数，并在弹出动作事件菜单中选择press选项。

（4）编写执行脚本。在动作工具箱中，双击"全局函数"→"时间轴控制"→"nextFrame"选项，将该动作添加到脚本编辑区，完成按钮动作设置。代码如下：

```
on(press){
nextFrame ();
}
```

3. 添加其他帧的导航功能

对于第3帧的按钮导航功能，其添加方法与第2帧完全相同。而对于第4帧的导航功能，因为是最后一个界面，仅需要添加一个"上一页"按钮的导航功能。

当添加完所有按钮的导航功能后，我们可以通过执行"控制"→"播放影片"命令，来看一下课件各界面间切换的效果。

（三）保存文件

执行菜单栏中的"文件"→"保存"命令，保存场景。

三、制作补间动画

当在播放过程中浏览该课件时，会发现场景的第4帧——"练习"界面中的"提示"元件显得比较呆板。这里采用Flash提供的动画创作工具，来进一步修饰该元件，使"提示"元件具有闪烁的动画效果。

（一）添加"提示"元件的关键帧

（1）打开"提示"元件。在"库"面板中双击"提示"元件，Flash 进入"提示"元件编辑模式，编辑状态停留在"图层1"的第1帧上。

（2）插入"关键帧"。右击"时间轴"面板上第10帧位置，执行快捷菜单中的"插入关键帧"命令。再右击第20帧，执行快捷菜单中的"插入关键帧"命令，如图6-106所示。

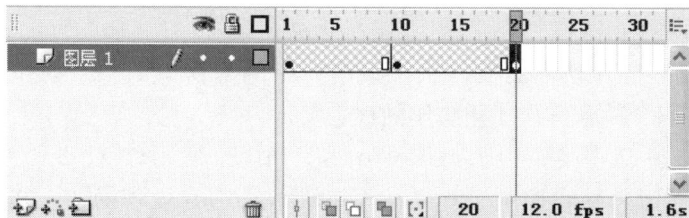

图6-106 插入"关键帧"的时间轴面板

通过关键帧的插入，为后面制作"提示"实例的闪烁动画效果做准备。

（二）编辑"提示"元件的第1帧

（1）选择第1帧。单击"时间轴"面板上第1帧位置，使舞台处于第1帧状态。

（2）选择对象。在绘制工具面板中利用选择工具，选择"圆"元件实例。

（3）更改元件形状、位置属性。在舞台下方的"影片剪辑"属性面板中设置"圆"元件实例的属性，设置宽为1、高为1，X=-0.5、Y=-0.5。

（4）更改元件颜色属性。在属性面板中，选择颜色下拉菜单中的Alpha项，设Alpha值为0％。

最终，第1帧"圆"元件实例的属性面板设置如图6-107所示。由于该元件Alpha值为0，表示全部透明，故在舞台上该元件是看不到的。

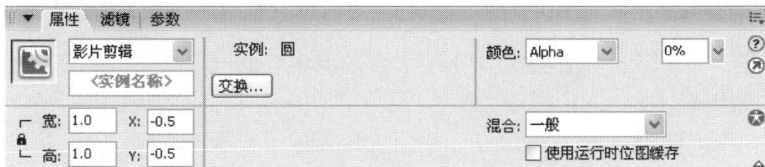

图6-107　第1帧元件实例的属性面板设置

（三）添加"提示"元件的第20帧

（1）选择第20帧。单击"时间轴"面板上第20帧位置，使舞台处于第20帧状态。由于某一关键帧内容的改变，对其他关键帧的内容没有影响，故此时的第10帧和第20帧还是保留原来第1帧的样子。

（2）选择对象，在绘制工具面板中利用选择工具，选中"圆"元件实例。

（3）更改元件形状、位置属性。在舞台下方的"影片剪辑"属性面板中设置"圆"元件实例的属性宽为30、高为30，X=-15、Y=-15。

（4）更改元件颜色属性。在属性面板中，选择颜色下拉菜单中的Alpha项，并设Alpha值设为0％。

其属性面板的设置如图6-108所示。

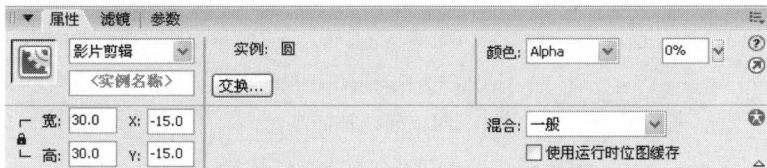

图6-108　第20帧元件实例的属性面板设置

（四）创建补间动画

"提示"元件不断闪烁的过程，究其实质，就是不断地改变"提示"元件中"圆"元件的大小和透明度的过程。可见，若要一帧帧的制作这个过程是非常烦琐的。针对这一问题，Flash软件准备了一种叫补间动画的功能，代替手工过程来插入中间帧，从而完成这一过程的制作。

1．添加第1帧和第10帧之间的补间动画

（1）选择插入补间动画的位置。在"图层1"的第1帧和第10帧

之间的任意一帧上单击，下方的属性面板改变为"帧"属性面板，如图6-109（a）所示。

（2）添加补间动画。在"帧"属性面板中，在"补间"下拉列表框中选择"动画"选项，这时属性面板改变为图6-109（b）所示，在"图层1"图层的第1帧和第10帧之间出现了一个实线的箭头，如图6-109（c）所示。

（a）设置补间动画

（b）补间动画属性面板

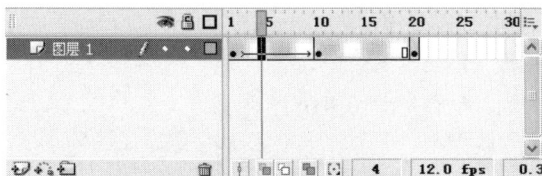

（c）创建补间动画后图层状态

图6-109　创建补间动画

2. 添加第10帧和第20帧之间的补间动画

（1）再次选择插入补间动画的位置。在"图层1"的第10帧和第20帧之间的任意一帧上单击。

（2）添加补间动画。在"帧"属性面板中，选择"补间"下拉列表框中的"动画"选项，在"图层1"图层的第10帧和第20帧之间也出现了一个实线的箭头。

3. 观看动画效果

第一个补间动画已经制作完毕，可以在"时间轴"面板上的各帧上单击，初步观看"提示"元件的变化过程，如图6-110所示。

（a）第3帧　　　　　　（b）第5帧　　　　　　（c）第10帧

（d）第14帧　　　　　　（e）第18帧

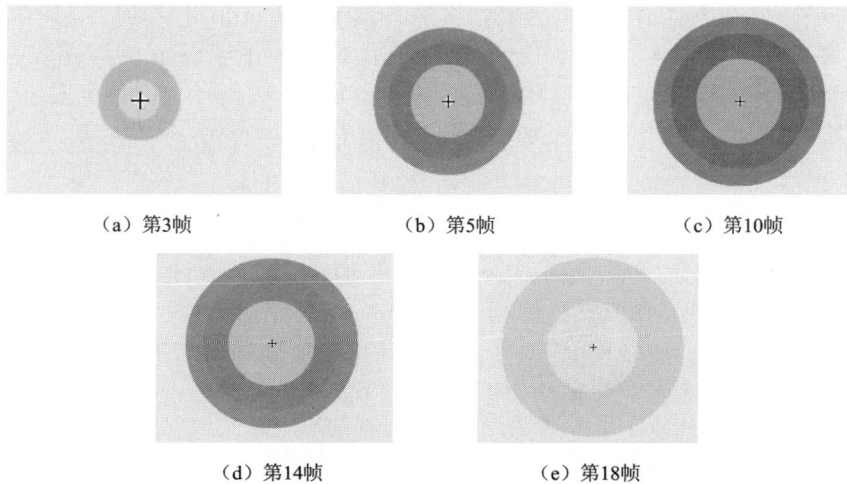

图6-110　插入补间后动画效果

　　由于元件发生了改变，使用元件的其他结构也跟着进行了更新。也就是说，含有"提示"元件的"练习"元件和整个课件都随着该元件的改变而自动更新，这就免去了一处更改处处更改的麻烦。所有，可以执行菜单栏中的"控制"→"测试影片"命令，播放整个课件，观看"练习"界面中"提示"元件不断闪烁的效果。

4．保存文件

　　执行菜单栏中的"文件"→"保存"命令，保存元件。

四、制作练习反馈界面

　　回顾"练习"界面的设计，我们应该选择某一种接口类型鼠标以匹配主板的提示接口，这是一个简单的人机交互过程。分解该过程，主要包括三个部分：

- 按照"提示"信息，单击相应区域，选择不同类型的鼠标。
- 选择正确了，给出信息反馈界面。
- 选择错误了，给出错误提示，并让学生再次选择。

下面描述各个部分制作的过程。

（一）建立选择区域

1．正确区域显示设置

（1）打开"练习"元件。在"库"面板中双击"练习"元件的图标，打开"练习"元件，并进入元件的编辑窗口。

（2）选择选项区域。在绘制工具面板中选中选择工具，单击c1元件实例——"描述"元件实例，选中影片剪辑实例。

（3）打开"动作-影片剪辑"面板。执行菜单栏中的"窗口"→"动作"命令，打开"动作-影片剪辑"面板。

（4）编写脚本。在动作工具箱中双击"全局函数"→"影片剪辑控制"→"on"选项，在弹出的动作事件菜单中选择press选项。在动作工具箱中双击"全局函数"→"时间轴控制"→"gotoAndStop"选项，将该动作添加到脚本编辑区，并设置参数为2，完成影片剪辑动作设置。代码如下：

```
on (press) {
gotoAndStop(2);
}
```

2．错误区域显示设置

（1）选择选项区域。在绘制工具面板中选中选择工具，单击c2元件实例——"描述"元件实例，选中影片剪辑实例。

（2）打开"动作-影片剪辑"面板。执行菜单栏中的"窗口"→"动作"命令，打开"动作-影片剪辑"面板。

（3）编写脚本。在动作工具箱中双击"全局函数"→"影片剪辑控制"→"on"选项，在弹出的动作事件菜单中选择press选项。在动作工具箱中双击"全局函数"→"时间轴控制"→"gotoAndStop"选项，将该动作添加到脚本编辑区，并设置参数为3，完成影片剪辑动作设置。代码如下：

```
on (press) {
gotoAndStop(2);
}
```

3．修改"描述"元件

（1）打开"描述"元件。在"库"面板中双击"描述"元件的图标，打开"描述"元件，并进入元件的编辑窗口。

（2）增加"动作"图层。在"时间轴"面板中单击添加图层按钮，添加一个新的图层，该图层被用来存储"动作"脚本。

（3）插入关键帧。在时间轴上，右击的第1帧，执行快捷菜单中的"插入关键帧"命令。同样，在第2帧和第3帧中，均插入关键帧。

（4）打开动作面板。执行菜单栏中的"窗口"→"动作"命令，打开动作面板。

（5）加入"停止"脚本。选择第1帧，在动作工具箱中双击"全局函数"→"时间轴控制"→"stop"选项，将该动作添加到脚本编辑区，完成第1帧的动作设置。同样，在第2帧和第3帧中，插入stop脚本。

在"时间轴"面板上单击返回按钮，关闭"描述"元件编辑窗口，返回"仿真课件场景"编辑窗口。再次打开"练习"元件，并执行菜单栏中的"控制"→"测试影片"命令，观看效果。当单击PS/2鼠标的文字时，效果如图6-111（a）所示；当单击USB鼠标的文字时，效果如图6-111（b）所示。

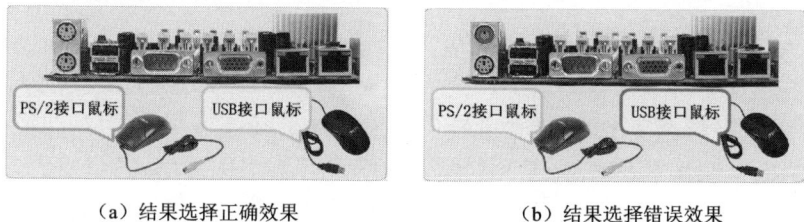

（a）结果选择正确效果　　　　　　（b）结果选择错误效果

图6-111　选择鼠标类型的动画效果

（二）错误结果处理

对于选择了错误结果，仍停留在该练习界面，等待学生再次选择正确结果，故在这里不做进一步处理。

（三）正确结果处理

而当选择了正确答案后，需停留一段时间后，进入答案说明界面。所以，需要控制时间的同时，建立一个信息反馈界面。

1．时间控制

（1）打开"练习"元件。在"库"面板中双击"练习"元件的图标，打开"练习"元件，并进入元件的编辑窗口。

（2）插入关键帧。在时间轴上，对于各图层均在第2帧处"插入关键帧"。同样，在各图层的第12帧中也插入关键帧如图6-112所示。

（3）打开动作面板。执行菜单栏中的"窗口"→"动作"命令，打开动作面板。

（4）加入"停止"脚本。选择第1帧，在动作工具箱中双击"全局函数"→"时间轴控制"→"stop"选项，将该动作添加到脚本编辑区，完成第1帧的动作设置。同样，在第12帧中，也插入stop脚本。

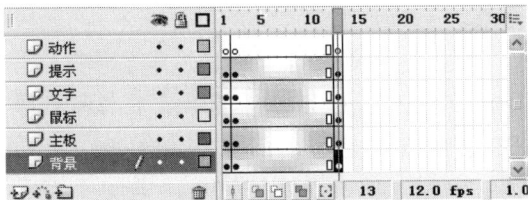

图6-112　各图层插入关键帧

这样，当开始播放"练习"元件时，将停留在第1帧上，等待学生选择结果。若答案正确，则"练习"元件进入第2帧进行播放，当播放到第12帧时，出现"信息反馈界面"，并停止播放；当答案不正确时，一直停留在第1帧上。

2．建立信息反馈界面

（1）修改第12帧的"主板"图层内容。单击"时间轴"面板中"主板"图层名称，激活"主板"图层，并单击该图层的第12帧。利用选择工具，选中主板位图实例，并拖到适当位置，也可以通过舞台下方的"位图"属性面板进行设置，如设置X=100、Y=180。

（2）修改第12帧的"鼠标"图层内容。单击"时间轴"面板中"鼠标"图层名称，激活"鼠标"图层，并单击该图层的第12帧。利用选择工具，选中USB鼠标位图实例，按【Delete】键，删除该位图。再次利用选择工具，选中"PS/2鼠标"并拖动到适当位置，也可以通过舞台下方的"位图"属性面板进行设置，如设置X=50，Y=50。

（3）修改第12帧的"提示"图层内容。单击"时间轴"面板中"提示"图层名称，激活"提示"图层，并单击该图层的第12帧。利用选择工具，选中"提示"元件实例，并将其拖到主板对应位置，也可以通过舞台下方的"位图"属性面板进行设置，如设置X=160，Y=220。

（4）修改第12帧的"背景"图层内容。单击"时间轴"面板中"背景"图层名称，激活"背景"图层，并单击该图层的第12帧。鼠标在绘制工具里面选择矩形工具，并设置矩形工具的属性为：边框颜色设为蓝色（#0099CC），填充色为无色，边框线型为实线，宽度为5。在空白处绘制矩形，并在舞台下方的"形状"属性面板中设置宽为350，高为140，X=300，Y=20。

（5）修改第12帧的"文字"图层内容。单击"时间轴"面板中"文字"图层名称，激活"文字"图层。右击"文字"图层的第12帧，执行快捷菜单中的"清除帧"命令，将"文字"图层中的第12帧内容全部删除。在绘制工具面板中选择文本工具，在空白处按下鼠标左键并拖动，形成文本键入区，输入"答案说明：一般主板均提供PS/2和USB接口，但由于本题中所指示的位置为主板的PS/2接口，所以我们选择PS/2类型的鼠标进行连接！"内容。在"静态文本"属性面板中设置文本属性：字体设定为"宋体"，大小为20，颜色为黑色，选择居中对齐，X=320，Y=40，宽310，高90。

则第12帧界面整体效果如图6-113所示。

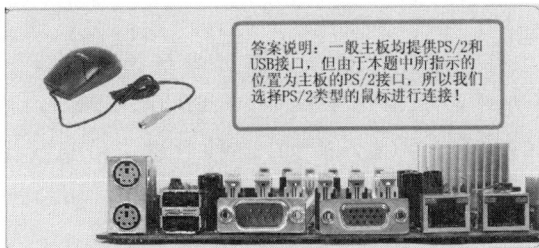

图6-113 "练习"元件第12帧效果

3．修改"练习"元件的"文字"层动作

（1）选择"文字"图层第1帧的编辑对象。单击"时间轴"面板中"文字"图层名称，激活"文字"图层。在绘图工具面板中选择选择工具，在舞台上选中"PS/2类型鼠标"的"描述"元件实例c1。

（2）修改"文字"图层第1帧的动作。按【F9】快捷键，打开"动作-影片剪辑"面板，并在脚本编辑窗口添加脚本。在脚本编辑窗口中，在大括号之间位置单击，使脚本插入到光标闪烁位置。在动作工具箱中双击"全局属性"→"标识符"→"_parent"选项，将该动作添加到脚本编辑区，后面紧接着写点号"．"，这时会弹出关联菜单，选择gotoAndPlay项目，并设置参数为2，完成影片剪辑动作设置。代码如下：

```
on (press) {
    this._parent.gotoAndPlay(2);
    this.gotoAndStop(2);
}
```

（3）清除"文字"图层第2帧内容。右击"文字"图层的第2

帧，执行快捷菜单中的"清除关键帧"命令，将"文字"图层中的第2帧的关键帧删除。

注意：在脚本中，_parent代表父对象，即该对象的容器。在此，"描述"影片剪辑c1在"练习"元件中，那么就称"练习"元件是"描述"影片剪辑c1的父对象。

4. 保存文件

在"时间轴"面板上单击返回按钮 ⇦，关闭"练习"元件编辑窗口，返回到"仿真课件场景"编辑窗口。

执行菜单栏中的"文件"→"保存"命令，保存场景和元件。

至此，完成了课件动画部分的制作，我们可以通过执行菜单栏"控制"→"测试影片"命令，观看整体效果。在"练习"界面中，整体效果如图6-114（a）所示；当单击"PS/2接口鼠标"的文字时，效果如图6-114（b）所示，1秒后进入信息反馈界面，效果如图6-114（c）所示；当单击"USB接口鼠标"的文字时，效果如图6-114（d）所示。

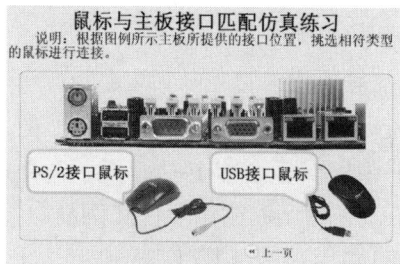

（a）练习界面第1帧

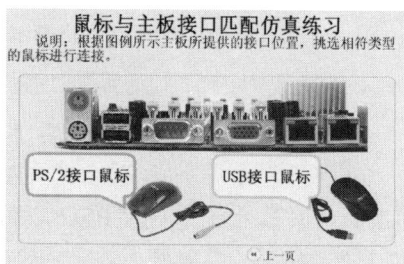

（b）选择答案正确效果

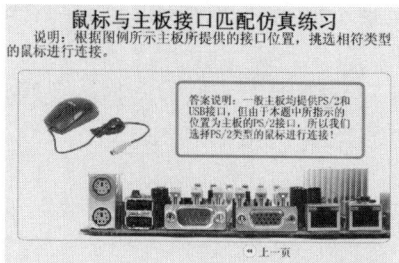

（c）信息反馈界面

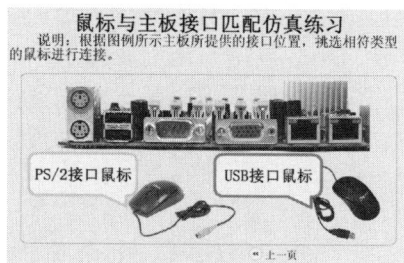

（d）选择答案错误效果

图6-114 "练习"界面整体效果

第五节 音 频 制 作

在制作课件过程中，加入对课件演示过程的介绍录音，课件播放过程的关键提示音、背景音乐等可以使课件更富表现力和感染力。

一、音频制作知识补充

(一) 采样率和位分辨率

在Flash中插入声音文件的时候，用户需要考虑影响声音质量和文件大小的几个因素，其中比较重要的是采样率和位分辨率。

采样率是指在数字录音时，单位时间内对音频信号进行采样的次数，它以赫兹（Hz）或千赫兹（kHz）为单位。采样率越高，获得的声音信息就越完整，音质也就越好。MP3音乐的采样率一般是44.1kHz。

位分辨率用于描述每个音频采样点的比特位数，它表示以2为底的指数，位分辨率越大，描述声音的信息也就越多，声音就更清晰更丰富，但所占体积也就越大，这同采样率是一样的。

从音效考虑，用户可以使用22Hz以上的16位立体声格式；从减少文件大小和提高传输速度考虑，可以导入8kHz、8位单声道声音格式。

(二) Flash中声音的使用

Flash中声音的使用方法有很多中，它可以使声音独立于时间轴之外而连续播放，或使一个音轨和动画同步播放。它可以向按钮添加声音使按钮具有更强的互动性，并通过设置声音的淡入淡出，使音轨更加优美。

在 Flash 中有两种类型的声音：事件声音和音频（数据）流。

- 事件声音必须完全下载后才能开始播放，除非明确停止，它将一直连续播放。
- 音频（数据）流在前几帧下载了足够的数据后就开始播放，它可以通过和时间轴同步，以便在 Web 站点上播放。

在声音的压缩方面，Flash通过选择压缩选项可以控制导出的SWF 文件中的声音品质和大小。通常，可以使用"声音属性"对话框为单个声音选择压缩选项，也可以在"发布设置"对话框中定义文档中所有声音的设置。另外，媒体组件包含预先编写的 ActionScript 脚本来加载和控制声音（仅限 MP3 声音），还提供了用于诸如停止、暂停、后退等动作的控制器。

二、在课件中添加声音

在本课件的制作过程中，在鼠标类型的介绍界面部分没有声音的传递，这让本课件多少有些欠缺。这里仍以之前制作的课件为例，添加一些介绍性录音。

（一）导入声音文件

（1）执行菜单栏中的"文件"→"导入"→"导入到库"命令，打开"导入到库"对话框，如图6-115所示。

（2）在"文件类型"下拉列表框中选择文件类型，对于声音文件的导入，就是在选择文件类型时，将文件类型选择为Flash所支持的所有声音格式，如WAV、AIFF和MP3格式等。在此，选择PS/2接口鼠标说明文件ps.wav，选择要导入的媒体文件后，单击"打开"按钮，即可将该文件添加到"库"面板中，如图6-116所示。

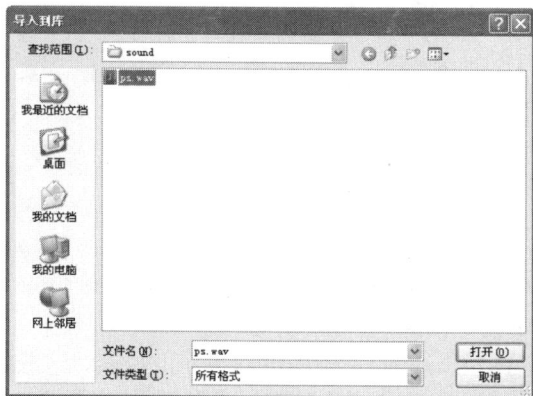

图6-115 "导入到库"对话框

图6-116 "库"面板

（3）执行"窗口"→"库"命令，或按【F11】快捷键（也可以使用【Ctrl+L】组合键），在打开的库面板中将显示导入的媒体文件。

注意：在我们手头常常有些Flash源程序，其中不乏自己喜欢的背景音乐和动画。若想将其加入到现在编辑的Flash中，可以在那些Flash源程序的"库"面板中找到对应的媒体文件，选中我们要使用的媒体文件，右击，执行快捷菜单中的"复制"命令，再到要编辑的Flash的库面板中，右击，执行"粘贴"命令即可。

（二）设置声音属性

将声音文件导入Flash文档之后，在"库"面板中声音文件名称上方右击，执行快捷菜单中的"属性"命令，打开"声音属性"对话框，如图6-117所示。

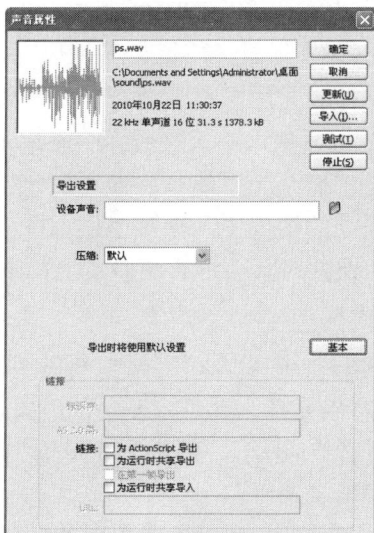

图6-117 "声音属性"对话框

在"声音属性"对话框中显示了当前声音文件的路径、创建时间、采样率、位分辨率以及文件大小等属性。对话框中各设置选项的主要功能如下：

- "名称"文本框：最上面的文本框用来显示该声音文件的名称，用户可以在这里修改声音文件的名称。
- "压缩"下拉列表框：用来设置声音文件的压缩方式，共有五

种压缩方式供选择。选择"默认"选项，表示使用在整个影片输出设置中的压缩设置；选择ADPCM选项，可用来设置16位声音数据，一般用于输出比较短的声音；选择MP3选项，表示允许导出使用MP3压缩的声音，该声音格式是比较流行的压缩声音文件格式，使用于比较长的声音；选择"原始"选项，将在导出声音的过程中不进行压缩，但是用户可以修改采样率，并且可以将立体声转换为单声道。选择"语言"选项，在导出声音过程中将不进行压缩，用户可以设置采样率。

- "更新"按钮：设置更新声音文件的属性。
- "导入"按钮：可打开"导入声音"对话框，导入新的声音文件来替换原有的声音文件，但原有声音文件的名称保持不变。
- "测试"按钮：可按照当前的声音属性设置播放声音。
- "停止"按钮：停止正在播放的声音。

（三）向"介绍1"元件添加声音

当用户将声音文件导入库之后，就可以将声音添加到各种元件和场景中。在Flash中，可以把多个声音放在一个层上，也可以放在包含其他对象的多个层上。但是为了能更好地控制每一个声音的播放，通常将声音放在一个独立的图层上，使每个层都作为一个独立的声道。当然，播放制作好的课件时，会混合所有层上的声音。

1. 激活"声音"图层

（1）打开"介绍1"元件。在"库"面板中双击"介绍1"元件的图标，打开"介绍1"元件，并进入元件的编辑窗口。

（2）激活"声音"图层。单击"时间轴"面板的"声音"图层，则该图层进入编辑状态。

（3）插入关键帧。右击"声音"图层的第50帧处，执行快捷菜单中的"插入关键帧"命令。

为了保持同步，其他图层的第50帧处也分别插入关键帧。

2. 向"声音"图层上添加声音

选择"声音"图层后，将声音从"库"面板中拖动到舞台中，声音就自动添加到当前层中。在第1帧到第50帧内可以看到声音波形，如图6-118所示。

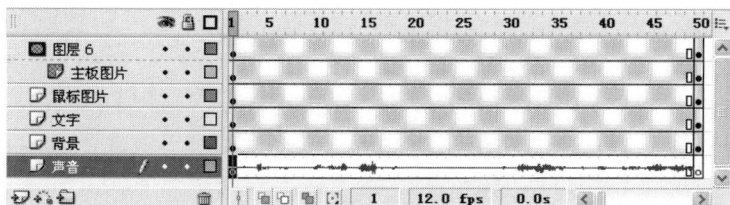

图6-118 向"声音"图层添加录音

在时间轴"声音"图层上，选择包含声音波形的任意一帧。则在窗口的下方出现"帧"属性面板。"帧"属性面板包括声音、效果和同步等选项，还有声音文件的相应属性，如图6-119所示。

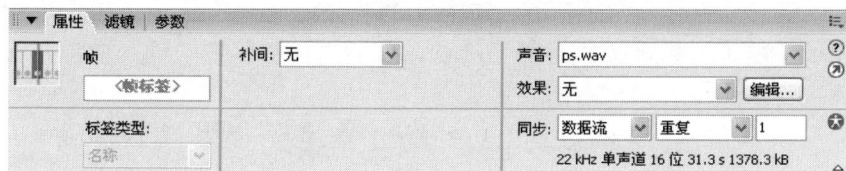

图6-119 "声音属性"对话框

其中，声音选项可以在下拉列表框中选择影片库中所需的声音文件。

效果选项包括：

- "无"：不对声音文件应用效果。选择此选项将删除以前应用的效果。
- "左声道"/"右声道"：只在左声道或右声道中播放声音。
- "从左到右淡出"/"从右到左淡出"：会将声音从一个声道切换到另一个声道。
- "淡入"：在声音的持续时间内逐渐增加音量。
- "淡出"：在声音的持续时间内逐渐减小音量。
- "自定义"：允许使用"编辑封套"创建自定义的声音淡入和淡出点。

"同步"选项包括：

- "事件"：会将声音和一个事件的发生过程同步起来。事件声音在显示其起始关键帧时开始播放，并独立于时间轴完整播放，即使 SWF 文件停止播放也会继续。事件声音的一个实例就是当用户单击一个按钮时播放的声音。如果事件声音正在播放，而声音再次被实例化（例如，用户再次单击按钮），则第一个声音实例继续播放，另一个声音实例同时开始播放。

- "开始"：与"事件"选项的功能相近，但是如果声音已经在播放，则新声音实例不会播放。
- "停止"：将使指定的声音静音。
- "数据流"：将同步声音，以便在 Web 站点上播放。与事件声音不同，数据流随着 SWF 文件的停止而停止。而且，数据流的播放时间绝对不会比帧的播放时间长。数据流的一个示例就是动画中一个人物的声音在多个帧中播放。

选择"同步"后第二个下拉列表框中的"循环"选项，可使声音循环播放；如果选择"重复"选项，在后面的数值框中输入数值，可使声音按照指定的次数循环播放。

（四）向"介绍2"元件的"声音"图层添加声音

同样，可按照上述方法向"介绍2"元件的"声音"图层添加"USB接口鼠标介绍"的录音。

三、编辑声音

在大多数情况下，所加入的声音并不完全符合需要，如声音原文件音量太大、声音播放时间太长等，这时，需要对其进行一定得编辑和修改。Flash为提供了一个编辑声音的工具，即"编辑封套"对话框，如图6-120所示。在这个工具中，可以简单地修改和编辑声音文件。

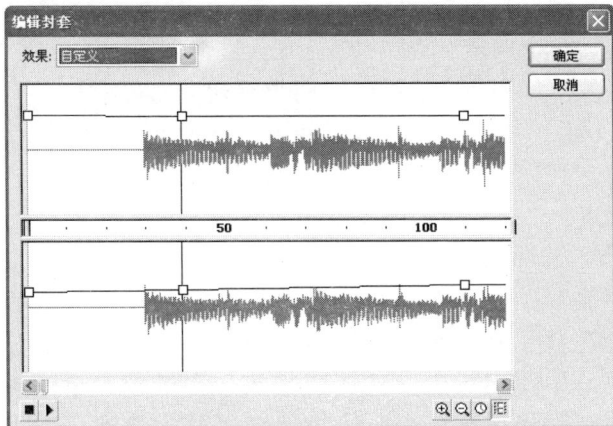

图6-120 "编辑封套"对话框

（一）"编辑封套"对话框的使用

（1）选中要修改的声音文件。选择声音文件所在的第10帧。

（2）在"声音属性"对话框的声音设置选项中单击"编辑"按钮，或者在"效果"下拉列表框中选择"自定义"选项，即可打开"编辑封套"对话框。

（3）在"编辑封套"对话框中，包括效果下拉列表框和两个图形显示框，通过它们的组合可以对声音进行编辑。

在编辑的过程中，"效果"下拉列表框中的效果选项分为六种，用来设置声音的播放效果，其功能设置和前面介绍的"效果"下拉菜单一样。选择一种声音效果后，在下面的显示框中将显示该声音效果的封套线。下面我们来看看如何使用这两个图形显示框来编辑声音。

（二）编辑声音的方法

在"编辑封套"对话框中的上下两个图形显示框，分别代表左声道和右声道。编辑声音的方法如下：

1. 取声音片段

在上下两个图形显示框中间有一个带刻度的水平栏，该刻录栏标识声音文件的总长度，其单位有秒和帧两种，可以通过单击"编辑封套"右下角的秒按钮◎和帧按钮囲进行切换。具体使用哪一种进行编辑，需要按实际情况而定。在此，我们使用帧来进行声音文件得衡量。

① 单击帧按钮囲，将声音波形显示窗口的水平轴从时间轴切换为帧数轴。

② 考虑到声音前期的波形几乎没有，拖动上下声音波形之间刻度栏中的左侧灰色控制条，向右拖动至出现声音波形。

③ 由于声音太长，需要对后面的声音进行裁剪，向左拖动右侧的灰色控制条，至合适位置，从而完成截取声音片段，如图6-121（a）和图6-121（b）所示。

若声音文件的波形在显示框中很短或者很长难以截取，可以先使用放大按钮◎或缩小按钮◎，使显示框中的声音波形在水平方向放大或缩小，再进行截取。

2. 调节音量大小

在上下两个图形显示框中，各有一条封套线，它们是用来控制左右声道的音量大小。线上显示的方形符号称为封套手柄，在声音显示框中单击可增加封套手柄，封套手柄之间有直线连接。拖动各封套手柄，可以分段得调整各部分声音段的声音大小，直线越靠上，音量就越大，如图6-121（c）示。用户最多可以创建8个封套手柄，如果要删除封套手柄，将其拖出显示框即可。

另外，"编辑封套"左下角为声音控制按钮，单击 ▶ 按钮可以播放声音来测试效果，单击 ■ 按钮可以停止播放声音。编辑完声音后可以单击"确定"按钮来保存编辑的声音效果，如果放弃编辑声音可单击"取消"按钮。

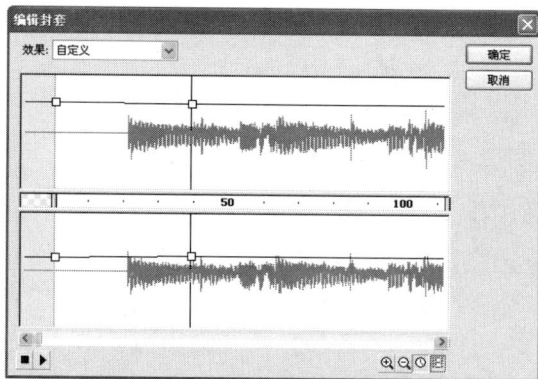

（a）截取声音片段前

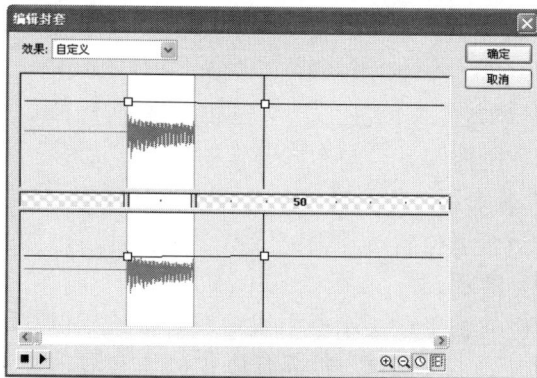

（b）截取声音片段后

图6-121　声音编辑

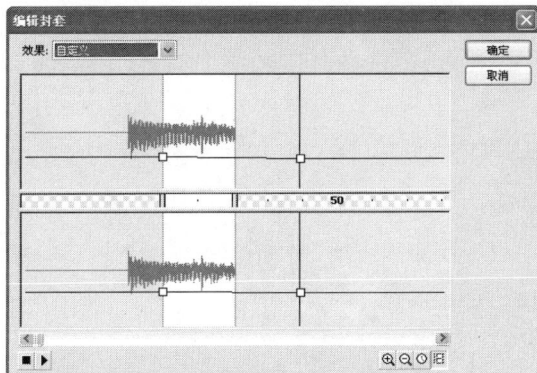

（c）调节声音大小

图6-121　声音编辑（续）

第六节　课件测试与发布

当课件制作完成后，就可以将其发布出来以便使用。但在发布之前，还应该注意两个问题：一是作品的效果是否与预期的效果相同；二是课件是否能够流畅地进行播放。要解决这两个问题，就需要在发布动画之前对其进行测试。

一、课件测试

Flash课件是以"信号流"的模式进行播放，在播放过程中，用户并不需要等整个作品下载到本地就可以进行播放。但如果当播放指针到达某一播放帧时，该帧的内容还没有下载到本地，则课件的播放指针就会停留在该帧上等待内容下载完毕，才能继续移动，这时就会造成动画的播放暂停。而为了查找暂停的位置，也需要使用动画测试。

（一）测试命令

Flash中使用"测试影片""调试影片"和"测试场景"三个命令来对课件进行测试，它们的区别如下：

"测试影片"命令将影片在测试环境中完整地播放。

"调试影片"命令将影片在测试环境中完整地播放，且在打开影片的同时，会打开"调试器"面板，如图6-122所示。单击"开始"

测试按钮 ▷ 可继续播放，单击"停止"测试按钮 ✕ 后停止播放。

"测试场景"命令只是在测试环境中播放当前场景，而不测试整个课件。

图6-122 "调试器"面板

（二）测试课件

1．测试课件的具体操作步骤

（1）打开需要进行测试的课件。

（2）执行菜单栏中的"控制"→"测试影片"命令，或者按【Ctrl+ Enter】组合键，进入"测试"窗口，如图6-123所示。

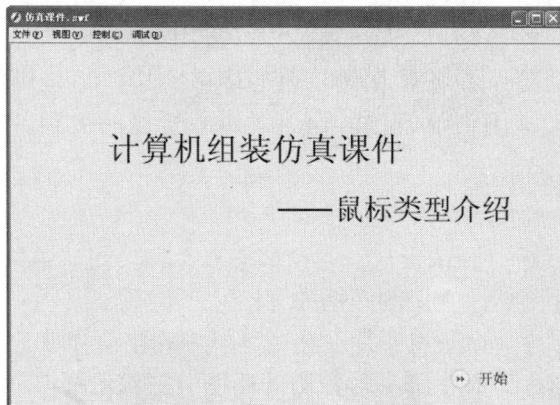

计算机组装仿真课件

——鼠标类型介绍

▸▸ 开始

图6-123 "测试"窗口

（3）执行"视图"→"带宽设置"命令，进入"带宽特性显示"窗口，如图6-124所示。

图6-124 "带宽特性显示"窗口

（4）执行"测试"窗口中的"视图"→"下载设置"→"自定义"命令，弹出"自定义下载设置"对话框。在该对话框中，用户可以自己设置一个下载速度即带宽来对课件进行相应的测试。设置好后单击"确定"按钮，这时，就可以看到在自己所设定的带宽下的带宽特性。

（5）当课件的性能达到要求后，单击其右上方的"关闭"按钮关闭"测试"窗口即可。

2．"带宽特性显示"窗口的功能描述

"带宽特性显示"窗口包含三个小窗口，其功能分别如下：

- 左上方的窗口用来显示影片的测试数据，这些数据显示出了动画的一些属性，如动画的尺寸、帧频、文件大小、播放时间等。
- 右上方窗口中显示了正在播放的课件中各帧所传输的数据量，色条越长，表示该帧的数据量越大。当色条高于窗口中红色的水平线时，则表明动画播放时可能在其对应帧的位置产生停滞。
- 下边的窗口是课件播放窗口，用来播放被测试的课件。

二、课件发布中的设置

Flash本身带有强大的输出功能，用户可以选择自己需要的输出格式，而且可以修改输出格式的各种属性。执行菜单栏中的"文件"→"发布设置"命令，打开"发布设置"对话框，如图6-125所示。

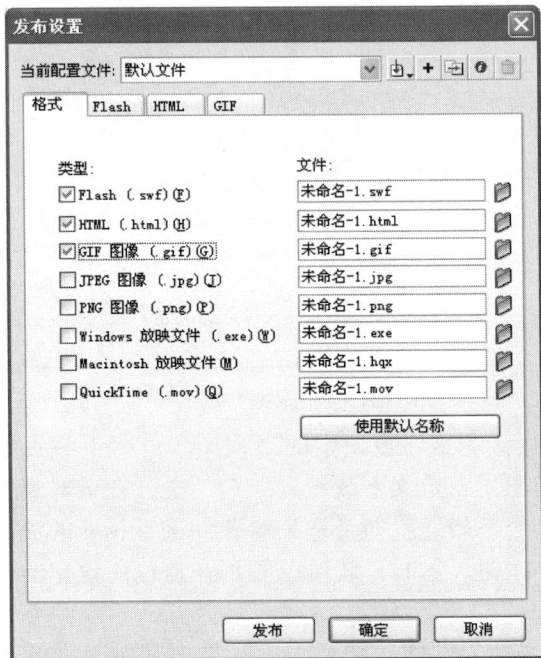

图6-125 "发布设置"对话框

1. "格式"选项卡介绍

在"格式"选项卡中提供了多种发布格式供用户选择，如Flash HTML、GIF、JPEG、PNG等。在默认情况下，发布格式为Flash动画电影格式和HTML网页格式。单击某种类型格式左边的复选框，出现"√"标记，使其为选中状态，则在"发布设置"对话框中就会出现该格式的选项卡。

在"发布设置"对话框中，选择"Flash"选项卡，显示Flash发布格式的参数设置项，如图6-126所示。Flash发布格式是Flash中默认的发布格式，可以将Flash文档发布为Flash（.swf）文件。

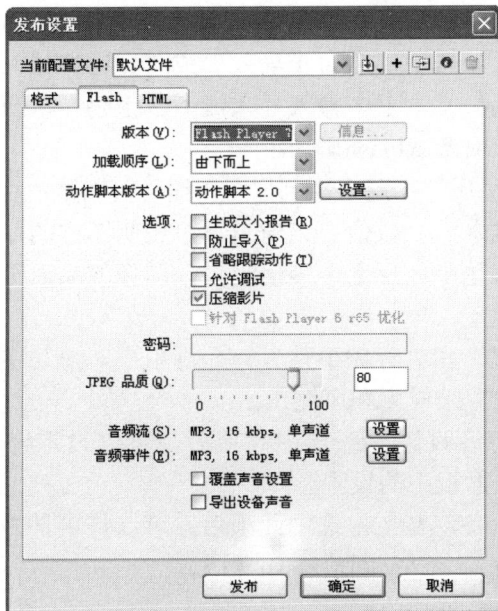

图6-126　Flash选项卡

2．Flash选项卡介绍

在Flash选项卡中，各参数设置选项功能如下：

- "版本"：用来选择Flash Player的版本。

- "加载顺序"：用于控制层的加载顺序，如"自下而上"（首先加载底层，然后加载随后的所有层）或"自上而下"（首先加载最上层，然后加载随后的所有层）。

- "动作脚本版本"：可选择Flash中创建动作的脚本版本，包括1.0和2.0两种版本。

- "选项"：选中"生成大小报告"复选框可创建一个文本文件，其中包含了影片中各帧大小以及导入的文件和字体列表的信息；选中"防止导入"复选框，可以防止其他人导入Flash影片并并将其转换回Flash文档；选中"省略跟踪动作"复选框，可以从导出的Flash电影中删除所有的跟踪动作，这样一来自跟踪动作的信息就不会显示在"输出"面板中；选中"允许调试"复选框，可激活调试器并允许远程调试Flash影片；选中"压缩影片"复选框，可压缩Flash影片，减小文件大小，以缩短下载时间。

- "密码"：选中了"防止导入"或"允许调试"复选框后，可在"密码"文本框中输入导入或调试密码，以防止未经授权的用户导入或调试Flash影片。
- "JPEG品质"：用来控制位图压缩，可调整滑块或在其后的文本框中输入一个数值。该值越小，表明图像的品质越低，生成的文件就越小；反之，该值越大，图像的品质则越高，生成的文件也越大。
- "音频流"和"音频事件"：允许用户对滑动中的音频流或事件声音设置采样率和压缩比。
- "覆盖声音设置"：选中此项后，可以设定声音属性并覆盖"属性"面板中的设置。
- "导出设备声音"：选中此项后，可以将事件声音添加到用于在移动设备上进行回放Flash文档。

3．HTML选项卡介绍

在"发布设置"对话框中，选择HTML选项卡，显示HTML发布格式的参数设置项，如图6-127所示。使用这种格式发布影片，可以在浏览器中播放Flash影片。

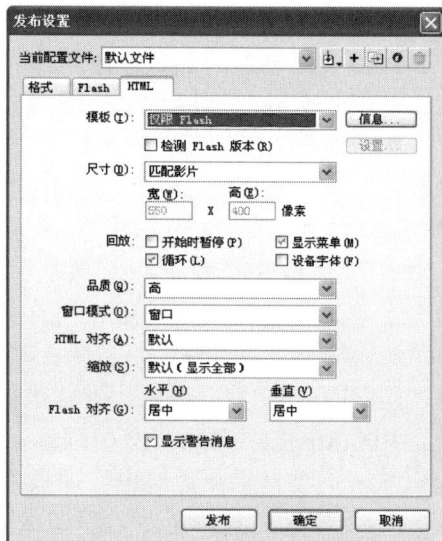

图6-127　HTML选项卡

在HTML选项卡中，各参数设置选项功能如下：

- "模板"：用来选择一个已安装的模板，单击后面的"信息"按钮，将显示该模板的有关信息。

- "尺寸"：选择"匹配影片"选项，将应用影片的大小；选择"像素"选项，可以以像素为单位在"宽"和"高"文本框中设置影片的宽度值和高度值；选择"百分比"选项，可以在"宽"和"高"文本框中设置影片相对与浏览器窗口的显示百分比。

- "回放"：提供一些对所产生的HTML网页上的电影的开始放映和放映过程有影响的选项。选中"开始时暂停"复选框，只有用户单击影片中的按钮或执行快捷菜单中的"播放"命令后才开始播放影片；选中"显示菜单"复选框，用户在右击影片时可显示一个快捷菜单；选中"设备字体"复选框，可使用设备字体替换用户系统中没有的字体。

- "品质"：因为看电影的用户计算机的处理器速度不同，该选项允许根据处理器的情况来决定影片的放映速度和视觉质量。

- "窗口模式"：选择"窗口"选项，可以在网页上的矩形窗口中以最快速度播放Flash影片；选择"不透明无窗口"选项，可以使Flash影片后面的移动元素在穿过影片时不显示出来；选择"透明无窗口"选项，可以使嵌有Flash影片的HTML页面的背景从影片中所有透明的地方显示出来，但影片的运行可能会减慢。

- "HTML对齐"：可设定OBJECT、EMBED和IMG标签中的ALIGN属性，以确定Flash影片在浏览器窗口中的位置。

- "缩放"：默认情况下，可使整个影片在指定区域内可视，同时保持原始影片的宽高比，不会有扭曲现象发生，边界可以出现在影片的两边；选择"无边框"选项，将电影缩放以满足指定区域大小，同时保持电影原始宽高比不变，不会有扭曲现象发生，但部分影片可能被切掉；选择"精确匹配"选项，可以在指定的区域显示整个平片，它不保持影片的原始宽高比，影片可能会发生扭曲；选择"不缩放"选项，可禁止影片在调整Flash Player窗口大小时进行缩放。

- "Flash对齐"：用来确定影片如何在影片窗口内放置，以及如果影片必须剪切以适应窗口时该如何剪切。
- "显示警告信息"：决定Flash是否显示错误信息警告有关HTML标签设置冲突。

4. "发布设置"对话框介绍

在Flash的"发布设置"对话框中，还包含GIF图像、JPEG图像、PNG图像、Windows放映文件、Macintosh放映文件和QuickTime六种发布格式。每种格式的具体介绍如下：

- GIF文件提供了一种简单的方法，导出绘图和简单动画以供网页使用。标准GIF文件是一种简单的压缩位图，当在"发布设置"对话框的"格式"选项卡中选中"GIF图像"复选框后，就可以显示GIF选项卡进行GIF格式的发布设置。
- 使用JPEG格式可以将图像保存为高压缩比的24位位图。通常，GIF文件对导出线条的绘制效果较好，而JPEG文件则更适合显示包含连续色调的图像。当在"发布设置"对话框的"格式"选项卡中选中"JPEG图像"复选框后，就可以显示JPEG选项卡进行JPEG格式的发布设置。
- PNG文件是唯一支持透明度（Alpha通道）的跨平台位图格式。它也是用于Macromedia Fireworks的本地文件格式。当在"发布设置"对话框的"格式"选项卡中选中"PNG图像"复选框后，就可以显示PNG选项卡进行PNG格式的发布设置。
- 在"发布设置"对话框的"格式"选项卡中选中"Windows放映文件"复选框，可创建Windows独立放映文件。选中该复选框后，在"发布设置"对话框中将不会显示相应的选项卡。
- 在"发布设置"对话框的"格式"选项卡中选中"Macintosh放映文件"复选框，可创建Macintosh独立放映文件。选中该复选框后，在"发布设置"对话框中将不会显示相应的选项卡。
- 在"发布设置"对话框的"格式"选项卡中选中QuickTime复选框，并将Flash影片复制到单独的QuickTime轨道上。在QuickTime影片中播放Flash影片与在Flash Player中完全相同，并且可以保留影片本身所有的交互功能。如果Flash影片也包含一个QuickTime影片，那么Flash会将它复制到新QuickTime文件中它自身的轨道上。在"发布设置"对话框的"格式"选项卡中选中QuickTime复选框后，就可以显示QuickTime选项卡进行QuickTime格式的发布设置。

三、Flash课件文件的导出

利用Flash中的"导出影片"命令可以创建能够在其他应用程序中进行编辑的内容，并将 Flash 内容直接导出为单一的格式。例如，可以用以下文件格式导出整个文档：Flash（*swf）文件；一系列位图图像；单一的帧或图像文件；或不同格式的活动和静止图像，包括GIF、JPEG、PNG、BMP、PICT、QuickTime 或 AVI。

Flash文件可以作为电影导出：执行"文件"→"导出"→"导出影片"命令导出电影。

Flash文件也可以作为图像导出：执行"文件"→"导出"→"导出图像"命令导出图像。

第六章

仿真课件设计

下篇

职业教育课件分析评价

  课件的分析评价，是对课件的价值进行分析，做出判断的过程。这个过程无论是对课件的管理与选用，还是对课件的设计与改进都有着十分重要的意义。职业教育课件是职业院校教师教学的工具，也是学生学习的对象，是职业院校教师用以培养学生高尚的道德情操，传承人类经验，构建学生高效的认知心理结构、能力心理结构和创新心理结构的外部工具和手段。因此，对职业教育课件的价值判断，可根据它的属性、功能和特征，从思想性、科学性、时代性、工具性、艺术性五个维度进行。为此，首先需要明确课件评价的意义、原则和标准，然后建立起课件评价的基本模式。这个模式应包括：明确评价目的、建立指标体系、获取评价信息和做出评价判断。其中，关键是建立起科学、完整、系统的职业教育课件评价指标体系和设计出科学、有效、可行的评价方法。最后才能得出客观、可靠、公正的评价结论。为此，本篇将在明确职业教育课件评价的意义、原则和标准的基础上，构建出职业教育课件评价的基本模式，对职业教育课件进行有效的评价。

第七章 课件评价的基本概论

第一节 课件评价的意义

一、课件评价的定义

根据美国教育评价专家斯克里文（Scriven,1967）对评价的定义："决定事物、产品或过程的优点和价值的过程"，我们可以给课件的评价下个定义，就是对课件的优点和价值做出判断的过程。谈到价值，自然要明确是哪个事物对什么人的价值。课件是价值的客体，根据职业教育教学论，我们知道它必须有效促进职业能力和职业特质的形成。另一方面要从作为价值主体的人找出表现他自身需要的那些维度，这些维度称为评价标准。将评价指标和评价标准进行对照，便可以做出价值判断。因此，课件评价的本质是对课件这个客体能否满足其主体的需要，以及满足的程度和效能如何所进行的价值判断。

二、课件评价的作用

课件评价具有多种功能，无论对于设计编写者，还是使用者或者管理者，一般包括：

1. 诊断作用

职业教育课件质量评价不仅可以利用一定的科学和技术手段获取课件质量方面的信息，而且通过对信息的分析处理可以进一步明确课件质量所存在的问题，进而分析存在问题的原因，找出改进课件质量的方向，以便改进课件开发方法，提高质量。

2. 导向作用

职业教育课件质量评价指标体系中，有明确的指标项目和评价标准，它指出了课件开发的目标和方向；在课件评价过程中，无论是指定评价方案、建立指标体系，还是对评价结果的利用，都会对提高课件质量、推动课件建设起到导向的作用；且导向作用的大小，还可以通过调整指标体系的权重来实现。

3. 激励作用

职业教育课件质量评价可以区分课件质量的优劣，明辨是非，具有横向比较的作用。课件质量评价的结果可以作为优秀课件的评选的依据，且优秀课件评选带有竞争性，在竞争中获得压力、动力和活力，这样可以调动各方面的积极性，激励人们不懈努力，最终达到提高课件质量和教育教学质量的目的。

4. 指导作用

职业教育课件开发必须符合国家职业教育的方针，必须符合职业教育发展规律，必须与专业或行业的要求相适应，必须与学生的身心特点相吻合。通过职业教育课件质量评价可以指导其为实现以上要求进行及时指导，引导其不断地校正开发和应用方向。

第二节　课件评价的原则

为了保证课件评价的有效性，一般课件评价须遵守以下几项原则。

一、评价方法的综合性

对职教课件进行评价，方法多种多样，为了避免评价的经验性、主观性和随意性，评价时应做到内部和外部、整体和局部、形成性和总结性、定性和定量等各种方法相结合。

二、评价主体的多样性

因为课件评价的主体是多样的，对职业教育课件进行评价，评价主体也应坚持多样的原则。评价主体既可以是学生、教师，也可以是课件开发者或课件的审议者。

三、评价范围的全面性

不仅对课件目标、内容、效果进行评价，还要对课件的教育性、科学性、技术性、艺术性、实用性等进行评价，力求全面。

四、评价指标的系统性

因职业教育课件评价指标是课件根本属性的表征，所以职教课件的评价指标应该产生于对课件的内在的本质结构和属性的分析，通过对这些指标的评定，应该反映课件质量的全貌。

五、评价过程的完整性

课件评价的过程可指在评价者头脑中进行的分析、综合、演绎、归纳等一系列思维过程，另一方面也可指课件评价在实践中进行的物质过程，课件评价是贯穿于课件开发过程中的一个连续不断的过程，即在课件开发的任何一个步骤（确定目标、选择内容、组织内容和评价效果），都存在课件的评价工作。

第三节　课件评价的标准

一、课件评价标准的基础

课件的评价标准是以价值主体的需要为基础的。课件的价值主体一般包括学生、教师、行业、社会。对于职业教育还应包括职业的需要。

学生是教学活动的主体，是课件的最直接、最根本的价值主体。学生的需要包括树立正确的世界观、人生观、价值观；包括学习知识、发展能力、形成健全的人格；包括形成科学、高效的心理结构构建模式等。这就要求课件必须具备思想品德培养功能、人类经验传承功能和心理结构构建功能。

教师是教学活动的主导者，是教学活动的主体之一，而课件是教学活动的客体，是教师开展教学活动的工具。因此，教师也是课件的直接价值主体。作为教学活动的重要工具，教师对课件的需要包括指明学习目标、承载学习内容、培养学习兴趣、发展学习动机、构建科学、高效的心理结构构建模式等。这要求课件除具备思想品德培养功能、人类经验传承功能和心理结构构建功能外，还须具备兴趣培养和发展学生学习动机的功能。

社会也是课件的价值主体，虽然不像学生、教师那样直接。它对课件的需要包括：第一，课件应该为社会培养劳动者服务，学生通过学习与教育能够参加社会劳动，为社会创造物质和精神财富；第二，课件应该能够传承文明，将人类的经验传递给下一代，使人类文明得以延续并持续发展；第三，课件应该为促进学生的社会化服务，帮助学生内化社会价值概念、道德规范、政治法律制度等；第四，课件还应培养学生的创新精神和创新能力，为人类文明的宝库增加新的财富。

职业像社会一样，是职业教育课件的价值主体，它不像学生、教师那样直接，但也不像社会那样间接。职业对职业教育课件的需要包括：职业思想、职业道德、职业能力、职业素质等的培养。

二、课件评价标准的确定

根据四大课件价值主体的需要，我们就能够比较全面和准确地确定课件的评价标准。

（一）课件目标的评价标准

（1）目标是否符合社会的需要、职业的需要、学生的需要，特别是未来发展的需要；

（2）目标是否符合学生当前的身心发展水平，又对他们的身心发展有促进作用；

（3）目标除了就业上岗职业标准，是否还包括了表现性目标，为不同学生个性发展提供发展空间；

（4）目标是否为职业能力和职业特质目标；

（5）目标是否全面、系统、具体、明确，达到一目了然的程度，而且可操作、可检验，便于教学实施。

（二）课件内容的选择标准

（1）内容是否科学、先进；

（2）内容是否形成了对课件教学目标的有效支撑；

（3）内容的广度与深度是否符合学生身心发展阶段，能为他们所接受；

（4）内容是否支撑学生职业能力和特质形成与发展；

（5）内容是否为学生提供了个性发展的空间。

（三）课件结构的设计标准

（1）课件目标结构设计是否达到了与专业培养目标一致，并实现了课件目标的一体化设计原则；

（2）课件内容结构设计是否达到了能够满足能力形成条件和能力形成整个过程的各个环节；

（3）课件过程结构设计是否达到了能够满足职业活动原则、职业能力与特质本位原则，以及学习兴趣养成与学习动机发展的需要。

（四）课件内容呈现与表达的标准

（1）文字与图表的使用是否科学、严谨、规范；

（2）表达方式是否符合学生心理特点，易于为他们接受和理解；

（3）表达方式是否有利于学生自学。

第八章 课件评价的基本模式

课件的评价过程一般包括：明确评价目的、建立指标体系、获取评价信息和做出价值判断等四个环节。因此，我们可以根据课件评价的一般过程来构建职业教育课件评价的基本模式。

第一节 明确评价目的

一、课件评价目的

明确课件评价目的是职业教育课件评价模式的第一个环节。课件的评价目的也是课件评价的原因。课件评价的目的很多，一般可归纳为课件的改进评价、课件的选择评价、课件的适用评价。课件的改进评价是指为了开展课件研究，进一步改进课件，而进行的评价。这种评价多由课件研究、设计、出版部门组织进行。课件的选择评价是指为了在众多同类课件中选择优良课件而进行的评价。这种评价多由课件管理与课件使用部门进行组织。课件的适用评价是指为了检验课件对特定学校、特定的学生适用性，进行的评价。这种评价不但课件的研究、设计、出版部门需要，而且课件的管理与使用部门也需要。

二、课件适用评价

本书讨论的是职业教育课件设计，因此我们就以课件是否适用于职业教育为评价目的，来讨论职业教育课件评价的基本模式。职业教育与基础教育、普通专业教育一样，是具有自身本质特点的教育类型。人们一般认为：职业教育是以服务为宗旨、以就业为导向，培养生产、管理、服务一线的技术应用型人才的教育。对于这样一种类型的教育，什么样的课件才能适用呢？在本书的第一、二篇，我们对职业教育课件设计的理论基础和职业教育课件开发技术进行了比较全面系统的研究。为了更加具体明确地说明问题，我们将以本书设计的课件为例，对其是否适用于职业教育进行课件的适用评价。

三、课件评价条件

在明确课件评价目的这个课件评价模式的第一个环节当中，有一个问题还须明确。这就是课件评价的目的能否达到，也就是课件评价的条件是否具备。课件评价的条件有两点是必需的：一是相应的课件理论和课件评价理论已基本形成，这样就有了评价的理论依据；二是评价组织者、评价者和相关人员已基本掌握了相关理论与方法，能够在科学思想、理论和方法的指导下去开展工作。

第二节　建立指标体系

明确了课件的评价目的之后，根据评价目的，首先需要建立课件指标体系。因此，建立课件评价指标体系是课件评价基本模式的第二个重要环节。课件评价指标体系在课件评价过程中，直接影响课件评价的效果。因此，课件评价指标体系的设计在课件评价模式构建中处于关键的地位。

一、指标体系建立的原则

1．方向性原则

职业教育课件质量评价指标体系应体现职业导向和能力本位培养的原则。职业教育是以服务为宗旨，以就业为导向，面向生产、管理、服务一线培养高技能应用人才的教育。职业教育课件评价指标体系建立，需要牢牢把握这个大方向。

2．完备性原则

职业教育课件质量评价指标体系要完整系统地反映职业教育课件质量目标，对课件的评价应做到客观、公正。这就要求在逐级分解评价目标时必须注意以下两点：首先在分解评价指标时要深刻理解目标的内涵和外延，既要把那些外显的因素分解出来列为指标，又要把那些内隐的因素分解出来列为指标，不能遗漏任何重要的指标。其次要抓住反映评价对象和评价目标本质特征的主要指标。指标并非越多越好，对某些非本质性的指标可以舍弃，对本质性的指标要做到疏而不漏。

3．独立性原则

职业教育课件质量评价指标体系要具有独立性，是指同一层次的指标之间必须是相互独立的，每项指标都要有明确的独特的含义，做到内涵明确、外延清楚、词义清晰、明白易懂，使主评者对指标的理解无分歧，每项指标的含义尽可能不重复，同一层次的各指标之间在逻辑上必须呈并列关系，避免交叉或因果关系。否则，重复的指标被重复地计分，会影响整个评价的科学性。

4．一致性原则

职业教育课件质量评价指标体系应科学的体现课件质量的本质特征。特别注意它是受课件编写目标严格制约的，不具有任意性。课件的编写和出版有其严格的、完整的、一致的目标和规律。在指标中要力求简易可行，不仅反映目标的局部，同时要具有不断深化的可塑性，这是职业教育课件质量评价能否顺利实施和持久实施的关键。在本课题中职业教育课件质量评价指标体系中将内容质量、编校质量、印刷质量统筹考虑，系统优化，以共同达到职业教育课件的质量目标。

5．可操作性原则

职业教育课件质量评价体系的可操作性包含三个方面的意思。其一，课件质量评价指标体系要切合实际，既要符合评价目标，又要符合被评价者的总体状况，不能要求过高，也不能姑息迁就。其二，课件质量评价指标体系应具有可测性，即课件质量的评价指标体系和标准所反映的内容应当便于操作，是可以测量的。指标的分级层次要适当，层次越多，操作反映越不便，层次越少，具体施评越困难。一般来说，分解层次应当控制在三级以内比较合适。同时标准应当用可操作化的语言文字加以定义，应尽量减少概念化、抽象化的条文。其三，课件质量评价指标体系应具有可比性，即必须反映不同评价对象共同的属性，不同评价对象的评价结果应该是可比的，而且评价指标的标准尺度必须在同质的基础上等距。不能出现不等距的现象。

6．多样性原则

多样性原则表现在以下几方面：其一，指标体系的多样性。由于职业教育专业、课程、课件种类繁多，只用一种或少数几种课件质量评价指标体系很难包罗万象。这就需要针对不同种类的课件，指定不同的课件质量评价指标体系，本课题采用了三种职业教育课件质量评价指标体系，以力求区分课件质量评价的差异。其二，课件质量评价技术和手段的多样化。可以运用书面评价手段，也可以使用网络或座谈等各种形式或手段进行。其三，评价的主体的多样化。可以是课件的开发者、使用者、管理者分别或共同进行评价。其四，评价过程的多样化，可以是课件开发过程的开始、中期、后期的评价，也可以是终结性评价。其五，评价程序的多样化，可以是自上而下的评价，也可以是自下而上的评价，还可以是上下结合的评价等。其六，评价范围的多样化。可以是针对某一种类、某一专业、某一课程的部分课件评价，也可以是对所有课件全面的评价。其七，评价层次的多样化，可以是国家级职业教育课件评价，也可以是地方或校本课件的评价，等等。

二、评价指标体系的建立

一个完整的评价指标体系一般由指标、标准、量表和指标权重等多个要素构成。评价指标是评价对象本质属性与特征的具体反映，是对评价的各个维度的界定；评价标准是对评价对象各个评价维度的定性或定量的要求，是被评价事物属性的质的临界点以及它们在质变过程中量的规定，是衡量评价客体价值的准则；量表则是衡量评价对象达到标准的程度的一种尺度；指标权重是标明各个评价指标在指标体系中的重要数值。一个完整的评价指标体系应能够描述评价对象的全貌。

对于课件的评价，我们一般可根据它的属性和特征，从思想性、科学性、时代性、工具性、可读性、艺术性六个维度建立其指标体系。

1. 思想性评价

主要评价内容包括：课件以什么哲学观点为指导？体现了什么样的人生观、价值观和道德观？

2. 科学性评价

主要评价内容包括：课件体系建立的科学性、课件目标确定的科学性、课件内容筛选的科学性、课件结构设计的科学性等。

3. 时代性评价

主要评价内容包括：课件目标的时代性、课件内容的时代性、课件设计理念的时代性、课件表现形式的时代性等。

4. 工具性评价

主要评价内容包括：思想品德教育功能评价、人类经验传承功能评价、学生心理结构构建功能、学习兴趣动机发展功能评价。

5．可读性评价

主要评价内容包括：直观性评价、具体性评价、概括性评价、识记性评价和迁移性评价。

6．艺术性评价

主要评价内容包括：版式设计评价、装帧设计评价、印刷质量评价、装订质量评价。

对于课件是否适用于职业教育的评价，我们也根据它的属性和特征，从思想性、科学性、时代性、工具性、可读性、艺术性六个维度展开建立其指标体系，其中不同的是评价标准。对课件是否适用于职业教育的评价标准，是针对职业教育特点确定的。

职业教育课件质量评价指标体系见表8-1。

表8-1　职业教育课件质量评价指标体系

一级指标	二级指标	评价标准	得分	总体评价
思想性（15）	政治思想性（7.5）	（1）政治思想观点正确； （2）符合相关法律、政策； （3）体现辩证唯物主义和历史唯物主义观点； （4）培养正确的世界观、人生观、价值观； （5）弘扬爱国主义和民族精神		
	职业导向性（7.5）	（1）渗透职业意识和职业道德； （2）树立正确的择业观，发扬爱岗敬业精神； （3）提倡创业精神、团队意识； （4）培养市场意识、竞争意识、成本意识、安全意识和环保意识		
科学性（20）	课件目标确定的科学性（5）	（1）课件目标与课程目标的一致； （2）课件目标采用能力和特质描述； （3）与职业资格标准衔接； （4）课件目标面向应用明确、具体		

续表

一级指标	二级指标	评价标准	得分	总体评价
科学性（20）	课件内容筛选科学性（5）	（1）满足思想品德培养的需要； （2）满足职业能力和特质形成与发展需要； （3）遵循共同经验原理、信息来源原理，起点恰当，分量合适，符合学生实际； （4）体现以就业为导向，以能力为本位，以应用为目的； （5）来自工作实际，与生产实际对接		
	课件结构设计的科学性（5）	（1）遵循兴趣动机发展规律； （2）遵循职业能力与特质形成规律； （3）遵循职业活动规律； （4）遵循教育传播规律； （5）循序渐进，符合学生心理特征和认知及技能养成规律		
	课件内容自身的科学性（5）	（1）基本概念、基本原理等阐述正确； （2）科学事实和社会现象描述清楚、准确； （3）引用的数据、图表、材料可靠		
时代性（10）	课件设计理念的时代性（2.5）	（1）课件设计的指导思想先进； （2）课件设计的理论科学； （3）课件设计的方法先进		
	课件教学目标的时代性（2.5）	（1）课件教学目标反映学生当前和今后的需要； （2）课件教学目标反映社会当前和今后的需要； （3）课件教学目标反映职业当前和今后的需要		
	课件内容的时代性（2.5）	（1）适应我国经济、社会发展和科技进步的需要，及时更新教学内容； （2）恰当反映新知识、新技术、新工艺和新材料		
	课件表现形式的时代性（2.5）	（1）课件的立体化程度； （2）课件体例的新颖程度； （3）课件版式的新颖程度		

一级指标	二级指标	评价标准	得分	总体评价
工具性（20）	思想品德教育功能（5）	（1）内容上，筛选适用的相应素材； （2）结构上，遵循品性养成的一般规律		
	人类经验传承功能（5）	（1）内容上，选择需要传承人类经验，特别是相关职业经验； （2）结构上，遵循人类经验传承的规律，教学策略组合科学		
	心理结构构建功能（5）	（1）把握不同职业活动特点，具有心理结构构建条件； （2）体现不同职业能力和特质心理结构构建的过程和特点		
	兴趣动机发展功能（5）	（1）学习目标先行； （2）遵循设趣、激趣、诱趣、扩趣过程； （3）遵循需求产生发展动机原理		
技术性（20）	课件界面（5）	（1）人机界面简捷、操作方便，课件界面人性化； （2）启动时间、链接转换时间短		
	操控性、交互性（5）	（1）课件设计了控制技术； （2）课件、灵活，交互性强		
	稳定、安全（5）	（1）课件运行正常可靠，无意外中断，无导航、无链接错误； （2）媒体播放正确、稳定，容错性好，稳定；、安全性良好		
	技术水准（5）	有较高的动画、视频、音频等多媒体技术运用恰当		
艺术性（15）	课件界面（7.5）	（1）布局合理、新颖、活泼、有创意，风格统一； （2）导航清晰简捷； （3）色彩搭配协调、符合视觉心理		
	媒体播放（7.5）	（1）文字、图片、音频、视频、动画等媒体播放协调适宜； （2）能恰当反映课件内容，时间合理、风格鲜明		

第八章

课件评价的基本模式

第三节　获取评价信息

　　获取课件评价信息是课件评价过程的第三个阶段。由于评价信息的可靠性，决定了评价结果的有效性。因此，评价信息的准确获取在课件评价过程中是十分关键的。课件的评价信息主要来源于课件评价的价值主体和价值客体。下面从价值主体和价值客体两个来源进行讨论。

一、获取价值主体信息

　　有关课件价值主体论述的文献认为，课件的价值主体包括社会和学生。对于职业教育课件的价值主体来讲，还应包括职业。对于课件评价的价值主体来说，一般需要获取一下信息：

1．要明确使用课件学生的特征

　　包括学生的生理与心理发展情况、学生的学习目的和预期达到的目标、学生已具备的能力水平和学习能力达到的水平、学生自我管理自我发展的能力、学生的兴趣爱好与价值观念等。

2．要明确课件使用的社会背景

　　包括社会的时代特征、政治经济制度、经济发展的阶段、科学技术水平、价值观念、教育与文化传统、社会发展趋势与社会对学生的预期等。

3．要预见社会发展的前景

　　包括未来社会对人才的预期、人们价值观念的变化趋势、未来社会经济发展可能达到的水平、未来生产和生活方式的发展趋势、未来政治经济制度发展等。

4．要明确职业对人才的要求

　　包括职业对职业人才思想、精神、意志、情感的要求，以及对职业人才知识、能力、素质的要求等。

　　这些来自于课件价值主体的信息，提供了价值主体对课件的价值的自身需要，是课件评价的信息基础。

二、获取价值客体信息

　　价值客体的信息，即课件的信息。它包括课件自身的信息和课件的背景信息。主要来源于以下几个方面：

1. 课件自身的信息

一般指课件的理论取向、课件的属性、课件的功能、课件的目标、课件的内容、课件的结构、课件的使用过程、课件的使用方式、课件的预期效果等。

2. 课件的背景信息

一般包括教育类型、教育任务、教育目标、教育方式，以及学校因素、教师因素、管理因素。学校因素包括教学资源的完备程度、对课件实施的组织与协调水平、对教师的激励等；教师因素包括教师教育理论水平、教师对课件的接纳程度、教师实施课件的忠实程度、教师的教育教学经验、能力和水平、教师的敬业程度等。

第四节　做出价值判断

做出价值判断是课件的评价过程的最终环节。主要完成组建课件评价委员会、整理课件评价信息、做出课件价值的分析判断。

一、评价成员构成

课件评价委员会构成对于课件评价的客观性是至关重要的。一般职业教育课件评价委员会应由社会学专家、行业专家、课程专家、教学专家、学习论专家、课件编辑、教育技术专家、教师、学生等。他们对自己负责的领域进行评价。社会学专家、行业专家、课程专家主要负责与课件目标、内容、标准有关指标的评价。教学专家、学习论专家、教育技术专家、教师主要对课件目标结构、内容结构、过程结构是否符合能力形成的规律、符合学生学习兴趣动机发展的规律、符合教育传播规律进行评价。课件编辑主要对课件的文字、版式、课件的外观质量进行评价。教师和学生主要对课件的可读性、课件的导向、课件的功能、课件的效能进行评价。

二、价值分析判断

依据课件评价指标体系，根据课件评价委员会各成员负责评价的指标，我们可以得到评价课件各个指标的分值。最后通过加权计算，可以得到对所评价课件的定量判断。当然，也可以进行定性价值判断。下面我们对《酒店服务与管理专业》课件进行定量评价（见表8-2）。此次评价的目的：一是可以帮助课件设计编写人员改进设计；二是可以检验本书提出的职业教育设计理论、原则与方法的科学性；三是可使课件的使用者充分挖掘课件具备的各项功能。

表8-2 《酒店服务与管理专业》课件质量评价表

一级指标	二级指标	评价标准	得分	总体评价
思想性（15）	政治思想性（7.5）	（1）政治思想观点正确； （2）符合相关法律、政策； （3）体现辨证唯物主义和历史唯物主义观点； （4）培养正确的世界观、人生观、价值观； （5）弘扬爱国主义和民族精神	7	14
	职业导向性（7.5）	（1）渗透职业意识和职业道德； （2）树立正确的择业观，发扬爱岗敬业精神； （3）提倡创业精神、团队意识； （4）培养市场意识、竞争意识、成本意识、安全意识和环保意识	7	
科学性（20）	课件目标确定的科学性（5）	（1）课件目标与课程目标的一致； （2）课件目标采用能力和特质描述； （3）与职业资格标准衔接； （4）课件目标面向应用明确、具体	5	20
	课件内容筛选科学性（5）	（1）满足思想品德培养的需要； （2）满足职业能力和特质形成与发展需要； （3）遵循共同经验原理、信息来源原理，起点恰当，分量合适，符合学生实际； （4）体现以就业为导向，以能力为本位，以应用为目的； （5）来自工作实际，与生产实际对接；	5	

一级指标	二级指标	评价标准	得分	总体评价
科学性（20）	课件结构设计的科学性（5）	（1）遵循兴趣动机发展规律； （2）遵循职业能力与特质形成规律； （3）遵循职业活动规律； （4）遵循教育传播规律； （5）循序渐进，符合学生心理特征和认知及技能养成规律	5	20
	课件内容自身的科学性（5）	（1）基本概念、基本原理等阐述正确； （2）科学事实和社会现象描述清楚、准确； （3）引用的数据、图表、材料可靠	5	
时代性（10）	课件设计理念的时代性（2.5）	（1）课件设计的指导思想先进； （2）课件设计的理论科学； （3）课件设计的方法先进	2	8
	课件教学目标的时代性（2.5）	（1）课件教学目标反映学生当前和今后的需要； （2）课件教学目标反映社会当前和今后的需要； （3）课件教学目标反映职业当前和今后的需要	2.5	
	课件内容的时代性（2.5）	（1）适应我国经济、社会发展和科技进步的需要，及时更新教学内容； （2）恰当反映新知识、新技术、新工艺和新材料	2.5	
	课件表现形式的时代性（2.5）	（1）课件的立体化程度； （2）课件体例的新颖程度； （3）课件版式的新颖程度	1	
工具性（20）	思想品德教育功能（5）	（1）内容上，筛选适用的相应素材； （2）结构上，遵循品性养成的一般规律	5	20
	人类经验传承功能（5）	（1）内容上，选择需要传承人类经验，特别是相关职业经验； （2）结构上，遵循人类经验传承的规律，教学策略组合科学	5	

第八章 课件评价的基本模式

续表

一级指标	二级指标	评价标准	得分	总体评价
工具性（20）	心理结构构建功能（5）	（1）把握不同职业活动特点，具有心理结构构建条件； （2）体现不同职业能力和特质心理结构构建的过程和特点	5	20
	兴趣动机发展功能（5）	（1）学习目标先行； （2）遵循设趣、激趣、诱趣、扩趣过程； （3）遵循需求产生发展动机原理	5	
技术性（20）	课件界面（5）	（1）人机界面简捷、操作方便，课件界面人性化； （2）启动时间、链接转换时间短；	3	12
	操控性、交互性（5）	（1）课件设计了控制技术； （2）课件、灵活，交互性强；	3	
	稳定、安全（5）	（1）课件运行正常可靠，无意外中断，无导航、无链接错误； （2）媒体播放正确、稳定，容错性好，稳定、安全性良好	3	
	技术水准（5）	有较高的动画、视频、音频等多媒体技术运用恰当	3	
艺术性（15）	课件界面（7.5）	（1）布局合理、新颖、活泼、有创意，风格统一； （2）导航清晰简捷； （3）色彩搭配协调、符合视觉心理	6	12
	媒体播放（7.5）	（1）文字、图片、音频、视频、动画等媒体播放协调适宜； （2）能恰当反映课件内容，时间合理、风格鲜明	6	
总体评价			86	良好

参 考 文 献

[1] R.M．加涅．教学设计原理[M]．上海：华东师范大学出版社，1999.

[2] 姚梅林．学习规律[M]．湖北教育出版社，1999.

[3] 邓泽民．职业教育教学论[M]．中国铁道出版社，2012.

[4] [美]霍华德·加德纳．多元智能[M]．沈致隆，译.北京：新华出版社，1999.

[5] 邓泽民，赵沛．职业教育教学设计[M]．2版．北京：中国铁道出版社，2009.

[6] 祝智庭，钟志贤．现代教育技术[M]．上海：华东师范大学出版社，2003.

[7] 刘世清，刘家勋．教育信息技术实用教程[M]．北京：电子工业出版社，2003.

[8] 吴疆，王润兰．21世纪现代教育技术[M]．北京：人民邮电出版社，2001.

[9] 张明兰，丁详坤．优化课堂教学方法丛书：教学方法运用技能[M]．北京：中国人事出版社，1998.

[10] 黄甫全．现代教学论学程[M]．北京：教育科学出版社，1998.

[11] 邓泽民，马斌．职业教育课件设计[M]．北京：中国铁道出版社，2011.

[12] 钟启泉．教学设计基础[M]．济南：山东教育出版社，1998.

[13] 邓泽民，郑予捷．现代职业分析手册[M]．北京：中国铁道出版社，2010.

[14] 孔凡士，刘秀敏．教育技术促进职业教育发展的思考[J]．中国教育信息化，2009（13）.

[15] 汤跃明．虚拟现实技术在教育中的应用[M]．北京：科学出版社，2007.

[16] 蔡铁权，楼世洲，张剑平．现代教育技术教程[M]．北京：科学出版社，2000.

[17] 何克抗，李文光. 教育技术学[M]. 北京：北京师范大学出版社，2003.

[18] 南国农，李运林. 教育传播学[M]. 北京：高等教育出版社，2005.

[19] 刘珍芳，昝辉. 多媒体教育课件的设计与成效[M]. 中国水利水电出版社，2009.

[20] 李振亭，刘合英，孔繁士. 多媒体课件设计理论与实践[M]. 北京：清华大学出版社，北京交通大学出版社，2005.

[21] 缪亮. Flash多媒体课件制作实验与实践[M]. 北京：清华大学出版社，2008.

[22] 金胜恩. Flash动画设计150例[M]. 北京：电子工业出版社，2009.

[23] 李永. Flash多媒体课件制作经典教程[M]. 北京：清华大学出版社，2009.

[24] 彭立. 有效教学：信息化教学中的问题与对策[M]. 长春：东北师范大学，2007.

[25] 何克抗，吴娟. 信息技术与课程整合[M]. 北京：高等教育出版社，2007.

[26] 邬美娜. 教育技术学[M]. 合肥：安徽教育出版社，2004.

[27] 邓泽民，韩国春. 职业教育实训设计[M]. 北京：中国铁道出版社，2010.

[28] 国家职业分类大典和职业资格工作委员会. 中华人民共和国职业分类大典[M]. 北京：中国劳动社会保障出版社，1999.

[29] 吕建国. 职业心理学[M]. 大连：东北财经大学出版社，2000.

[30] 邓泽民. 职业学校学生职业能力形成与教学模式[M]. 北京：高等教育出版社，2002.

[31] 万伟. 新课程教学评价方法与技术[M]. 北京：教育科学出版社，2004.

[32] 陶行知. 陶行知全集（第一卷）[M]. 长沙：湖南教育出版社，1985.

[33] 崔景贵. 心理教育范式论纲[M]. 社会科学文献出版社，2007.

[34] 姚梅林，邓泽民，王泽荣. 职业教育中学习心理规律应用的偏差[J]. 教育研究，2008，6.

[35] 赵沛，邓泽民. 面向人人的职业教育诉求职业教育课程目标取向的转变[J]. 中国职业技术教育，2008，6.

[36] 邓泽民，吴学敏. 我国职业教育课程本质观和价值观的转变[J]. 中国职业技术教育，2009，36.

[37] KEN P. Advanced Facilitators Training Workshop Materials，Holland College.

[38] ROTHWELL W. Facilitating Training Workshop Materials / PennState University， USA.

[39] NOTORN，MATERIALS R D. The Ohio State University，USA.

[40] 邹忠敏. 教改初见成效，努力再攀高峰[J]. 安徽教育学刊，1998,6.

[41] 邓泽民. 高等职业教育教学模式比较与创新研究[J]. 人大复印资料：职业技术教育，2003,1.

[42] 邓泽民，赵沛. 职业教育 "面向人人，人人成才" 课程价值观下的课程评价[J]. 中国职业技术教育，2008,1.

[43] AUSUBEL D P, et al. (1978) Educational Psychology： A Cognitive View， 2nd. ed.

[44] ROYER J M. (1979) Theory of transfer of learning. Educational Psychologist， Vol. 14.

[45] 徐萍. 宴会摆台设计的效果导向行动教学[J]. 中国职业技术教育，2010，35.

[46] 邓泽民、陈庆合. 职业能力的概念、特征及形成规律的研究[J]. 煤炭高等教育， 2002，2.

[47] 向才毅，肖箐. 中等职业学校的学习现状调查[J]. 中国职业技术教育，2004，10.

[48] 白薇. 浅谈职校学生的学习现状[J]. 科教论坛，2008(25).

[49] 《职业学校学生学习效率问题研究》子课题组. 职校生学习状态总体水平欠佳水平差异显著[J]. 职业技术教育，2006，15.

后　记

　　本套著作是在国家社科基金课题和多项全国教育科学规划课题成果基础上，经过长期实践逐步形成的。课题项目的研究和实践工作，得到了教育部职业教育与成人教育司的指导和学校的大力支持。　通过长期的理论与实践研究，在职业教育许多方面都取得了一些可喜的成绩。但由于水平所限，对一些问题的认识难免流于肤浅，提出的一些观点也可能多有偏颇之处，涉及的许多教育理论问题还需要进一步深入探讨，所取得的成果还需要不断深化。我们衷心希望领导和专家同志们对这套著作多提宝贵意见，也希望这套著作能为兄弟院校的教育教学改革提供一些可资借鉴和参考的东西。

邓泽民

2014年4月